高等院校现代军事理论教程

朱玉国　主编

国防工业出版社

·北京·

内容简介

本教程严格依据国办发【2001】48 号文件精神和教育部、总参谋部、总政治部最新颁布的《普通高等学校军事课教学大纲》相关规定编写。

在全国教学大纲原有知识章节基础上，本教程将十八大以来，习近平总书记着眼坚持和发展中国特色社会主义、实现中华民族伟大复兴中国梦，不断加强国防和军队建设的系列重要论述融入其中，在保证知识性、突出时代感的同时，围绕在世界形势发生深刻复杂变化、我国全面建成小康社会进入决定性阶段新的历史条件下，如何建设一支听党指挥能打胜仗作风优良的人民军队这一重大课题组织教学内容，努力增强学习者的国防观念，使关心国防、热爱国防、建设国防、保卫国防成为全社会的思想共识和自觉行动。教材逻辑严谨、内容规范、数据翔实，可作为普通高校全日制本专科学生军事理论必修课标准教材使用，也可作为教辅材料、知识读本，供开设相关公选课的高校教师、对国防军事感兴趣的一般读者阅读使用。

图书在版编目(CIP)数据

高等院校现代军事理论教程/朱玉国主编. —北京：
国防工业出版社,2015.8
ISBN 978-7-118-10429-5

Ⅰ.①高… Ⅱ.①朱… Ⅲ.①军事理论－高等
学校－教材　Ⅳ.①E0

中国版本图书馆 CIP 数据核字(2015)第 197182 号

※

国防工业出版社 出版发行

（北京市海淀区紫竹院南路 23 号　邮政编码 100048）
北京嘉恒彩色印刷有限责任公司
新华书店经售

*

开本 710×1000　1/16　印张 22　字数 419 千字
2015 年 8 月第 1 版第 1 次印刷　印数 1—10000 册　定价 34.00 元

（本书如有印装错误，我社负责调换）

国防书店：(010)88540777　　　发行邮购：(010)88540776
发行传真：(010)88540755　　　发行业务：(010)88540717

教材编写委员会

前　言

《孙子兵法》开宗明义，首言"兵者，国之大事，死生之地，存亡之道，不可不察也"。孙子把战争与国家命运、人民的生死紧密联系起来，不仅指出战争在国家事务中的重要地位和作用，而且也明确指出战争的政治目的在于确保国家的生存和发展，这就把战争推到了国家大事的首要位置。大学的国防教育是全民国防教育的重要组成部分，是国家培养未来建设人才的战略性措施。2001 年，教育部、总政治部和总参谋部为进一步推进普通高校军事课教学工作，联合颁发了《关于在普通高等学校和高级中学开展学生军事训练工作的意见》，2007 年教育部再次修订了《普通高等学校军事课教学大纲》，为普通高校开展军事课教学提供了指南。

喜闻教育部正在启动新一轮"普通高校军事理论课"教学大纲修订调研，我们有幸成为部分高校调研对象之一，与我们进行的军事理论课教学改革正好契合。当代大学生应学习"当代大学"之道，努力把自己塑造成为具备一定"治国安邦"才能的人材。在这样一个特殊的社会群体中开展国防教育，时效性、前瞻性尤为重要，为不耽误新学期学生授课使用，故编写本书。

"军事理论"课教学作为普通高等学校本、专科学生的一门必修课，学校纳入正式教学计划已有 14 年了。参与此次编写的老师均有多年的军事理论课堂教学经历，并在结合区域特点、专业优势参与教学课件编写、教学论文撰写、科研课题研究等方面，积累了一定的实践经验和理论基础。为进一步提高军事理论课教学质量，2014 年成立了由济南空军驻山东理工大学选培办张伟大校为编委会主任（副教授）、济南军区综合训练基地学生军训教研室刘鹏大校（教授）和山东理工大学国防教育学院刘西锋院长（副教授）为副主任的教材编写委员会，编委会成员来自多家普通高校和部队单位。

本教材由山东理工大学朱玉国担任主编。在编写期间，学校领导高度重视、同事们给与大力支持和帮助，济南空军驻校选培办、济南济南军区综合训练基地、淄博师范专科学校等军事教研专家们也给予了极大地关怀和指导,提供了丰富的宝贵资料,为教材的顺利编写打下良好的基础,在次表示最诚挚的感谢。

由于编者理论水平和能力有限,本教材中会有一些错误与疏忽,诚恳地希望各位读者朋友批评和指正,也衷心地希望同学们在使用中提出宝贵的意见和建议。

作者

目　录

第一章　中国国防 ………………………………………………… 1

　第一节　国防概述 ……………………………………………… 1

　　一、国防的基本要素 ………………………………………… 1

　　二、国防的基本类型 ………………………………………… 6

　　三、现代国防的特征 ………………………………………… 7

　第二节　我国的国防历史 ……………………………………… 8

　　一、我国古代的国防 ………………………………………… 9

　　二、我国近代的国防 ………………………………………… 11

　　三、新中国成立后的国防回顾 ……………………………… 12

　　四、国防历史的启示 ………………………………………… 17

　第三节　我国的国防建设 ……………………………………… 18

　　一、国防领导职权划分 ……………………………………… 19

　　二、国防建设目标 …………………………………………… 21

　　三、国防政策 ………………………………………………… 22

　　四、国防法规 ………………………………………………… 23

　　五、国防教育 ………………………………………………… 28

　第四节　新中国武装力量 ……………………………………… 31

　　一、中国人民解放军现役部队 ……………………………… 31

　　二、中国人民解放军预备役部队 …………………………… 48

　　三、中国人民武装警察部队 ………………………………… 50

　　四、中国民兵 ………………………………………………… 58

　第五节　国防动员 ……………………………………………… 59

　　一、国防动员的内容 ………………………………………… 60

二、国防动员的基本功能 …………………………………………… 62

三、国防动员领导机构 …………………………………………… 65

四、国防动员准备与实施 ………………………………………… 66

五、现代国防动员特点及发展趋势 ……………………………… 69

第二章　国际战略环境 ……………………………………………… 74

第一节　战略环境概述 …………………………………………… 74

一、战略基本概念 ……………………………………………… 74

二、战略环境研究的内容 ……………………………………… 77

三、战略与战略环境的关系 …………………………………… 80

第二节　国际战略格局 …………………………………………… 80

一、国际战略格局概述 ………………………………………… 80

二、世界新格局展望 …………………………………………… 85

三、未来国际战略格局的发展趋势 …………………………… 88

四、多元化的安全威胁 ………………………………………… 99

第三节　我国周边安全环境 ……………………………………… 104

一、我国周边安全环境演变与现状 …………………………… 104

二、我国周边安全环境发展面临的挑战 ……………………… 127

三、面对复杂的周边环境应采取的对策 ……………………… 131

第三章　军事思想 …………………………………………………… 133

第一节　军事思想概述 …………………………………………… 133

一、古代军事思想 ……………………………………………… 133

二、近代军事思想 ……………………………………………… 145

三、现代军事思想 ……………………………………………… 155

第二节　毛泽东军事思想 ………………………………………… 159

一、毛泽东军事思想的科学含义 ……………………………… 159

二、毛泽东军事思想的形成与发展 …………………………… 162

三、毛泽东军事思想的基本内容 ……………………………… 165

四、毛泽东军事思想的历史地位和现实意义 ………………… 171

第三节　邓小平新时期军队建设思想 …………………………… 172

一、邓小平新时期军队建设思想的形成和发展 ·················· 173

二、邓小平新时期军队建设思想的主要内容 ·················· 174

三、邓小平新时期军队建设思想的历史地位 ·················· 185

第四节　江泽民国防和军队建设思想 ·················· 186

一、江泽民国防和军队建设思想的形成过程和基本特征 ······ 186

二、江泽民国防和军队建设思想的主要内容 ·················· 188

三、江泽民国防和军队建设思想的历史地位 ·················· 194

第五节　胡锦涛国防和军队建设思想 ·················· 195

一、胡锦涛国防和军队建设思想的科学含义和历史背景 ······ 195

二、胡锦涛国防和军队建设思想的主要内容 ·················· 197

三、胡锦涛国防和军队建设思想的地位作用 ·················· 204

第六节　习近平关于国防和军队建设重要论述 ·················· 206

一、习近平国防和军队建设重要论述的科学指导意义及军事理论创新 ······ 206

二、习近平国防和军队建设重要论述的主要内容 ·················· 208

三、学习习近平国防和军队建设重要论述的重要意义 ·················· 213

第四章　军事高技术 ·················· 214

第一节　军事高技术概述 ·················· 214

一、军事高技术概述 ·················· 214

二、军事高技术对现代战争的重大影响 ·················· 216

三、军事高技术的发展趋势 ·················· 217

第二节　应用型军事高技术概述 ·················· 221

一、应用型军事高技术的类型 ·················· 221

二、应用型军事高技术的发展趋势 ·················· 221

三、应用型军事高技术对现代作战的影响 ·················· 228

第三节　应用型军事高技术介绍 ·················· 230

一、现代侦察监视技术 ·················· 230

二、伪装和隐身技术 ·················· 242

三、电子对抗技术 ·················· 248

四、精确制导技术 ·················· 258

　　五、航天技术 ·············· 272

　　六、指挥控制技术 ·············· 285

第五章　信息化战争 ·············· 290

　第一节　信息化战争概述 ·············· 290

　　一、信息化战争的基本概念 ·············· 290

　　二、信息化战争基本特征 ·············· 295

　　三、信息化战争的基础知识 ·············· 297

　　四、信息化战争条件下战争样式 ·············· 306

　　五、信息化战争的发展趋势 ·············· 308

　　六、如何看待信息时代下的新军事变革 ·············· 311

　　七、信息化战争对我国的国防建设的新要求 ·············· 313

　第二节　信息化战争的作战样式 ·············· 315

　　一、情报战 ·············· 315

　　二、电子战 ·············· 318

　　三、网络战 ·············· 321

　　四、精确战 ·············· 324

　　五、心理战 ·············· 326

　第三节　信息化条件下的战争案例 ·············· 328

　　一、海湾战争简介 ·············· 328

　　二、科索沃战争简介 ·············· 332

　　三、阿富汗战争简介 ·············· 334

　　四、伊拉克战争简介 ·············· 338

第一章　中国国防

第一节　国防概述

国防,就是一个国家的防务,是指国家为防备和抵抗侵略,制止武装颠覆,保卫国家的主权、统一、领土完整和安全,所进行的军事活动,以及与军事有关的政治、经济、科技、教育等方面的活动。国防是国家的防务,作为国家的重要职能之一,是一个国家生存与发展的安全保障,维护国家安全利益是现代国防的根本职能,捍卫国家主权、领土完整和防止外来侵略、颠覆是现代国防的主要任务。国防事关国家的兴衰、荣辱与存亡,国防的强弱直接关系到国家的安全、民族尊严和社会的发展,国防的巩固与强大是一个主权国家的根本大计。

一、国防的基本要素

(一) 国防主体

国防的主体是国家。随着国家的产生,为保障国家安全,维系国家生存,就要固国强边,防备和抵御外来入侵,因而就产生了国防。因此国防与国家紧密相联,必将随着国家的产生而产生,随着国家的发展而发展,也必将随着国家的消亡而消亡。从国家的本质看,国家作为阶级专政的工具,是统治阶级利益与意志的体现,国防必然是为这种利益与意志服务的,国防也只有依靠国家的这种权利才能得以实现,因此只有国家才能领导和组织国防事业,有国就有防,国无防不立。从国防的本义看,国防也是国家各民族的的共同防务,民无防不安。按照法律规定,一切国家机构和国家公民都要履行自己的国防职责和义务,且一切的国防行为都应受到法律的保护。

【知识链接】什么是"国家"?

从抽象的角度,国家是一定范围内的人群所形成的共同体形式。国家政权是国家的具体化身,也是通常意义上对国家的理解。它是一种拥有治理一个社会的权力的机构,在一定的领土内拥有外部和内部的主权。在国际关系的理论上,只要一个国家的独立地位被其他国家所承认,这个国家便能踏入国际的领域,而这也是证明其自身主权的重要关键。国家既是一个地缘概念,又是一个政治概念。

国家作为一个地缘概念,在我国有着深厚的文化底蕴。据考证:繁体字"國",源于"或","或"者,邦也。"口"表示范围,"一"表示土地,"戈",执干戈以卫社稷,表示武力。西周后期随着当时经济的繁荣和邻邦关系的紧张等一些列原因，国都开始建造围墙了，于是"國"字逐渐取代了"或"字成为国都的专用字。春秋战国时代，"國"字逐渐演化为国家的意思，指代一个国家的整个疆域，从而成为一个行政区域，有了"诸侯治疆域为国，大夫治疆域为家"的说法。1955年9月的《汉字简化方案修订草案》将"國"字简化为"国"字。其实，"国"字也是古已有之，据清梁同书《直语补证》考："国、子、齐……，今市侩书之，皆起于宋，见孙奕《示儿编》云。"不过，"国"字的出现还要早于宋代，在北魏造像题记中，即已出现"国"。玉在中国古代文化中具有至高无上的地位，既是珍宝财富、君子品德的象征，也是国家权力与地位的象征。

国家作为一个政治概念，除沿袭地缘概念的内涵之外，又有了新的发展。包括四个基本要素，即：领土、人民、政府和主权。

1. 领土

领土包括一个国家的陆地、河流、湖泊、内海、领海以及它们的底床、底土和上空（领空），是主权国管辖的国家全部疆域。领土是位于国家主权下的地球表面的特定部分，以及其底土和上空。领土是国家行使主权的空间。国际法承认国家在其领土上行使排他的管辖权。领土同时也是国家行使主权的对象，是国际法的客体。国家对领土具有完全的排他的主权，被称为领土主权，国际法认为，领土主权包括三个方面的内容：①领土所有权。国家对其领土范围内的一切土地、水域、底土和空间资源拥用占有权、使用权、开发权、支配权和保卫权。任何外来势力，侵犯了一个国家的上述权力，就构成了侵略。一个国家有权力运用任何手段反对外来侵略，以保卫自己的领土主权不受侵犯。②领土管辖权。国家对其领土范围内的人、事、物，拥有排他的管辖权。国家可依照本国法律，对领土范围内的一切人、事、物进行管辖和外理，任何外来势力和他国无权干预。③领土主权不容侵犯。领土主权、领土完整是国家政治独立的重要标志，是久经确认的最基本的国际关系准则和最重要的国际法基本原则。

领土是一个国家立足的根本，是国家自下而上与发展的物质基础。领土之争，实质就是争夺国家主权，争夺国家的生存权和发展权。历史上的大多数战争，都是因领土争端而引发的。由于多方面的原因，领土争端成为当今世界局部战争和冲突不断的一个重要原因。

2. 人民

人民指居住在同一国家或地区、享有一定权利的居民。其中"人"字表明这个集合的个体是人类，而"民"字表明属于这个集合的个体具有公民的权利和承担公民义务。"人民"这一概念在不同的国家和各个国家的不同历史时期，有着不同的内容。例如，在古罗马时代，它一般指共和国的"人民、国民（贵族阶级）"。在西方政治学辞典中"人民"（people）一词被解释为：广义上指国家主权的构成主体，与

"国民"（nation），"民族"（nation，Volk）和"国族"（nation，state – nation）同义；狭义上指除国家统治阶级外的被统治者——人民。广义上的"人民"属强调包括国家统治阶层在内的国家一体性概念，受到国界约束；而狭义上的"人民"属重视被统治者的相互连带感情而共同谋求解放压迫的概念，具有超越国界限制的普遍性。在我国社会主义时期，一切赞成、拥护及参加社会主义革命和建设的阶级、阶层和社会集团，都属于人民的范围。人民与公民、国民是不同的概念，虽然它们都反映了一定社会关系和人们在国家中的地位，但两者有明显的区别：①人民是一个政治概念，具有一定的阶级内容和历史内容，是相对敌人而言的，它反映了一定社会的政治关系。而公民或国民是法律概念，指具有一国国籍、并根据该国宪法和法律规定享有权利和承担义务的人，它反映一定的法律关系。②人民指对社会发展起推动作用的大多数人，而公民或国民指一国中所有具有该国国籍的人，不以其是否起进步作用为标志。③人民是个集体概念，是众多人的集合体，任何个人都不能称为人民，而公民或国民则可用于称单个人。

3. 政府

政府是国家的象征，是合法的政治权力的代表，是实现国家职能的机构，是对内进行管辖、对外进行交往的机关。在国内事务中，它合法地管理着人民，公正地处理人民之间的冲突；在国际事务中，它可以代表国家处理与其他国家的利益关系。俗称官府、衙门、公家等，是一个政治体系，某个区域订立、执行法律和管理的一套机构。广义政府包括立法机关、行政机关、司法机关、军事机关。狭义政府仅指行政机关。一个国家的政府又可分为中央政府和地方政府。政府作为统治阶级行使国家权力、实施阶级统治的工具，是随着阶级和国家的出现而产生的；随着国家的发展和社会政治、经济生活的日益复杂，政府的职能将不断扩大，政府机构也逐步完善；随着国家的消灭，政府也将消亡。具有鲜明的阶级性，它的职能是代表统治阶级实行政治统治和管理社会公共事务。到目前为止，人类社会生活中存在着两种性质的政府：民主的政府和专制的政府。两种政府的产生方法是不同的：专制政府是使用野蛮的武力来控制社会从而建立政府这种管理机关，或使用野蛮的暴力推翻民主政府而建立专制政府。专制政府的建立根本就不需要考虑人民的意愿，也不需要获得人民的同意就以武力来统治人民。相反，民主政府则是由社会生活中的公民通过定期的、普遍而公正的自由选举所产生的领导人来负责建立，民主政府的产生方式是和平、理性、非暴力的，因而是文明的。政府的性质是区分一个社会文明程度的重要标志：被专制政府统治的社会也许还是一个野蛮或文明程度很低的社会；而由民主政府管理的社会则是一个文明、开化的社会。

4. 主权

主权也是国家最基本的特征之一，是一种对某地域、人民或个人所施展的至高无上、排他的政治权威。简言之，为"自主自决"的最高权威，也是对内立法、司法、行政的权力来源,对外保持独立自主的一种力量和意志。主权的法律形式对内常规定于宪法或基本法中,对外则是国际的相互承认。主权原则是现代国际法所确立的重要原则,其要求各国在其相互关系中要尊重对方的主权,尊重对方的国际人格,不得有任何形式的侵犯。1970 年《国际法原则宣言》详尽阐述了主权原则的内容,其中心是各国主权平等。该宣言规定,主权平等包括下列要素:①各国法律地位平等;②每一国均享有充分主权之固有权利;③每一国均有义务尊重其他国家之人格;④国家之领土完整及政治独立不得侵犯;⑤每一国均有权利自由选择并发展其政治、社会、经济及文化制度;⑥每一国均有责任充分并一秉诚意履行其国际义务,并与其他国家和平共处。在民主制度里,主权属于国家的全体人民,这被称为人民主权,人民主权可以藉由国民大会等形式直接行使。更普遍的是由人民选举代议士参与政府的代议政制,也是目前大多数西方国家和其旧殖民地所采取的形式。人民主权也能藉由其他形式行使,如英国和其联邦所采取的君主立宪制。代议制度也能混合其他的行使方式,如被许多国家采用的公民投票制度。在其他的形式如君权神授、君主专制和神权政治下,主权则被定义为一种永恒的起源,为一种由上帝或自然界所赐予的权力。

(二) 国防目的

国防的目的就是要捍卫国家的主权、统一、领土完整和安全。国家和主权不可分割,主权是一个国家存在的根本标志,捍卫国家主权始终是一个国家国防的根本目的和任务。国家的统一是指国家必须由一个中央政府对领土内的一切居民和事务行使完整的管辖权,决不允许另立政府或分割国家的管辖权,保卫国家的统一历来都是国家的重要任务。领土完整是指凡属本国的领土,决不能丢失,决不允许被分裂、肢解和侵占,任何国家的领土被侵占,必然导致国家主权被侵犯,捍卫国家主权的独立,必然要保卫国家领土的完整。国家要生存和发展,就必须有一个安全的环境,如果没有一个和平、稳定的内外环境,不仅难以建设与发展,生存也会受到威胁。因此当危机国家安全时,国防力量必须采取措施,保卫国家安全。

【知识链接】什么是国家主权和国家安全?

国家主权

国家主权这个概念是由西方提出的。中世纪,伴随着欧洲王权衰落和资产阶级革命,欧洲出现了一大批杰出的资产阶级思想家,如英国的洛克、霍布斯,法国的卢梭,美国的潘恩等。他们从不同的角度提出了一个共同的思想认识,即:国家是社会个人和社会团体为共存而相互契约的结果;契约是社会每个个人自然权利相互让渡后的结合,这种结合的最高的表现是人民主权;国家主权是人民主权的外观形式,是一国人民的自然权利的最集中的表现。从自然法的原则中派生出人的许多自然权利,人权是人的自然权利的总和,它包括人的生存权和不妨害他人的发展权。国家主权是社会个人自然权利的集合体,也是全体国民的生存权和发展权的集合体。换言之,全体国民的生存权与发展权相互依存并作为不可分割的两部分统一于国家主权的概念之中。1586 年法国思想家让·布丹提出国家主权论,国家主权从此就被视为民族国家的主要特征。

在国际法中,国家主权是国家自然权利,是国家的最基本的属性,由此便引申出国家其他四方面的基本权利:①独立权;②平等权;③自保权;④对内最高管辖权。这四大权利实际上分为外部和内部两个方面。独立权和平等权,是国家主权的国际存在并发挥相应作用的必要前提,是国家主权在国际关系中最基本的体现;自保权,是国家主权在国际关系中的安全保证;对内最高管辖权,是国家主权的国内体现。这几方面权利缺一不可地支撑着国家主权的完整存在。

国家主权至上,是各国普遍奉行的原则。20 世纪 90 年代中期以来,西方国家的文人政客蓄意淡化国家主权观念,大肆鼓吹“主权过时论”,人权无国界、人权高于主权、内战非内政。之所以如此,是他们打着维护人权的幌子,借机干涉别国内政,侵占别国利益。“主权过时论”不过是他们借以限制其他国家主权而扩张本国利益的工具罢了。国家主权在一定意义上是“集体人权”的综合体现,“集体人权”理应高于“个人人权”。而且人权是历史的产物,它的充分实现,是同每个国家的经济文化水平相联系的。在不同的国家,不同的历史发展阶段,人权的内涵是不完全相同的。因此,任何国家都不应该把自己的人权标准和要求强加于人。

国家安全

“国家”、“国家主权”是“国家安全”概念发生的认识原点。国家安全的最高目标是保卫国家主权,而保卫国家主权的最高表现则是保卫国家的生存权和发展权。

以往中国人对国家安全的认识,更多地侧重于国家的生存安全。在这种认识中,本国的安全与世界的安全是相对分离的。我们因此常常不理解美国人为什么在世界各地到处插手,但只要看一下美国经济,乃至美国本身与世界的联系程度,这个问题就会迎刃而解。只要留心一下美国一年一度的安全战略报告,我们会发现,美国人眼中的国与国的界限远不如东方人感觉得那么明显。对国家安全的考虑,美国人是从世界范围来看问题;对地缘战略的制定,美国人的视角是如何控制海洋及海上关键岛屿;对国家经济、政治战略的制定,美国人的视角是如何控制世界市场及能源资源关键地区;美国国内问题的解决,更多地也是从国际问题的解决入手的。

与时代发展和国际战略格局变化相适应,当今中国的国家安全,已不仅仅是生存意义上的概念,而是包括有“发展”内涵的概念。当今中国的发展也不仅仅是国家内部运动,而是与世界紧密联系的一体化运动。发展利益之所在,便是今日中国国家核心利益之所在,对国家核心利益的威胁便是对国家安全的主要威胁。从这个意义上看,与自然经济条件下的国家安全观念不同。中国新世纪的国家安全应当主要是一个以维护中国发展权为核心的世界性的概念;对中国国家安全的关注,应当从传统的维护本土安全,转变为维护已走向世界的中国政治和经济利益安全;对中国国家安全系数评估基点,不应再主要建立在本土安全而应建立由本土辐射于世界的国家利益安全之上。维护中国国家安全,也应当从封闭的和独守家门的模式,转变为积极进取和开放的模式。中国的发展利益走到哪里,中国的安全观及其实现手段就应辐射到哪里。

(三) 国防对象

国防的对象是指主权国家防备、抵抗外敌入侵和制止武装颠覆。外敌入侵包括武装侵略和各种非武装侵略,武装侵略是战争行为,非武装侵略是运用各种经济、外交手段的侵略行为。当今世界,主权国家对主权国家的非武装侵略及其反侵略均以武装力量为后盾,而且有些所谓的非武装侵略,是非国防手段不能抵御的,因此国防所要防备和抵御的是"侵略",而不仅仅是"武装侵略"。颠覆活动包括武装颠覆和非武装颠覆,只有属于武装性质的颠覆活动,才必须动用国防力量。武装颠覆是指敌对势力、分裂势力以及极端宗教势力采取武装手段比如武装叛乱、武装暴乱等试图颠覆政权的行为,由于此类活动具有隐蔽性、突发性、组织性,因此国防必须做好应对各种诱因引发的突发事件的准备。

(四) 国防手段

国防手段是指为达到国防目的而采取的方法和措施,包括军事以及与军事有关的政治、经济、外交、科技、教育等方面的活动。国防的主要手段是军事活动,对付武装入侵和武装暴乱最根本和最有效的手段就是采取军事手段,因为军事手段是最具威慑作用的手段,是唯一能够对付武装侵略的手段,是解决国家之间各种矛盾的最终手段。政治手段作为国防手段,指的是"与军事有关"的政治活动,构成国防手段的政治活动主要是政治制度、政治思想工作和政治宣传等。国防经济手段主要有国防经济活动、经济动员、经济战、经济制裁等。国防外交活动主要是指国家与国家之间为了国防目的而开展的外交活动,由于这种外交主要涉及军事领域,所以也称之为军事外交,分为军事双边往来、多边军事交往、非官方军事交往、军事科技交流和军工合作、军事结盟、军事援助、军事经济合作、边防管理等。此外,与军事有关的科技、教育等也是国防的重要手段。

二、国防的基本类型

国防的性质是由国家的社会制度和国家政策所决定的。由于社会制度的不同,导致各国所使用的国防政策不同,所追求的国防目标也就不同,因此,世界各国的国防类型各不相同,可以归纳为以下四种类型:

(一) 扩张型

扩张型国防是指某些国家为了维护本国在世界各地区的利益,经常以国家防卫为幌子,公然对别国进行侵略、颠覆和渗透,实现霸权主义侵略扩张的目的。其特点就是把本国的"安全"建立在别国屈服的基础上,把"国防"作为侵略他国主权与领土,以及干涉他国内政的代名词。比如美国,推行霸权主义政策,在世界各地建立了300多个军事基地,把本国的国防推进到其他国家或地区,为其实现全球战略服务,是典型的扩张型国防。

(二)自卫型

自卫型是指在国防政策上采取以防止外敌入侵为目的,主要依靠本国力量,广泛争取国际上的同情和支持,既要维护本国的安全,又要保证周边地区和世界的和平与稳定。比如中国,我国是社会主义国家,在对外关系上一直奉行"和平共处"五项原则。因此我国的国防坚持和平自主的防卫原则,永不侵略扩张,也不允许他国侵占我国的一寸土地,并公开向世界承诺:永不称霸,不做超级大国,不首先使用核武器或以核武器相威胁,不对无核国家和地区使用核武器,不侵略他国。因此我国的国防是积极防御性的,属自卫型国防。

(三)联盟型

联盟型国防是指一个国家因自身国防力量不足,采用结盟的形式,联合一部分国家来弥补自身力量的不足,借以加强彼此的国防力量。从联盟国之间的关系来看,可分为一元体系联盟和多元体系联盟两种。一元体系联盟中有一个大国处于盟主地位,其他国家则处于从属地位,比如"北约"组织,以美国为盟主。多元体系联盟基本处于伙伴关系,共同协商防卫任务,比如美日军事同盟、美韩军事同盟等。

(四)中立型

中立型国防主要是指奉行和平中立政策的中小发达国家,为了保障本国的繁荣与安全,严守和平中立的国防政策,这些国家制定了总体防御战略和寓兵于民的防御体系。比如瑞士,寓兵于民,大搞全民皆兵,是典型的中立型国防,另外还有瑞典、冰岛、圣马力诺等。

三、现代国防的特征

现代国防又称社会国防、大国防、全民国防,包括武装建设、国防体制、军事科技和工业、国防工程、军事交通通信、人力动员、国防教育、国防法规诸多方面,是一个庞大而复杂的系统。现代国防以军事力量为核心,还包括有关的非军事力量;它重视国家的战争潜力,特别是战时的动员效率;它还是以经济和科技为主的综合国力的竞争。和平时期国防的作用是威慑,要求不战而胜;战时国防的责任是实战,目标是胜利。现代国防建设不仅要立足于打赢现代战争,还要着眼于遏制、推迟和制止战争。

(一)现代国防结构的多维性

现代国防的构成不单指军事力量,它还包括诸如国土面积、地理位置、自然资源、生产能力、人口数量和质量、科技和文化水平、交通运输、通信能力、国家政策、管理智慧、国际关系、国际地位等非军事力量,虽以军事力量为主,但不只靠国家的军事实力,还靠国家的战争潜力,特别是在战时能将战争潜力快速转化为军事实力的能力。因此,现代国防不再只是军事力量的抗衡,而是多维力量和因素的抗衡,即综合国力的抗衡。随着社会的进步与发展演变,国防也被赋予了新的内涵和外延,诸如国防体制、国防战略、国防政策、国防力量、国防科技、国防工业、国防工程、国防经济、国防教育、国防动员、国防交通、国防法规以及与现代国防有关的所有方面的建设与斗争等,都呈现出了现代国防要求的时代特征。

（二）现代国防斗争形式的多样性

现代国防的斗争形式主要包括暴力对抗、威慑手段、谈判方式、运用影响手段等。在现实的国际社会中,对峙的双方不经实力较量,在短期内一般较难实现自己的企图。因此,无论是影响力、谈判还是威慑,都必须以强大的实力为后盾和基础,甚至要随时准备把实力投入战场。虽然战争手段的最高仲裁者的地位还未发生根本性的变化,但是当今世界,除了传统的军事安全威胁外,恐怖主义、种族主义、分裂主义等非传统安全威胁已成为危害国家安全的重要因素。为了应对传统领域及非传统领域多元的各种威胁和挑战,维护世界和平和人类社会的稳定发展,运用影响力、谈判威慑等非暴力手段已客观地成为解决国家争端的重要形式。当然。无论是影响力、谈判还是威慑,都必须以强大的实力为基础和后盾,甚至要随时准备把这种实力投入战场。现代国防也正是这种多元手段、多元斗争形式的角逐。

（三）现代国防目标的层次性

国家安全是国防建设的重要目标,由于各个国家的性质、制度、国力及其推行政策的不同,国防目标也就呈现出多层次性。从地缘政治和范围上,现代国防目标可分为自卫目标、区域目标和全球目标。自卫目标主要维护国家主权统一和领土安全;区域目标主要是自卫和维护周边地区的和平与稳定;全球目标在于维护世界和平、消除战争威胁,少数国家则是为了称霸世界。从面临危机程度和内涵上,现代国防目标可分为国家的存亡、国家的安危、国家的荣辱、国家的兴衰四个层次。在国家面临紧急威胁时,国防目标首先解决国家存亡问题;在一般威胁下,国防的目标是解决安危、荣辱问题;在保障国家建设和发展的环境下,国防目标还有保卫和促进发展的问题。另外可以分两个层次:一种是基于保证国家生存、民族独立型的国防,称为生存目标;另一种是国家生存无忧,民族独立无虑,国防的目标在于争取一个适合国家发展的空间,称为发展目标。总的来说,所有国防的着眼点都是捍卫和扩大国家利益。

第二节　我国的国防历史

国防作为一种历史现象,从萌芽于部落斗争,到伴随着阶级的产生、国家的形成而逐渐出现,最终也将随着国家的发展而发展。我国的国防历史源远流长,是我国文明史的重要组成部分,也是我国传统文化的一份珍贵财富。我国的国防经历了4000多年的历史发展,也经历过无数个强盛与衰落的过程,才给我们留下了这份宝贵的国防遗产和深刻的历史教训。

一、我国古代的国防

我国古代的国防从公元前21世纪夏王朝的建立,至公元1840年鸦片战争终结大约经历了4000年的历史。在漫长的国防历史发展过程中,中华民族经历了无数次血与火的洗礼,培育了民族的凝聚力和自强不息、卫国御侮的尚武精神,最终形成了多民族、大疆域的国家。

(一)古代的国防政策和国防理论

我国古代为提高国防能力提出了许多卓有成效的国防政策和国防理论:①"以民为体","居安思危"的国防指导思想;②"富国强兵","寓兵于农"的国防建设思想;③"爱国教战","崇尚武德"的国防教育思想;④"不战而胜","安国全军"的国防斗争策略等。遵循这些思想,使我国取得了无数次对外战争的胜利,使中华民族代代繁衍,生生不息,使国防出现过"中国既安,四夷自服"的鼎盛时期。

(二)古代的兵制建设

所谓兵制,就是军事制度,现在一般称为军制。它包括武装力量体制、军事领导体制和兵役制度等方面的内容。兵制建设是我国古代国防的一个重要方面。

在武装力量体制上,我国古代一般区分为中央军、地方军和边防军。秦朝以前,武装力量比较单一,在军事力量构成上,实行兵民合一的民军制,平时生产劳动,战时集合成军,以临时征集的方式组成军队。秦朝以后,随着政治制度的完善和经济生产的发展,各朝代根据国家的状况和国防的需要,以及驻防地区和任务,将军队区分为中央军、地方军和边防军,并对军队的组织编制、屯田戍边、兵役军赋、军队调拨、军需补给、驿站通道、武器的制造和配发等都做了具体的规定,通过法律形式颁布执行,如唐代的《卫禁律》、《军防令》等。

在军事领导体制上,夏、商、西周时期还没有专门的军事机构,国王一般亲自主持军政,领兵作战。春秋末期,国家机构出现将相制,以将为主组成军事指挥机构。战国时期,将军独立统兵作战已很普遍。秦统一后,设立了专门管理军事的机构,最高的军事官员称太尉。隋朝对国家机构进行了改革,设立了三省六部制,专门设立了主管军事的部门——兵部。宋朝为了防止"权将"拥兵自重,在中央设立了枢密院,作为军事领导的最高机构,主官用文官担任。枢密院对军队有调遣权,但无指挥权;将军对军队有指挥权,但又不能调遣军队,造成枢密院和将军的相互牵制。各朝代在军事领导体制方面的做法虽然不尽一致,但皇权至上,军队的调拨使用大权始终掌握在皇帝手中。

在兵役制度上,随着各个历史时期的政治、经济、人口状况和军事需要而发展变化。奴隶社会时期,生产力低下,人口稀少,战争规模小,主要实行兵民合一的民军制度。封建社会时期,民军制度逐渐演变为与当时历史条件相适应的兵役制度,如秦汉时期的征兵制、三国两晋南北朝时期的世兵制、隋唐时期的府兵制、宋朝的募兵制、明朝的卫所兵役制等。

(三) 古代的国防工程建设

我国古代为抵御外敌的侵犯,巩固边海防,修筑了数量众多、规模庞大的国防工程,如城池、长城、京杭运河以及海防要塞等。

城池是我国古代国防建设中时间最早、数量最多的工程。城池建筑始于商代,之后规模不断扩大、结构日益完善,一直延续到近代。由此,城池的攻守作战成为我国古代战争中主要的样式之一。长城是城池建设的延续和发展,始建于春秋战国时期。秦灭六国完成统一后,为了防御北方匈奴的南侵,于公元前214年,将秦、赵、燕三国北部的长城予以修缮,连贯为一。故址西起临洮(今甘肃岷县),北傍阴山,东至辽东。后经各朝代多次修建连接,至明代形成了西起嘉峪关,东至山海关的万里长城。

京杭运河是我国古代伟大的水利工程。隋炀帝时在原有的旧河道上开凿连贯。运河北起通州,南至杭州,全长1794千米,把南北许多州县连成一线,对军事交通运输和"南粮北运"起到了积极作用。

古代海防建设是从明朝开始的。为防止倭寇的袭扰,明朝在沿海重要地段陆续修建了以卫城、新城为骨干,水陆寨、营堡、墩、台、烽堠等相结合的海防工程体系。

(四) 古代国防的兴衰

我国古代国防的兴衰是与各朝代的政治、经济、军事状况密切相关的。纵观我国几千年的国防史,我们不难发现,当统治阶级处于上升时期,政治修明,经济发展,军事强大,民族团结,国家统一的时候国防就强盛;当统治阶级走下坡路,政治腐败,经济凋敝,军事孱弱,民族分裂,国内混乱的时候,国防就削弱、崩溃。

从整个历史来看,我国古代前期国防日趋发展,日趋强盛,以至于发展到鼎盛,从春秋战国到秦汉、到盛唐就是如此。其后国防便日趋衰败,以至于一触即溃,不可收拾,从中唐到两宋、到晚清就是如此。其间,虽然盛唐之前有两晋的糜烂,中唐以后有明清中前期的振作,但整个封建社会国防事业由盛及衰的基本趋势是没有改变的。

从汉、唐、明、清等几个大的历史朝代看,国防事业也都是由兴而盛,由盛及衰。其间固然不乏极盛之前的短暂衰落,衰败之后的一时复兴,但终其一朝由盛及衰的基本趋势也是没有改变的。

二、我国近代的国防

中国近代的国防充溢着屡弱、破败和屈侮。

清朝初期统治者还注重海防建设。在同国内割据势力的斗争中,制止了分裂,促进了国内各民族的团结,维护了国家的统一;在与外部侵略势力的斗争中,捍卫了国家的领土主权,建立了一个空前统一、疆域辽阔的多民族的封建专制国家。但从道光年间开始,朝政日益腐败,防务日渐废弛。特别是袁世凯在《军政司试办章程折》中说:"中国军政废弛,匪伊朝夕。其弊端之尤著者,在于营制不一,操法不齐,器械参差,号令歧异。为将者不习谋略,为兵者半属惰游。平时而心志不相浮,临阵而臂指不相使,聚同乌合,散如瓦解"。清军的精华——北洋水师也是"日久玩生,弃兵于操驾事宜全不练习,遇敌之时雇佣舵工,名为舟师,不谙水务"。边防废弛,海防要塞火炮年久失修,技术性能落后,炮弹威力甚小且不能及远。

1840 年鸦片战争爆发,西方殖民势力大举入侵,以坚船利炮打开了中国封闭的国门,将殖民主义根植在了中国的土地上,从此清王朝一蹶不振,每况愈下,有国无防,内乱外患不息,逐步沦为半殖民地半封建社会。在西方殖民主义者的侵略面前,腐朽的清朝统治者却执意奉行"居安思奢","卖国求荣"的国防指导思想。19世纪中叶以后,中国的领土香港、澳门、台湾、澎湖为英、葡、日所占,东北乌苏里江以东、黑龙江以北,西北今国界以外为沙俄所占,帕米尔为俄、英瓜分。

从 1840 年鸦片战争到 1911 年辛亥革命这 70 多年间,清政府与外国列强签订了几百个不平等条约,割让领土近 160 万平方千米,如把利息计算进去,仅《辛丑条约》中规定的"庚子赔款"本息就达 9.8 亿多两白银。当时在中国 1.8 万多千米的海岸线上,竟找不到一个中国自己享有主权的港口。国家有海无防,有边不固,绝大部分中国领土成了帝国主义的势力范围:俄国在长城以北;英国在长江流域;日本在台湾、福建;德国在山东;法国在云南。中华民族的国土被踩踏蹂躏,支离破碎。

辛亥革命虽然推翻了清朝的统治,建立了"中华民国",但并没有改变中国任人宰割的历史。帝国主义扶植各派军阀为自己的代理人,加紧对中国的掠夺;各派军阀争权夺利,混战不已,中国依然是有边不固,有海无防。此时当政者奉行的是"以军压民"、"贫国臃兵"的国防建设思想。

辛亥革命后,帝国主义为维护其在华利益,纷纷扶植自己的代理人。先是袁世凯称帝,后有张勋复辟,各派军阀以帝国主义为靠山,割据称雄,混战不休。直、皖、奉三大派系军阀先后窃据中央政权,贿选国会议员和总统,出卖国家和民族利益。而此时的当政者主要奉行"愚兵牧民"、"莫谈国事"的国防教育思想。"二十一条"的签订和"巴黎和会"中国外交的失败,充分暴露出北洋政府的腐败无能,使中国面临被帝国主义进一步瓜分的命运,从而激起了中华民族同仇敌忾、共御外侮的决心和勇气。以"五四"运动为标志,中国反帝反封建的资产阶级民主革命发展到新阶段。

1921年7月,中国共产党的成立,给苦难深重的中华民族带来了民族独立的曙光,把中国人民的救亡图存斗争推向新的阶段,中国工人阶级开始以自觉的姿态登上了历史舞台。

1931年9月18日日本发动了"九一八"事变。面对日本的侵略,蒋介石却奉行"不战而败","攘外必先安内"的国防斗争策略,一味妥协退让,出卖民族利益,使东北大片国土迅速沦陷。1937年7月7日,日本发动"卢沟桥事变",进一步扩大了对中国的侵略,中华民族到了生死存亡的紧要关头。中国共产党高举团结抗日的旗帜,肩负着民族的希望,领导全国人民进行了8年艰苦卓绝的抗战,终于取得了我国近代历史上第一次抗击外敌侵略的完全胜利。

抗日战争胜利后,全国人民迫切需要一个和平安全的建设环境。但蒋介石背信弃义,妄图消灭中国共产党及其所领导的军队,经过4年解放战争,中国共产党带领中国人民终于打倒了蒋介石反动政权,推翻了压在中国人民头上的"三座大山",从此结束了100多年来中华民族有国无防的屈辱历史。

1949年10月1日中华人民共和国成立,中国国防开始进入了社会主义新的历史阶段。

前事不忘,后事之师。所以了解中国近代国防史,作为屈辱的镜鉴,以激励我们奋发图强,尽忠报国。

三、新中国成立后的国防回顾

中华人民共和国成立以后,我国的国防建设才真正发展起来,在党和国家的高度重视下,半个多世纪以来,国防建设取得了举世瞩目的巨大成就。

(一)新中国国防斗争概况

新中国成立后,在加强国防建设的同时,为抵抗侵略,制止武装颠覆,保卫国家的主权、统一、领土完整和安全,我国武装力量同国内外敌人进行了多次坚决的斗争,并取得了一个又一个伟大的胜利。

1. 继续与国内敌人的斗争

(1)实现解放战争的伟大胜利。新中国成立时,祖国大部分地区已获解放,但是盘踞在西南地区和中南、东南及西北少数地区的国民党残余部队,不仅尚未缴械投降,而且妄图负隅顽抗。人民解放军在中央军委和毛泽东主席的领导指挥下,对残留的国民党军队展开了战略追击和围歼战。从1949年10月到1950年8月,我军先后解放了云南、贵州、四川、广东、广西、福建、新疆等省区和海南、舟山、万山等岛屿,共歼灭国民党军200余万人。1951年12月,我军进驻拉萨,解放了西藏苦难深重的百万农奴。至此,我军解放了除台湾及东南沿海少数岛屿外的全部国土,完成了统一祖国大陆的伟大事业。

（2）平息匪患和武装叛乱。1950年至1953年，我军在新解放区进行了大规模的剿匪斗争，共歼灭匪特武装260余万人，使全国范围内的匪患基本得以平息，保证了革命的胜利果实，巩固了新生的人民政权。1959年3月，西藏地方政府和上层反动集团发动了武装叛乱，人民解放军在当地爱国僧俗人民的协助下，迅速平息了叛乱，粉碎了西藏分裂主义分子搞"西藏独立"的阴谋，维护了祖国的统一。

（3）粉碎国民党军队的窜扰活动。国民党当局从撤退台湾时候起，就在美国政府的怂恿支持下，不断派遣军队，从海上和空中对大陆，特别是东南沿海地区，进行各种袭扰破坏活动。1949年秋至1955年，人民解放军先后粉碎了国民党军在东南沿海地区的多次中小规模登陆窜犯和武装袭扰活动，并解放了东山、一江山等20多个岛屿，共歼灭国民党军1万余人。从1958年8月起，我福建前线解放军部队对金门国民党军队进行了大规模炮击，在军事上、政治上给美蒋以沉重的打击。

自新中国成立以来，我人民解放军海空军在护航、护海和防空作战中，共击落击伤敌机488架，击沉击伤和俘获敌舰404艘，有效地保卫了祖国边海防的安全。

2. 抗击外国军队的武装侵犯

新中国成立后，为保卫和平，反对侵略，捍卫国家领土、主权的完整和安全，我军还与外国侵略者进行了多次交战，取得了抗美援朝斗争和多次边境自卫作战的伟大胜利，打出了军威、国威。

从新中国成立至20世纪70年代初，美国军用飞机不断入侵中国领空，进行侦察和挑衅。中国人民解放军空军、海军航空兵和高炮部队进行了英勇的防空作战，击落敌作战飞机和高空无人侦察机数十架，有力地打击了入侵的美国军用飞机，保卫了祖国领空的安全。

（二）新中国国防政策

国防政策，指国家进行国防建设和使用国防力量的准则，通常可分为总政策和具体政策，是国防建设和国家安全的保证。国防政策有鲜明的阶级性，不同的国家有不同的国防政策。

我国国防政策主要包括以下内容：

1. 实行积极防御，坚决保卫国家利益

《中华人民共和国国防法》明确规定中国"实行积极防御战略，坚持全民自卫原则"。我国的社会主义性质、国家利益、国家发展状况和独立自主的和平外交政策，决定了我国必须实行积极防御的国防政策。其基本目标是：巩固国防，抵御外敌侵略，保卫国家领土、领空、领海主权和海洋权益，维护国家统一和安全。

2. 服从和服务于国家经济建设

在整个社会主义初级阶段，解决中国面临的所有问题，包括国防和军队现代化问题，关键是把经济发展起来，这是决定当代中国命运的根本所在。经济发展了，才能为国防现代化建设提供坚实的物质基础。国防建设必须服从和服务于经济建设大局，这是中国国防建设的一个基本点。服从和服务于经济建设大局，并不等于可以忽视国防建设。国防建设作为国家整体利益的内在需要，必须同经济建设协调一致发展。

3. 坚持走有中国特色的精兵之路

走有中国特色的精兵之路，目标是建设一支现代化、正规化的革命军队。认真贯彻这一决策，能够保证军队建设与国家经济建设协调一致地发展，使军队指挥系统更加精干高效，部队编组更加科学，诸军兵种合成进一步加强，快速反应能力和机动作战能力更加提高。

4. 致力于维护世界和平和促进人类进步事业

中国奉行独立自主的和平外交政策，不搞霸权主义，不搞侵略扩张，不同任何国家结成军事同盟，不在国外驻军或建立军事基地。中国反对军备竞赛，主张根据公正、合理、全面、均衡的原则，实行有效的裁军和军控。中国主张通过协商，和平解决国与国之间的分歧和争端，反对诉诸武力或以武力相威胁。中国的国防建设不针对任何国家，不对任何国家构成威胁。

中国国防政策的核心和实质是：捍卫国家独立、主权、统一和安全，促进国家的改革开放和国民经济的发展，维护世界和周边稳定。

（三）新中国国防建设的主要成就

1. 建立和完善了中国特色的武装力量领导体制

我国的武装力量领导体制，是在长期的革命战争中形成和发展起来的，并随着社会主义建设的不断深入而日渐完善。

1982年，党和国家共同设立中央军事委员会。同年通过的《中华人民共和国宪法》规定：中华人民共和国中央军事委员会统一领导全国的武装力量。党的中央军委和国家中央军委并存，同时向中央和全国人民代表大会及其常委会负责。这种体制，既贯彻了党对军队绝对领导的根本原则，又适应我军已成为国家主要成分的实际，进一步完善了国家武装力量的领导体制。

军委下设总参谋部、总政治部、总后勤部和总装备部作为军委的工作机关。在中央军委的领导下，还设有负责各军种组织建设、军事训练和战备作战的陆军、海军、空军和第二炮兵指挥机关。此外，直接隶属中央军委的还有军事科学院和国防大学等单位，以及负责指挥驻在各大战略区范围内的陆、海、空军部队和民兵的大军区领导机关。

2. 进一步发展和健全了"三结合"的武装力量体制

武装力量是国家的正规军和其他武装组织的总称。根据《中华人民共和国国防法》的规定，我国的武装力量，由中国人民解放军（包括现役部队和预备役部队）、中国人民武装警察部队和民兵，实行"三结合"的武装力量体制。

（1）中国人民解放军。中国人民解放军是中华人民共和国武装力量的骨干，是抵抗侵略、保卫祖国、打击恐怖主义、维护国家主权和安全的主要力量，由现役部队和预备役部队组成。现役部队由中国人民解放军陆军、海军、空军和第二炮兵部队组成。

（2）中国人民武装警察部队。武警部队的基本任务是：维护国家安全和社会稳定，保卫国家重要目标，保卫人民生命财产安全，战时协助人民解放军进行防卫作战。

（3）中国民兵。民兵是不脱离生产的群众武装组织，是人民解放军的后备力量，是进行现代条件下人民战争的基础。

3. 中国人民解放军的现代化、正规化和革命化建设有了突破性的进展

新中国成立后，人民解放军在毛泽东关于建设现代化革命武装力量的战略思想和邓小平关于新时期军队建设思想的指引下，不断向现代化、正规化和革命化迈进，并有了突破性的进展。

进入 20 世纪 90 年代以来，根据高技术战争的特点和影响以及江泽民主席提出的"五句话"总要求，人民解放军开始把军事斗争准备的立足点放在打赢现代技术特别是高技术条件下的局部战争上面，军队建设正逐步实现由数量规模型向质量效能型，由人力密集型向科技密集型的转变；在发展武器装备方面，人民解放军努力发展高技术"撒手锏"；在改革调整体制编制方面，人民解放军进一步压缩军队规模，优化诸军兵种比例结构，完善合成体制，使军队体制编制更能适应现代合同作战和联合作战的需要；在改革教育训练方面，为培养掌握现代科技知识和战争知识、精通现代军事科学理论的高层次指挥人才，指挥院校增设了硕士、博士生教育，部队训练加大了实战力度。

总之，面向 21 世纪的中国人民解放军将继续优化体制编制，更新教育训练内容和手段，改善武器装备，加强军队的质量建设，提高诸军兵种的合成化水平，向精兵、合成、高效的方向发展。

4. 形成了门类齐全、综合配套的国防科技工业体系

国防科技是衡量一个国家综合国力的重要标志之一，也是国防现代化建设的一个重要方面。建国 60 多年来，我国的国防科技工作从无到有，从小到大，从落后到先进，建立起了包括电子、船舶、兵器、航空、航天和核能等门类齐全、综合配套的科研试验生产体系，取得了一大批具有国内或国际先进水平的科研成果，为我军现代化建设和切实增强我国的综合国力做出了重要贡献。

在军事电子方面，逐步发展为具有相当规模、门类齐全的新兴工业部门，特别在指挥自动化、情报侦察、预警探测、电子对抗和通信等方面，为我军提供了各种新式装备和产品，进一步增强了部队的作战能力。

在船舶工作方面，先后自行研制和建造了核动力潜艇、常规动力潜艇、导弹驱

逐舰、导弹护卫舰、导弹快艇及各种辅助船舶和新型鱼雷、水雷、反水雷等新装备。

在兵器工业方面,研制生产了一大批具有先进性能的坦克、装甲车辆、火炮、弹药、轻武器、军用光电器材和综合火控、指挥系统等新型武器装备。

在航空工业方面,已能够生产歼击机、轰炸机、直升机、运输机、加油机、预警机、教练机等,基本满足了海空军作战和飞行训练的需要。

在航天科技工业方面,已拥有地地、地空、海空和空空导弹武器系统,运载火箭、各种应用卫星的研制和实验能力以及发射能力,在世界高技术领域占有一席之地。

在核工业方面,我国不仅可以生产制造原子弹、氢弹,还掌握了核潜艇技术,形成了我国的核威慑力量;在和平利用核能方面,我国也取得了突破性进展。

5. 国防后备力量建设取得了长足的进展

我国国防后备力量建设,经过几代人的努力,形成了一整套制度和优良作风,打下了坚实的基础。1985 年,党中央、国务院、中央军委明确提出:"精干的常备军和强大的后备力量相结合,是建设现代化国防的必由之路"。这一方针给国防后备力量建设指引了方向,确立了民兵和预备役相结合的制度,初步形成了具有中国特色的国防后备力量体系。为保证国家在发生战争的情况下,能很快由平时状态转入战时状态,我国于 1995 年成立了战争动员委员会,负责指导、协调全国的后备力量建设和动员工作。此外,加强了全民国防教育,特别是恢复并加强了对大学、中学在校学生的军训工作,使国防教育逐步纳入到整个国民教育体系中,走上了法制化、规范化的轨道。

6. 国防法规建设取得了显著成效

国防法规是国家法律的重要组成部分,是加强国防和武装力量建设的基本法律依据,是调整国防领域中各种关系,坚持依法治军,全面提高部队战斗力的重要保证,也是做好战争准备,赢得战争胜利的根本保障。

几十年来,新中国的国防法规建设在党和政府的高度重视下,取得了显著成效,其范围十分广泛,内容十分丰富。从已经颁发的国防法规来看,主要分为以下几个等级:①由全国人民代表大会及其常务委员会颁发的国防和军队建设的法律以及有关法律问题的决定,如《中华人民共和国国防法》《中华人民共和国兵役法》《中华人民共和国国防教育法》等;②由国务院、中央军委制定的军事行政法规,如《国防交通条例》《征兵工作条例》等;③由中央军委制定的军事法规,如《中国人民解放军司令部条例》《中国人民解放军政治工作条例》等;④由各总部、各军兵种、各军区制定的军事规章,如海军颁发的《舰艇条例》、空军颁发的《飞行条例》等;⑤各省、自治区、直辖市制定的地方性法规,如《关于加强人武部建设意见》《国防教育条例》等。

四、国防历史的启示

（一）经济发展是国防强大的基础

经济是国防的物质基础，国防的强大有赖于强盛的经济。早在春秋战国时期齐国政治家管仲就提出了"富国强兵"的思想，他认为"粟多则国富，国富者兵强，兵强者战胜，战胜者地广"、"甲兵之本，必先于田宅"；战国时代的政治家商鞅则是更直接地指出："国不富，不可以用兵；兵不强，不可以摧敌"。汉唐明清各朝，前期也都注重发展农桑、促进生产，从而奠定了强大国防的基础，实现了富国强兵的梦想。与此相反，以上各朝代的衰败，也都由于经济的衰落导致政治腐败和国防羸弱所致。

毛泽东继承了富国强兵思想，在革命战争时期，提出发展经济，保障供给，支援战争的思想。他指出，国防不可不有，为了抵御帝国主义的侵略，必须建立强大的国防；但只有经济建设发展得更快了，国防建设才能够有更大的进步。在新的历史时期，邓小平同志提出了改革开放、解放生产力、提高国民生活水平的战略方针，经过几十年的实践，这一高瞻远瞩的策略取得的成就举世瞩目。他还进一步指出，国防建设要服从经济建设的大局，国家经济力量强了，就可以拿出比较多的钱更新武器装备，加强国防。进入21世纪我国经济得到飞速发展，我国国防建设也取得长足发展，武装力量更加强大，国防教育、国防科技、国防工业等均取得快速进展。无数历史证明，经济发展是国防强大的基础。

（二）政治开明是国防巩固的根本

政治与国防紧密相关，国家的政治是否开明，制度是否进步，直接关系到国防能否巩固，良好的政治是固国强兵的根本。一个国家要长治久安，就必须深得民心，政治昌明。

纵观我国数千年的国防史，不难发现，凡是兴盛的时期和朝代，除了大力发展经济外，都十分注意修明政治，实行较为开明的治国之策。原本西陲小国的秦国，从商鞅变法开始，修政治，明法度，发展生产，繁荣经济，国防日渐强大，为吞并六国奠定了坚实的基础。汉高祖刘邦得天下之后，实行"文武"政策，建立法制，修明政治，此后文帝、景帝至武帝，都实行了比较开明的治国之策，为维持西汉两百多年的安定局面奠定了强大基础。大唐初建之时，满目疮痍，百废待兴，正是由于制定并实施了一系列开明的政治制度，使国家很快从隋末的战争废墟中恢复过来，很快成为国力昌盛、空前统一的大唐帝国。与此相反，到了秦朝后期，政治腐败、统治专横、实行暴政，最终激起了农民起义，终至推翻了秦始皇梦想千秋万年、子孙相继的基业。宋王朝机构臃肿，官员贪婪腐化，国力衰竭，无力抵抗外力侵略，终为元军所灭。到了近代，清政府政治腐朽，国防虚弱，面对外敌乞求苟合，割地赔款，将中国带进苦难的深渊。凡是衰落的时期和朝代，无不因为政治腐败导致国防虚弱。历史深刻地告诉我们,政治昌明是国防巩固的基础,是国家得以长治久安的根本保证。

(三)国家的统一和民族的团结是国防强大的关键

翻开几千年的国防史,人们都会发现:凡是国家统一、民族团结的朝代和时期,国防巩固,国泰民安;凡是国家分裂、民族矛盾尖锐的时期,国防虚弱,内忧外患。在面临外敌入侵、国家危亡的关头,只有国家统一、民族团结、共同抵抗,才能筑起一道坚固的国防长城,取得反侵略战争的胜利。

近代西方列强对我国发动侵略战争,使中国逐渐沦为半封建半殖民地国家,山河破碎、有国无防,其中一个重要的原因,就是清朝统治者在侵略者面前,不是发动和依靠广大人民进行反侵略斗争,而是认为"患不在外而在内",甚至利用八国联军之手消灭义和团等国内反抗武装力量。由于统治者害怕人民,采取了与人民对立的立场,尽管广大人民奋起反抗,但都处于自发、分散的状态,缺乏统一指挥,没有形成一致对外的合力,因此无法改变战争的局面。

抗日战争时期,中国共产党倡导全国军民团结起来,建立一个广泛的抗日民族统一战线,坚持人民战争的战略指导方针,放手发动群众,团结一切可以团结的力量共同抗击日本侵略者。中国共产党领导的八路军、新四军挺进敌后,开辟了广大的敌后抗日根据地,运用人民战争的战略战术,同全国军民一起有效地打击了日本侵略者,最后为取得抗日战争的全面胜利打下坚实的基础。

历史证明,国家的统一,民族的团结,全国军民一致共同抵抗侵略的决心和意志,是一个国家真正的钢铁长城,是让一切侵略者都望而生畏、望而止步的铜墙铁壁,更是民族自强的根本和国防力量的源泉。

第三节 我国的国防建设

国防建设,指的是为国家安全利益需要,提高国防能力而进行的各方面的建设。包括精神和物质两个方面的建设,是为维护国家安全利益的需要,建立和发展国防力量的措施和行为,是国家建设的重要组成部分。国防建设的内容主要包括:武装力量建设;战场建设,人力、物力的多种动员准备;边防、海防、空防和人防建设,战略物资的储备,国防工业建设和国防科学技术研究;对人民群众和学生进行国防教育和军事训练,发展国防体育事业,建立健全国防法规体系;军事理论研究,发展军事科学,制定并完善符合实际的战略战术原则;后备力量的建设,以及与国防相关的铁路、公路、水运、民航、邮电、能源、水利、造林、气象、卫生、航天等方面的建设。其重点是武装力量建设。新中国从成立的那一天起,就积极加强国防建设,经过长期的实践探索与努力建设,取得了举世瞩目的成就,为国家建设和发展做出了巨大贡献。

一、国防领导职权划分

我国国防领导体制的构成,既体现了党对国防和军队建设事业的领导,又有利于发挥国家机构领导全国武装力量、领导国防建设事业的职能,这对于国家加强武装力量的革命化、现代化、正规化建设,增强国防实力,实现国防现代化的宏伟目标,是强有力的组织保证。我国的最高国防决策机构,是由全国人民代表大会及其常委会、国家主席、国务院、中央军委共同组成。同时《中华人民共和国宪法》还规定了中国共产党在国家生活包括国防事务中的领导地位和作用,其主要职权是:

(1)中国共产党是执政党,是领导中国社会主义事业的核心力量。中共中央在国家生活包括国防事务中发挥着决定性的领导作用。有关国防、战争和军队建设的重大问题,都是由中共中央、中央军委、中央政治局及其常务委员会作出决策并通过必要的法定程序,作为党和国家的统一决策贯彻执行。《中国人民解放军政治工作条例》规定:"中国人民解放军必须置于中国共产党的绝对领导之下,其最高领导权和指挥权属于中国共产党中央委员会和中央军事委员会。"

(2)中华人民共和国全国人民代表大会是最高国家权力机关。它在国防方面的职权主要有:决定战争与和平的问题;制定有关国防方面的基本法律;选举中央军事委员会主席,根据中央军事委员会主席的提名,决定中央军事委员会其他组成人员,并有权罢免以上人员;审查和批准包括国防建设计划在内的国民经济和社会发展计划及计划执行情况的报告;审查和批准包括国防经费预算在内的国家预算和预算执行情况的报告;改变或者撤销全国人民代表大会常务委员会在国防方面的不适当的决定;应当由全国人民代表大会行使的国防方面的其他职权。

全国人民代表大会常务委员会在国防方面的职权主要有:在全国人民代表大会闭会期间,如果遇到国家遭受武装侵犯或者必须履行国际间共同防止侵略的条约的情况,决定战争状态的宣布;决定全国总动员或者局部动员;制定有关国防方面的法律;在全国人民代表大会闭会期间,审查和批准包括国防建设计划在内的国民经济和社会发展计划,包括国防经费预算在内的国家预算在执行过程中所必须做的部分调整方案;监督中央军事委员会的工作;在全国人民代表大会闭会期间,根据中央军事委员会主席的提名,决定中央军事委员会其他组成人员的人选;根据最高人民法院院长和最高人民检察院检察长的提请,任免军事法院院长和军事检察院检察长;决定同外国缔结的有关国防方面的条约和重要协定的批准和废除;规定军人的衔级制度;规定和决定授予在国防方面国家的勋章和荣誉称号;全国人民代表大会授予的国防方面的其他职权。

(3)中华人民共和国主席在国防方面的职权主要有:根据全国人民代表大会的决定和全国人民代表大会常务委员会的决定,发布动员令,宣布战争状态;公布全国人民代表大会及其常务委员会制定的有关国防方面的法律;根据全国人民代表大会常务委员会的决定,授予在国防方面有重大贡献的个人和集体国家的勋章和荣誉称号;根据全国人民代表大会常务委员会的决定,批准和废除同外国缔结的有关国防方面的条约和重要协定。

(4)中华人民共和国国务院是最高国家权力机关的执行机关和最高国家行政机关。它在国防方面的职权是领导和管理国防建设事业,包括:编制国防建设发展规划和计划;制定国防建设方面的方针、政策和行政法规;领导和管理国防科研生产;管理国防经费和国防资产;领导和管理国民经济动员工作和人民武装动员、人民防空、国防交通等方面的有关工作;领导和管理拥军优属工作和退出现役军人的安置工作;领导国防教育工作;与中央军事委员会共同领导中国人民武装警察部队、民兵的建设和征兵、预备役工作以及边防、海防、空防的管理工作;法律规定的与国防建设事业有关的其他职权。

(5)中国共产党中央军事委员会和中华人民共和国中央军事委员会是一个机构两个名称,其组成人员和领导职能是完全一致的,在党的领导机构内和国家领导机构内同时具有两个地位。中华人民共和国中央军事委员会是最高国家军事机关,负责领导全国武装力量。其职权主要包括:统一指挥全国武装力量;决定军事战略和武装力量的作战方针;领导和管理中国人民解放军的建设,制定规划、计划并组织实施;向全国人民代表大会或者全国人民代表大会常务委员会提出议案;根据宪法和法律,制定军事法规,发布决定和命令;决定中国人民解放军的体制和编制,规定总部以及军区、军兵种和其他军区级单位的任务和职责;依照法律、军事法规的规定,任免、培训、考核和奖惩武装力量成员;批准武装力量的武器装备体制和武器装备发展规划、计划,协同国务院领导和管理国防科研生产;会同国务院管理国防经费和国防资产;法律规定的其他职权。

中央军委实行主席负责制,中央军委主席实际即为全国武装力量的统帅。中央军委组成人员为:中央军委主席、副主席若干人和委员若干人。中央军委之下,设有人民解放军总部机关,即中国人民解放军总参谋部、总政治部、总后勤部、总装备部。总部机关既是中央军委的工作机关,又是全军军事、政治、后勤、装备工作的领导机关。总参谋部负责组织领导全国武装力量的军事建设,组织指挥全国武装力量的军事行动。总政治部负责管理全军党的工作,组织进行政治工作。总后勤部负责组织领导全军后勤工作。总装备部负责组织领导全军装备工作。

为了加强国防领导的协调,国务院和中央军事委员会还建立了协调会议的制度。国防法规定,国务院和中央军事委员会可以根据情况召开协调会议,解决国防事务的有关问题。会议议定的事项,由国务院和中央军事委员会在各自的职权范围内组织实施。国家还建立了国防动员委员会,它是国务院、中央军委领导下主管全国国防动员工作的议事协调机构。主要任务是贯彻积极防御的军事战略方针,组织实施国家国防动员工作,协调国防动员工作中经济与军事、军队与政府、人力与物力之间的关系,以增强国防实力,提高平战转换能力。现行的国家国防动员委员会是 1994 年 11 月 29 日经党中央、国务院、中央军委批准成立的。国务院总理兼任国家国防动员委员会主任,副主任由国务院和中央军委领导兼任。下设人民武装动员办公室、经济动员办公室、人民防空办公室、交通战备办公室。为了加强国防动员委员会下设各办公室之间的协调,经党中央、国务院和中央军委批准,在国家国防动员委员会中增设综合办公室。

二、国防建设目标

国防建设目标是国防建设所要达到的目的、标准和水平,它规定国防建设总的发展方向和各项内容发展的具体指标。国防建设目标是国家建设总目标的重要组成部分,也是拟制国防建设总体规划的首要环节。确定国防建设目标的主要依据是:对国际形势发展趋势和可能爆发战争的判断,国家的对外政策和军事战略,宪法规定的国防任务,国家对国防建设可能的投入及其指导思想,国防科技和国防工业的发展水平,军队的现状及其发展趋势,等等。拟制国防建设目标必须遵循的原则是:国防建设目标与国家建设目标相一致;国防建设与经济建设相适应;主观需要与客观可能相结合;保证重点与全面协调发展相统一;多方案择优以及定性分析方法与定量分析方法相结合等。国防建设目标具有下列特性:①系统性。国防建设目标是个庞大的系统,既有国防建设总目标,又有各项内容发展的具体目标,每项目标均可分解为若干个下一层次目标,各项目标、各层次目标互相衔接,构成有机的体系。②时限性。国防建设目标按实现的时间要求分为近期目标、中期目标和远期目标。③明确性。国防建设目标不仅时限明确,而且内容范围和达到程度也是明确的。④可行性。国防建设目标必须具有能够如期实现的可能性。⑤动态性。国防建设目标随着战略环境和安全威胁的变化以及实践的反馈,不断地进行修正,以保持其最佳状态。

国防建设目标具体内容如下:

(一) 维护国家主权、安全、发展利益

防备和抵抗侵略,保卫领陆、内水、领海、领空的安全,维护国家海洋权益,维护国家在太空、电磁、网络空间的安全利益。反对和遏制"台独",打击"东突"、"藏独"等分裂势力,捍卫国家主权和领土完整。服从服务于国家发展战略和安全战略,维护国家发展的重要战略机遇期。贯彻新时期积极防御的军事战略方针,坚持独立自主和全民自卫原则,加强武装力量建设和边防、海防、空防建设,加强国家战略能力建设。中国始终奉行不首先使用核武器的政策,坚持自卫防御的核战略,不与任何国家进行核军备竞赛。

(二) 维护社会和谐稳定

中国武装力量忠实践行全心全意为人民服务的宗旨,积极参加和支援国家经

济社会建设,依法维护国家安全和社会稳定。发挥人才、装备、技术、基础设施等方面的有利条件,为地方基础设施和重点工程建设、扶贫帮困和改善民生、生态环境建设贡献力量。科学组织非战争军事行动准备,针对面临的非传统安全威胁搞好战略预置,加强应急专业力量建设,提高遂行反恐维稳、应急救援、安全警戒任务的能力。坚决完成抢险救灾等急难险重任务,保护人民群众生命财产安全。把维护社会大局稳定作为重要任务,坚决打击敌对势力颠覆破坏活动,打击各种暴力恐怖活动。发扬拥政爱民光荣传统,严格遵守国家政策法规,巩固军政军民团结。

(三)推进国防和军队现代化

着眼 2020 年基本实现机械化并使信息化建设取得重大进展的目标,坚持以机械化为基础,以信息化为主导,广泛运用信息技术成果,推进机械化信息化复合发展和有机融合。拓展和深化军事斗争准备,牵引和带动现代化建设整体发展。深化信息化条件下联合作战理论研究,推进高新技术武器装备建设,发展新型作战力量,着力构建信息化条件下联合作战体系。深入推进机械化条件下军事训练向信息化条件下军事训练转变,加紧实施人才战略工程,加大全面建设现代后勤力度,提高以打赢信息化条件下局部战争能力为核心的完成多样化军事任务能力,全面履行新世纪新阶段军队历史使命。统筹经济建设和国防建设,实行军民融合式发展,建立完善军民结合、寓军于民的武器装备科研生产体系、军队人才培养体系和军队保障体系。积极稳妥地深化国防和军队改革,加强战略筹划和管理,努力推进国防和军队建设科学发展。

(四)维护世界和平稳定

坚持互信、互利、平等、协作的新安全观,主张用和平方式解决地区热点问题和国际争端,反对任意使用武力或以武力相威胁,反对侵略扩张,反对霸权主义和强权政治。按照和平共处五项原则开展对外军事交往,发展不结盟、不对抗、不针对第三方的军事合作关系,推动建立公平有效的集体安全机制和军事互信机制。坚持开放、务实、合作的理念,深化国际安全合作,加强与主要国家和周边国家的战略协作和磋商,加强与发展中国家的军事交流与合作,参加联合国维和行动、海上护航、国际反恐合作和救灾行动。支持按照公正、合理、全面、均衡的原则,实现有效裁军和军备控制,维护全球战略稳定。

三、国防政策

国防政策是国家进行国防建设、军事斗争和使用武装力量,以及进行与国防建设有关的活动的准则,既是国家进行国防建设和使用国防力量的准则,也是国防建设和国家安全的保证。通常可分为总政策和具体政策。国防政策的主要内容包括从事国防建设和使用国防力量的目的、方针、重点、体制、途径等。国防政策有其鲜明的阶级性,不同的国家有不同的国防政策。霸权主义国家的国防政策是为其强权政治服务的;中国的国防政策遵循中国共产党确定的基本路线和毛泽东关于人民战争的思想,实行积极防御的战略方针,为维护和平反对侵略服务。中国国防政策的目的是巩固国防,抵御侵略,捍卫国家主权和领土完整,确保国家安全;方针是平战结合、军民结合,在服从并服务于国家经济建设的前提下,逐步增强国防实力和国防潜力;重点是发展国防科技,改善武器装备,提高现代化水平;武装力量体制是中国人民解放军、中国人民武装警察部队和民兵相结合;途径是在独立自主、自力更生的基础上有选择地引进先进技术,加强军事交流,努力发展与各国人民和军队的友好关系。

中国的国防政策,主要包括以下内容:

(1)维护国家安全统一,保障国家发展利益。防备和抵抗侵略,确保国家领海、领空和边境不受侵犯。反对和遏制"台独"分裂势力及其活动,防范和打击一切形式的恐怖主义、分裂主义和极端主义。

(2)实现国防和军队建设全面协调可持续发展。坚持国防建设与经济建设协调发展的方针,把国防和军队现代化建设融入经济社会发展体系之中,使国防和军队现代化进程与国家现代化进程相一致。

(3)加强以信息化为主要标志的军队质量建设。坚持以机械化为基础,以信息化为主导,推进信息化机械化复合发展,实现军队火力、突击力、机动能力、防护能力和信息能力整体提高。

(4)贯彻积极防御的军事战略方针。立足于打赢信息化条件下的局部战争,着眼维护国家主权、安全和发展利益的需要,做好军事斗争准备。逐步建立集中统一、结构合理、反应迅速、权威高效的现代国防动员体系。以联合作战为基本作战形式,发挥诸军兵种作战优长。

(5)坚持自卫防御的核战略。中国的核战略贯彻国家的核政策和军事战略,根本目标是遏制他国对中国使用或威胁使用核武器。中国始终奉行在任何时候、任何情况下都不首先使用核武器的政策,无条件地承诺不对无核武器国家和无核武器区使用或威胁使用核武器,主张全面禁止和彻底销毁核武器。

(6)营造有利于国家和平发展的安全环境。按照和平共处五项原则开展对外军事交往,发展不结盟、不对抗、不针对第三方的军事合作关系。参与国际安全合作,加强与主要大国和周边国家的战略协作和磋商,开展双边或多边联合军事演习,推动建立公平、有效的集体安全机制和军事互信机制,共同防止冲突和战争。

四、国防法规

国防法规是由国家立法机关制定的并以国家强制力保证其实施的,用于调整国防体制、武装力量建设、国防科技建设、战争动员体制、国防生产、全民防御和国防教育等方面社会关系的法律规范的总称。它是国家国防政策的法律体现,是指导国防活动的行为准则,又是国家法律体系的重要组成部分。国防法规是指国家为了加强防务,尤其是加强武装力量建设,用法律形式确定并以国家强制手段保证其实施的行为规范的总称。国防法规作为国防活动的基本法规规范,其主要任务是调整和规范国家在国防领域的各种关系,把国防建设纳入到法律化轨道,确保革命化、现代化、正规化建设总目标的实现。

（一）国防法规体系

根据宪法规定、立法权力及立法原则,我国现行的国防法规可分为四个层次:

（1）法律。由全国人民代表大会及其常务委员会制定的法律和基本法律。现行的国防方面的法律共有15件,其中国防法律11件,关于法律问题的决定4件。如中华人民共和国《国防法》《兵役法》《国防动员法》《预备役军官法》《人民防空法》《国防教育法》《军事设施保护法》等。

（2）法规。由国务院、中央军委制定颁布的行政法规。共165件。由中央军委制定的为军事法规,现有126件;由国务院制定或国务院与中央军委联合制定的为军事行政法规,现有39件。如我国已经颁布的《征兵工作条例》《民兵工作条例》《民用运力国防动员条例》《应征公民体检标准》《政治审查规定》《国防交通条例》《退伍义务兵安置条例》《革命烈士褒扬条例》《军人抚恤优待条例》等。

（3）规章。主要由国务院各部委和中央军委各总部、各军兵种、各军区制定颁布的法规。现有规章2500多件。如人民解放军现行的《内务条令》《纪律条令》《队列条令》《战斗条令》;海军颁布的《舰艇条令》;空军颁布的《飞行条令》等。

（4）地方性法规。主要指各省、自治区、直辖市人大和政府制定的贯彻执行国家国防法规的实施办法、实施细则、补充规定等。如《关于加强人武部建设意见》《征兵工作若干规定》《国防教育条例》等。

我国的国防法规按调整领域划分为16个门类:①国防基本法类;②国防组织法类;③兵役法类;④军事管理法类;⑤军事刑法类;⑥军事诉讼法类;⑦国防经济法类;⑧国防科技工业法类;⑨国防动员法类;⑩国防教育法类;⑪军人权益保护法类;⑫军事设施保护法类;⑬特区驻军法类;⑭紧急状态法类;⑮战争法类;⑯对外军事关系法类。

（二）主要国防法律

1.《中华人民共和国国防法》

中华人民共和国国防法是为了建设和巩固国防,保障社会主义现代化建设的顺利进行,根据宪法,制定本法。由第八届全国人民代表大会第五次会议于1997年3月14日修订通过,自1997年3月14日起施行。

2.《中华人民共和国国防教育法》

中华人民共和国国防教育法是为了普及和加强国防教育,发扬爱国主义精神,促进国防建设和社会主义精神文明建设,根据国防法和教育法而制定。由中华人民共和国第九届全国人民代表大会常务委员会第 21 次会议于 2001 年 4 月 28 日通过,中华人民共和国主席令(第 53 号)予以公布,自公布之日起施行。

3.《中华人民共和国兵役法》

《中华人民共和国兵役法》经 1984 年 5 月 31 日第六届全国人民代表大会第 2 次会议通过,1984 年 5 月 31 日中华人民共和国主席令第 14 号公布;根据 2011 年 10 月 29 日第十一届全国人大常委会第 23 次会议《关于修改〈中华人民共和国兵役法〉的决定》第 3 次修正。《兵役法》分总则、平时征集、士兵的现役和预备役、军官的现役和预备役、军队院校从青年学生中招收的学员、民兵、预备役人员的军事训练、普通高等学校和普通高中学生的军事训练、战时兵员动员、现役军人的待遇和退出现役的安置、法律责任、附则 12 章 74 条,自 1984 年 10 月 1 日起施行。

4.《反分裂国家法》

根据中华人民共和国主席令(第 34 号),《反分裂国家法》已由中华人民共和国第十届全国人民代表大会第三次会议于 2005 年 3 月 14 日通过,自公布之日起施行。

5. 中华人民共和国国防动员法

根据中华人民共和国主席令第 25 号,《中华人民共和国国防动员法》已由中华人民共和国第十一届全国人民代表大会常务委员会第 13 次会议于 2010 年 2 月 26 日通过,自 2010 年 7 月 1 日起施行。国防动员法是全面规范和指导中国国防动员活动的重要法律。该法以宪法为依据,系统总结了中国国防动员建设的实践经验,参考借鉴了国外动员工作有益做法,广泛吸收了社会各界的意见建议,对国防动员的方针原则、组织机构、基本内容、基本制度等做了全面规范。

6. 中华人民共和国人民防空法

中华人民共和国人民防空法是为了有效地组织人民防空,保护人民的生命和财产安全,保障社会主义现代化建设的顺利进行,而制定的的法律。由第八届全国人民代表大会常务委员会第 22 次会议于 1996 年 10 月 29 日修订通过,自 1997 年 1 月 1 日起施行。2009 年 8 月 27 日,第十一届全国人民代表大会常务委员会第 10 次会议通过《全国人民代表大会常务委员会关于修改部分法律的决定》,将《中华人民共和国人民防空法》第五十条中引用的"治安管理处罚条例"修改为"治安管理处罚法"。

（三）公民的国防义务与权利

公民的国防权利,是指宪法、法律赋予公民在国防活动中享有的权利或利益。国家从法律和物质上保障公民和组织享有这种权利的可能性。公民的国防义务,是指由宪法、法律规定的公民在国防方面应当履行的责任。国防义务是法定义务、法律义务,是由国家强制力保证其落实的。每一个公民都享有相应的国防权利,也必须履行相应的国防义务。

1．我国公民的国防权利

根据我国《国防法》的规定，公民享有三个方面的国防权利。

（1）国防建设建议权。《中华人民共和国国防法》第54条规定："公民和组织有对国防建设提出建议的权利"。所谓建议权，就是公民有权对国防建设的指导思想、方针原则、规章制度、措施方法等提出改进意见。此项权利是公民依宪法相应的对国家事务的建议权在国防建设方面的体现。我国《宪法》第41条规定："中华人民共和国公民对于任何国家机关和国家工作人员，有提出批评和建议的权利。"公民的批评建议权，体现了我国人民当家作主的社会主义性质。

（2）制止、检举危害国防行为权。《中华人民共和国国防法》第54条规定：公民和组织"有对危害国防的行为进行制止或者检举的权利"。所谓制止权，就是公民有权采取一定的方式方法使危害国防的行为停止下来，从而维护国防利益。所谓检举权，就是在危害国防的行为发生以后，公民有权进行揭发。对违法犯罪行为进行制止、检举是公民享有的一项普遍性权利，在国防领域也不例外。国家和社会保护行使此项权利的公民，使之免于因此而受到打击报复或其他损害。

（3）损失补偿权。《中华人民共和国国防法》第55条规定："公民和组织因国防建设和军事活动在经济上受到直接损失的，可以依照国家有关规定取得补偿。"公民享有受到公平待遇的普遍性权利，当公民因国防建设和军事活动而在经济上受到直接损失时，有权依照国家有关规定请求补偿。必须明确的是，有些补偿措施是在战后落实的，不能把预先得到补偿作为接受动员、接受征用的条件。战时，国家可能一时拿不出钱来，那就先征用，战后再补偿。

2．公民的国防义务

我国的国防法规赋予公民的国防义务主要有以下七项。

（1）维护国家统一和安全的义务。我国《宪法》第52条规定："中华人民共和国公民有维护国家统一和全国各民族团结的义务。"维护国家统一，主要是指维护国家领土的完整，任何公民都不得破坏、变更和以其他各种形式分裂肢解国家领土；维护国家政权的统一，不允许任何公民以各种方式分裂国家政权，破坏国家的统一，不允许任何人以任何方式把国家主权割让给外国。

我国《宪法》第54条规定："中华人民共和国公民有维护祖国的安全、荣誉和利益的义务，不得有危害祖国的安全、荣誉和利益的行为。"维护国家的安全，主要是指维护国家的领土、主权不受侵犯，国家各项机密得以保守，社会秩序不被破坏。

履行维护国家统一和安全这项义务，就是要求每一个公民都有高度的爱国主义精神和爱国主义行动，以国家利益为最高利益，自觉维护祖国统一、安全、荣誉和利益，绝不做危害国家安全、民族荣誉和祖国利益的事。

（2）履行兵役的义务。我国《宪法》第55条规定："保卫祖国，抵抗侵略，是中华人民共和国每一个公民的神圣职责。依照法律服兵役和参加民兵组织是中华人民共和国公民的光荣义务。"我国《国防法》第 50 条规定："依照法律服兵役和参加民兵组织是中华人民共和国公民的光荣义务。"我国《兵役法》第 3 条规定："中华人民共和国公民,不分民族、种族、职业、家庭出身、宗教信仰和受教育程度,都有义务依照本法的规定服兵役。"按照我国《兵役法》的规定,公民履行兵役义务有服现役、服预备役和参加民兵三种形式。参加民兵组织,服预备役,以及高等院校和高级中学学生参加军事训练,是我国应征公民在军队之外履行兵役义务的普遍形式。所有预备役人员必须依法参加军事训练,执行其他军事任务,并随时准备应征入伍服现役。

(3) 支持国防建设的义务。我国《国防法》第 53 条规定："公民和组织应当支持国防建设,为武装力量的军事训练、战备勤务、防卫作战等活动提供便利条件或者其他协助。"这是一项适用比较广泛的义务,例如在国家为国防目的进行征用时,公民和组织应当积极配合,不得抵制、阻挠,否则将承担相应的法律责任。这项义务的核心是支持和协助,支持是对国防建设的广泛的支持,而协助的重点是武装力量的军事活动,特别是要深刻认识军队在国防建设中的地位和作用,积极支持军队的建设,在全社会营造尊重、爱护军队的良好风尚,并从各方面大力支持军队平时的各项工作和战时的各种作战勤务。同时要积极支持民兵、预备役部队建设,民兵和预备役部队是武装力量的重要组成部分,做好民兵、预备役工作,是加强国防后备力量建设的重要工作和长期的战略任务。

(4) 接受国防教育的义务。我国《宪法》第 24 条规定："在人民中进行爱国主义、集体主义和国际主义、共产主义的教育。"我国《国防法》第 52 条规定,公民应当接受国防教育。我国《国防教育法》第 5 条进一步强调："中华人民共和国公民都有接受国防教育的权利和义务。"国防教育是建设和巩固国防的基础,是增强民族凝聚力、提高全民素质的重要途径,普及和加强国防教育是全社会的共同责任,自觉接受国防教育是公民应尽的义务。

(5) 支前参战的义务。我国《国防法》第 47 条规定："一切国家机关和武装力量、各政党和各社会团体、各企业事业单位和公民,在和平时期必须依照法律规定完成动员准备工作;在国家发布动员令后,必须完成规定的动员任务。"《兵役法》第 48 条规定："预备役人员随时准备应召服现役,在接到通知后,必须准时到指定的地点报到"。第 49 条规定："战时遇有特殊情况,国务院和中央军事委员会可以决定征召 36 岁至 45 岁的男性公民服现役。"根据《宪法》精神和《国防法》《兵役法》的规定,在战争发生时,为了对付敌人突然袭击,抵抗侵略,适龄公民应当积极响应祖国的战时征召。部分服现役参加战斗,其余的除了随时准备应召服现役外,要在政府的领导下,由当地军事指挥机关组织,积极担负战备勤务,支援前线作战,如支前送武器弹药、给养,后运伤员,守护重要军事设施和交通运输线路,参加军警民联防等。

（6）保护国防设施的义务。《中华人民共和国国防法》第52条规定："公民和组织应当保护国防设施，不得破坏、危害国防设施。"《军事设施保护法》进一步明确规定："中华人民共和国的所有组织和公民都有保护军事设施的义务。禁止任何组织或者个人破坏、危害军事设施。任何组织或者个人对破坏、危害军事设施的行为，都有权检举、控告。"根据《国防法》和《军事设施保护法》等有关保护军事设施规定的要求，公民应当自觉遵守各类军事设施的保护规定。

（7）保守国防秘密的义务。我国《宪法》第53条原则规定："中华人民共和国公民必须遵守宪法和法律，保守国家秘密。"《国防法》第52条进一步规定："公民和组织应当遵守保密规定，不得泄露国防方面的国家秘密，不得非法持有国防方面的秘密文件、资料和其他秘密物品。"《中华人民共和国保守国家秘密法》规定，国家秘密关系国家的安全和利益，一切国家机关、武装力量、政党、社会团体、企事业单位和公民都有保守国家秘密的义务。

五、国防教育

国防教育是对全体公民进行的一项基本教育，涉及各个方面，内容十分丰富，范围非常广泛。国防建设的整体性决定国防教育内容，现代国防不仅仅是指军队建设和武器装备以及战场和战略要地的建设，而且同国家的经济实力、政治状况、民族心理、文化水平和人口素质等因素息息相关。

国防教育是国家为防备和抵抗侵略，制止武装颠覆，保卫国家的主权、统一和领土完整，对全体公民进行的具有特定目的和内容的普及性教育活动。国防教育是国防建设的重要组成部分。

（一）国防教育的重要意义

（1）国防教育是建设和巩固国防的基础，具有提高全民素质的重要作用。

（2）国防教育是关系到国家生死存亡的社会工程。国防教育的根本目的在于增强全民的国防意识和国防精神。

（3）国防教育是国防建设的重要措施，是增强民族凝聚力的重要途径。

（二）全民国防教育日

全民国防教育日（Nationwide National Defense Education Day），是国家设定的对全民进行大规模国防教育的主题活动日，是群众性国防教育活动的形式之一。

世界许多国家都非常重视全民国防教育的普及，美、英、法、意、匈等国都设有与国防教育日性质和功能相类似的"国防日"。2001年8月31日，第九届全国人大常委会第23次会议决定设立全民国防教育日，确定每年9月的第三个星期六为全民国防教育日。这是中国第一个以法律形式明确规定国防教育的主题节日。根据这一决定，2001年9月15日为第一个全民国防教育日。

其目的是弘扬爱国主义精神,普及国防教育,使全民增强国防观念,掌握必要的国防知识和军事技能,自觉履行国防义务,关心、支持、参与国防建设。一是针对和平时期人们国防观念淡化,需要加强国防教育;二是为全民参与国防教育活动提供一个大众化、社会化的载体。依法确立一个每年都能让全体公民共同接受国防教育的时机,可以更好体现我国国防教育全民性、全社会性的特点。

自 2010 年 1 月 1 日起启用全民国防教育标志。全民国防教育标志以长城、烽火台、盾牌三个要素构成"国防"的概念,外围用橄榄枝烘托、装饰,红五星高居正上方代表祖国无上的尊严与荣耀,"GFJY"为"国防教育"汉语拼音缩写。标志简明、庄重、美观,较好体现了国防教育这一主题。全民国防教育标志是全民国防教育的象征,主要用于各级国防教育机构、国防教育场所,组织开展国防教育活动中的设施、设备、宣传品等,不得用于商业行为和其他活动。标志所有权属于国家国防教育办公室。

(三)《关于加强新形势下国防教育工作的意见》

2011 年 7 月 29 日,中共中央、国务院、中央军委下发了《关于加强新形势下国防教育工作的意见》,要求深入贯彻党的十七大和十七届三中、四中、五中全会精神,全面落实国防教育法,大力弘扬爱国主义精神,增强全民国防观念,促进建设和巩固国防。《意见》指出,国防教育是建设和巩固国防的基础,是增强民族凝聚力、提高全民素质的重要途径。普及和加强全民国防教育,是党中央始终高度重视的一个战略问题,对于凝聚全民族的意志和力量,加强国防和军队现代化建设,推进中国特色社会主义事业,实现中华民族伟大复兴,具有重要而深远的意义。我国正处在发展的重要战略机遇期,国家安全形势保持总体稳定,但国家安全问题的综合性、复杂性、多变性趋势不断增强,对维护国家主权、安全和发展利益提出了新的要求,迫切需要从战略和全局的高度加大全民国防教育力度,强化广大干部群众的国家安全意识和忧患意识,营造关心支持国防和军队建设的良好氛围,增强我国的国防实力和民族凝聚力。

《意见》明确,新形势下国防教育工作的总体要求是,高举中国特色社会主义伟大旗帜，以邓小平理论和"三个代表"重要思想为指导，深入贯彻落实科学发展观，着眼维护国家主权、安全和发展利益，坚持以国防教育法为依据，以弘扬爱国主义为核心，以领导干部、青少年学生和民兵、预备役人员为重点，贴近时代要求，丰富教育内容，创新方法手段，完善制度机制，推进全民普及，不断增强国防教育的主动性、针对性、实效性，为建设和巩固国防奠定坚实思想基础，为全面建设小康社会提供强大精神动力。

《意见》要求，加强新形势下国防教育，必须围绕时代主题和形势任务，着眼推进经济建设与国防建设协调发展，大力宣传党中央关于国防建设的方针政策，加强马克思主义国防观、战争观和国家安全形势教育，搞好党史、军史和我国国防史宣传教育，深入学习人民战争战略思想，普及和深化国防法律法规宣传教育，引导广大干部群众牢固树立维护国家主权、安全和发展利益，富国和强军相统一，军民融合式发展，依法履行国防义务等与科学发展观要求相适应的现代国防观念。要贯彻全民参与、长期坚持、讲求实效的方针，采取有力措施，抓好国防教育普及，不断扩大社会覆盖面。要突出抓好各级领导干部的国防教育，进一步增强国防观念、加强国防素养，提高履行国防职责的能力；重视强化党政机关其他工作人员的国防观念，结合理论学习和业务培训进行国防教育。要着眼培养社会主义事业的建设者、保卫者和接班人，坚持不懈地抓好青少年的国防教育。要把国防教育作为预备役部队和民兵思想政治教育的重要内容，增强民兵和预备役人员参与、投身国防建设的使命感和责任感。企业事业单位要把国防教育列入职工教育计划，普及国防常识。城乡基层组织要把国防教育纳入社会主义精神文明建设范畴，推动国防教育进入千家万户。解放军和武警部队要围绕大力培育"忠诚于党，热爱人民，报效国家，献身使命，崇尚荣誉"的当代革命军人核心价值观，广泛、深入、持续地抓好官兵的国防教育，弘扬为国牺牲奉献精神，在全民国防教育中发挥表率作用。

《意见》提出，要适应经济社会发展新形势和人们精神文化生活新需求，积极改进和创新国防教育的方法手段，不断增强时代感和吸引力、感染力。充分发挥大众传媒的作用，注重运用互联网、手机等新兴媒体，加强国防教育普及宣传和舆论引导；坚持以群众性活动为载体，吸引广大干部群众积极参与国防教育；依托爱国主义和国防教育场所，开展生动形象的国防教育；采取多种形式，营造有利于开展国防教育的良好社会环境；注重与爱国拥军实践有机结合，引导适龄公民自觉履行兵役义务，教育引导广大干部群众热爱军队、尊重军人，支持部队建设，研究制定并落实优抚安置政策，不断巩固和深化国防教育成果。要完善国防教育政策法规，抓好国防教育基地建设，加强国防教育的师资力量，将开展国防教育的经费纳入财政保障范围，并根据当地经济社会发展水平逐步加大经费投入，提倡和鼓励社会组织、企业和个人捐赠，支持国防教育事业，保证国防教育工作规范运行、长远发展。

《意见》强调，普及和加强国防教育是全党全社会的共同责任，必须加强领导，齐抓共管,科学组织,狠抓落实,努力形成党委政府重视、军地密切配合、社会各界支持、全民踊跃参与的良好局面。各级党委和政府要把国防教育纳入经济社会发展总体规划,各地国防动员委员会应将国防教育纳入国防动员范畴,持之以恒、常抓不懈。宣传、组织、人力资源社会保障、教育、民政、司法行政、工商行政管理、文化、新闻出版、广播电影电视等部门,工会、共青团、妇联等人民团体要切实履行职责,齐心协力抓好国防教育工作的落实。解放军、武警部队要积极支持和配合地方开展全民国防教育。各级国防教育领导和工作机构要认真履行组织、协调和指导国防教育工作的职责。要将国防教育检查和考评情况列入经济社会发展综合评价体系、双拥模范城(县)考评标准,纳入党政机关目标绩效管理考评体系。注重发挥各级人大、政协的作用,加强对落实国防教育法情况的监督检查。各地区各部门要大力培养和宣传国防教育的先进典型,调动社会各界参与国防教育事业、关心支持国防和军队建设的积极性、主动性,推动国防教育工作深入开展。

第四节　新中国武装力量

中国武装力量由人民解放军、人民武装警察部队、民兵组成,在国家安全和发展战略全局中具有重要地位和作用,肩负着维护国家主权、安全、发展利益的光荣使命和神圣职责。

一、中国人民解放军现役部队

中国人民解放军是中国武装力量的主体。解放军由现役部队和预备役部队组成。其中,现役部队是国家的常备军,包括陆军、海军、空军和第二炮兵,主要担负防卫作战任务,必要时可以依照法律规定协助维护社会秩序,中央军委通过总参谋部、总政治部、总后勤部、总装备部对全军实施作战指挥和建设领导。预备役部队是以现役军人为骨干、预备役人员为基础,按规定体制编制组成的部队。预备役部队列入人民解放军序列,平时归省军区(卫戍区、警备区)建制领导,战时动员后归指定的现役部队指挥或单独遂行作战任务。

31

【知识链接】07 式军服

2007 年 7 月 3 日,全军军服调整改革工作会议在北京召开。这次是我军历史上最大规模的换装,涉及礼服、常服、作训服和标志服饰 4 个系列共 644 个品种,也是我军最全面、最系统、最顺利的一次军服改革。这次改革确立了最新版本的中国人民解放军军服——07 式军服(全名 2007 式中国人民解放军军服)。2014 年 7 月,经过系统研究论证、多次征求意见、反复修改完善,新式礼宾服在样式、用料、颜色和标志服饰等方面进行了创新设计和整体优化,新增了仪仗队女礼宾服、夏礼宾服和军乐团夏仪式演奏服、行进演奏服、宴会演奏服等品种。

中国人民解放军 07 式军服,是根据中央军委命令,于 2007 年 8 月 1 日起开始在中国人民解放军和中国人民武装警察部队配发的一系列军服和相关标识。另外,根据中央军委命令,自 2011 年 5 月 1 日起,开始为编入中国人民解放军预备役部队的预备役官兵、预编到现役部队专业技术岗位的预备役官兵配发 07 式预备役军服。

07 式军服以威武庄重、阳刚俊美将中国军人面向 21 世纪的豪迈、自信展现在世界的面前。而与新军服完美搭配、标识鲜明,彰显军人荣誉和身份的服饰系列,工艺精湛、系列配套、缀钉方便,顺应了国际军服潮流,同时又注入了中华民族和人民军队的特色元素,突出了整洁而端庄的军人仪表。

07 式军服一改 87 式军服服饰品种少、服饰与服装的整体搭配不够协调、前胸较空,服饰表现力、表达力不强等不足。军官增加姓名牌、级别资历章、绶带,官兵增加胸标、臂章,士兵佩戴国防服役章,短袖夏常服上衣领尖、胸部分别增加领花和胸标,增强了识别功能,强化了军服美感,体现了军人荣誉。礼、常服服饰以金黄色为主色调,既符合民族传统,又能体现军队威严。加工上采用金属铸造和静电植绒等多种工艺,制作精细,缀钉方便。标志服饰主体图案,以"八一"军徽、长城、盾牌、钢枪、飞翅、铁锚为主,象征人民军队是维护国家主权和安全的钢铁长城,体现全军官兵献身国防的坚强意志和勇往直前的战斗精神。

(一)军服种类

07 式军服分为礼服系列、常服系列、作训服系列和标志服饰。

礼服分为军官礼服、仪仗队礼服、军乐团礼服和文工团礼服。

常服分为短袖夏常服、长袖夏常服、春秋常服和冬常服,还包括常服大衣、棉背心、毛衣裤、内衣裤、围巾、常服手套等。

作训服按照颜色样式分为林地迷彩作训服、丛林迷彩作训服、荒漠迷彩作训服、海洋迷彩作训服、城市迷彩作训服,另外还包括迷彩作训大衣、雨衣、作训鞋、作训靴等。

(二)军服标志

1. 军种胸标

胸标有金属胸标和布质胸标两类,包括军委总部和陆军、海军、空军、二炮胸标

5 种。佩戴在礼服、春秋常服、冬常服、夏常服、毛衣和作训服右胸。金属胸标,将两个螺钉穿过胸标标志点或者孔眼,用螺母固定。软胸标,用尼龙搭扣粘合固定。

2. 姓名牌

姓名牌分为金属姓名牌和软姓名牌两种。金属姓名牌样式为长方形,深藏青底色,银色字体,中文姓名为楷体,每字下标注相应的汉语拼音,材料为锌合金,主要为军官用于春秋常服、冬常服和军礼服。软姓名牌为电脑织绣的,各军种颜色各为底色,姓名为金黄色,字体同金属姓名牌,主要用于夏常服。另外,武警部队的警官姓名牌中文姓名字迹为隶书。姓名牌佩戴在右胸时,将两个螺钉穿过姓名牌标志点或者孔眼,用螺母固定。佩戴在左胸时,下沿位于夏常服左胸袋盖上方 3mm 的居中位置,用螺钉固定。

3. 颜色

此前陆军军服一直采用棕绿色。棕绿色是暖色,很难搭配服饰。新军服最大的变化就是将陆军军服从 85 式开始一直采用的棕绿色改变为松枝绿,使之更加适合中国人的肤色。

4. 帽徽

包括金属帽徽、贝雷帽帽徽、作训帽帽徽。其中金属帽徽包括大帽徽、小帽徽 2 种。男军人戴大檐帽、水兵帽、皮帽(栽绒帽)时,佩戴大帽徽;女军人戴卷檐帽、皮帽(栽绒帽)时,佩戴小帽徽。大帽徽、小帽徽用螺钉穿过帽徽孔,摆正后用螺母固定。

5. 级别资历章

级别资历章由级别略章、军龄略章、装饰略章和级别资历章架组成。

级别略章由色条和级别星徽组成。色条区分级别,分为军委委员以上、大军区级、军级、师级、团级、营级、连级、排级 8 种;级别星徽区别军委委员以上和大军区以下的正、副职,军委委员以上星徽为 1 颗金黄色五星加橄榄枝,大军区级正职以下、副军职以上为金黄色五星,正师职以下为银白色五星,2 颗为正职,1 颗为副职。

军龄略章分为1年章、2年章、3年章、4年章、5年章、10年章和装饰略章7种。

级别资历章架由资历章架的排数确定级别,每排应当排满3枚略章。军委委员以上7排,大军区级6排,军级5排,师级4排,团级3排,营级2排,连、排级1排。

级别资历章组合规则:

(1)级别略章应当排列在级别资历章架最上一排中间位置,军龄略章和补充略章排列在其他位置。

(2)军龄略章按照1年至10年的顺序,在级别资历章架上从左至右、从上到下依次循环排列。

(3)如使用10年军龄略章,应当尽量排列在该排的中间位置。

(4)补充略章用于军龄略章不足以排满级别资历章架时的补充,应当尽量避免使用,如必须使用,应当排列在最下一排的两侧位置,一般不得超过2枚。

(5)如果军龄略章采用上述方式不足以排满级别资历章架,应当减少4年以上高年限军龄略章的使用,改用3年以下低年限军龄略章进行循环排列,直到排满级别资历章架为止。

级别资历章缀钉于礼服、春秋常服和冬常服左胸,用螺母固定。礼服和女军官春秋常服、冬常服,级别资历章的底边中心点位于左胸省线延长线上,底边与右胸佩戴的胸标底边保持在同一水平线上。男军官春秋常服、冬常服,级别资历章位于左胸袋盖上方居中位置,底边与左胸袋盖上沿平齐。

6. 领花

领花包括军官领花、士兵领花、夏常服领花、专业技术领花和专业技术夏常服领花。军官领花和专业技术领花,缀钉于衣领上端两个标志点处,用螺母固定。夏常服领花,缀钉于夏常服或士兵冬常服衣领上标志点处。

7. 军衔标志

07式军服军官、士兵肩章军衔的表达方式、星徽样式与87式军服相同。肩章底色则与军服颜色相同。

文职干部军衔符号改为宝象花。三级以上加橄榄枝,四级以下加飘带。生长干部学员改为肩章中间纵向加1条横线。士官军衔与现行表达方式相同,但军衔中星徽的橄榄枝不再随士官等级变化而变形。星徽、符号、纵线、折杠均为金黄色。

军衔标志包括军衔肩章、军衔袖章和军衔领章。军衔肩章分硬肩章、软肩章、套式肩章3种,硬肩章又分常服硬肩章和礼服硬肩章,二者颜色是一样的,只是底板材质不一样,礼服硬肩章为磨毛式材质。硬肩章套在礼服或常服的肩袢上,用免缝扣穿过硬肩章锁眼、肩袢锁眼和肩部孔眼,旋紧固定。软肩章套在夏常服的肩袢上,将钮扣系于肩章锁眼和肩袢锁眼上。套式肩章套在肩袢上,用免缝扣穿过肩袢锁眼和肩部孔眼,旋紧固定,或者钮扣系于肩袢锁眼上。军衔领章与作训服衣领上的尼龙搭扣粘合固定。

军官着礼服，仪仗队、军乐团着礼宾服，文工团着演出服时，应当佩戴绶带，男装绶带佩挂于左肩，女装绶带佩挂于右肩。佩戴绶带时，将衣袖穿过绶带圈，绶带上端的吊祥挂在肩祥下的钮扣上，绶带坠绳吊祥挂在驳领里边的钮扣上。

8. 国防服役章

男士兵和生长干部学员着春秋常服、冬常服时，佩戴国防服役章，位于左胸袋盖上方居中位置，底边与左胸袋盖上沿平齐；女士兵和生长干部学员着春秋常服、冬常服，国防服役章中心点位于左胸省线延长线上，中心点与右胸佩戴的胸标中心点保持在同一水平线上；水兵服，位于与胸标的对称位置。

9. 臂章

臂章为盾牌样式，分为：中央军委、总参谋部、总政治部、总后勤部、总装备部；中央军委办公厅；总装备部直属单位；各大军区、海军、空军、第二炮兵、军事科学院、国防大学、国防科技大学，驻香港、澳门部队，仪仗队、文工团、军乐团等共37种。用料为涤纶电脑织绣片。军人穿着春秋常服、夏常服、冬常服和作训服时应当佩戴臂章。着春秋常服、夏常服、冬常服时，佩戴在左臂；着作训服时，佩戴在右臂。佩戴臂章时，将臂章的祥带穿过上衣的两条臂章祥，用尼龙搭扣固定。

近年来，人民解放军按照履行使命任务和信息化建设发展要求，积极稳妥推进军队改革。强化军委总部战略管理功能，组建人民解放军战略规划部，将总参通信部改编为信息化部，将总参军训和兵种部改编为军训部；推进新型作战力量建设，调整优化各军兵种规模结构，改革部队编组模式，推动作战力量编成向精干、联合、多能、高效方向发展；完善新型军队人才培养体系，深化军事人力资源和后勤政策制度调整改革，加强高新技术武器装备建设，努力构建中国特色现代军事力量体系。

（一）陆军

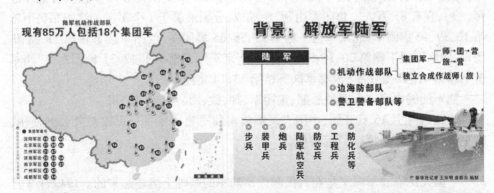

陆军是人民解放军的主要军种，是陆地作战的主力，是人民解放军各军兵种中历史最久，在新中国建立前后的历次作战中发挥最出色的，也是社会主义现代化建

设和各种抢险救灾中的中坚力量。

陆军主要担负陆地作战任务,目前没有设置独立的领导机关,领导机关职能由四总部代行,沈阳、北京、兰州、济南、南京、广州、成都七个军区直接领导所属陆军部队。

陆军由步兵、装甲兵、炮兵、防空兵、陆军航空兵、工程兵、防化兵、通信兵等兵种及电子对抗兵、侦察兵、测绘兵等专业兵组成。步兵徒步或乘装甲输送车、步兵战车实施机动和作战,由山地步兵、摩托化步兵、机械化步兵(装甲步兵)组成。装甲兵(坦克兵)以坦克及其他装甲车、保障车辆为基本装备,遂行地面突击任务。炮兵以各种压制火炮、反坦克火炮、反坦克导弹和战役战术导弹为基本装备,遂行地面火力突击任务。防空兵以高射炮、地空导弹武器系统为基本装备,遂行对空作战任务。陆军航空兵装备攻击直升机、运输直升机和其他专用直升机及轻型固定翼飞机,遂行空中机动和支援地面作战任务。工程兵担负工程保障任务,由工兵、舟桥、建筑、伪装、野战给水工程、工程维护等专业部(分)队组成。防化兵担负防化保障任务,由防化、喷火、发烟等部(分)队组成。通信兵担负军事通信任务,由通信工程、通信技术保障、航空兵导航和军邮勤务等专业部(分)队组成。陆军按其担负的任务还划分为野战机动部队、海防部队、边防部队、警卫警备部队等。野战机动部队的编制序列一般是:集团军、师(旅)、团、营、连、排、班。海防部队、边防部队和警卫警备部队,根据担负的作战任务和地理条件,确定编组方式。

中国人民解放军诞生于1927年8月1日,建立之初仅由陆军组成。它经历了中国工农革命军、中国工农红军、八路军和新四军等阶段,在1946年10月改称为中国人民解放军。经过十年土地革命战争以后,继续了八年抗日战争、四年解放战争,战胜了强大的国内外敌人,夺取了中国革命的胜利,做出了巨大的历史贡献。

根据2013年4月16日国务院新闻办公室发布的《中国武装力量的多样化运用》白皮书,人民解放军陆军机动作战部队包括18个集团军和部分独立合成作战师(旅),现有85万人。集团军由师、旅编成,分别隶属于7个军区。沈阳军区下辖第16、39、40集团军,北京军区下辖第27、38、65集团军,兰州军区下辖第21、47集团军,济南军区下辖第20、26、54集团军,南京军区下辖第1、12、31集团军,广州军区下辖第41、42集团军,成都军区下辖第13、14集团军。

陆军的编制序列为军种总部、集团军、师、旅、团、营、连、排、班。

2013年1月15日开始,中国人民解放军陆军集团军番号可以对外公开使用,陆军集团军番号不再以"某"替代。

(二) 海军

中国人民解放军海军是在人民解放军陆军的基础上组建起来的。1949年3月24日,中国人民革命军事委员会主席毛泽东和中国人民解放军总司令朱德热烈庆祝"重庆"号巡洋舰官兵起义,指出中国人民必须建设自己强大的国防,除了陆军,还必须建立自己的空军和海军。

1949 年 4 月 4 日,人民解放军第三野战军副司令员粟裕、参谋长张震奉中央军委命令,到达江苏省泰县白马庙乡,建立渡江战役指挥部,接受国民党起义投诚舰艇,组建一支保卫沿海沿江的海军部队。1949 年 4 月 23 日,华东军区海军领导机构在白马庙乡成立,张爱萍任司令员兼政委,人民海军从此诞生。1989 年 3 月,中央军委批准确定 1949 年 4 月 23 日为人民海军成立日。

1950 年 4 月 14 日,以第 12 兵团部部分机构为基础组成的海军领导机构在北京成立,这是中央军事委员会领导和指挥的海军部队最高领导机关,肖劲光任第一任海军司令员,刘道生任副政委兼政治部主任;同年任命王宏坤为副司令员,罗舜初为参谋长,后相继组建了东海舰队、南海舰队和北海舰队。

1953 年 2 月,毛泽东主席视察海军舰艇部队,为 5 艘舰艇写下了 5 张同样的题词:"为了反对帝国主义的侵略,我们一定要建立强大的海军!"

海军是人民解放军中以舰艇部队和海军航空兵为主体的部队,其主要任务是独立或协同陆军、空军防御敌人从海上的入侵,保卫领海主权,维护海洋权益。海军是海上作战的主力,具有在水面、水中、空中作战的能力。

几十年来,在党中央、中央军委的正确领导下,人民海军不断发展壮大。陆续组建了海军水面舰艇部队、海军潜艇部队、海军航空兵部队、海军岸防部队和海军陆战部队等五大兵种体系。此外,海军还陆续组建了各种专业勤务部队,包括观察、侦察、通信、工程、航海保障、水文气象、防险救生、防化、后勤供应和装备修理等部队,其任务是保障海军各兵力顺利进行战斗活动。

海军下辖北海、东海、南海三个舰队和海军航空兵部。舰队下辖基地、水警区、舰艇支队、舰艇大队等。

根据 2013 年 4 月 16 日国务院新闻办公室发布的《中国武装力量的多样化运用》白皮书,海军现有23.5万人,下辖北海、东海和南海 3 个舰队,舰队下辖舰队航空兵、基地、支队、水警区、航空兵师和陆战旅等部队。2012 年 9 月,第一艘航空母舰"辽宁舰"交接入列。中国发展航空母舰,对于建设强大海军和维护海上安全具有深远意义。

1. 海军水面舰艇部队

兵力包括驱逐舰、护卫舰、导弹艇、鱼雷艇和各种勤务舰船等。编有战斗舰艇部队和勤务舰船部队,具有在海上进行反舰、反潜、防空、水雷战和对岸攻击等作战能力。

水面舰艇是海上重要作战力量。1949年11月,人民海军第一支护卫舰部队组建;1951年10月,人民海军第一支鱼雷快艇部队组建;1954年,人民海军第一支驱逐舰部队组建。经过60多年的建设发展,人民海军水面舰艇部队综合作战能力得到大幅提升。改革开放以来,海军水面舰艇部队进入飞速发展阶段。第二、三代导弹驱逐舰、护卫舰、新型导弹快艇、大型登陆舰、扫雷舰、远洋综合补给舰相继装备部队。至2009年,海军三个舰队已拥有数十支驱护舰支队、快艇支队、登陆舰支队和作战支援舰支队。三级以上战斗舰艇达数百艘,吨位是20世纪80年代的5倍以上。

2. 海军潜艇部队

兵力包括常规动力潜艇、核潜艇等。编有常规动力潜艇部队和核动力潜艇部队,具有水下攻击和一定的核反击能力。担负战略核反击任务的核动力潜艇部队,直接由中央军委指挥。

潜艇是水下重要突击力量,也是人民海军重点发展建设兵种。1954年6月,人民海军第一支潜艇部队宣告诞生。经过60多年的建设与发展,海军潜艇部队已发展成为包括常规动力潜艇和核动力潜艇在内的强大水下突击力量,数量和总吨位比初建时期增长了数十倍,并实现了由数量规模型向质量效能型转变。潜艇水下高速、长航、突防、大深度布雷等训法战法得到检验。

1971年,我国自行设计研制的第一代常规潜艇下水。1974年,我国第一艘核潜艇服役。1983年,我国第一艘弹道导弹核潜艇服役。

3. 海军航空兵部队

1952年6月,航空兵第一师在上海成立。到1955年底,海军航空兵已拥有各型飞机515架,基本形成了以岸基航空兵为主的海空作战防御体系。

中国海军航空兵部队编有轰炸航空兵、歼击轰炸航空兵、强击航空兵、歼击航空兵、反潜航空兵、侦察航空兵部队和警戒、电子对抗、运输、救护、空中加油等保障部(分)队,具有侦察、警戒、反舰、反潜、防空等作战能力,其编制序列为:航空兵部,舰队航空兵,航空兵师、团。作为现代化海军的重要组成部分,海军航空兵所有战斗团都能担负跨区机动作战任务。

1980年1月3日,随着海军舰载直升机首次着舰的成功,海军航空兵实现了由岸基向舰载的突破。20世纪90年代,"飞豹"歼击轰炸机、电子侦察机、反潜机、预警巡逻机、空中加油机陆续装备部队,拓展了海军航空兵的活动范围,并为海军水面舰艇部队夺取制海权奠定了全方位的支撑。

随着第三代战机陆续装备部队,航空兵部队的应急机动、舰机协同、空中格斗、低空突防、远程攻击、精确打击能力显著提高,所有战斗团都能担负跨区机动作战任务,担负战备值班的飞行员全部进行过导弹实弹射击训练。

4. 海军岸防部队

海军是部署在沿海重要地段,参加沿岸防御作战的兵种。编有岸舰导弹部队和海岸炮兵部队,具有海岸防御作战能力。

1950年10月,第一个海岸炮兵营在青岛组建,至1951年底海军共组建了13个海岸炮兵团;20世纪60年代,海岸导弹部队诞生,岸防部队实现导弹化,导弹部队逐渐取代高炮部队。20世纪80年代初,各型岸舰导弹逐步更新为机动式岸舰导弹。

随着突防能力更强、智能化程度更高、射程更远、抗干扰能力更强的新一代岸舰导弹全面装备部队,海军岸防部队逐步成为既具备要地防空、近海防空的能力,又能够有效支援其他军兵种实施进攻的新型兵种。

5. 海军陆战队

海军陆战队是担负登陆作战任务的兵种,为海军第五个兵种。编有陆战步兵、炮兵、装甲兵、工程兵及侦察、防化、通信等部(分)队,是实施两栖作战的快速突击力量

1954年12月,海军成立第一个陆战师。后因任务变动,于1957年撤销。1979年重新组建的海军陆战队,由装甲部队、潜水部队、防化部队、两栖特战队等组成。

经过严格训练的海军陆战队员,不仅会操作各类步兵自动武器、水陆坦克、两栖装甲运输车、多种口径的自行火炮、反坦克导弹等装备,还成为多种特战武器的操作能手。

随着新型两栖坦克、装甲车及特种装备全面列装,海军陆战队的战斗力得到全面提升,多次在全军、海军组织的大型演习和中外联合演习中展示锋芒,成为名副其实的"陆上猛虎、海上蛟龙"。

2008年5月14日,海军陆战队某旅2750名官兵,43小时摩托化行军1853千米,赴四川地震灾区遂行抢险救灾任务。这是人民海军首次派特种作战部队依靠自我保障成建制实现千里机动。

【知识链接】中国海军舰艇命名由来及规律

根据《海军舰艇命名条例》，我国海军舰艇命名总的原则是：区别于国际上其他国家和地区的舰艇命名；区别于国内地方船名；条理性强，便于记忆；字音清楚，不易相互混淆；名称响亮，有意义，能够体现祖国的尊严，表现出中国的悠久历史和文化；能够经得起历史的考验，使用长久，在相当长时间内，能够满足装备发展的需要。

具体命名规定简要如下：巡洋舰以行政省（区）或词组命名，驱逐舰、护卫舰以大、中城市命名，核潜艇以"长征"加序号命名，猎潜艇以"县"命名，船坞登陆舰、坦克登陆舰均以"山"命名，步兵登陆舰以"河"命名，补给舰以湖泊命名。

在人民海军的舰艇方阵中，有两艘战舰是用人名命名的：一艘是远洋航海训练舰"郑和"舰，另一艘是大型国防动员舰"世昌"舰。

尽管中国军舰都有自己的舰名，但并不把舰名漆到船舷上，而是根据国际惯例涂上自己的舷号。

（三）空军

人民解放军空军的主要任务是组织国土防空，保卫国家领空和重要目标的空中安全；组织相对独立的空中进攻作战；在联合战役中，独立或协同陆军、海军和第二炮兵作战，抗击敌人从空中入侵，或从空中对敌实施打击。

人民空军建设发展的 60 多年，经历了 5 个历史时期。

第一个时期：超常建设、跨越式发展

1949 年 11 月 11 日人民空军成立。当时的基础十分薄弱，只有十几架国民党空军起义的飞机和各部队收集、修复的老式螺旋桨飞机。

从 1949 到 1953 年的短短 4 年间，人民空军就发展为 28 个航空兵师，装备各型飞机 3000 余架，主战飞机成规模换代为当时最先进的喷气式飞机，"一步"跨进喷气机时代。正是凭借这种"超常"建设速度，在抗美援朝战争中，志愿军空军才能创造世界空战史上的奇迹。

奇迹般的成绩，首先是由于党中央高度重视空军建设。同时，也离不开全国人民和全军的倾力支持。人民群众不仅把自家的耕地、宅基地拿出来供空军修建机场，还把多年的积蓄捐献出来做空军经费。特别是在抗美援朝期间，全国人民掀起捐钱帮助空军购买飞机的热潮，捐款总额可购买 3700 多架飞机。

第二个时期：全面发展，防空作战战果辉煌

这一时期是抗美援朝结束至 1965 年。人民空军进入了一个全面建设、全面发展的历史阶段。

（1）重视条令和军事理论建设。从全空军抽调既有实践经验，又有理论水平的干部（人员最多时达 1100 余人），编写人民空军自己的条令和教材。至 1965 年 8 月，历时 6 年多，编写出空军所需的各种条令、条例、大纲、教材 306 本。这是人民空军建设史上一次开拓性的大规模理论建设,不仅为当时空军正规化建设,也为之后的建设发展奠定了重要的理论基础。

(2)军事训练从速成转入正规。空军为解决各类干部和专业技术人员培训问题,从1954年开始下大力新建了一批院校,并对原有院校进行了调整。到1965年,空军拥有各类院校29所,初步建立起多专业、多兵种、多层次的院校培训体制。部队训练开始加强夜间、复杂气象等高难度技术训练。1954年空军就有了第1个"全天候"歼击机团。到1957年,全空军有1/3的飞行员成为"全天候"飞行员。

(3)主战装备发展开始由全面引进向以国内生产为主转变。1954年7月,初教-5飞机的仿制成功,是中国航空工业从修理走向制造的转折点。之后相继仿制出了歼-5、歼-6、运-5、直-5、轰-5、轰-6等型飞机,以及"红旗"1号、2号地空导弹和"霹雳"1号空空导弹,自行研制出了初教-6和强-5飞机。

这一时期,人民空军取得的战绩是可以载入历史史册的。空军在国土防空作战中击落的100架敌机,大部分是这一时期的战果。特别是1959年10月7日,空军地空导弹兵击落了敌RB-57D高空侦察机,开创了世界防空作战史上第一次使用地空导弹击落飞机的先例。此后,又连续用地空导弹5次击落U-2高空间谍飞机,有力地捍卫了空中安全。

第三个时期:十年动乱,在曲折中前进

"文革"时期,国家遭受全面破坏,空军建设发展也受到重大影响。

这一时期我国面临的国际及周边形势极为严峻,为了应对威胁,在"准备打仗"和"早打、大打、打核战争"思想指导下,空军在战备与建设上力排各种干扰,一方面,以"三北"地区为重点,进行大规模战备建设,空军部队规模达到顶峰。另一方面,积极完成各项任务。积极完成国土防空作战任务,在西南地区,航空兵部队共击落入侵、入窜飞机16架、击伤4架;积极完成执行专机飞行等多种特殊而繁重的任务,保证了动乱时期国家和军队各项重大工作的顺利展开;积极完成国内灾害救援任务,1966年圆满完成邢台地区抗震救灾飞行任务,1969年完成河南、安徽、湖北、浙江等地抗洪救灾飞行任务,1976年空军和民航派出各型运输机168架,组织实施唐山抗震救灾飞行任务,担负转运伤员、空运(空投)救灾物资和人员等飞行任务,共保障救灾飞行2478架次,有力支援了抢救人民生命和财产安全的大救灾行动。

第四个时期:在整顿中恢复,在整顿中提高

随着粉碎"四人帮"和党的十一届三中全会的召开,人民空军进入了一个全面恢复、全面发展的新阶段。

1977年,空军对领导班子、规章制度、训练、战备、政治工作、纪律、航空工程机务、后勤工作、机关和作风进行全面整顿。这"十大整顿",使空军各项工作基本扭转到正确的轨道上,空军建设发展开始出现新的转机。

1979 年,空军装备发展迎来了新的契机。空军与航空工业部门共同研究制定了武器装备发展的方针和计划,明确了加紧发展新一代主战武器装备、缩短与世界先进水平差距的战略目标。1980 年 3 月和 1991 年,国产运 – 8、运 – 7 飞机先后交付空军部队使用。这一时期,空军开始研制改装电子干扰飞机、轰 – 6 型空中加油机,启动研制新一代作战飞机,开始引进苏 – 27,在党中央、中央军委的关怀下,空军武器装备拉开了全面更新的序幕。

20 世纪 80 年代中期,空军总计裁减员额 20%,空军规模得到精简,老旧装备所占比例有较大幅度下降,不仅优化了空军的变成结构,也为全军的大裁军做出了贡献。

1978 年以后,空军从抓基础训练入手,航空兵加强了仪表飞行训练、空中实弹打靶和实弹轰炸训练,地面部队着重抓单兵、单炮和协同操作训练,全面开展"甲类团"训练,积极组织合同战术训练和战役集训,空军军事训练呈现出新的局面。

这一时期的变革和发展,使空军作战能力和战备水平得到较大提升,为后一时期的转型建设和跨越发展创造了有利的条件。

第五个时期:战略转型,第二次跨越式发展

1993 年初,我军确立了新时期军事战略方针,空军也由此进入了以打赢现代化局部战争为目标的"转型"与跨越发展的新时期。

进入新世纪以后,空军确立了"空天一体、攻防兼备"战略,对作战运用和长远发展进行了全面系统的规划,迈开了全面跨越式发展的新步伐。

空军紧紧围绕党中央、中央军委提出的"建设信息化军队、打赢信息化战争"的总要求,在建设发展上,以新一代武器装备建设带动了主战装备实现跨代发展。歼 – 10、歼 – 11、歼轰 – 7 等三代机批量装备部队;国产空空制导武器实现了超视距攻击,达到世界先进水平;空对地精确制导武器实现质的飞跃,实现了对地精确打击、特别是中远程对地精确打击零的突破,初步构成了远中近程、不同制导方式、不同打击目标的精确制导弹药系列;地空导弹武器的发展,从根本上改变了 30 多年地空导弹一直停留在第一代水平的状况,增强了地空导弹部队打击中、远程目标的能力;信息装备建设填补多项空白,加强了远程战略预警探测手段,特别是通过雷达组网和数据融合,目标发现跟踪定位和低空探测以及抗干扰能力大大增强;空中支援保障装备体系从无到有;特种飞机开始装备部队,填补了装备建设多项空白,构建起支援装备保障体系;装备数据链系统逐步完善,主要作战方向情报信息组网,实现了主战装备平台之间有效交联,形成了空军装备体系作战能力。

人民空军经过几十年的建设,已发展成由航空兵、地空导弹兵、高射炮兵、空降兵、雷达兵、通信兵等多兵种合成的战略军种。

根据 2013 年 4 月 16 日国务院新闻办公室发布的《中国武装力量的多样化运用》白皮书,空军现有 39.8 万人,下辖沈阳、北京、兰州、济南、南京、广州、成都 7 个军区空军和 1 个空降兵军。军区空军下辖基地、航空兵师(旅)、地空导弹师(旅)、雷达旅等。

1. 航空兵:具备了全疆域一体化打击能力

航空兵是人民空军的主体,包括歼击航空兵、强击航空兵、轰炸航空兵、运输航空兵、侦察航空兵和预警、加油、电子战、搜救等各种专业航空兵部队。

航空兵,长于进攻、出击准确、机动快速、反应迅即,是世界各国维护国家利益、彰显国家意志的首选利器,被誉为位于"战争食物链"最顶端的空中雄鹰。

1950 年 6 月 19 日,人民空军第一支航空兵部队——空军第 4 混成旅在南京大校场成立。

抗美援朝战争中,人民空军航空兵一步跨入喷气时代,部队规模迅速扩大,先后组建 28 个航空兵师、70 个航空兵团、7 所航空学校,配备各型飞机 3000 余架。

60 多年来,航空兵经历了抗美援朝、国土防空、解放沿江岛屿、入闽作战、南疆边境作战等一系列战斗的考验,完成了重大战备、演习、演练、支援国家和地方建设等行动任务。从抗美援朝建立"米格走廊",到抗震救灾锻造"空中生命线";从一江山岛战役空中支援到"和平使命"系列军演联合作战……每逢执行重大任务,空军航空兵都全程使用、用之必胜,取得了辉煌的战绩。

历经 60 多年的发展特别是改革开放 30 多年以来,空军航空兵部队的兵力结构不断优化,一大批新型歼击机、强击机、轰炸机等主力作战飞机陆续列装,预警指挥机、空中加油机等作战支援飞机相继服役,人民空军航空兵武器装备从机械化向信息化快速转型,与世界发达国家空军装备技术水平的差距明显缩减。

进入新世纪新阶段,根据攻防兼备的战略要求,人民空军航空兵着力提升信息化条件下的空中进攻作战能力、远程精确打击能力和战略投送能力。2007 年 6 月,空军航空兵首次组织大型运输机与歼轰机混合编队,长途奔袭 5 小时,航程 4000 多千米,在复杂背景下成功实施机动演练,标志着部队远程快速投送能力显著提高。2009 年 6 月,100 余架空军战机在多个机场同时升空,从不同方向奔袭南疆远海深处,歼击机、强击机等主战飞机实施战斗巡逻,干扰机、加油机等作战支援飞机进行策应掩护,新型战机经多次空中加油后首次巡航祖国最南端,标志着我空军航空兵大机群多机种远海空中作战能力取得了新的突破。

目前,除担负改装任务的部队外,空军航空兵战斗团全部达到甲类标准,具备了全疆域一体化打击能力。

2. 地空导弹兵:开始由防空型向空天防御型转变

1958年10月6日,人民空军地空导弹兵第一营正式成立。

第二年10月7日,担负战备仅半个月的人民空军地空导弹兵就打下了入侵我领空的敌RB-57D型高空战略侦察机,开创了世界防空史上首次使用地空导弹击落飞机的战例。

1962年至1966年,人民空军地空导弹兵连续击落5架入侵我领空的敌U-2型高空战略侦察机,创世界各国击落U-2飞机的最高纪录。

20世纪60年代中期以来,国产地空导弹武器系统陆续装备部队,人民空军地空导弹兵数量规模不断发展壮大。近10年来,随着国外新型系列防空武器系统和指挥自动化系统的引进、国产新型防空兵器的研制成功,人民空军地空导弹兵已经发展成为一支具有高中低空、远中近程防空火力配系的现代化高技术兵种,信息化作战能力大幅提升,具备了一定的反导能力和抗击多目标能力,开始由防空型向空天防御型转变。

3. 空降兵:从单一伞降到空地合成作战

空降兵是现代化立体战争中的重要力量,是一支能超越地面障碍、实施远距离奔袭、全方位快速机动作战的部队。

人民空军空降兵始建于1950年7月,开始称空军陆战旅,后改称空降兵师。1961年5月,中央军委决定将陆军第十五军改编为空降兵军。

空降兵是一个合成兵种,编有步兵、炮兵、航空兵、通信兵、侦察兵、工程兵、防化兵等27个专业兵种。2000年以来,空降兵正在实现由单一伞降作战力量向空地合成作战力量转型,陆续装备了伞兵突击车、伞兵战斗车、自行榴弹炮、自行火箭炮、反坦克导弹发射车、系列化伞降专用设备、大中型运输机、武装直升机、运输直升机、指挥自动化系统和卫星定位、导航、通信系统,初步实现了主战装备机械化、作战装备空降化、战场机动立体化,作战能力向空中机动作战、空中特种作战、地面突击能力拓展。

2008年9月,内蒙古某训练场,在36个国家113名军事代表的注视下,近百名空降兵随战车火炮从天而降,首次实现人与重型装备"一体空降",标志着空降兵彻底改变了"一人一伞一杆枪"、轻武器加迫击炮的轻装模式,远程快速机动突击能力跃上新的台阶。

目前,人民空军空降兵已经发展成为一支能够全方位快速机动、在多种复杂地形条件下成建制空降、远距离独立作战的突击力量。

4. 雷达兵:具备全域、全频、多维空间、多类目标的探测能力

人民空军雷达兵是国家空中情报预警系统的主体,是守卫祖国蓝天的"千里眼"。

从滴水成冰的北国,到炎热潮湿的南疆;从号称"生命禁区"的雪域,到人迹罕至的小岛;从飞沙走石的荒漠,到虫蛇肆虐的丛林,处处都有人民空军雷达兵战斗的身影。他们特别能吃苦、特别能奉献、特别能战斗,用青春和生命,为祖国筑起坚不可摧的"第四维屏障"。

自组建至今,人民空军雷达兵先后参加了国土防空、抗美援朝、抗美援越等重大作战任务,保障部队击落、击伤敌机上千架,为夺取空中作战和防空作战的胜利发挥了重大作用。在保障训练飞行、实兵演习、抢险救灾、奥运安保等日常战备任务方面,人民空军雷达兵也做出了重大贡献。2008年汶川地震救灾中,第一支在灾区展开救援的部队就是人民空军雷达兵。

经过60多年的发展建设,人民空军雷达兵实现了"五大转变":①组织体系由单一兵种保障向诸军兵种联合保障转变;②探测形式由单一探测手段向多种探测手段、由平面探测向立体探测转变;③兵力部署由要地防空向攻势防空、尽远保障转变;④情报保障由单一固定部署的静态保障向固定、机动、隐蔽部署相结合的动态保障转变;⑤雷达组网由"树"状结构向"网"状结构转变。

目前,人民空军雷达兵已经在全国范围内构建了比较严密的雷达网,建立了能够遂行多种任务的联合空情预警探测系统,基本具备了探测全域、全频、多维空间、多类目标的能力。

5. 通信兵:从通信保障到信息作战

人民空军通信兵是担负空军通信、保障空军指挥的一支重要兵种。无论是作战、演习、训练,还是处理日常工作和应对突发事件,都离不开昼夜值勤的通信兵。

1952年冬天,志愿军空军通信官兵克服装备物资短缺、环境条件恶劣等重重困难,就地砍树当天线杆,收集敌机残骸铝板制作地线,努力提高对空电台的通信距离,利用烟火、信号弹、布板等信号通信,指挥引导战机把空中战线延伸到"三八线"。

1978年7月28日,唐山发生强烈地震,震后2小时08分,人民空军通信兵冒着倾盆大雨架起第一部电台,沟通了对外联络,为地方政府收发电报139份,对首批救灾飞机进行了指挥引导。

2007年,中俄联合军演在俄罗斯举行,人民空军通信兵首次成建制、成规模出国参加演习,通信导航良好场次率、信息畅通率达到100%,圆满完成了分练、合练、预演和演习的保障任务,受到了参演部队、俄军同行和指挥部首长的高度赞扬。

20世纪90年代以来,人民空军通信兵地位和作用发生了巨大变化,逐渐由传统的保障力量发展成为高技术的信息作战兵种,成为空军部队信息化建设的"排头兵"和推进空军转型建设跨越式发展的重要力量。除基本形成以各级指挥所为中心、以机场为基点、各种通信导航手段相结合、稳定可靠的通信导航保障网络外,还相继建设完成战略、战役、战术三级指挥自动化系统,并实现三级联网、多兵种一体化综合集成;情报保障网、指挥控制网、武器交链网和通信基础网高度融合,指挥信息系统实现扁平化;通信装备向"集约化、系统化、一体化"发展,初步搭建起集作战值班、战役指挥、远程控制为一体的信息平台。

目前,人民空军通信兵拥有超短波、短波、微波、卫星通信等多种通信手段,实现了通信网络的全疆域覆盖,战机飞到哪里,语音信息和数字信息就能传递到哪里。

6. 其他兵种:作用不断上升 比重将进一步增大

人民空军除以上传统五大兵种外,主要兵种还有电子对抗兵、防化兵等。

空军电子对抗兵是对敌实施电子对抗侦察、电子干扰和反辐射攻击的专业力量,包括航空电子对抗部队和地面电子对抗部队。20 世纪 70 年代,人民空军组建第一支电子对抗部队,90 年代形成空军电子对抗专业兵种。人民空军电子对抗兵装备电子干扰飞机、无人机和反辐射导弹,以及雷达对抗装备、通信对抗装备和光电对抗装备。未来战争,制信息权争夺激烈,信息战、电子战将贯穿作战全过程,电子对抗部队在空军的地位作用不断上升,在空军兵力结构中的比重将进一步增大,反辐射攻击手段和各类电子对抗装备将得到更快发展,成为一支举足轻重的作战力量。

空军防化兵担负着防化保障和喷火、发烟任务,以及核、化学事故应急救援任务。1951 年人民空军开始在场站设立防化分队,之后逐步建立起各级防化部门和防化部队,以及防化科研、训练和装备修理机构。在我国进行的历次核试验中,人民空军防化兵担负了空中辐射测量、核试验烟云取样和飞机洗消等任务。目前,人民空军实行以指挥机构和航空兵机场为保障重点、以群众性防护为基础、专业兵保障为骨干、群专结合的防化保障模式。

(四)第二炮兵

中国人民解放军战略导弹部队(第二炮兵,简称"二炮"),由地地战略核导弹部队、战役战术常规导弹部队及相应保障部(分)队组成,是一支由中央军委直接领导指挥的战略性兵种。现已初步形成核常兼备、射程衔接、威力和效能明显增强的武器装备体系,具备精确、机动、全天候的战略反击本领。

根据 2013 年 4 月 16 日国务院新闻办公室发布的《中国武装力量的多样化运用》白皮书,第二炮兵下辖导弹基地、训练基地、专业保障部队、院校和科研机构等,目前装备"东风"系列弹道导弹和"长剑"巡航导弹。

第二炮兵是伴随着我国"两弹一星"成功的步伐而诞生的。1956 年,中共中央做出了研制"两弹一星"的重大战略决策;1957 年,负责培训战略导弹部队指挥干

第二炮兵是中国战略威慑的核心力量

核导弹部队　常规导弹部队　作战保障部队等

下辖——
导弹基地　训练基地　专业保障部队　院校和科研机构等
○ 主要担负遏制他国对中国使用核武器、遂行核反击
和常规导弹精确打击任务
○ 目前装备东风系列弹道导弹和长剑巡航导弹

部和技术干部的"炮兵教导大队"在国防部第五研究所正式组建;1959年,中国第一支战略导弹部队"地地导弹营"成立,这是我国战略导弹部队的雏形;同时,"西安炮兵学校"开始为战略导弹部队培养高技术人才;1960年,我国仿制的第一种地地导弹"东风一号"试验发射成功,标志着战略导弹部队战斗力基本形成。

1966年7月1日,中央军委发布命令,宣告第二炮兵正式成立。第二炮兵的名字是由周恩来总理亲自命名的,后来它被世人称作中国战略导弹部队。同年7月4日,中央军委下达毛泽东主席签发的任命书——任命向守志为第二炮兵司令员,李天焕为政委。同年10月,战略导弹部队用我国自行研制的地地导弹"东风二号",成功地完成了导弹与核武器结合试验,结束了我国"有枪无弹"的历史,我国导弹核力量由此形成。

20世纪70年代中期,中国战略导弹部队组织了规模宏大的导弹团远距离机动作战实弹发射演习。1978年以后,第二炮兵进入了以现代化建设为中心任务的新时期。1980年,我国在太平洋海域成功进行了洲际运载火箭的全程飞行试验;随后,第二炮兵使用导弹武器进行了首次战役合成训练演习;1984年,二炮开始担负战备值班任务;同年10月1日,第二炮兵第一次公开接受检阅。进入20世纪90年代,根据世界战略形势的发展变化,中央军委果断决策在第二炮兵组建地地常规导弹部队。

1996年3月,第二炮兵接受了中央军委赋予的向东南海域进行导弹发射的训练任务。这是二炮首次公开展示其战斗力。

1999年8月2日,新华社庄严向世界宣布,中国在本国境内成功地进行了一次新型远程地地导弹发射试验。这是中国战略导弹部队迈向现代化、实现质量建设的重要标志。

1999年10月1日,当第二炮兵受阅方队再次走过国庆五十周年的天安门时,人们发现,中国的战略导弹家族变大了,导弹的个头变小了。这一变化,标志着中国战略导弹部队现代化建设实现了历史性的进展。

近年来,中国战略导弹部队取得了近千项科技成果。"导弹自动化测试系统"的研制成功,使部队测探技术一步跨入世界先进行例;"导弹控制系统"、"电子化

47

指挥系统"、"通用文电处理系统"等重要系列成果,填补了不同型号导弹旅固定和机动作战电子化指挥的空白。在气象、测地、防化、后勤保障等方面也取得了一大批成果,这些成果有90%以上得到推广应用。经过20多年的发展,中国战略导弹部队武器装备初步形成固体与液体并存,核导弹与常规导弹兼有,近程、中程、远程和洲际导弹齐备的武器系列。

二炮部队现代化建设的新成就主要表现在(2002年资料):多次参加战役演习、实弹发射等重大任务,均取得优异成绩;国防工程建设合格率100%,创造二炮工程建设新纪录;作战保障体制进一步优化,手段日趋完善;作战理论研究成果丰硕,形成了比较系统、配套实用的作战理论和战法体系;部队训练改革深入扎实,群众性科技练兵质量和效益明显提高,一批旅团级单位跨入军事训练一级单位;初步形成了多种型号导弹武器装备系列;部队快速机动能力和准确打击目标能力迅速提高,整体作战能力明显增强。

伴随着现代化建设水平的不断提高,全部队初步形成了专业门类齐全、保障能力较强、发挥作用明显、具有相当规模、与现代化武器装备相适应的导弹专业人才队伍。据统计,二炮干部队伍大专以上学历占82%,科技干部占干部总数的一半以上。

第二炮兵是中国战略威慑的核心力量,主要担负遏制他国对中国使用核武器、遂行核反击和常规导弹精确打击任务。按照精干有效的原则,第二炮兵加快推进信息化转型,依靠科技进步推动武器装备自主创新,利用成熟技术有重点、有选择改进现有装备,提高导弹武器的安全性、可靠性、有效性,完善核常兼备的力量体系,增强快速反应、有效突防、精确打击、综合毁伤和生存防护能力,战略威慑与核反击、常规精确打击能力稳步提升。

二、中国人民解放军预备役部队

预备役部队是以现役军人为骨干、预备役官兵为基础,按照军队统一的体制编制组成的武装力量,是中国人民解放军的组成部分,是国防后备力量建设的重点,实行军队与地方党委、政府双重领导制度。

预备役部队平时按照规定进行训练,必要时可以依照法律规定协助维护社会秩序,战时根据国家发布的动员令转为现役部队。

中国最早于1955年开始建立预备役部队。按照国防部发布的《关于组织预备役师命令》,先后在成都、武汉、昆明、兰州等军区组建了一批预备役部队,接受预编了十几万预备役士兵。1987年预备役师被取消。

党的十一届三中全会以后,为了加强国防现代化建设,提高战时快速动员能力,中央军委借鉴国外的先进经验,结合中国国情、军情,决定恢复预备役制度,在全国有计划地组建了一批预备役师、团。从1983年起,沈阳军区、北京军区等单位开始着手组建预备役部队。1983年5月,总参谋部发出通知,明确预备役部队实行统一编制,有关师、团均授予相应的军旗一面,并授予番号、按规定刻制印章。从此,中国预备役部队开始了全面建设时期。

经过30多年的改革、建设和发展,人民解放军预备役部队已成为一支由陆军、海军、空军和第二炮兵预备役部(分)队组成的重要后备力量。其中,陆军预备役部队主要由步兵、炮兵、高射炮兵、反坦克炮兵、坦克兵、工程兵、防化兵、通信兵、海防兵、电磁频谱管理等兵种、专业兵组成;海军预备役部队主要由侦察、扫雷布雷、雷达观通等专业兵组成;空军预备役部队主要由地空导弹兵、雷达兵、场站等专业兵组成;第二炮兵预备役部队主要由导弹专用装备保障和特种装备维修专业兵组成。

预备役部队根据军队建制实行统一的编制,编有预备役师、旅、团,并建有相应的领导机关。主要按地域进行编组,以省建师、以地(州、市)建旅(团)或跨地(州、市)建师(旅)、跨县(市、区)建团。现役军人主要编配各级军政主官、部门主要领导、部分机关人员和专业技术骨干。预备役军官主要从符合条件的退伍军人、地方干部、人民武装干部、民兵干部、地方与军事专业对口的技术人员中选配;预备役士兵主要从符合服士兵预备役条件的退伍士兵、经过训练的基干民兵和地方与军事专业对口的人员中选编。预备役官兵一般每年进行240小时的军政训练。

此外,预备役官兵中还有部分预编到现役部队专业技术岗位,战时动员后跟随现役部队遂行军事任务。

进入20世纪90年代,预备役部队已由当初的单一步兵发展成为拥有步兵、炮兵、装甲兵、工程兵、通信兵、防化兵在内的诸兵种合成的一支强大的国防力量。

1995年9月10日,八届全国人大常委会通过了共和国第一部《预备役军官法》。这部法律的颁布实施,标志着中国预备役军官队伍建设已走上了法制轨道。

1996年4月,根据《预备役军官法》的规定,中央军委发出《关于评定授予预备役军官军衔工作的指示》,决定于当年为全国预备役军官评授军衔。之后,第一批预备役军官授衔工作在全国陆续展开,数万名预备役军官被授予军衔。

2002年9月2日新华社报道,我军近日首次举行预备役部队配属现役部队实兵对抗演练。由北京军区组织的这次演练,是围绕战时快速动员、摩托化远程机动、实兵对抗演练展开的。预备役某团接到上级快速动员的命令后,分散在5个县市48个乡镇的1500多名预备役官兵迅速按规定时间收拢集结,转服现役,配发了现役军服和武器装备,经过临战训练后,向演练地域开进,先后辗转3个省,摩托化行军730多千米,途中演练了防空袭、防侦察、改变机动路线、快速隐蔽集结等多种战斗行动。到达战区后,预备役部队立即编入现役部队,与"蓝军"展开了实兵对抗。在连续20多天的演练中,预备役部队与现役部队一起练谋略、练战法、练指挥、练协同、练保障,为全军预备役部队与现役部队联战联训探索了路子。演练结果表明,我军预备役部队训练实现了重大突破,参演预备役部队快速动员、摩托化远程机动和配合现役部队作战的能力得到了全面提高。

2011年,自5月1日起,预备役官兵换着07式预备役军服,通过标志服饰与现役部队有所区别。

三、中国人民武装警察部队

中国人民武装警察部队同中国人民解放军一样,都是中国共产党领导的国家武装力量。中国人民武装警察部队组建于1982年6月19日,由内卫部队和黄金、森林、水电、交通部队组成,列入武警序列的还有公安边防、消防、警卫部队。内卫部队由各总队和机动师组成。武警部队根据人民解放军的建军思想、宗旨、原则,按照其条令、条例和有关规章制度,结合武警部队特点进行建设,执行《中华人民共和国兵役法》,享受人民解放军的同等待遇。中国人民武装警察部队平时主要担负执勤、处置突发事件、反恐怖、参加和支援国家经济建设等任务,战时配合人民解放军进行防卫作战。武警部队依托国家信息基础设施,建立完善从总部至基层中队的三级综合信息网络系统,发展部队遂行任务急需的武器装备,开展针对性训练,提高执勤、处置突发事件、反恐怖能力。

武警部队由国务院、中央军事委员会双重领导,实行统一领导与分级指挥相结合的体制,设总部、总队(师)、支队(团)三级领导机关。武警总部是武警部队的领导指挥机关,领导管理武警内卫部队和黄金、森林、水电、交通部队。在执行公安任务和相关业务建设方面,武警部队接受同级公安部门的领导和指挥。中国人民武装警察部队总部设在北京,各省(市、区)设有武警总队(师级),各地(市、州、盟)设有武警支队(团级),各县(市)设有武警大队(营级)或中队(连级)。

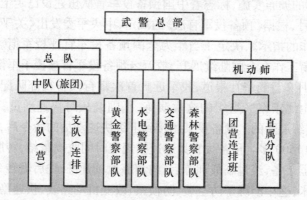

2009年8月28日,全国人大表决通过了《中华人民共和国人民武装警察法》,首次对武装警察的任务、职责、义务和权利等,通过法律形式予以明确和规范。人民武装警察部队担负国家赋予的安全保卫任务以及防卫作战、抢险救灾、参加国家

经济建设等任务。执行安全保卫任务，主要包括国家规定的警卫对象、目标和重大活动的武装警卫；关系国计民生的重要公共设施、企业、仓库、水源地、水利工程、电力设施、通信枢纽的重要部位的武装守卫；主要交通干线重要位置的桥梁、隧道的武装守护；监狱和看守所的外围武装警戒；直辖市，省、自治区人民政府所在地的市，以及其他重要城市的重点区域、特殊时期的武装巡逻；协助公安机关、国家安全机关、司法行政机关、检察机关、审判机关依法执行逮捕、追捕、押解、押运任务，协助其他有关机关执行重要的押运任务；参加处置暴乱、骚乱、严重暴力犯罪事件、恐怖袭击事件和其他社会安全事件；国家赋予的其他安全保卫任务。

武警部队从 2007 年 8 月 1 日起，陆续换着以深橄榄绿为主色调的武警 07 式服装。武警 07 式服装礼服有 14 个品种，常服有 29 个品种，作训服有 14 个品种，标志服饰有 48 个品种。武警 07 式服装以深橄榄绿为主色调，与 07 式军服款式一致、材料一致、质量一致、装备时间一致；春秋常服、冬常服在袖口和裤侧缝设有双黄线装饰条，标志服饰样式与军队有所区别，体现武警特色。

【知识链接】中国人民武装警察部队历史沿革

中国人民武装警察部队前身为人民边防武装警察部队。建国初期，国家建立了全国统一的各级人民公安机关及公安武装，以后其名称和领导体制几经变化。1951 年，中央军委曾决定将全国内卫边防、地方公安部队改编为中国人民解放军公安部队，由中央军委管辖。1957 年，中共中央决定将"公安军"更名为"中国人民公安部队"。1958 年，中共中央和中央军委决定，将中国人民公安部队改编为人民武装警察。1963 年，中共中央批准罗瑞卿所作的《关于人民武装警察部队改名为公安部队问题的报告》。改名后，其建制属公安部，由中央军委和公安部双重领导。1979 年 7 月 31 日，中共中央批转乌兰夫在全国边防工作会议上的报告。其中指出，要把现行的义务兵役制与地方职业民警制两种体制统一起来，一律实行义务兵和志愿兵相结合的体制，组成一支统一的边防武装警察队伍。此后，人民边防武装警察即按人民解放军的条令、条例进行建设。

1982 年 6 月 19 日，根据《中共中央批转公安部党组〈关于人民武装警察管理体制问题的请示报告〉的通知》精神，中国人民解放军担负地方内卫任务及内卫值勤的部队移交公安部门，同公安部门原来实行义务兵役制的边防、消防等警种统一起来，重新组建中国人民武装警察部队（后来根据形势需要，将交通、水电、黄金三支基建部队一并编为武警系列）。1983 年 4 月，中国人民武装警察部队总部在北京成立，李刚任中国人民武装警察部队首任司令员，公安部部长赵苍璧兼任首任政治委员。

【知识链接】我国的军衔制

20 世纪初，清新军最先引入军衔制。此后，中华民国南京临时政府、北洋政府和国民党政府几个时期实行的军衔制，基本上都是在清末军衔制基础上的发展和沿革。中华人民共和国成立后,中国人民解放军曾先后两次实行军衔制,并进行了多次修改。

（一）清代晚期

清朝在灭亡前,用了六年的时间(1901—1905)形成了一个完整的新式军衔体系。

当时,清王朝的腐败无能和清军战斗力的脆弱,在面对列强的战争中已暴露无遗。一些大臣、督抚纷纷上书,条陈时务,要求清廷迅速建立一支新式武装。清朝皇室也痛感中国兵制过于陈旧,已不合时宜。为了维持自己摇摇欲坠的统治,必须改革兵制。于是采纳众议,决定效法西洋,训练一支新式陆军,以取代旧式绿营军队。1901年(光绪二十七年),清政府任命袁世凯为直隶总督兼北洋大臣,负责编练新军。

清朝的新军,在编制、装备和操法上,完全仿效西方,而在人事制度上,基本上还是采用过去绿营制的一套老办法。在编练新军过程中,遇到许多矛盾,对推行新制障碍重重。因此,清政府进一步采取改革措施,继续在所有方面进行改革,其中一个很重要的方面,就是移植西欧式军衔制,试图通过军衔制度来改变当时"重文轻武"的流弊,振奋士气,提高军队的社会地位,改变官职与官衔之间严重失调的状况;改革官兵制服与识别标志,既整肃军容,亦适应操战;实行国际上大体统一的衔级制度,以利于国际交往。

清政府从1904年开始,通过颁布实施一系列的章程制度,逐步推行西欧式军衔制。1904年12月,清政府练兵处会同兵部向朝廷奏准《另定新军官制事宜》,建议"参仿八旗官员之秩序,旁采各国军营之规章",按照西方军官军衔的三等九级制,取代旧的官阶制度,建立新军的阶位品级体制,军官"区为三等,析为九级"。

1905年3月,练兵处、兵部设计出军官军服和军衔标志的第一个图案式样。8月,练兵处提出军官授衔的标准、条件、程序和要求。12月经清政府批准,陆军军官开始按新官制评定等级,从而形成了我国最早的军衔等级:

上等第一级,正都统;

上等第二级,副都统;

上等第三级,协都统;

中等第一级,正参领;

中等第二级,副参领;

中等第三级,协参领;

次等第一级,正军校;

次等第二级,副军校;

次等第三级,协军校。

1909年11月,军咨处又奏请朝廷在军阶第一等第一级内正都统之上增设"大将军"、"将军"两衔,与正都统同为上等第一级;设立军士衔三级,即上士、中士、下士;在军官和军士之间增设"额外军官"衔一级。

1910年12月,陆军部对军衔授予及晋升年限、军官职务任免、最高服役年龄、军官考绩办法等,都做了详尽规定。如规定各级官佐的最高服役年龄为:正都统,65岁;副都统,62岁;协都统,58岁;正参领,55岁;副参领,52岁;协参领,50岁;正军校,48岁;副军校45岁;协军校45岁。又规定,凡正都统荣获大将军、将军称号者,不受上述年龄限制。这一章程可视为中国历史上第一部军官服役条例。

晚清的"都统"对应将官,"参领"对应校官,"军校"对应尉官;"正"、"副"、"协"分别对应上、中、少各级。从"正都统"至"协军校"这九级,分别对应上将、中将、少将、上校、中校、少校、上尉、中尉、少尉。"大将军"、"将军"和"正都统"同为一级,是荣誉军衔,相当于有些国家的元帅。"额外军官"就是准尉。

(二)民国时期

1. 临时政府

辛亥革命后,中华民国于1912年元旦正式成立。中华民国南京临时政府沿用了刚刚实行不到一年的晚清军衔制,但做了一些变动,主要是废除清朝军衔制的军官衔称,取消所有品级,仍按原来的三等九级,规定了新的军衔名称,军士和兵均改为二级:

上等官佐:大将校、中将校、少将校;

中等官佐:大领、中领、少领;

初等官佐:大尉、中尉、少尉;

额外军官;

军士:一等目兵、二等目兵;

兵:一等兵、二等兵。

不久,南京临时政府又对军衔等级和称谓做了修改,由六等十四级增至六等十六级:

上等官佐:大将军、左将军、右将军;

中等官佐:大都尉、左都尉、右都尉;

初等官佐:大军校、左军校、右军校;

额外军官;

军士:上士、中士、下士;

兵:上等兵、一等兵、二等兵。

右军校升左军校2年;左军校升大军校3年;大军校升右都尉4年;右都尉升左都尉、左都尉升大都尉、大都尉升右将军各3年;右将军升左将军4年;左将军升大将军无定年。

2. 北洋政府

1912 年 8 月,北洋政府在南京临时政府军衔制基础上重新制定了军衔制,并颁布《陆军官佐士兵等级表》,军官仍为三等九级。

将官:上将、中将、少将;

校官:上校、中校、少校;

尉官:上尉、中尉、少尉;

准尉官;

军士:上士、中士、下士;

兵:上等兵、一等兵、二等兵。

北洋政府还有两个特殊的规定。

虚衔规定:将官衔在正式授予之前,可以先加一个虚衔,即陆军上校可加少将衔,陆军少将可加中将衔,陆军中将可加上将衔。如护国名将蔡锷,为陆军中将加上将衔。

追赠军衔的规定:军官作战阵亡或病逝后,依其生前业绩,可以追赠高一级的军衔,如中将可以追赠上将。

3. 国民政府

1931 年 4 月,国民政府颁布《陆军军官佐及士兵等级表》,沿用北洋政府时期的军衔制,衔级和衔称都不变。当时授军衔没有统一的机构,国民政府可以授,总司令部可以授,军事委员会可以授,甚至上级机关或军政长官也可以授。另外,当时军衔和职务相比,衔高职低的情况比较普遍,军长大都授上将。一些地方军阀,也自封为上将。1933 年,当时蒋介石在一次纪念周上讲话说:"国民党军队同列强相比,战斗力特弱而将官特多,上将都数不清了。"

为了整顿军队军衔混乱状况,以适应其军事上的需要,国民政府决定对军衔进行修订。1934 年 7 月和 1935 年 1 月,国民政府重新制定了陆、海、空军《官制表》和《士兵等级表》。1935 年 3 月,颁布了新的军衔等级表,把上将分为第一、第二两级,增设特级上将。整个军衔等级为六等十八级:

将官:特级上将、一级上将、二级上将、中将、少将;

校军:上校、中校、少校;

尉官:上尉、中尉、少尉、准尉;

军士:上士、中士、下士;

兵:上等兵、一等兵、二等兵。

海军士兵分八级,称谓与北洋政府时期相同。

国民政府时期的军佐衔,最初等级设置与北洋政府时期相同,但改变了称谓,即在军官衔的前面冠以专业名称,如"军需少将"、"军医中校"、"军法上尉"等。1934 年以后,军佐衔改用新称谓,将级军佐衔统称"监",校级军佐衔统称"正",尉级军佐衔统称"佐"。

抗日战争结束后,国民党军队为适应全面内战的需要,对各级军官的服现役限龄做了大幅度降低:一级上将,62 岁;二级上将,60 岁;中将,56 岁;少将,52 岁;上校,46 岁;中校,44 岁;少校,42 岁;上尉,40 岁;中尉,38 岁;少尉,36 岁。这在当时主要军事国家中是比较低的。

国民党军队的上将衔,比较复杂。除了分特级、一级、二级三个档次外,还有中将加上将衔和追赠上将几种。

特级上将为最高军衔,授予陆海空军最高军事长官。实际上这一衔级是专为蒋介石而设的。

特级上将、一级上将和二级上将常服的军衔标志,抗战结束前都是金板领章上缀 3 颗三角星。抗战以后,常服的军衔标志,由领章改为肩章,二级上将为 3 颗五角星,一级上将、特级上将分别为 4 颗星、5 颗星。因此,也分别被俗称为"三星上将"、"四星上将"、"五星上将"。也有人是死后才被追赠的,如张自忠、廖磊等;还有人生前死后都为正式晋升二级上将,如钱大钧、罗卓英等。

此外,国民政府于 1934 年 12 月对驻蒙古、新疆、西康、西藏等地的武职官员,颁行了一种特殊的官衔,共分三等十级,其称谓类似于清末的军官衔称:一等一级称都统、一等二级称副统、一等三级称协统,二等一级称都领、二等二级称副领、二等三级称协领,三等一级称都卫、三等二级称副卫、三等三级称协卫,此外还设有准卫一级。

(三) 新中国

中华人民共和国成立前,中国人民解放军曾两次拟议实行军衔制度,一次是抗战初期的第二次国共合作时期,一次是抗战胜利后国共两党重庆谈判之后。两次拟订的军衔等级都与当时国民党军队的军衔制度相同,但由于受当时环境的制约,两次拟订的军衔制度都未能实行。

1950—1965

中华人民共和国成立后,为加强军队的正规化、现代化建设,实行军衔制的问题很快被重新提上议事日程。1950 年 9 月总干部部管理部成立时,就设置了"军衔奖励处"。1952 年冬便着手研究军衔制的问题。1952 年 11 月 26 日,总干部部在向毛泽东主席并军委的报告中,对实行军衔制度准备工作等问题拟制了初步计划。

当时总干部部和苏联专家初步制定的方案是将军衔设为 6 等 20 级。

元帅 3 级:大元帅、国家元帅、兵种元帅;

将官 4 级:上将、准上将、中将、少将;

校官 3 级:上校、中校、少校;

尉官 4 级:上尉、一级中尉、二级中尉、少尉;

军士 4 级:准尉、上士、中士、下士;

士兵2级：上等兵、列兵。

1953年《中国人民解放军军衔条例（草案）》对上述方案作了修改：

增加大校一级；将上将、准上将改称大将、上将；

将上尉、一级中尉、二级中尉改称大尉、上尉、中尉；

其他不变。

1955年1月23日，中央军委发布"关于评定军衔工作的指示"。1955年2月8日，第一届全国人大常委会第六次会议通过《中国人民解放军军官服役条例》，中国人民解放军正式实行军衔制，军衔设置上比1953年条例草案减少了兵种元帅、准尉两级，共设6等19级。

中国人民解放军"55式"军衔肩章

元帅2级：

中华人民共和国大元帅（大元帅实际未授予）、中华人民共和国元帅；

将官4级：大将、上将、中将、少将；

校官4级：大校、上校、中校、少校；

尉官4级：大尉、上尉、中尉、少尉；

军士3级：上士、中士、下士；

士兵2级：上等兵、列兵。

但实际授衔时，应毛泽东本人的要求，中华人民共和国大元帅衔空缺未授；增加授予准尉军衔，这是考虑到当时我军有十几万副排级干部，军委决定暂时增加准尉衔，以解决副排级干部的衔称问题。

1965年5月22日，第三届全国人大常委会第九次会议通过了《关于取消中国人民解放军军衔制的决定》，1965年6月1日开始实施。

1980年以后

1980年3月12日，中央军委主席邓小平提出，要搞军衔制。1984年5月31日中华人民共和国第六届全国人民代表大会第二次会议通过的《中华人民共和国兵役法》规定:"中国人民解放军实行军衔制度"。1985年6月,中央军委召开扩大会议,果断地提出割断1965年以前的军衔体制,"实行新的军衔制"。1988年4月13日,《中国人民解放军军官军衔条例(草案)》提交中华人民共和国七届全国人民代表大会第一次会议审议,1988年7月1日,中华人民共和国七届全国人民代表大会第二次会议通过了《中国人民解放军军官军衔条例》,予以公布施行。士兵军衔制度同时立法。

中国人民解放军"88式"军衔肩章

新公布的军衔制度不设元帅、大将和大尉,而以一级上将为最高军衔。军官军衔设3等11级。

将官:一级上将、上将、中将、少将;

校官:大校、上校、中校、少校;

尉官:上尉、中尉、少尉。

海军、空军军官在军衔前分别冠以"海军"、"空军"。专业技术军官,在军衔前冠以"专业技术"。

士兵军衔按等级分为:

士官:军士长、专业军士;

军士:上士、中士、下士;

兵:上等兵、列兵。

1993年4月国务院、中央军委发布修改《中国人民解放军现役士兵服役条例》的决定起,军士长、专业军士划分为四个级别,称谓由高到低为:

四级军士长、三级军士长、二级军士长、一级军士长;

四级专业军士、三级专业军士、二级专业军士、一级专业军士。

1994年5月12日,中华人民共和国七届全国人民代表大会第七次会议通过了关于修改《中国人民解放军军官军衔条例》的决定。修改后的军衔条例设3等10级。

将官：上将、中将、少将；

校官：大校、上校、中校、少校；

尉官：上尉、中尉、少尉。

1995 年 9 月 10 日，中华人民共和国七届全国人民代表大会通过《中华人民共和国预备役军官法》规定，预备役军官军衔设三等八级：少将；大校、上校、中校、少校；上尉、中尉、少尉。

1998 年 12 月公布的《中华人民共和国兵役法》规定，义务兵服役时间为 2 年，并且不再超期服役。根据兵役法，自 1999 年后，军士军衔等级和专业军士、军士长的称谓自行取消。士官军衔重新设定为 6 级，称谓由低到高为：

初级士官：一级士官、二级士官；

中级士官：三级士官、四级士官；

高级士官：五级士官、六级士官。

中国人民解放军"07式"军衔肩章

2009 年 7 月 13 日，中央军委颁发《深化士官制度改革方案》，全军和武警部队全面施行新的士官制度。士官军衔从原先一级至六级士官的 6 个衔级调整为 7 个衔级。分为初级士官、中级士官、高级士官三个等级，称谓由低至高为：

初级士官：下士、中士；

中级士官：上士、四级军士长；

高级士官：三级军士长、二级军士长、一级军士长。

四、中国民兵

民兵是不脱产的群众武装组织,是人民解放军的助手和后备力量。民兵担负参加社会主义现代化建设、执行战备勤务、参加防卫作战、协助维护社会秩序和参加抢险救灾等任务。民兵建设注重调整规模结构,改善武器装备,推进训练改革,提高以支援保障打赢信息化条件下局部战争能力为核心的完成多样化军事任务能力。民兵组织分为基干民兵组织和普通民兵组织。基干民兵组织编有应急队伍、联合防空、情报侦察、通信保障、工程抢修、交通运输、装备维修等支援队伍,以及作战保障、后勤保障、装备保障等储备队伍。

中国民兵是中国共产党领导下的不脱离生产的群众武装组织,是人民解放军的后备力量,是中华人民共和国武装力量的组成部分,是进行现代条件下人民战争的基础。民兵工作在国务院、中央军委领导下,由总参谋部主管。民兵在军事机关的指挥下,战时担负配合常备军作战、独立作战、为常备军作战提供战斗勤务保障以及补充兵员等任务,平时担负战备执勤、抢险救灾和维护社会秩序等任务。

按照《中华人民共和国兵役法》的规定,凡年满 18 岁至 35 岁符合服兵役条件的男性公民,除征集服现役者外,编入民兵组织服预备役。民兵分为基干民兵和普通民兵。28 岁以下退出现役的士兵和经过军事训练的人员,以及选定参加军事训练的人员,编为基干民兵。其余 18 岁至 35 岁符合服预备役条件的男性公民,编为普通民兵。根据需要,也可吸收女性公民参加基干民兵。农村的乡镇、行政村,城市街道和具有一定规模的企业事业单位,是民兵的基本组建单位。基干民兵单独编组,在县级行政区内的民兵军事训练基地集中进行军事训练,目前编有应急分队和高炮、高机、便携式防空导弹、地炮、通信、防化、工兵、侦察等专业技术分队。

为使民兵在遇有情况时能够召之即来,中国政府建立了民兵战备制度,定期在民兵中开展以增强国防观念为目的的战备教育,有针对性地按战备预案进行演练,提高遂行任务的能力。

第五节　国防动员

国防动员,就是"为应对国家的主权、统一、领土完整和安全所遭受的威胁,国家进行准备、启动紧急措施以积累国防力量的法律活动",具体来说是指"主权国家为应对战争需求或临时应付重大危机、自然灾害等突发情况,以保卫国家安全为根本目的,使社会诸领域的全部或部分由平时状态转入战时状态或紧急状态所统一调动人力、物力、财力的一系列活动",通常包括武装力量动员、国民经济动员、人民防空动员和交通战备动员等。国防动员实施的主体是国家,是国防活动的重要组成部分,是国家职能的具体体现,是国家社会经济发展战略和军事战略的重要组成部分,是国防建设的重要内容,是联结精干常备军与强大后备力量的纽带和桥梁,是确保国家长治久安的战略性基础建设,是遏止战争、赢得战争的重要保证。

一、国防动员的内容

国防动员是一个涉及多个领域、多种对象的多元有机体。从大的领域看涉及政治、经济、科技、文化、思想、外交和军事等方方面面；从具体行业看，包括交通运输、通信邮电、财政金融、内外贸易、医疗卫生、文化教育、军工生产乃至整个社会生产各行各业。

国防动员按规模可分为总动员和局部动员。总动员是在全国范围内所进行的全面动员；局部动员是在部分地区或部门进行的动员。按方式可分为公开动员和秘密动员。公开动员是公开发布动员令，宣布进入战争状态实施的动员；秘密动员是在各种伪装措施掩护下隐蔽实施的动员。按战争进程可分为战争初期动员和持续动员。战争初期动员是在战争爆发前后较短时间内所进行的动员；持续动员是在战争初期动员后所进行的中后期动员。有的国家把在临战前或遭到敌人突然袭击时所进行的动员，称为应急动员。动员的全过程，可分为平时的动员准备和战时的动员实施。国防动员按内容区分，主要包括政治动员、武装力量动员、国民经济动员、科学技术动员、人民防空动员、交通运输动员和信息资源动员等。

（一）政治动员

政治动员是国防动员的重要组成部分，是其他各项动员的前提和基础，是赢得战争的根本保证。政治动员分为国内政治（思想）动员和国外政治（外交）动员。其主要目的任务是：国家政治体制向适应战争需要的方向转变；进行广泛的政治宣传和精神灌注，激发全体军民的爱国热情，以形成良好的精神条件；通过细致扎实的工作，调动各种社会力量支援战争；开展外交活动和对外宣传，巩固和扩大国际统一战线，争取世界人民和友好国家的理解和支持。政治动员准备的主要工作是：开展深入、广泛、持久的全民国防教育；在军队和民兵预备役人员中加强战斗意志和作风培养；加强对外友好往来和军事学术交流，建立广泛的国际统一战线。战时政治动员实施的主要工作是：运用舆论工具和宣传手段，广泛开展有关的政治宣传和精神灌注；调整对外政策，积极开展各种外交活动和对外宣传。

（二）武装力量动员

武装力量动员，即国家将军队及其他武装组织由平时体制转为战时体制的措施和活动。武装力量动员是夺取战略主动权，赢得战争胜利的重要手段，也是遏制战争爆发、维护和平与国家安全的重要因素，在国防动员中居于核心地位。武装力量动员，通常包括兵员动员、武器装备动员和后勤物资动员。

兵员动员在战时主要工作是：根据国家动员命令，在停止现役军人退役、休假的同时，征召后备兵员，以数量充足、素质优良的兵员将平时编制的现役部队补充满员和组建新部队，并随着战争的发展和形势的需要，进行持续动员，保障战争的最后胜利。

武器装备动员在战时主要工作是:根据国家动员命令,在军事系统的统一布置下,本着就近的原则,分别进行现役部队、预备役部队、民兵和战略、战役仓库储备装备的紧急启用,把完好的装备迅速、准确地配发给作战部队和其他武装组织,保证战争需要。

后勤物资动员在战时的主要工作是:根据部队扩编和作战需要,开设物资供应站、物资储备基地,对军队实施各种物资保障。

(三) 国民经济动员

国民经济动员,指国家将经济部门及其相应的机构有组织、有计划地从平时体制转入战时体制的措施和活动。其目的是充分调动国家的经济能力,提高生产水平,扩大军品生产,保障战争和其他国防斗争的需要。在现代条件下,搞好经济动员,不仅是保障战争物资需求的基本手段,也是战时稳定社会经济秩序的必要措施,更是解决国防经济与国民经济、战时经济与平时经济矛盾的重要途径。国民经济动员通常包括工业、农业、物资、商业贸易、邮电通信、财政金融等方面的动员。

(四) 科学技术动员

科学技术动员,就是调动一切科学技术力量,加速研制新式武器装备和军需用品,增强武装力量的战斗力。现代条件下,战时军队对科学技术的依赖性越来越大,充分动员和发挥科学技术力量支援战争日趋重要。科学技术动员成果研制先进的武器装备,为国防斗争培养、输送专业技术人才,使军队保持科学技术和武器装备方面的优势。在现代条件下,科学技术动员的地位和作用越来越突出。科学技术动员通常包括:科技研究机构的动员,科技人员的动员,科技经费、设备和物资动员,科技成果和科技情报的动员。科技动员准备的主要措施有:制定符合国情的科技发展和动员政策、计划,造就现代的科技人才,加强科研基地建设,不断研制先进的武器装备,加强科学技术储备等。

(五) 人民防空动员

人民防空动员的主要任务是:依据国家有关法律、法令,动员社会力量,进行防空设施建设,组织防空专业队伍,普及防空知识教育,组织隐蔽疏散,配合防空作战,消除空袭后果等。目的是保护居民、经济设施及其他重要目标的安全,减少国家及人民群众生命财产的损失,保存战争潜力。人防动员不仅是抗敌空袭、保护战争潜力的重要手段和战时稳定社会的重要保证,也是进行人民战争的一种有效的形式。人防动员的内容,一般包括群众防护动员、人防专业队伍动员、人防工程技术保障动员和人防预警保障动员。

(六) 国防交通动员

国防交通动员是指在全国或部分地区调集交通力量,全力保障战争需要的紧急行动。国防交通动员,通常在国家动员领导机构的统一领导下,由国防交通主管机构组织,协同政府、军队有关部门共同实施。

国防交通动员的主要任务包括：根据战争规模和作战需要，有计划地将平时国防交通领导机构迅速按方案转入战时体制；根据作战保障需要，动员、征用社会运输力量，必要时对交通运输系统实行不同范围不同形式的军事化管理；动员、组织各交通保障队伍和交通保障器材迅速到位，实行运输、抢修、防护任务；根据统帅部的规定，做好对弃守地区的交通遮断准备，保障及时遮断。

（七）信息资源动员

所谓信息资源动员，是指为满足夺取和保持战争制信息权，国家重新配置信息资源和统一组织信息力量，进行信息技术开发、研制信息化武器装备、提供可靠信息服务、开展全民信息战所采取的措施和行动。目的是开发、研究信息含量高的武器装备，培养储备高技术信息人才，构建安全快捷的军地互为支撑的信息网络，为武装力量及其他部门提供信息资源保障，利用信息资源争取战争的优势。信息资源动员内容相当广泛，大致可分为以下几个方面：①信息研究机构的动员；②信息技术人才动员；③信息网络资源动员；④信息科研经费、设备和物资的动员。

二、国防动员的基本功能

国防动员功能，是指国防动员在国防斗争中应发挥的效力作用，与国防动员的任务和目的密切相关。统一调动人力、物力、财力等资源为国防斗争服务，既是国防动员的目的，也是国防动员的基本任务。其核心是充分利用国家现有条件和资源，形成并不断增强国家应付各种危机的整体威力。国防动员的功能突出地表现在以下几个方面：

（一）积蓄功能

国防动员的积蓄功能，是指动员积蓄国防潜力的功能。国防潜力是捍卫国家主权、领土完整和安全的潜在力量，是经过动员转化才可能使用的军事及与军事有关的政治、经济和科学技术等方面的潜在力量，是国防力量的重要组成部分。国防潜力的大小，取决于国家的政治制度、经济规模、军事实力、科学技术、领土面积、人口数质量和自然资源等。

国防动员分为动员准备与动员实施两个阶段。积蓄国防潜力，在总体上表现为不断增强国家的综合国力，不断提高国家的战略能力。从国防动员的角度上讲，主要包括三个方面的内容：①不断增强国防力量。如加强国防后备力量建设，增强国防工业生产能力，发展国防科技水平，保持必要的战略物资储备等。②赋予社会重要生产部门一定的国防功能。以法律形式规范诸如铁路、民航、港口等建设要符合平战结合的要求，以及赋予信息产业、机器制造业、轻工业等部门或生产厂家战时军事生产的任务，并在政策上给予一定的扶持和保护，以增强其平战转换能力和战时生产能力。③强化全体公民的国防意识，提高战时动员能力。国防意识是公民对国家防卫问题所持的思想观点，一般表现为公民对战争和国家防卫问题的关注,对国家防卫建设和措施的认同,以及对国家防卫所具有的义务感和责任感。世界许多国家把国防意识作为"全民防御"战略的思想基础和全体国民的重要精神支柱。国家在国防动员准备中,对公民国防意识的培养,对于从思想上做好战争准备有着极其重要的意义。现代战争对公民国防意识的培养提出了更高的要求,这是立足从人的因素出发增强战争潜力的重要举措。

(二)转化功能

国防动员的转化功能,是指通过动员将国防潜力化为战争实力的功能。国防潜力平时处于自然散在的状态,不经过动员转化,国防潜力不会自然成为国防实力。通过国防动员等一系列工作,将处于自然散在状态的,具有国防功能的社会人力资源、物力资源、经济资源进行动员整合,改变其投向与作用结果,使投向、作用结果与效能集中反映在军事上,全面实现由经济社会功能向军事功能的转化。

(1)"转化"是使国防潜力转化为国防实力的桥梁。战争实践证明,雄厚的国防潜力只是具备了夺取战争胜利的可能,要把可能变为现实,把潜力变为实力必须经过动员。在这里,动员是实现国防潜力转化为国防实力的桥梁与纽带。如英阿马岛战争中,英国的运力征集;海湾战争中,美国的后备役部队征集及部分军用物资的征集等,都是通过动员转化来实现的。

(2)"转化"是影响战争进程和结局的重要因素。战争实践证明,战争的进程与结局是以敌对双方力量的消长变化为转移的,而国防动员转化能力是实现这种力量消长变化的杠杆。如在海湾战争中,美国总统就3次签署命令征集后备役人员和其他作战物资,以保证"沙漠盾牌"和"沙漠风暴"行动的绝对优势,确保了战争进程和结局按照美国的计划进行。由此可见,战争持续的时间越长,国防动员转化能力对战争进程和结局的影响就越显得重要。

(3)信息化条件局部战争对"转化"提出了更高的要求。信息化条件下的局部战争,战争爆发突然,能量施放集中,打击破坏空前,战争目的有限,持续时间较短。这就要求国防潜力向国防实力的转化,无论是转化的层次性、有序性,还是在转化领域的时间与空间上,速度越快越好,时间越短越好,转化质量越高越好。

(三)联结功能

国防动员的联结功能,是指在平战结合、军民结合中所发挥的桥梁作用。主要表现在联结平时与战时、军队与地方、经济建设与国防建设上。

(1)联结平时与战时。人类社会的历史表明,在有阶级的社会中,和平与战争是相互孕育、相互制约而交替出现的社会现象。人们在寻求赢得战争胜利的途径时,总是把平时的战争准备作为取胜的重要环节。国防动员的直接目的是服务于战争,其平时的准备是战争准备的主要内容。如:国防动员潜力的增强,可为战争实力的增强打下坚实的基础;国防动员机制的充实,可为平时体制转为战时体制提供保障。在现代条件下,由于科学技术的发展,高技术兵器广泛运用于战场,使战争爆发的突然性增加、强度提高、进程缩短、消耗剧增,战争的胜利比以往更加依赖平时准备。只有通过国防人力、物力、财力的充分准备,才有可能保证战时武力的瞬时膨胀。由此可见,现代条件下,敌对双方的优劣转化几乎不在战时而在平时,战时的主动权握在平时之手。因此,平时的国防动员准备已成为敌对双方对抗的重要内容,而战时的动员实施则是平时动员活动过程的延续,是联结平时与战时的桥梁。

（2）联结军队与地方。联结军队和地方的功能,是指通过国防动员可使军事系统与社会其他领域相衔接。军队战时所需要的人力、物力、财力离不开地方的储备和支援。通过动员活动,包括计划、组织、法律、行政手段的运用,把战争中的需求一方与供给一方紧密联系起来。国防动员主要是平时定向组织国防资源和战时合理分配国防资源。在平时的动员活动中,政府的各类动员计划,必须以军队战时的需求为牵引,无论兵员补充、物资储备、交通运输、工业转产,还是组织群众武装和人民群众参战支前等计划,都必须经军地双方协调制定。这样,平时国防动员活动,实际上是军地双方的共同行为,它不仅能使地方掌握军队需求的发展方向,而且也为军队在了解地方保障实力的基础上拟制可靠的军事行动计划提供了依据。在战时,前方作战与后方生产、军需与民用、当前需要与后续保障,都需要对国家的人力、物力、财力资源加以合理区分,而国防动员在协调处理这些关系上都有着不可低估的作用。

（3）联结经济建设与国防建设。国家平时以经济建设为中心,但需要巩固的国防作保障。在经济建设与国防建设上既要坚持"重点论",也要遵循"两点论"。在当今的世界上,不仅"弱国无外交",而且"弱国无外贸",没有相应的国防力量,没有相应的安全保障,经济也不会有发展。国防动员准备是国防行为的重要内容,渗透到社会的各个领域,尤其在国民经济和国防经济之间必须经常进行综合平衡和适时调节,使之统筹兼顾,相互促进。而且,作为动员对象之一的增值型国防经济,还可为国民经济的发展做出积极贡献。

（四）威慑功能

国防动员的威慑功能,也就是国防动员活动具有显示战争决心和实力的作用,通过动员活动有可能使敌方"怯"而止步。所谓威慑,就是凭借实力使敌方感到恐惧。国防动员的威慑功能体现在维护国家安全利益上,当国家的主权利益可能受到重大威胁时,国防动员的一系列活动可对敌方的决心和行动产生一定的影响。

国防动员是一种卫国决心的显示。平时的动员准备,表明一个国家承认战争的危险依然存在,对国家的安全不可掉以轻心;战时的动员实施,表明受侵略、受威胁一方不屈的决心。这种卫国决心,是国家的意志,也是一种民族精神的体现,它对外界的影响力往往超出物质的力量。第二次世界大战以后,在反对国际霸权和强权政治的斗争中,往往大国奈何不了小国。如阿富汗人民反对苏联入侵的战争、越南人民抗击美国的入侵等都证明,在现代条件下,国家的政治精神或民族凝聚力是保卫国家最为宝贵的力量源泉,只要不甘心屈服和受制于人,超级大国的武力最终是不能得逞的。因此,通过国防动员的一系列活动来显示卫国的决心,会对潜在的和现实的对手产生一定的影响。

国防动员是战争实力的显示。平时国家建立的动员基础和形成的动员组织力,在外界均会产生深刻的影响,可在一定程度上产生对潜在对手的威慑力。例如,20世纪60年代,英国元帅蒙哥马利访问中国,尤其是看到中国民兵训练后得出一个结论:"战争的规律之一是不能进攻中国,要是进攻中国就一定要大倒其霉,因为中国就像一块吸水石一样,任凭你有原子弹,有大量新式武器装备也无济于事,必将被中国人民所击败。"另外,在国家遭受威胁的情况下,根据战略判断,有可能通过威慑性动员消除威胁,这种作用就更为明显。

三、国防动员领导机构

国防动员领导机构,是一个由国防动员决策机构、协调机构、执行机构组成的有机整体。在国防动员建设与其他活动中,各部分各自发挥着自身的职能作用。

(一)动员决策机构

国防动员的最高决策机构是一个拥有高度权威的机构,它在国家遭受侵略时,宣布战争状态,决定局部动员或者全国动员,发布动员令等。我国的动员决策机构是全国人民代表大会常务委员会。中华人民共和国主席根据全国人民代表大会的决定和全国人民代表大会常务委员会的决定,有权"公布法律","宣布战争状态,发布动员令"。

动员决策机构的主要职责是:预测判断战略环境,适时做出国防动员准备决策;制定、颁布动员法律;发布动员令和复员令。

(二)动员协调机构

动员协调机构,是在各级政府中负责动员组织、计划、议事、协调的职能机构。为了使国家的人力、物力、财力在动员活动中得到合理的分配和使用,世界各国通常在中央政府设有国家一级指导、协调国防动员的机构,其成员由政府部门、社会团体和军队系统等方面的代表组成。如美国的"紧急行动委员会"、英国的"国防参谋部作战需求委员会"、法国的"国防总秘书处"、日本的"国防事务局"等。

我国为了加强对国防动员工作的领导,在各级人民政府设有国防动员委员会,下设综合办公室、政治动员办公室、人民武装动员办公室、经济动员办公室、人民防空办公室、交通战备办公室、科技动员办公室、信息动员办公室等办事机构。国防动员委员会是我国国防动员体制的重要组成部分,在实现国防动员决策中具有极其重要的辅助作用。

各级国防动员委员会负有组织实施本级国防动员工作,协调国防动员工作中经济与军事、军队与政府、人力与物力之间的关系的重要任务。其主要职责是：贯彻党中央、国务院、中央军委有关国防动员工作的方针、政策和指示；组织拟订国防动员工作的法律、法规和措施；组织制定国防动员规划、计划；检查督促国防动员法规的实施和国防动员计划的执行；协调军事、经济、社会等方面的重大国防动员工作；组织领导本地区的人民武装动员、国民经济动员、人民防空、交通战备等工作；行使党委和政府赋予的其他职权。

（三）动员执行机构

动员执行机构，既指各级政府和军队组织中负责动员工作的职能部门，又指对上级负责的下级动员机关。下级动员机关相对于上级，它是执行机关，对下级又是本级动员范围内的领导机关。政府和军队中的动员职能部门，既是本级政府或军事指挥机关的动员业务部门，又接受上一级动员职能部门的指导，其主要职责是：根据上级动员工作的指示、命令、计划，结合本级动员范围的实际，制定本级的动员计划和方案；组织实施，并检查、指导、督促所属范围动员活动的展开。

四、国防动员准备与实施

（一）国防动员准备

国防动员准备是为战时迅速实施动员，平时对人力、物力、财力进行统筹安排，是战争准备的重要组成部分，是国防建设的重要内容之一，同时也是国防动员的基础和前提条件。通常包括以下内容：

1. 人力准备

人力准备主要包括军事人力准备和支援保障人力准备两大部分。

军事人力准备，主要包括保持必要的现役部队规模、组建预备役部队、组织群众武装、落实后备兵员制度等。现役部队、预备役部队、民兵、人防、交通战备等专业队伍和大（中）院校学生等都属于国防人力准备的范畴。其中，现役部队称为国防常备军，除现役部队以外的一切可供国防动员使用的群众性武装力量统称为国防后备军。

支援保障人力，主要包括支援前线的人力、战时社会生产和社会管理方面的人力，它是战争力量的重要组成部分，是战时人力使用的重要方向。支援前线人力，是战时担负各种支前勤务人员的统称。支前勤务包括：动员人民群众为军队运送弹药、给养和其他物资；抢救、运送伤员；修筑与护卫工事、道路、仓库、机场、码头等军事设施，筹集和提供生活物资、施工器材、运输工具；在后方参加为战争服务的其他各种勤务等。支援前线的人力准备，主要是做好支前人员的登记统计工作和搞好支前编组。

战时社会生产和社会保障人力，是军事人力以外的具有劳动能力的全部社会人口。对这一部分人力的安排，主要是根据战时生产、管理、生活的安排，合理区分各行业、各部门对人力的需要量。通常国家采用人口普查或抽查,对各种职业人口进行统计核查,以确定战时的生产规模和人力使用规划。

2. 物资准备

物资准备,是指为保障国防需要而对国家重要的物质资料进行筹集、储备和分配等一系列活动,是国防动员准备的主要内容和整个国防动员的物质基础。国防动员物资准备主要包括战略物资储备、军队物资储备和动员物资储备三种。

(1)战略物资储备,是指国家在平时有计划建立的关系国计民生的重要物质资料的储存或积蓄,其目的是为了应付战争和其他意外情况,保障国民经济正常运行和国防需求,是国家为保障非常时期物资供应的一种重要方式。

(2)军队物资储备,是指军队保障供应而预先进行的物资储存,是物资保障的基本内容。储备的物资主要有武器、弹药、车辆、油料、给养、被装、药材、维修零部件和军种、兵种专用物资器材等。有无充足、合理的物资储备,关系到军队建设、作战等任务能否顺利进行。

(3)动员物资储备,是指国家直接控制和掌握的主要用于临战和战争初期急需的物资储存,是国家物资储备的重要组成部分。通常是为扩大军品生产和军队扩编,以及为保障交通运输、邮电通信、医疗救护等提供必需的重要原材料、设备、零配件和产品。在国家发生其他紧急意外情况时,动员物资储备也起应急作用。

现代高技术战争对物资依赖性越来越大,国防物资准备的程度,将对未来可能发生的战争的胜负具有举足轻重的影响。

3. 精神准备

精神准备,指国家在和平时期,根据未来战争的要求,为创造战时有利的政治、精神条件,提高政治动员效能所采取的一系列措施。国防精神准备分为国内和国际两部分。国内的精神准备,就是对全国军民进行深入持久的国防教育和爱国主义教育,特别是要广泛宣传公民在国防动员中的责任和义务,增强国防观念,提高动员承受能力。国际的精神准备,就是加强同各国的友好往来和军事联系,为战时建立和扩大国际统一战线创造良好条件。

4. 组织准备

国防动员组织准备,包括完善动员体制、健全动员法规、制定动员计划等。完善国防动员体制是指在平时的国防动员准备过程中,本着组织健全、精干高效、上下贯通、责权分明、整体协调等原则,不断增强国防动员机构的领导决策和整体协调功能,确保国防动员工作落实到位。

(二)国防动员实施

国防动员实施是将国防潜力转化为战争实力,使国防动员由准备付诸实施,由计划变成行动,是国防动员的实质性和决定性阶段。将国防潜力转化为战争实力的基本程序是:

1. 动员决策

动员决策是在正确分析国家安全形势的基础上，按照法定程序对动员做出决定的过程。决定实施动员的权限属于国家最高权力机关。现代战争具有爆发突然、进程短促、强度大的特点，对动员决策提出了更高更新的要求，不仅决策要准确地符合国家安全的实际，而且必须迅速果断。

比如，1982年的英阿马岛战争，阿根廷突然出兵攻占马岛的当晚，英国首相撒切尔夫人就召开了内阁紧急会议，次日成立了战时内阁，并决定紧急派遣一支特混舰队远征马岛，两日后舰队主力就已起航开赴战区。英国此次作战的主要经验之一，就是政府首脑果断决策，目标明确，为迅速进行战略机动，夺取战争最后胜利创造了有利条件。

2. 发布动员令

动员令是指国家宣布转入战时状态的命令，通常分为局部动员令和总动员令，按发布动员令的方式又可分为公开和秘密两种。动员令的主要内容包括：敌国发动战争的企图和本国面临的战争危险；国家抵抗侵略、保卫疆土的意志和决心；全国或者局部地区转入战时状态的实施要求；国家国防动员领导机构的组成和权限；动员实施的开始时间及完成时限等。

3. 优化国防动员机构

国防动员机构平时与战时无论在体制上还是工作性质上均有所不同。为了保证动员机构能够快速组织各项动员工作，要强化各级政府和军事指挥机关在动员中的领导指挥职能，明确各级地方政府和政府部门主要负责人在动员中的领导责任，并赋予其相应的权力；要赋予动员领导机构较高的指挥权威，司法部门对于干扰和阻碍国防动员机构行使职权者依法严惩；要完善动员执行机构，战时由于任务的转换和加重，依靠原有的编制员额难以完成繁重的工作任务，必须对机构和人员进行充实调整；要按战时需要完善机构内部设置，并协调好相互之间的关系。

4. 修订动员计划

修订动员计划必须以国家的动员令为基本依据，由上而下组织实施。具体工作通常由动员业务部门负责，并吸收有关人员参加。

我国战时动员计划的修订，由各级国防动员委员会负责，具体工作分别由人民武装力量动员、政治动员、经济动员、人民防空、交通战备、科技动员、信息动员等机构负责。修订时，如果平时计划对动员需求的预测基本准确，只需适当修改，否则就要做较大的修改，甚至重新制定。

5. 组织调动国防资源

把一切可用于战争的人力、物力、财力进行定向聚集，将其平时的使用方向改变为服务于战争。主要包括：组织兵员动员，保证武装力量按战时编制扩编补充；国民经济各部门迅速转入战时轨道，扩大军工生产；交通运输部门迅速转入战时体制,利用交通运输线、设施和运输工具,保障军队兵员和武器装备、作战物资的运输;组织科研部门、科研人员,有针对性地加速研制新式武器装备;疏散城市居民,健全警报系统,组织人民防空专业队伍抢修抢险,保护重要目标和交通运输线,配合军队防空作战,消除空袭后果;组织地方武装参战,组织人民群众支前,征用或购买军需物资,筹集战争经费,对公民开展宣传教育和争取国际盟友。

6. 检查与评估

国防动员的检查,通常是派工作组深入实际掌握情况、规定下级汇报制度、利用信息技术手段收集动员信息等。检查的目的在于指导、帮助下级的工作,使本级的动员意图得到落实。国防动员的评估,通常分为阶段性评估和动员结束后的评估。阶段性评估有利于及时加强对动员工作的领导,动员结束后的评估可为总结经验提供科学依据。

7. 复员

复员,是在战争结束或即将结束时,国家有组织地从战时状态转入平时状态所进行的活动。复员的目的,是改变人力、物力、财力的主要使用方向,是动员的逆向过程。

复员涉及的内容十分广泛,战争中一切实施动员的领域、部门和行业,战后都应实施复员。主要包括武装力量复员、国民经济复员、交通运输复员、信息资源复员、人民防空复员、政治复员等内容。做好复员工作对国家的稳定和发展,包括国防建设和军队建设,都具有重大影响。

五、现代国防动员特点及发展趋势

(一) 现代国防动员的主要特点

现代战争是立体战争,规模大,范围广,突然性强,破坏性大,特别是核武器、化学武器和生物武器以及高技术武器的出现和使用,使战争更加残酷,人员伤亡、物资消耗巨大。这一切对动员产生了深刻的影响,带来了许多新的特点。

(1)动员范围大,领域广。随着战争规模的发展,动员范围也随之扩展到军事、政治、经济、科学技术、文化教育、外交等各个领域,无论是工业还是农业,人力还是物力、财力,生产资料还是生活资料,都成为动员的对象。

(2)动员内容多,数量大。如第一次世界大战,参战国家33个,共15亿人口,动员总兵力7000余万人;第二次世界大战,参战国家61个,共17亿人口,动员总兵力1.1亿人。

1973年爆发的第四次中东战争只打了18天,阿、以双方亦动员大量人员、物资投入战争,埃及和叙利亚动员兵力116.5万人,动用坦克3550辆,飞机1011架,直升机190架,作战舰艇128艘;以色列动员兵力41.5万人,动用坦克1700辆,飞机690架,直升机84架,作战舰艇49艘。

（3）动员时间紧,速度快。第一次世界大战期间,各参战国由宣战到完成动员的时间是 5～21 天。第二次世界大战中德国完成动员的时间,第一批为 2～3 天,其后各批都是 6 天。第四次中东战争,以色列在 48 小时内动员了 30 万人开赴前线,较早投入战斗的是 240 装甲预备役师第 79 旅。以色列一些出版物在提到该旅时这样写道:"预备役官兵们几小时前还在家中过着正常的生活,而现在,他们突然发现自己正在为挽救戈兰高地和以色列而战斗。其中第四营营长约西正和新婚妻子蜜月旅行住在尼泊尔加德满都,当他从旅馆服务员那里知道以色列出事了的消息,立即设法飞回以色列。上机前他给家里挂了电话,叫家人把装备送到机场,以便下飞机后赶往北部军区前线指挥所。在战争爆发的第三天,约西带领 11 辆坦克初战突击就击毁埃及 30 辆坦克。"海湾战争中,美国部队开赴战区一般只用了 2～4 天。而 2001 年的"9·11"事件后不久,美国宣布对阿富汗进行"反恐"战争,几乎就在同一天,战争就爆发了。伊拉克战争和海湾战争虽然战场同是一个,但伊拉克战争中美军完成动员部署的时间要少得多。海湾战争中动员部署时间前后用了半年,而伊拉克战争中美军从 2003 年 1 月 9 日第一批后备役人员接到待命征召通知,到 3 月 20 日战争打响,前后只用了 40 多天,就基本完成了兵员投送和部署。

（4）动员技术兵员多。现代战争由于大量使用先进的武器装备,技术兵种增多,要求兵员具有较高的科学文化水平、专业知识和军事素养,以便能迅速掌握先进的武器装备。比如:第一次世界大战军队的专业技术只有 20 多种,到第二次世界大战增加到 160 多种。第二次世界大战后,军队的专业技术发展更快,如美军现今已达 4000 多种。美国军队中普通兵与技术兵的比例也发生了较大变化。如第一次世界大战,美军的技术兵大约占 20%;2005 年底,美军现役士兵中具有一定军事专业技术的人员比例就已经超过了 80%。20 世纪 80 年代以来,技术动员的比重在历次局部战争中一直呈上升趋势,兵员动员所涉及的技术种类由 17 种上升到 400 多种,其中相当部分为高技术领域;首批动员的后备兵员大多或全部为技术兵员。

（5）科技动员地位突出。许多国家特别是一些军事大国,十分重视新兴科技的开发研究,建立完整的军事科研体系,筹集巨额资金,集中大批的科研人员,从事先进武器装备的研制。如美国,在第二次世界大战中,集中近 4000 名科学家,投入 20 亿美元研制原子弹。进入 20 世纪 80 年代后,其每年用于军事的科研经费占全国科研费的 50% 以上。海湾战争中美军使用的精确智能化弹药只有 20%,到伊拉克战争时使用率已经超过了 90%。随着高新技术的进一步发展,科技动员在现代战争中的地位将会更加突出。

（二）国防动员的发展趋势

（1）动员规模由"全面"向"局部"转变。在战争发展的历史长河中,国防动员伴随着战争规模的不断扩大,动员范围日趋广泛,特别是两次世界大战,把国防动员推到了以动员范围广、规模大、持续时间长、方式多样、动员后备兵员和各种人力与物力数量多为特点的全面动员阶段。第二次世界大战后特别是冷战结束后,局部战争成为主要的战争形态,与局部战争相适应的局部动员登上历史的舞台。国防动员保障目标的变化,必然使国防动员准备及实施发生变化,适应现代战争的局部动员已成为目前和今后一定时期内国防动员的基本样式。

(2)动员过程由"静态"向"动态"延伸。第一次世界大战以前的国防动员多表现为平时进行一定人力、物力储备,战前通过动员把这些储备补充给作战力量的一种"静态"动员。由于两次大战的持久性,临战前的一次性动员已经远远不能满足战争的需求,必须在整个战争期间连续多批次地实施人力、物力动员。在这个基础上国防动员开始有了前期和中后期之分。进入高技术局部战争时期,为应付未曾预料的战争或突发事件,产生了应急动员,使国防动员按时序形成了应急动员、战争初期动员、战争中后期动员的"动态"过程。现代国防动员根据战争的需要,不仅要完成集结前的一次性应急动员,而且要实施不间断的持续动员;不仅要做好机动部队的补充满足,而且要做好机动作战的全过程、全方位的动员;不仅要做好就近就地动员,而且要实施跨区域的定向动员。这种动态性已成为现代国防动员的典型特征。

(3)动员储备由"显性"向"潜性"演化。高技术局部战争的巨额消耗对国民经济的冲击和对国家有限资源的占用,使一些国家开始在"平战结合、军民结合"中寻找出路。通过实施寓军于民、军民兼容等措施,使国防动员准备由军事化向社会化发展,在国防动员的许多方面出现了"军转民""军民一体"的势头,军用与民用技术的界限趋于淡化。特别是在信息领域和高新技术领域军民兼容性更强,使国防动员表现形式由"实"到"虚",由"显"到"潜"。战略物资和武器装备的储备由过去大量生产储存的"显性化"演变成今天以储备技术为主的"潜性化"。"显性"向"潜性"演化的好处,一是可减少经费开支,使战略物资储备与国家经济协调发展;二是可减少占用的仓库和基地;三是可减少对这些武器装备的维修和保养带来的麻烦;四是可减少一部分保障人员;五是可降低由于武器装备迅速更新换代带来的巨大浪费。

(4)动员对象由"数量"向"质量"聚焦。在传统战争状态下,国防动员的构成要素主要是人力、物力和财力的简单积累,参战双方各要素之间的质量差异较小,国防动员主要依靠数量规模来体现,特别是由于受武器装备、人员素质、作战思想和作战理论的限制,战争多表现为数量型的对抗,这就使国防动员呈现出数量型的特征。当今,由于高技术广泛运用于军事领域,国防动员的数量与质量关系正发生着剧烈的变化,国防动员的质量对战争的影响力日益增大。高技术条件下的作战是系统功能的有效发挥和整体力量的激烈对抗,只有高质量的动员才能形成与高技术战争相适应的配套保障能力。

（5）动员控制由"粗放"向"精确"发展。以信息和知识为基础的"精确"动员，既是信息技术的结晶，又是信息时代的产物，从实质上反映了信息时代的价值取向，即以动员最小的力量获取最大的战争动员效益。

"精确"动员与传统的"粗放"动员相比，更具有灵活性，更能迅速达成战争动员的目的和效果。

如海湾战争中，仅作战准备阶段，美军就向战区投送兵力55万多人、各种装备物资700万吨，征用了200余艘船只、400多架飞机。这些物资并未完全派上用场。战后，美军又不得不展开了一场持续时间长达1年的、被称为"移山"的"沙漠告别行动"，用4.1万个集装箱将余下的价值27亿美元的补给品运回国内，造成了战争资源的极大浪费。这说明当时美军进行的动员基本上还是一种较为"粗放"的模式，即片面强调动员的越多越好，并不注重动员与需求的一致。

而在伊拉克战争中，美军积极贯彻"精确"动员理念，取得了较好的效果。以后备役人员征召为例，2003年3月19日，美国防部宣布征召24025名预备役人员，使被征召的预备役人员总数达到212617名。同时发表的声明称在总共212617名预备役人员中有148612名陆军，30783名空军，19711名海军陆战队员，9875名海军和3636名海岸警卫队员。

从信息技术在战争中的广泛运用判断，战争动员向精确化方向大跨越的时机正逐步走向成熟。随着信息技术在动员需求分析，动员信息传输、动员信息管理、动员效能评估等方面广泛应用和发展，实施精确化动员将逐步从一种发展趋势转变为现实。

【知识链接】国防动员标志

国防动员标志是国防动员事业的象征，以五角星、和平鸽、长城烽火台、橄榄枝和文字为主要元素，通过抽象概括，将五角星与和平鸽组合为一个有机整体。五角星象征着国家无上的尊严与荣耀，同时也是国防事业的代表元素，寓意国防动员是国家行为，是国防现代化建设的重要组成部分。长城烽火台象征着国家安全，寓意国防动员是巩固强大国防、维护国家安全的战略工程。和平鸽与橄榄枝象征着和平,寓意我国加强国防动员建设的根本目的是维护国家的和平与安宁。标志上下方分别缀以汉字"国防动员"和英文"NATIONAL DEFENSE MOBILIZATION"。国家国防动员委员会下发通知,明确自2013年2月1日起,启用国防动员标志。

制定国防动员标志的主要目的是:加强国防动员文化建设,进一步提高国防动员工作的社会影响力和国防动员系统的内部凝聚力,增强全社会关心、支持和参加国防动员建设的意识。该标志是在全国范围内组织征集、充分听取各地各有关部门意见的基础上,组织专家从多个备选方案中遴选产生的。

国家国防动员委员会同时颁发的《国防动员标志使用管理办法(试行)》明确,国防动员标志主要用于国防动员会议和宣传教育、训练演练等活动,以及各级国防动员委员会及其办事机构的工作场所、公务用品和设施设备。承担国防动员任务的企业事业单位在国防动员活动中可以使用国防动员标志。国防动员标志可以用于公益宣传广告,不得用于商业广告和作为商标使用,不得用于私人庆典等非公务活动。各级国防动员委员会对本区域内国防动员标志的使用实施监督管理。

第二章 国际战略环境

第一节 战略环境概述

战略环境是指影响国家安全或战争全局的客观条件。主要包括国际和国内的政治、经济、军事、外交、科技、地理等方面的客观条件及其所形成的战略态势。战略环境是一个动态的概念。

一、战略基本概念

(一) 战略的含义

战略是指导战争全局的方略。通常指军事战略,即战争指导者为达成战争的政治目的,依据战争规律所制定和采取的准备和实施战争的方针、策略和方法。战略在军事斗争实践中产生,并随军事斗争实践不断发展、深化而丰富和完善。战略具有重要的地位和作用。它是国家根本性的军事政策,是军事活动主要依据,是运用军事力量支持和配合国家进行政治、经济、外交斗争的重要保障。

战略(strategy)一词最早是军事方面的概念。战略的特征是发现智谋的纲领。在西方,"strategy"一词源于希腊语"strategos",意为军事将领、地方行政长官。后来演变成军事术语,指军事将领指挥军队作战的谋略。在中国,战略一词历史久远,"战"指战争,略指"谋略""施诈"。春秋时期孙武的《孙子兵法》被认为是中国最早对战略进行全局筹划的著作。

(二) 战略构成要素

1. 战略目的

战略目的是战略行动所要达到的预期结果,是制定和实施战略的出发点和归宿点。战略目的是根据战略形势和国家利益的需要确定的。不同性质的国家和军队,其战略的目的不同。对于奉行防御战略的国家来说,维护国家和民族的根本利益、长远利益和整体利益,特别是维护国家的领土主权完整和统一是战略的基本目的。确定战略目的,强调需要与可能相结合,具有科学性和可行性,符合国家的路线、方针和政策,与国家的总体目标和国力相适应,满足国家在一定时期内对维护自身利益的基本要求。

2. 战略方针

战略方针是指导战争全局的方针,是指导军事行动的纲领和制定战略计划的基本依据。它是在分析国际战略形势和敌对双方战争诸因素基础上制定的,具有很强的针对性。对不同的作战对象,不同条件下的战争,应采取不同内容的战略方针。每个时期或每次战争除了总的战略方针外,还需制定具体的战略方针,以确定战略任务、战略重点、主要的战略方向、力量的部署与使用等问题。

3. 战略力量

战略力量是战略的物质基础和支柱。它以国家综合国力为后盾,军事力量为核心,在发展经济和科学技术的基础上,根据战略目的和战略方针的要求,确定其建设的规模、发展方向和重点,并与国家的总体力量协调发展。

4. 战略措施

战略措施是为准备和进行战争而实行的具有全局意义的实行战略的保障,是战略决策机构根据战争的需要,在政治、军事、外交、经济、科学技术和战略领导与指挥等方面,所采取的各种全局性的切实可行的方法和步骤。

(三) 决定战略的要素

1. 国家利益

国家利益是一个国家赖于生存与发展的客观物质需求与精神需求的总和。国家利益决定一个国家战略走向的基本依据,是国家战略的出发点和归宿点。

2. 政治因素

政治对战略具有统率和支配作用,它将决定战略的性质和目的,赋予其任务和要求,影响战略的制定、实施和调整。战略服从服务于政治,满足政治的需求,完成政治赋予的任务。

3. 战争力量

战争力量是指战争实力和战争潜力。战争实力与战争潜力共同构成国家或政治、军事集团总体的战争力量。战争实力与战争潜力包括地理条件、人口状况、科技和经济发展水平、军事力量状况、国家的社会状况和民族精神。

4. 地缘战略关系

地缘战略关系包括地缘关系和国家间地缘战略关系。地缘关系即人类在共同地域内从事居住、生活、生产等社会活动而形成的空间关系。国家间地缘战略关系即相关国家间在自然地理和地缘环境形成利益相关的诸种战略关系。在制定战略时主要表现在大国关系形成的地缘战略格局的战略定位。

5. 战略文化传统

战略文化传统是一个国家在战略行为上所表现出来的持久性和相对稳定的文化特征。它是一个民族与文明的历史经验、民族特性、价值追求以及文化心理在战略领域的集中反映。

6. 国际法

国际法是调节武装冲突法律依据,是影响战略决策的重要因素。其作用:揭露敌人、争取战略主动地位的有力武器;区分战争正义性与非正义性;确定和惩治战争罪犯。

(四) 战略的基本特征

1. 全局性

凡属需高层次谋划和决策,有要照顾各个方面和各个阶段性质的重大的、相对独立的领域,都是战略的全局。全局性表现在空间上,整个世界、一个国家、一个战区、一个独立的战略方向,都可以是战略的全局。全局性还表现在时间上,贯穿于指导战争准备与实施的各个阶段和全过程。战略的领导者和指挥者要把注意力摆在关照全局上面,胸怀全局,通观全局,把握全局,处理好全局中的各种关系,抓住主要矛盾,解决关键问题;同时注意了解局部,关心局部,特别是注意解决好对全局有决定意义的局部问题。

2. 阶级性

战争是政治的继续,具有很强的政治目的。任何战略都反映一个国家或政治集团利益的根本的目标方向,体现它们的路线、方针和政策,是为其政治目的而服务的,具有鲜明的目标方向。

3. 对抗性

制定和实施战略都要针对一定对象。通过对其各方面的情况进行分析判断,确定适当的战略目的,有针对性地建设和使用好进行斗争的力量,掌握斗争的特点和规律,采取多种斗争形式和方法,对敌抑长击短,对己扬长避短,以取得预期的斗争效果,是战略谋划的基本内容。

4. 预见性

预见性是谋划的前提,决策的基础。在广泛调查研究的基础上,全面分析、正确判断、科学预测国际国内战略环境和敌友关系以及敌对双方战争诸因素等可能的发展变化,把握时代的特征,明确现实的和潜在的斗争对象,判明面临威胁的性质、方向和程度,科学预测未来战争可能爆发的时机、样式、方向、规模、进程和结局,揭示未来战争的特点和规律,是制定、调整和实施战略的客观依据。

5. 谋略性

战略是基于客观情况而提出的克敌制胜的斗争策略。它是在一定的客观条件下,变被动为主动,化劣势为优势,以少胜多,以弱制强,乃至不战而屈人之兵的重要方法。运用谋略,重在对战争全局的谋划。制定战略强调深谋远虑,尊重战争的特点和规律,多谋善断,料敌定谋,灵活多变,高敌一筹,以智谋取胜。

(五) 战略的分类

科学地进行战略划分和建立合理的战略层次结构是战略理论与实践演进的必然结果,也是战略理论与实践深入发展的客观要求。

依据不同的战略目的和战略需要,从不同的侧面和不同的个性特征可以将战略划分为不同的类型。按作战行动的性质和样式,可以将战略划分为进攻战略和防御战略两大类。

依据作战行动的时间特征,可以将战略划分为速决战略和持久战略两种类型。

根据作战行动的主要手段,可以将战略划分为核战略、常规战争战略和信息化战争战略。

根据战争规模和涉及的范围,可以将战略划分为全面战争战略和局部战争战略。

二、战略环境研究的内容

战略环境是国家或政治集团在一定时期内,所面临的影响其安全及筹划、指导战争全局的客观情况和条件。战略环境包括国际战略环境和国内战略环境。战略环境是动态的,包括政治、经济、军事、外交、科技、地理等因素及其相互作用所形成的客观条件。

(一) 国际战略环境

国际战略环境,是一个时期内世界各主要国家(集团)在矛盾、斗争或合作、共处中的全局状况和总体趋势。世界各主要国家和政治集团在一定时期内在战略上相互联系、相互作用、相互斗争所形成的世界全局性的大环境,是国际政治、经济、军事的综合体现。包括国际战略格局和国际战略形势两个方面:国际战略格局是国际战略环境的框架结构;国际战略形势是国际战略环境的动态表现。它从本质上反映了世界各主要国家的政治集团建立在一定军事、经济实力基础上的政治关系的基本状况和总体趋势,其核心是世界范围内的战争与和平问题。国际战略环境是在一定的时代背景下形成的,时代的特征对它的基本面貌有决定性的影响。

1. 研究国际战略必须考虑的因素

(1) 时代特征。"时代"是指世界整体在发展进程中所处的大阶段。不同阶段之间相互区分的标志就是时代特征。时代特征反映了世界发展总进程中的矛盾领域和斗争状况。时代特征是世界性的、阶段性的,它所反映的是世界的总貌,是整个世界在一定历史阶段的总的标志。正确地认识时代特征有利于战略指导者从宏观上把握当代世界的总的发展趋势,从而对国际战略环境做出正确的判断,避免战略指导的重大失误。

(2) 世界战略格局。世界战略格局反映了一定时期国际间的力量对比、利益矛盾和需求,以及基本的战略关系。对世界战略格局的研究,有助于从总体上了解世界各主要国家在世界全局中的地位以及战略利益方面的矛盾和需求,有助于对世界形势及其可能的发展趋向做出基本的估计。

(3) 主要国家的战略动向。世界各国之间由于战略利益和政策的异同,可能是对手也可能使朋友。各国的战略动向,既互为条件、相互依存,又相互影响和制约。在一定时期内各主要国家的战略及其发展趋势，是国际战略环境的重要部分。理解主要国家的战略动向，有助于从世界各国特别是大国之间的关系上具体地研究国际战略环境，进而对世界形势做出正确判断。

（4）当代战争与和平的趋势。战争是解决利益矛盾和冲突的最激烈手段。只要战争根源还存在，战争与和平就始终是国际安全面临的两大问题。对于一个国家的主权和安全来说，来自外部的战争威胁是最严重的威胁。

（5）周边安全形势。周边安全形势是直接或间接影响本国安全的条件和因素。周边安全形势中最值得注意的是周边国家与本国的利益矛盾、对本国的政策企图、与本国密切相关的军事力量及其部署等直接影响本国安全的情况和因素。

2. 影响国际战略环境的主要因素

包括国际间战略利益的矛盾及其发展；政治、军事、经济力量在世界范围内的分布与配置；主要国家之间的战略关系及其斗争、制约、合作的态势；战争的进程和结局，以及战争威胁的性质和程度等。

国际战略环境是国家安全和发展的国际条件，对实现国家的战略目标和战略利益有重大的影响，并决定或制约着一个国家政治、军事、经济斗争的对象和敌友关系以及采取的方针、政策和策略。任何一种战略，都是依据一定的环境条件而提出来的，在实施过程中都要受到这种环境条件的制约，因此，对国际战略环境的分析和判断，是制定战略决策和战略实施过程中必须特别加以重视的一个至关紧要的问题。只有站在时代的高度，从各主要国家或政治集团的战略利益关系入手，较系统地考察一个时期内国际战略格局的状况和国际战略形势的发展趋势，综合分析影响国家安全和发展的各种国际化条件，判明本国遭受威慑的可能、方向、性质和程度，才能提出正确的战略对策。

（二）国内战略环境

国内战略环境是指对筹划、指导战争全局有重大影响的国内社会环境与自然环境，包括政治、经济、军事、科技等方面的情况和地理条件，其中最重要的是国家的政治环境、经济状况和综合国力等。

1. 自然禀赋

自然禀赋主要包括地理因素、人口因素、自然资源、地形、气候，以及行政区域、交通、要地等状况。国家的发展、国家的安全以及军事行动等，都要受到自然禀赋的影响和制约。因此，它不仅是制定国家战略的重要客观依据，也是影响战争胜负的重要因素。

2. 政治环境

国家的政治环境是指国家的国内政治体系及其运行过程。国家的基本国策、政治制度和法律制度是国内政治环境的核心内容。政通才能人和，人和才能齐心，才能有效率，这些都会影响国家战略的制定和实施。中国作为社会主义国家，有着一个独特的优势,就是可以采取举国体制,集中力量办大事。中国经济、科技、体育等各项事业的发展,战略的制定和实施,大都利用了这一优势。例如,中国多年来一直都坚持制定五年规划,每个五年规划中都有一些国家重点建设工程。这些重点建设工程就是集中力量办大事的体现,它对保证国家发展战略目标的实现起到了重要作用。政治体系运行顺畅,国家就能保持稳定,否则国家就会陷入动荡,影响人民生活和经济发展,最终影响国家安全。例如,最近几年,泰国国内以"黄衫军"和"红衫军"为代表的政治派别对立给泰国发展和安全带来了严重的负面影响。中国西部三股恶势力的猖獗,也给我国的国家安全带来了严重的威胁。国际上有个说法,就是一个国家在人均 GDP1000～3000 美元时,是一个矛盾凸显期,或者叫集中爆发期。处理不好,社会就会降入长期动荡。国际上还有个词叫"拉美化",拉美国家就是在这个阶段没有处理好,所以成了反面典型。一个国家如果政治上不能保持稳定,特别是出现政治动荡和社会、民族分裂时,就很容易被外部敌对势力钻空子。南斯拉夫国内闹民族矛盾,结果被人给肢解。这些都是惨痛的教训。

3. 综合国力

综合国力是一个国家全部的物质力量和精神力量,包括现有实力和潜力的总和,包括国家的人力、物力、财力、军力、科技与生产能力、社会保障与服务能力及组织动员能力等。综合国力是一个国家发展和确保安全的物质基础和重要条件。因此,战略指导者必须立足于国家综合国力的实际情况,合理筹划和制定国家的发展战略、安全战略及各方面的战略,使之与国家建设和社会总体水平相适应,与国家的综合国力相适应。中国领导人在 20 世纪末就提出"以发展求安全"的战略思想,这是国家安全战略思想的基点。在世界多极化和经济全球化深入发展、科学技术突飞猛进的条件下,中国领导人以政治家、战略家的敏锐目光,深刻洞察当代国际竞争的大趋势,深刻指出,当前国际竞争说到底是综合国力的较量。我国在激烈的国际竞争中还不能完全掌握战略主动权,国际干涉势力还敢于干涉我们的内政,无视我们维护国家主权和领土完整的正当要求,还是因为我们的综合国力不占优势。维护国家安全,归根到底靠增强我们的综合国力。综合国力主要包括经济实力、军事实力和民族凝聚力三个要素。其中最重要的,就是经济实力。经济实力是我们解决包括国防现代化所有问题在内的基础。增强综合国力,最根本就是要不断增强我们的经济实力。因此,必须紧紧扭住经济建设这个中心不动摇,不断提高以经济实力为核心的综合国力。这是全国人民的根本利益所在,是维护国家安全和社会稳定的根本基础,也是我国在未来多极化国际战略格局中取得重要地位的基础。如果我国经济不发展或发展得太慢,那么同西方发达国家甚至同周边国家的差距就会继续拉大,我们就会处于非常不利的地位,要巩固社会主义制度和维护国家的长治久安,就会遇到极大的困难。所以能不能加快经济发展,进一步改善人民生活和增强综合国力,不仅是重大的经济问题,也是重大的政治问题。只有实现持续而快速的发展,扭转我国在综合国力上所处的劣势地位,才能从根本上解决国家安全问题。所以,无论形势发生怎样的变化,除了发生大规模外敌入侵,坚持以经济建设为中心,这一条是决不能动摇的。

三、战略与战略环境的关系

战略与战略环境二者是互为因果的辩证的关系:战略环境是战略的制定决策的前提依据,战略决策的制定要符合战略环境的实际。战略可以改变战略环境,错误的战略会恶化战略环境,正确的战略会优化战略环境。

(1)战略环境与战略是客观实际与主观指导的关系。战略环境是独立于战略指导者意识之外的客观存在,是不以人的意志为转移的;而战略则是军事斗争规律在人们头脑中的反映,是一种主观活动。战略受一定战略环境的制约和影响,随着战略环境的变化而变化。战略指导者只有实事求是地认识各种因素的相互联系、相互作用及其影响,才能找出其中的特点与规律,并根据这些特点与规律制定出正确的战略。

(2)正确认识和分析战略环境是正确制定战略的先决条件。战略环境是影响战略的客观因素,战略指导者只有了解它、熟悉它,并且认识其中各种因素的相互联系、相互作用及其对敌我行动的影响,才有可能找出其中的特点和规律,并根据这些规律制定出正确的战略。实际上,制定战略的过程就是战略指导者对战略环境的认识和分析过程。对战略环境认识和分析得越客观、越准确,所制定的战略也就越符合实际,越有成功的把握。

(3)战略对战略环境的发展变化具有重大的能动作用。战略作为对军事斗争全局的筹划与指导,不论其正确与否,均对维持或改变战略环境有着重大的影响。实践证明,在一定的物质条件下,正确的战略可以改变险恶、不利的战略环境,化险为夷,转危为安;相反,错误的、不符合客观实际的战略,则会使环境恶化或使困境加剧,导致斗争严重受挫,甚至招致全局的失败。

第二节　国际战略格局

一、国际战略格局概述

(一)国际战略格局的基本概念

国际战略格局是指国际社会中国际战略力量之间在一定历史时期内,相互联系、相互作用形成的具有全球性的、相互稳定的力量对比结构及基本态势。

国际战略格局作为国际斗争的直接产物和国际战略运用的必然结果,其构成要素是国际战略力量。国际战略力量由多种力量要素构成:①政治力量,主要有政治稳定力、政治组织(协调)力、政治影响(号召)力;②经济力量,主要有生产力、经济开发力、经济资源配置(利用)力及其储备力等;③军事力量,主要有常备军力、后备军力、战争动员力等;④科技力量,主要有科技发展力、科技成果应用转化力、科技创造发明力等;⑤社会文化力量,主要有社会凝聚力、社会文明影响力、历史传统继承和发扬力等。国家力量或国家集团力量的这些要素,虽然各有其不同的作用和影响,但只要各个要素构成整体,充分发挥综合影响力,就能真正构成国际战略力量,并对国际战略格局产生应有的影响。

国与国之间的关系,其本质的是国与国之间的力量对比关系。因此,国际战略格局本质上是一种国际战略力量的对比关系。国际战略格局的形成、发展和变化的基础在于各国政治、经济、军事力量等的相互对比的结果。尤其是大国实力、地位的变化,以及由此而派生的影响力对比是国际战略格局变化的直接动因。因此,在考察各种战略力量时,不仅要考察它们本身所具有的实力地位,而且要考察它们在国际事务中发挥的实际作用和影响力,从而形成正确的战略判断。

(二) 国际战略格局的构成要素

国际战略力量:是指在国际关系中能够独立发挥作用,并对国际形势及国际战略的运用和发展具有巨大影响的国家或国家集团。国际战略力量的行为能力主要是综合国力。综合国力主要由政治力量、经济力量、军事力量、科技力量、社会文化力量等组成。

国际行为主体:亦称国际关系行为主体,是指能够独立参与国际事务,并能独立行使国际权利、承担国际责任与义务的实体。包括国家行为主体、非国家行为主体、主权国家、国际组织、跨国公司、国际性政党、国际性运动、国际性宗教等。

国际战略力量与国际行为主体的区别是其行为能力和对国际战略影响力的不同:一个国际行为主体,只有当它的行为能力达到一定的程度,能对国际战略的形成和发展,对其他行为主体产生重大影响时,才能成为一种国际战略力量,并成为国际战略格局的构成要素。

第一次世界大战以前,美国已经成为资本主义列强中经济实力最强大的国家,但是由于它对外奉行孤立主义政策,因而它并未成为全球性大国,其参与国际事务的能力和影响力反而不如当时的英、法、德、俄等国。

在当今国际战略舞台上,能够成为国际战略力量,并进而成为国际战略格局的基本要素的是大国和国家集团。大国,一般指那些幅员辽阔,人口众多,拥有较强的经济、科技和军事实力,对国际事务和地区事务能够施加巨大影响的国家,也就是通常所指的那些能够构成国际战略力量的世界主要国家。一是国土面积广大,如俄罗斯:1710万平方千米;中国:960万平方千米;美国:930万平方千米。二是地理位置,中心还是边缘、枢纽及能源、人口资源要素等。美国学者克莱思认为:人口在 1500 万以下的国家不大可能进入世界强国行列,而 5000 万以上人口的国家本身就是一支不可轻侮的力量。第一次世界大战各国总人口与总兵力情况:俄国总人口 1.75 亿,总兵力 1300 万;英国总人口 4560 万,总兵力 950 万;法国总人口 3970 万,总兵力 820 万;德国总人口 6690 万,总兵力 1325 万。三是经济、科技要素。20 世纪 30 年代,德国和日本之所以能够在欧亚大陆挑起一场世界大战,其经济、科技实力提供了相应的保障。在 1932—1937 年间,德国的工业生产增长了 300%,而法国的工业生产率只是 10 年前的 83%;1937 年德国生产了 5600 架飞机,法国却只生产了 370 架。1938 年,日本制造业的总体发展速度仅次于苏联而列世界第二位。四是军事力量要素。第二次世界大战结束时,美国军队的总员额高达 1250 万人,其中 750 万人驻在海外,美海军拥有 1200 艘大型军舰,其中有数十艘航空母舰。美空军拥有 2000 多架重型轰炸机,1000 架超远程轰炸机。苏联的军队在 1948 年以后尽管减少了 2/3,但仍拥有 175 个师,2.5 万辆坦克和 1.9 万架飞机,因而依然是当时世界上最庞大的军队之一。与美国和苏联的军事力量相比较,英、法等国则难免相形见绌。强大的军事力量作为一种重要支撑,最终确立了美国和苏联在战后的大国和强国地位,并为其后形成的两极格局提供了重要基础。

(三) 国际战略格局的本质

国际战略格局的本质,是国际战略力量的对比关系。国际战略力量对比表现在影响力的对比。影响力又表现为主导性力量、从属性力量、潜在力量和战略地位。

世界各主要国家或地区在一定时期内相互关系的基本结构,是国际战略环境的总体框架,表现了世界力量的分布、组合和对比。在国际战略格局中,拥有强大军事实力和政治影响力的国家和地区,在世界事务中扮演着主要角色、起着主导作用,通常被称为"极"或"力量中心"。

国际战略格局的样式是由力量对比关系所决定的,由于各个历史时期新生力量的形成与变化,使起主导作用的"力量中心"也随之变化,从而形成单极格局、两极格局以及多极格局。国际战略格局同经常变动的国际战略形势有所不同,它在一个相应的历史时期内具相对的稳定性,新旧战略格局的交替转换,通常发生在涉及世界主要国家的剧烈的社会大动荡之后,其根本原因在于世界基本矛盾的不断发展变化。真正具有世界意义的国际战略格局是在近代资本主义发展的基础上形成和发展起来的。19 世纪以后,欧洲列强统治和影响着世界上的广大地区,从而形成了以欧洲为中心的国际战略格局。这一格局的特点是几个大国都想争夺欧洲和世界霸权,列强内部争夺剧烈发展,导致了 20 世纪上半叶发生了两次世界大战。第二次世界大战以后建立的"雅尔塔体制",改变了以欧洲为中心的旧的世界格局,建立了以美苏两极为主导地位的国际战略格局。

20 世纪 90 年代,苏联解体,以美苏两极为主导的"雅尔塔体制"彻底崩溃。由于日本、德国、西欧在经济上的迅速崛起,海湾战争以后,美国的"单极"世界格局计划破产。随着世界形势的大动荡、大分化、大改组,国际战略格局开始出现向多极化方向发展,一个新的以多个力量中心为基本结构的多极化国际战略格局正在形成。

(四) 国际战略格局的结构类型

1. 单极格局

所谓单极格局,是指某一个大国在国际战略格局中占据主导地位,形成一超独霸的局面。这种格局在历史上曾经出现过。例如,资本主义初期西班牙、荷兰和英国,都曾有过独霸世界的历史。但这种霸权在很大程度上局限于欧洲地区,真正的世界霸权并未建立起来。

2. 两极格局

所谓两极格局,是指两大战略力量之间的相互对立和相互斗争,对整个国际事务起着决定性影响的局面。例如,第一次世界大战期间的同盟国和协约国;第二次世界大战期间的法西斯轴心国和反法西斯同盟国;第二次世界大战后初期的社会主义和资本主义两大阵营,以及随后美国、苏联两极对抗,都是世界历史上的两极格局。

3. 多极格局

所谓多极格局,是指多种战略力量既相对独立又相互联系,既相互合作又相互制约而形成的一种相对稳定的战略关系。

4. 多元交叉格局

多元交叉格局,是一种由两极向多极,或由多极向两极的过渡性格局。国际战略格局形成与发展、变化的政治基础是各国在战略利益上的矛盾和需求。各种战略力量对自己国家、民族、阶级和集团利益的认识,决定了它们对外战略的调整,并导致国际战略格局的破裂与重构。

(五) 世界战略格局的四次转换

1. 拿破仑战争与"维也纳格局"

1804 年拿破仑称帝,废除共和政体,建立了法兰西第一帝国。为了称霸欧洲,拿破仑发动了一系列横扫欧洲的侵略战争。在法国企图称雄欧洲的战争中,形成了英、俄、普、奥联合反法的格局。《维也纳会议最后文件》建立了新的欧洲均势,历史上称以这个文件为基础达成的一系列安排为"维也纳体系"。奥地利总理梅特涅在建立这一体系中起着重要的主谋作用,人们又称这一体系为"梅特涅体系"。这一格局(体系)大体维持了 40 ~ 50 年的时间。

2. 普法战争与"法兰克福格局"

在维也纳格局的发展过程中,随着欧洲工业进步和反对封建制度斗争的发展,1830 年,法国爆发了"七月革命",推翻了波旁王朝。以 1848 年西西里起义为开端,革命运动席卷欧洲大陆,法国、奥地利、德国、意大利等国先后爆发了起义。1848 年 3 月维也纳起义后,梅特涅被解职并流放英国,"梅特涅体系"宣告解体。1862 年,俾斯麦出任普鲁士王国首相兼外交大臣之后,先后发动了对丹麦、奥地利的战争。拿破仑三世力图通过战争阻止德国的统一,俾斯麦亦决心通过战争的方式实现德国统一。1870 年 7 月,拿破仑三世在俾斯麦的挑动下对普宣战。为确保对法胜利成果,战后,俾斯麦组织了新的反法联盟,并于 1873 年建立了德、奥、俄"三皇同盟",共同遏制法国。于是在欧洲大陆形成了以《法兰克福和约》和"三皇同盟"为基础的新的战略格局,史称"法兰克福格局"。这一格局大致维持了40 年。

3. 第一次世界大战与"凡尔赛—华盛顿格局"

在"法兰克福格局"形成之后,法国复仇主义和遏制法国的德、奥、俄"三皇同盟"的矛盾不断刺激着欧洲的军备竞赛。由于德国和俄国之间矛盾也不断激化,俄国反对德国对法国挑起战争,而奥地利由于俄国在巴尔干的利益矛盾不断升级,德国便决定建立以打击法俄两国为目标的联盟体系。1882 年建立了德、奥、意同盟,1883 年建立了德、奥、罗同盟。1887 年德国又利用英与法、俄的矛盾,指使奥、意与英签订了分别针对法国、俄国的《地中海协定》。1914 年 6 月奥匈皇储在萨拉热窝遇刺为导火线引发了第一次世界大战。德国在一战中的失败,使维持了 40 年的"俾斯麦体系"宣告结束。1919 年在巴黎签署了《凡尔赛和约》,形成了新的欧洲国际关系,即"凡尔赛体系"。1921 年底,在美国操纵下召开了华盛顿会议,会议先后炮制了《四国条约》《五国海军条约》和关于中国问题的《九国公约》。战胜国又建立了一个与凡尔赛体系相平行的华盛顿体系,我们称它为"凡尔赛—华盛顿格局"。

4. 第二次世界大战与"雅尔塔格局"

20 世纪 30 年代,以原子能、电子计算机和空间技术为代表的科学技术革命推动了各国经济的大发展。苏联十月社会主义革命的胜利,打击和动摇了帝国主义的统治。随着德国经济和军事潜力的增长,复仇主义狂热与日俱增,1933 年希特勒上台,实行了第三帝国的法西斯统治。意大利和日本亦先后走上法西斯专制体制的道路。1939 年 9 月 10 日德军向波兰发动进攻,9 月 3 日,英法对德宣战,第二次世界大战全面爆发。战争中有 50 多个国家结成了反法西斯统一战线,迫使意大利、德国和日本先后投降。1945 年 2 月 4 日至 2 月 11 日,美、英、苏首脑在苏联克里米亚半岛的雅尔塔举行了第二次会晤,秘密签订了《雅尔塔协定》等文件。美、英、苏三国又于 1945 年 7 月 17 日至 8 月 2 日在德国波茨坦举行了最后一次会晤,签订了《柏林(波茨坦)会议议定书》,发表了《柏林(波茨坦)会议公报》。这些会议达成的协议和谅解,确定了美、苏两国的势力范围。1949 年 4 月美国同英、法、意、加等欧美 12 个国家在华盛顿签订了"北大西洋公约",以建立其控制欧洲的防务体系。"北约组织"的建立标志着资本主义世界各国实现了军事上的战略同盟,是美国推行遏制苏联称霸世界战略的又一重要步骤。接着又拼凑了美澳新条约、马尼拉条约、巴格达条约组织等,形成了在美国控制下对苏联和欧亚人民民主国家的包围圈。1955年5月,苏联和东欧社会主义国家针对"北大西洋公约"组织的建立,在华沙签订了友好合作条约,并通过了建立武装部队联合司令部的协议。至此,形成了以美国为首的帝国主义阵营和以苏联为首的社会主义阵营全面对抗的两极战略格局,即"雅尔塔两极格局",世界进入了一个新的历史时期——"冷战"两极对抗时期。

二、世界新格局展望

(一) 国际战略格局的现状

进入20世纪90年代以来,以两德统一、华约解散、苏联解体为标志,延续了45年之久的两极国际战略格局宣告结束。目前,新的国际战略格局还没有完全形成,正处于国际战略格局的过渡转型时期。此次国际战略格局的转变,不同于以往。以往几次战略格局的转型都是通过大规模战争方式实现的,因而格局转型快,过渡时间短,甚至没有过渡时期。这次战略格局的演变,基本是以和平方式进行的。在此期间,各种国际力量需要慢慢发生变化,要重新定位和整合,由量变到质变,最后才能定型,因而需要的时间较长。主要表现在以下几个方面:

1. 美国仍是世界唯一超级大国

苏联解体标志着以美、苏对抗为特征的两极国际战略格局的终结,并导致世界军事力量对比的严重失衡。在向新格局转移的过渡时期,美国成为在政治、军事、经济等方面具有全球性影响的唯一超级大国。美国拥有一支全球进攻性军事力量,现役总兵力138万余人,另有文职人员77万余人,预备部队(国民警卫队和军种后备队)89万人。战略核力量拥有洲际弹道导弹580枚,弹道导弹潜艇17艘,潜射弹道导弹408枚,战略轰炸机178架,是世界上最强的三位一体的核进攻力量。美国具有很强的远程精确打击、隐身攻击、电子战、联合作战和综合保障能力,海军能够控制世界各大洋和海峡咽喉要道,空军能全球到达和全球攻击,陆军能够在世界各地区实施作战,后勤力量能够有效保障美军在海外的作战行动。另外,美军把全球划分为五大战区。在海外部署了占其总兵力近1/4的军事力量,在世界各个重要地区保持"前沿存在",准备在海外同时打两场大规模战区战争。"冷战"后国际格局的变化具有渐进性,将会使美国"一超称霸"的局面保持相当一段时间。由于苏联的解体和美国内政外交的需要,美国正在进行有限的战略收缩和军事战略调整,但其战略意图已十分明确。美国在近期内的重要目标是,要防止在欧亚大陆重新出现对美构成威胁的新对手,并将中国列为其最大的潜在对手。美国将其强大的军事力量作为维持其在世界的领导地位和对付地区冲突的重要支柱。进入20世纪90年代以来,美国以各种名义在世界各地使用军事力量,行动明显增多。美国利用自己的经济和军事技术优势,加速新军事革命,加快武器装备研制和更新,以拉大与其他国家的军事技术差距。美国的"新干涉主义"和战略扩张成为国际局势动荡的根源。2001 年美新总统就职后,已提出新的国家军事战略,新战略更多地体现了美国建立"单极世界"的需要。

2. 世界多极化的趋势正在发展

美国"一超独霸"的局面是两极体制被打破后的一种过渡现象,在这个过渡期内,国际战略格局呈现的基本态势将是"一超多强",又是一个终将被多极体制所取代的暂时历史进程。突出表现在战后日本、德国迅速崛起,已成为世界主要经济大国,并且凭借其强大的经济实力,力图谋求政治大国地位,积极争取成为联合国安理会常任理事国。日本的军事力量近年增长很快。随着其经济、科技及军事力量的增强,日本力争在关系世界稳定和发展的重大问题上,拥有不次于其他大国的发言权,成为未来国际战略格局中"支撑国际秩序的一极"。欧盟是当今世界上规模最大、一体化程度最高的地区经济集团,人口合计 3.7 亿以上,并有进一步扩大的趋势。欧盟具有雄厚的经济、科技和军事实力,在联合国安理会 5 个常任理事国中占有 2 个席位,在处理全球或地区事务中有很大的发言权,在南北关系中有较大的影响力,尤其与许多曾是其殖民地的发展中国家,还保持着较为密切的政治经济文化联系。俄罗斯虽然丧失了苏联超级大国的地位,但其军事力量仍然是一个可以与美国抗衡的军事力量。中国是发展中大国,政治稳定,经济持续、快速、健康发展,综合国力不断增强,在国际事务中的影响与日俱增,现仍属于一支"新生力量"。虽然发展道路并不平坦,但高速发展趋势无人阻挡,在 21 世纪中期成为多极化格局的一极是毫无疑问的。邓小平早在 1990 年初就指出:"所谓多极,中国算一极。中国不要贬低自己,怎么样也算一极。"所有这一切,都促使世界战略格局向多极化方向发展。

3. 新的各种安全结构正在建立和完善

在两极格局时代,美苏始终互为对手。东西方集团内部即使有时其经济、政治上的矛盾上升为主要矛盾,但盟友关系却一直是十分清楚的。而在两极格局瓦解后,对手和盟友便模糊不清了,均势的维持更多依靠结盟。各种国际和地区安全机制应运而生,相继建立。北约决定将其军事活动范围由北约成员国领土之内扩大到整个欧洲,先后与欧洲其他国家和俄罗斯建立了"和平伙伴关系";欧盟由一个经济体转为政治、经济、货币联盟体,1993 年 11 月实施《欧洲联盟条约》,根据条约将制定共同的防务、安全和外交政策;东盟各国的"东盟地区论坛"已成为亚太地区第一个政府间的多边安全对话机制;亚太经济合作组织(APEC)已举行了多次非正式首脑会议;原苏联地区的一些加盟共和国,不仅在地理上连成一片,而且在政治、经济、文化和历史发展阶段上也有较多一致性。随着各地区安全机制的建立,预示着未来地区军事格局将朝着多样化、区域化的方向演进,世界将在地缘上分为欧洲、原苏联地区、亚太、中东、拉美和非洲等六大军事区域,形成各具特色的地区军事格局。

4. 经济因素在国际事务中的作用上升

当前世界战略力量呈现出多极化的发展趋势,最突出的表现是在经济领域的多极化速度比其他领域发展更快。战后几十年的激烈军事对抗和军备竞赛使美苏这两个超级大国的经济不同程度受到影响,并最终导致苏联解体。随后各国更加注重的经济的发展,调整本国的经济发展战略,制定经济发展计划,突出在国际社会的影响力。美国的国民生产总值在世界上所占的比例已由第二次世界大战结束初期的46%下降到28%,而日本和欧盟一些国家经过这几十年的迅速发展,已成为对国际事务有着重要影响的经济大国和经济集团。1993年,日本的国民生产总值约为3.8万亿美元,仅次于美国,位居世界第二位;1998年,欧盟的国民生产总值为8.8万亿美元,已超过美国和日本;统一后的德国具有强大的经济、科技力量与军事潜力,其国民生产总值超过了英、法两国的总和。目前,日本和德国都在凭借自己强大的经济实力谋求政治大国地位。经济力量的均衡化发展必将引起政治、军事力量对比关系的变化。在人类发展史上,没有哪个世纪能像21世纪那样使世界空前地进入经济全球化时代,随着经济全球化趋势的发展和世界政治格局日益走向多极化,国家间的利益格局呈现出既错综复杂又相互依存的态势,国家间的博弈很难轻易诉诸武力。2007年夏天爆发的美国次贷危机已演变成一场严重的金融危机。这场正在向全球蔓延扩散的金融危机背后,一场国际间的政治角力和利益之争也在同时展开,维护国家金融安全的"软战争"已经初显端倪。

(二) 当前国际战略格局的特点

1. 世界形势总体稳定,局部动荡

总体稳定是世界形势的主流。冷战结束后,国际形势总体上由紧张转变为缓和,由对抗转变为对话。两极世界解体后,全球性的军事对抗已不复存在,爆发世界大战的可能性越来越小;过去因两个超级大国插手而难以解决的许多国际热点问题,大都通过政治、外交途径得以解决,或陆续取得一些突破性进展;大国关系出现战略性调整,中、美、俄、欧、日等国和地区集团频繁进行高层领导人直接对话,采取多种务实性措施,建立多种形式的战略伙伴关系,积极推动和发展了国家之间的正常关系,促进了国际安全环境的改善,有助于世界的和平与稳定。当今世界各国都面临着发展本国经济的严峻挑战,大力推进经济建设,增强综合国力已成为共识,尽管发生世界大战的可能性越来越小,但局部战争的危险依然存在。由于历史结怨、格局转换、民族矛盾、宗教对立、力量失衡、外部插手、资源纠纷、武器扩散等因素,导致局部战争和武装冲突此起彼伏,一度出现增多的势头。如欧洲巴尔干地区、独联体内部国家之间;在亚洲,阿富汗、斯里兰卡等国曾发生了长期的内战,朝鲜半岛、克什米尔地区仍处于严重的军事对峙状态;在中东地区,自1991年海湾战

争以来,美英等国多次对伊拉克实施了军事打击,巴以和谈前景未卜;在非洲,卢旺达、刚果等少数国家不时爆发边界及种族冲突。事实证明,在冷战后国际形势总体上趋向缓和的同时,局部战争和武装冲突仍呈此消彼长的态势。

2. 大国关系相对稳定,地区国家相互靠拢

冷战结束后,世界性市场经济的发展,加速了经济全球化的进程。国际合作化程度的提高,使任何国家都不能孤立于世界之外去发展自己的经济,逐渐显露出"以世界为工厂,以各国为车间"进行生产的跨国化体系。近年大国之间在合作和斗争中相互制约,因而相对稳定的状态并未打破。同时广大中小国家联合自强的趋势明显加强,并且成立了一些地区组织。如法、德两国为骨干的欧洲军团已现雏形,于 1995 年 11 月正式开始服役,表明西欧国家建立自己防务力量的计划已实质性启动。在亚太地区,随着越南、缅甸、老挝和柬埔寨正式加入东盟,拥有 10 个成员国及周边大国作为观察员参加的大东盟影响力与日俱增。

3. 世界军备下降幅度参差不齐,质量建军成为主要竞争形势

由于国际形势日渐缓和,使全球性军备竞赛有所降温。但是,一些地区性军备竞赛有所升级,特别是世界各国质量建军的步伐明显加快。美国通过冷战后进行的多场高技术条件下的局部战争,加快了运用高技术提高军队质量水平的步伐,继续引领着世界新军事革命的潮流。世界军备竞赛总体有所趋缓,但军备下降并不平衡,一些国家和地区出现了回升的趋势,减少数量、提高质量成为各国军队建设的主要方向。

三、未来国际战略格局的发展趋势

(一)"多极化"将是未来国际战略格局发展的必然趋势

(1) 美国倚仗其经济科技实力和超强的军事力量,企图建立以美国为领导的单极世界,充当世界的领袖。其战略构想是:以美洲大陆为依托,以北约和美日同盟为两大战略支柱,从欧亚两大陆向全球进行新的战略扩张,把美国的领导作用延展到全世界,遏制新的全球性竞争对手出现,长期保持美国唯一的超级大国地位。但是,美国并不能凭借自己的优势地位在世界上为所欲为。其一,几乎所在国家都不赞成建立以"美国为轴心的世界"新格局。其二,美国在国内面临众多的社会问题和经济问题,不具备承担"领导世界重任"的能力。其三,在国际上欧洲、日本等国家和地区的挑战,对美国的"世界新秩序"形成一大制约。其四,当今世界仍有许多尖锐矛盾和复杂问题,无论美国如何强大和富有,都不可能包揽解决所有问题。近年来,一系列针对美国的恐怖活动,特别是 2001 年 9 月 11 日发生的炸毁美国世贸中心和五角大楼的恐怖事件,也使美国认识到建立单极体制称霸世界的企图是难以成功的。

当前世界战略力量多极化的发展趋势最突出的表现在经济上,美国虽然经济

上保持着世界经济发展的火车头地位,但随着近几年国际市场的建立,第三世界国家重视对经济的发展,欧盟一体化进程的加快,美国的国际市场竞争能力正受到严重挑战。2002年5月,美国前国防部长助理、哈佛大学教授约瑟夫·奈指出:"由于经济全球化及信息技术革命在世界范围内迅速扩展,美国有可能轻易地丧失优势。"2007年6月爆发的次货危机已在美国演变成一场严重的金融危机,2008年美国的经济增长已经从2007年的2%降到了1.4%,发展速度明显放缓。所以美国"一超独霸"的局面正在遭到削弱。

（2）在未来国际战略格局多极化发展的进程中,起主导作用的可能是美国、欧盟、俄罗斯、日本、中国这五大力量（也称"一超四强"）,其他一些重要的国际组织、区域集团和地区性大国,也将发挥重要作用。

在欧盟诸国中,英、法、德三国军事力量的作用和影响较大。英国是一个传统军事强国,现役总兵力为22万余人,战略核力量有3艘弹道潜艇,48枚潜射弹道导弹。英军装备精良,技术水平较高,具有一定的海外作战能力。其主要任务已从过去的防御作战为主转向干涉行动为主,力求保护英国本土及其广泛的海外战略利益,参与国际维和行动,参加类似海湾战争的海外作战行动。法国是一个有重要影响力的军事强国,现役总兵力约40万人,战略核力量有5艘弹道导弹潜艇,80枚潜射弹道导弹,18架战略轰炸机。法军武器装备技术水平和部队作战能力与英军相仿,其主要任务是:维护法国的战略利益,对付在欧洲、地中海和中东地区的局部战争和武装冲突。法国致力于建立一支能够在欧洲以外的地区独立遂行作战任务的多用途军队,成立海外诸军种联合作战参谋部,并在非洲保持2万人的驻军。德国军事力量在原东、西德统一后大大增强,现役总兵力约36万人。德军武器装备技术水平较高,军事素质较好,具备较强的常规作战能力,能够在欧洲地区实施高强度作战行动。德国也制定了立足欧洲,面向世界成为世界政治大国的战略方针,它以欧洲为基点,联合法国,积极推进欧洲一体化进程,以便实现以德国为主导的"欧洲联邦"的长远战略构想。近年来,德国多次突破《基本法》的限制出兵海外,参加维和行动,意欲谋求在欧洲和国际安全事务中发挥更大的影响力。

（3）俄罗斯是前苏联的主要继承国。自1991年独立以来,一直处在政治、经济的多重危机中,经济实力下降了大约一半。但从总体上看,俄罗斯仍具有较强的综合国力。它继承了原苏联在联合国安理会常任理事国的席位,以及原苏联76%的领土和70%的国民经济总资产,幅员横跨欧亚两大洲,国土总面积1700多万平方千米,自然资源极其丰富,物质技术基础雄厚,燃料动力、冶金、机械制造、化学和交通运输业十分发达,科技实力较强,人民受教育程度较高,在航空、航天、核能、生物工程和新材料等领域居世界先进行列,仍具有巨大的发展潜力。俄军仍然是目前世界上唯一能与美国抗衡的军事力量。它接管了原苏军75%的军队,约80%的战略核力量和大部军工企业。俄军现役编制员额约150万人,另有文职人员约60

万人;内卫军、边防军等其他部队约 100 万人。战略核力量拥有陆基弹道导弹 800 枚,远程战略轰炸机 110 架,弹道导弹潜艇 34 艘,潜射弹道导弹 540 枚,其"三位一体"的核力量足以毁灭任何国家。俄军整体作战能力较强,武器装备较先进,部分高技术武器装备不亚于美军。虽然俄罗斯综合国力受到削弱,但其军事力量尚能有效支撑其大国地位。目前,俄罗斯已改变亲西方政策,力求在世界和地区事务中发挥其大国的影响力,加速推进独联体军事一体化,反对美欧染指独联体国家。为弥补综合国力的不足,俄罗斯越来越把核武器作为恢复国家地位的支柱,放弃不首先使用核武器的承诺,试图以此维护国家利益和自身安全,保持其大国影响力。从发展来看,俄罗斯仍有可能重新崛起,成为国际战略格局中有重大影响的角色。

(4)日本是战后西方国家中发展最快的国家,从战后到 20 世纪 70 年代它走完了由一个战败国变成经济发达国家的全部里程。20 世纪 70 年代中期提出向政治大国迈进的目标,80 年代到 90 年代加强了对这一目标的实现。日本工业高度发达,科技实力雄厚,在机器人、半导体元件、光纤通信等方面科研水平居世界前列。日本军事力量较强,自卫队总兵力 27 万人,准军事部队 1 万人,按照远洋、近海、本土三线配置,强调"海上歼敌"。日军武器装备先进,航空自卫队具备较强的远洋上空对敌拦截能力,海上自卫队有较强的海上打击、护航、反潜、海峡封锁和扫雷布雷作战能力。日本坚持日美军事同盟,不断拓宽"专守防卫"军事战略的内涵,已突破和平宪法的限制向海外派遣军事力量,并将其防卫范围扩展到包括朝鲜半岛、台湾海峡和南中国海在内的整个亚太地区。一旦发生战事,日本准备与美军共同干涉"周边事态"。日本军事力量借助驻亚太地区的美军,能够对该地区的局势产生重大影响。随着经济和科技实力的增强,日本已经不满足于经济大国地位,提出了以经济力量为后盾,以强大的军事力量为保证,以自主外交为手段,逐步发展成为世界性政治大国的战略目标。它要求成为联合国安理会常任理事国,竭力在国际政治舞台上扮演重要角色,力争在关系世界稳定和发展的重大问题上,拥有不次于其他大国的发言权,成为在未来国际战略格局中能够"支撑国际秩序的一极"。

(5)中国是社会主义国家,也是最大的发展中国家。中国不与任何国家结盟,不干涉别国的内部事务,坚决维护自己的独立和主权,同时也尊重别国的独立和主权。中国一贯坚持正义的原则立场,反对以大欺小、以弱凌强和以富压贫的强权政治,致力于建立公正合理的国际新秩序,是反对霸权主义和维护世界和平的重要力量。中国作为独立自主的政治大国,坚持走具有自己特色的现代化发展道路,这是中国作为多极世界中独立一极的政治分量所在。新中国成立 60 多年来,基本上是依靠自己的力量,建立了独立的、门类较齐全的工业和国民经济体系。主要工业产品的产量在世界上的名次不断上升。中国幅员辽阔,人口约占世界 1/5,自然资源较丰富,拥有广阔的战略空间和巨大的市场,有很强的民族凝聚力和博大精深的文化底蕴;更因为社会主义制度优越,路线方针正确,坚持走中国特色的社会主义道路,能够把发展经济的潜力日益转化为不断增强的现实国力。中国自实行改革开放以来,经济飞速发展,世人瞩目,工业企业资产总额比1978年增长30多倍,主要农业产品产量居世界第一位,国民生产总值在世界上排位不断上升,为稳定亚洲乃至世界经济发挥着重要作用。中国拥有一支数量可观、实力较为雄厚的科学技术队伍,较为齐全的科研设施,在一些重要科技领域已接近或达到世界先进水平。中国的国防实力在日益增强,能够独立研制各种型号的常规主战兵器,而且自行设计和制造了原子弹、氢弹、运载火箭、卫星等,成为世界上少数几个掌握这类技术的国家之一。中国拥有一支任何人都不能轻视的军事力量。中国奉行独立自主的和平外交政策,始终是维护世界和平与地区稳定的积极力量,在反对霸权主义、推动国际裁军进程、促进全球发展以及解决国际争端等方面发挥着日益突出的重要作用,赢得了崇高的国际威望。随着科教兴国战略的实施,中国的综合国力将日益强盛,在世界上的地位和作用必将进一步提高。

通过以上分析可以看出,影响世界格局的几支主要力量正在加紧调整自己的战略,以加强自己在国际社会中的影响,这一趋势的发展正越来越明显地制约美国的霸权主义和强权政治,世界"多极化"的发展方向,将是一种必然趋势。

(二)未来国际战略格局中各方关系将日趋复杂化

随着"冷战"的结束,过去相互对立的两大阵营间的敌对状态不复存在,各国间的关系已打破意识形态的束缚,由敌对转变为交流、对话,各国间更加重视积极的外交加强自己在国际中的地位和影响。所以,未来战略格局中各方关系正呈现复杂化的趋势。

(1)比如中美关系。美国的对华政策是既"遏制"又"接触",随着美国近几年在国际社会的种种霸权行径和强权政治遭到各国的抵制,其越来越感到自己的孤立。1990年下半年,中美关系逐步出现回升势头,钱其琛外长访美,布什会见了钱外长,双方都表示了积极改善关系的愿望。1992年9月2日,布什宣布向台湾地区出售150架F-16战斗机,使中美关系跌入低谷,蒙上阴影。但随着12月中旬美国商务部长访华,使中美关系又缓和下来。1993年1月20日,克林顿入主宫,对华奉行强压政策,故意在一些问题上做文章,甚至有意挑起事端:打出人权问题的牌子给中国施加压力;在最惠国待遇问题上附加政治条件;无端制造"银河号"事件;反对中国举办2000年奥运会等。中美关系全面恶化,克林顿政府面对中美关系的全面恶化,意识到这样做也一无所获。于1993年9月重新审议了对华政策,制定了全面接触战略,并通过各种渠道向中国传递改善关系的信息。1993年11月江泽民主席前往美国西雅图参加亚太经合组织领导人非正式会议,江泽民和克林顿在西雅图进行了一个半小时的正式会晤;1994年,中美关系出现积极上升的势头,这期间实现了两国领导人的互访。但是,中美关系在一个好的形势下不久又再次出现了突发事件,1999年5月8日凌晨,以美国为首的北约悍然对中国驻南联盟大使馆进行了野蛮的导弹袭击,造成中国三名记者死亡,大使馆严重毁坏,激起了中国人民的强烈抗议和谴责。这件事充分暴露了美国霸权主义的野蛮行径,以及中美关系的脆弱性。经过炸大使馆事件后,中美双方都冷静下来重新审视两国关系。中美关系进入新世纪后,正好到了小布什当政的年代,他是美国强硬派势力的代表,对外奉行强硬政策是这届政府的一个特点,"单边主义"更是小布什本人的重要特征。2001 年的中美关系,是在以美国充满霸气的条件下开始的。4 月 1 日,出现了中美撞机事件,美国一架 EP-3 军用侦察机逼近中国海南岛进行侦察,在中国专属经济区海域上空向中国正在执行巡逻任务的战斗机撞击,导致中方机毁人亡,在没有得到中方同意下,美机又强行降落在中国海南岛凌水机场。美方拒不承认错误,后经严正交涉,才有"非常抱歉"的表示。但是 2001 年的"9·11"事件使布什政府改变了国家安全战略,对华政策同样很快改变轨道;2002 年是中美关系发展有明显成效的一年,两国领导人实现互访。那么中美关系到底是一种什么关系?首先是最发达国家和最大的发展中国家的关系,美国也充分认识到这一点,所以主张对中国"全面接触",处于全球战略的考虑,他知道与中国为敌对他将意味着什么。同时,中国处于当今社会国际格局的发展变化中,也不能与美国为敌,所以表现出既"冷静"又"克制"的外交战略。中美之间的关系应当是:既不是敌人,也不是对手,也不是盟友;是非敌非友的性质,有冲突但也不至于完全没有节制,不至于发展到全面对抗;有合作但绝非毫无保留,更不可能结盟。

(2) 欧洲在冷战时期是两极对抗的主战场,欧盟依附美国。冷战结束后,尽管欧盟国家仍未摆脱对美国的依赖。事实上,美国通过签订北约"战略新构想",拉北约参加科索沃战争等方式,在一定程度上加强了对欧盟的控制。与此同时,欧盟也在设法排除各国在政治、外交、防务等问题上的分歧,共同谋求使欧洲真正成为未来多极世界中强有力的一极,争取与美国平起平坐的地位。为此,欧盟各国采取一系列措施:不断扩大欧盟,全面加快欧洲一体化进程步伐,于 1999 年启动欧元,增强欧盟的国际地位和竞争力,进一步促进世界经济格局主导权的强烈愿望;逐步实行具有联合一致的外交和防务政策,加强自身防务建设与美国争夺北约的领导权和军事指挥权。欧盟内部多边或双边防务组织不断出现,法、意、西、葡四国宣布组建"欧洲陆军"和"欧洲海军"两支联合部队;法、德军团已建立,并可能成为欧盟防卫力量的核心。美国和欧盟之间的关系,正在由过去的盟主与盟友的关系,逐步转变为平等的伙伴关系,在一些重大问题上甚至出现严重分歧,如 2003 年美国对伊拉克战争,德国、法国就曾公开反对。

(3) 俄罗斯自 20 世纪 90 年代初失去在世界上的大国地位后,也在积极地调整对外战略,为了在亚太地区确定其地位,积极与中国建立关系,以获得在亚太地区的政治、经济地位;同时,与美国积极改善关系,寻求经济领域的合作。但从总体来考察,美俄关系不同于中俄、中美关系,美俄关系现在仍很难定位,比如:美国的北约东扩、伊朗定为邪恶轴心、石油禁运等,都危及到俄罗斯利益,俄罗斯不会任其步步进逼。2003年9月19日,俄罗斯普京有个讲话,决定对其国家战略进行调整,提出不排除使用"先发制人"战略。

(4) 其他国家和国家集团的实力与地位也在增长。现在世界上有一些国家和地区集团,如印度、巴西、东盟等,其经济的迅速发展带动了综合国力的明显增强,在全球和地区事务中的地位和作用日益提高。

印度是南亚地区性大国,其国土面积297.47万平方千米,人口位居世界第二,资源较丰富,科技力量较强,具有较快发展综合国力的客观条件。印度为了确保在南亚和印度洋地区的优势,进而谋求"亚洲核心"和世界大国的地位,争取成为联合国安理会常任理事国,进一步加快军队现代化步伐,增强军事力量。印度现有总兵力126万人,其地面部队在南亚次大陆占有绝对优势;空军可以夺取局部空中优势,进行纵深打击和火力支援;海军有一定远洋作战能力;战略核力量已初步具有核威慑与核打击能力。印度积极争当世界大国,力图做核大国,保持和发展一支地区性进攻性军事力量。印度的军事战略目标是:遏制中国,控制印度洋,称霸南亚,争当军事大国。根据这个战略目标及周边环境,印度制定了"西攻、北防、南下"的战略方针,并据此调整、部署军事力量,印度作战部队主要部署在中印和印巴边境地区。在中印边境地区的东、中、西段,印度部署了陆军2个军部、8个师,共36个作战旅。

东南亚是20世纪80年代以来世界经济最具活力的地区之一。随着经济实力的壮大,东盟作为一支新兴的政治力量,正在不断加强内部多边、双边防务合作,积极调整与对本地区有影响的美、日、中、俄等大国的关系,同时加紧扩大成员国数量,积极争取对东亚事务更大的发言权。近年来,东南亚金融危机使东盟各国经济实力受到影响,但发展前景仍较乐观。未来的东盟将可能在国际战略格局中发挥重要作用。

综上所述,未来国际战略格局呈现以下特征:①关系复杂化;②集团松散化;③外交多元化;④合作区域化。

(三) 维护国家利益的"软战争"将对国际战略格局产生重要影响

全球化时代,信息、金融、贸易、生态等因素在国家安全斗争中地位的迅速上升,正在推动人类战争观和国家安全观的不断更新。金融战、贸易战、生态战等"非军事战争行为",以及整体战、隐形战等战争形态与国家安全新理念的不断涌现,愈来愈引起人们的高度关注,国家安全领域里的斗争日益走向集束组合。

在全球化进程空前加速、经济利益日益占据国家利益核心位置的今天,经济争夺战已经成为世界"软战争"的主要形态,并且以其独特的方式推动着国家安全观和传统战争观的重大变革。当代世界经济的一个显著特征就是世界经济越来越多地受到国际因素的影响,经济的稳定程度直接决定着国家的健康程度。其中金融安全在国家经济安全乃至整个国家安全中的战略地位空前上升,并相对军事安全而言成为当代国家安全斗争的又一主战场。随着全球化的演进,各国金融的相互依存度日益加深。任何国家金融体系的剧烈动荡,不仅会在短时间内将一个国家百年积累的财富席卷一空,导致国家整个经济体系的崩溃和社会的倒退,且还可能引发"多米诺骨牌"效应,酿成全球性金融危机。一个引人注目的事实是,如同美国超强的军事优势制造了当代世界不对称战争一样,美国的金融霸主地位同样使这场全球金融争夺战呈现出不对称特征。美元贬值、次贷产品打包等都是美国让世界分担其金融危机风险、摆脱经济困境所独享的特权。据资料介绍:美元每贬值10%,就有相当于美国经济5.3%的财富从世界各地转移至美国;2002—2007年,美元贬值20.6%,按2006年美国GDP为13.19万亿美元算,这就意味着在过去5年中仅美元贬值一项,全球1.3万亿美元的财富无形中流入美国。这种状况既有助于缓解美国的经济困难,又打击了新兴国家的经济升幅,在今天的美国金融危机中,美元贬值已经使一些国家上万亿美元蒸发于无形。这场危机告诉我们:金融实力同军事实力一样,已经成为衡量国家强弱的主要标志;当代金融战线已经成为国家安全斗争的又一个主战场,确保金融安全已经成为维护国家安全的重要战略手段。更新国家安全理念、完善国家安全战略、构建高效安全的现代金融体系,已成为全球化时代国家安全斗争的一个重大而紧迫的课题。所不同的是,这种新型战争不再依赖枪弹和军队,也不再有纷飞的硝烟和赤裸裸的暴力,原本深深隐蔽于战争背后、充当着战争发动机的资本,这时由幕后操纵直接走向阵地前沿。这种战争对国家经济的破坏和财富的掠夺更隐蔽、更迅速,其破坏力决不亚于一场局部战争。北约对南联盟的军事打击使南联盟的生活水平倒退了七八年,而亚洲金融风暴则使印尼生活水平一下子后退了15年。

20世纪80年代,美国在反思越战历史教训的基础上,提出"软实力"这一概念,企图在和平与发展的时代条件下,为巩固美国世界霸权找到一种"不战而屈人之兵"的理想途径。由此引起世界各国对国家实力的重新认识,也引起新一轮国家安全观的创新浪潮。随着经济全球化趋势的发展和世界政治格局日益走向多极化,国家间的利益格局呈现出既错综复杂又相互依存的态势,国家间的博弈很难轻易诉诸武力。加之当代科技革命和新军事革命带来的战争成本空前加大,有利于各种政治军事力量的相互制约。正在向全球蔓延扩散的金融危机背后,国际间的政治角力和利益之争同时展开,维护国家金融安全的"软战争"初显端倪

20世纪80年代中期,邓小平洞察国际形势的发展变化,提出了和平与发展是当代世界主题的科学论断,阐明了当代世界的基本矛盾,揭示了世界各种政治力量相互关系的内在本质,反映了世界人民和整个国际社会的普遍要求,指出了时代发展的大趋势,丰富了马克思主义关于战争与和平的理论。历史已经充分证明并将继续证明,邓小平关于和平与发展时代主题的论断是非常英明正确的。

邓小平在阐述时代主题时指出:第一,世界大战可以避免。当时,互为对手的美苏两个超级大国的武库过度庞大,特别是核武器达到"超饱和"状态,可以毁灭对手,使它们不敢轻易发动战争;美苏双方虽努力进行全球战略部署,但都受到挫折,尚未完成;尽管美苏双方军备竞赛和军事对峙使世界战争的危险依然存在,但世界和平力量的增长超过战争力量的增长,尤其是第三世界国家反对战争,成为维护世界和平最可靠和最基本的力量,加之一些第二世界国家和美苏两国人民也不支持战争,决定了世界大战可以避免,维护世界和平大有希望。第二,促进经济发展是世界的核心问题。第二次世界大战后,科学技术的进步推动了世界经济飞速发展,然而,这种发展是不平衡和周期性的。从 20 世纪 70 年代初起,世界经济开始逐渐由高速发展转入低速增长。西方发达国家为了走出经济低速的境地或保持经济优势地位,积极寻求资本、贸易、市场等出路;政治上相继获得独立的广大发展中国家,为了摆脱贫困状态,摆脱对发达国家的依赖,缩小与发达国家的贫富差距,积极同旧的不平等不合理的经济秩序做斗争,把发展经济作为主要任务。从而使国际竞争的重点,由政治和军事对抗逐渐转向经济竞争,发展经济成为大多数国家的前途与命运、关系世界和平与稳定的根本问题。

20 世纪 80 年代末到 90 年代初,东欧剧变,苏联解体,持续了 40 多年的冷战状态宣告结束,国际形势发生了重大变化。虽然时代主题没有变,但"世界和平与发展这两大问题,至今一个也没有解决",并呈现出一些新特点和新趋势。

一是国际形势总体缓和但局部冲突仍然不断。冷战后期,虽然国际形势开始出现缓和迹象,但因为存在以美苏为首的两大集团的竞争与对抗,国际形势总体上仍处于紧张状态,全人类仍处在世界大战、核大战的阴影之下,"缓和"表现为两极对抗下的"恐怖和平";世界上发生的局部战争,大都有美苏两个大国插手,有的还受美苏的控制或利用。冷战之后,国际形势总体上由紧张变为缓和,由对抗变为对话。尤其是中美、中俄、美俄达成互不将各自控制下的核武器瞄准对方的协议,有助于增进相互之间的信任,有助于地区和世界的和平与稳定;世界各国独立自主、合作发展的意识有所加强,和平力量更加壮大;国与国之间相互依存与制约关系不断加深,维护全球安全的共同利益逾来逾得到广泛的认同;国际裁军与军控取得新的进展,多数国家改变了冷战时期军事力量过度膨胀的状况,纷纷把武装力量调整到适度规模;新的国际安全机制正在形成和发展,各种双边和多边安全合作方式的出现及联合国作用的增强,对冷战思维的军事集团机制产生强大的冲击,进一步促进了国际社会的和平与稳定。

尽管发生世界大战的可能性越来越小,和平是当代国际形势的主题之一,但局部战争的危险依然存在。以美国为首的西方军事集团同盟,正在成为新的战争策源地。冷战时期无战事的欧洲动荡不安,战乱不已,形成从巴尔干地区向北到独联体的新的热点集中地带。持续 4 年多的波黑战争停战不久,南斯拉夫科索沃地区又起战火;独联体内一些国家和地区多次发生武装冲突。非洲先后有 20 多个国家发生动乱和武装冲突。拉美地区也曾多次发生武装冲突和内战。事实证明,在冷战后国际仍呈现此消彼长的态势,一些地区的和平进程甚为艰难。

二是经济全球化成为大趋势但也存在负面影响。冷战结束后,世界性市场经济的发展,加速了经济全球化的进程。在当今日益开放的世界经济中,生产要素正以前所未有的速度和规模在全球范围内流动,以寻求最能增值的配置,任何国家都不能孤立于世界之外去发展自己的经济。经济全球化的主要表现是:贸易自由化的范围正迅速扩大,从传统的商品领域向技术、金融等领域快速拓展;金融国际化的进程正明显加快,时间、地域、国界对资本流动的限制作用缩小;生产跨国化的体系正逐步形成,全球已拥有跨国公司 4 万多家,它们"以世界为工厂,以各国为车间"进行生产;投资外向化的比重正日趋增大,发达国家是跨国投资的主体,发展中国家的对外投资额也在稳步增长;区域集团化的趋势正在加速发展,全球已有 140 多个国家和地区参加了 30 多个各类区域性经济集团,加快了区域经济集团内部的商品和资本流动,提高了区域经济集团的对外开放程度和竞争能力。经济全球化可以促成生产要素的合理配置,为各国经济实行优势互补和不断发展,提供了有利的条件。

然而,经济全球化犹如一把"双刃剑",有着不可忽视和难以避免的负面影响。对于发达国家来说,其负面影响主要表现为对资本、技术、贸易、市场的争夺加剧;对于发展中国家而言,主要是面临着保护和发展本国经济、打破发达国家的经济垄断和封锁、提高参与国际竞争力等严峻的挑战。因为,经济全球化的规则,主要是在旧的经济秩序规则基础上发展起来的,对发展中国家很不利。发展中国家在参与国际经济体系过程中,往往被迫接受一些不平等不公正的条件。在国际分工体系中,处于外围边缘地带的发展中国家,容易接受发达国家扩散的低层次产业,导致产业结构的单一性和从属性。在国际市场大部分早已被发达国家所瓜分和占有的情况下,发展中国家因经济实力较弱,不仅拓展国际市场极其艰难,而且还受到发达国家越来越多的挤占。发展中国家在金融体系欠完善和防范能力较差的情况下,同世界经济的紧密联系也意味着预防经济混乱的保护能力减弱,若取消对资本、物资、人员流动的限制,会使国际金融资本投机者发动金融打击的风险增大。发达国家竭力维护旧的经济秩序,借助其国际经济竞争力方面的优势,实行贸易保护主义政策。不断减少同发展中国家的贸易比重,甚至采用援助和投资资金倒流、限制科技成果转让、转嫁危机等手段,限制发展中国家的经济发展,拉大发达国家与发展中国家的贫富差距。一些发展中国家由于曾长期受帝国主义的殖民统治和掠夺,经济不发达,至今难以建立和巩固适合本国国情的经济制度,还处于国际经济旧秩序的束缚中。上述经济全球化中存在的矛盾,若处理不当,将可能引起社会动乱或局部战争。

三是大国交易仍在继续但竞争的重点转向综合国力。冷战结束后,尽管大国之间加强了对话与合作,但相互较量并没有停止,较量的重点已从冷战时期的以军事力量为主,转向以科技为先导、以经济为基础的综合国力竞争。其主要内容是:夺取科技优势,促进国家经济、军事、教育等方面的全面发展,壮大综合国力,为夺取或保持在世界战略格局中的有利地位创造条件。

由于高新科技革命对各国综合国力的影响日趋增大,争夺高新科技的领先地位便成为各大国进行综合国力竞争的焦点。美国不断完善并加紧实施其高新科技研究计划,其战略意图在于充分利用其高新科技领域的优势,对经济、军事等领域进行综合开发,推动高新科技产业的发展,保持其世界领先的地位;日本以"科技立国"方针为指导,制定出"下一代产业基础技术研究开发计划""创造性科学技术推进计划"和"人类新领域研究计划",与美国和欧洲联盟展开竞争,为其从经济大国向政治大国过渡创造条件;欧盟各国则联合起来,在"尤里卡计划"基础上,实施欧洲联合高新科技计划,强调在微电子、光电子、高能激光、粒子束、新材料、人工智能等6大高新科技领域内联合开发,与美国和日本展开竞争;其他国家也普遍重视科技的作用,把发展高新科技及其产业作为加强综合国力的根本措施。总之,当代世界正在展开的综合国力竞争,实质上是一场决定各国前途和未来命运的历史性大角逐,对国际战略格局的发展具有重大而深远的影响。

四是军备竞赛有所趋缓但质量竞赛更加激烈。由于国际形势日渐缓和,使全球性军备竞赛有所降温。但是,一些地区性的军备竞赛有所升级,特别是世界各国质量建军的步伐大大加快。

在核军备方面,尽管美、俄两国开始大幅度裁减核武器,但仍保持有庞大的核武器库。美、俄、法、英四国都在继续加强核武器的研制和更新换代。同时,世界上有能力制造核武器、生物武器和化学武器的国家越来越多。1998年以来,印度和巴基斯坦竞相进行核试验,由此引发南亚地区核军备竞赛和紧张局势,使国际社会的核控进程受到严重挫折。

在常规军备方面,美国加快了运用高技术提高军队质量水平的步伐,倡导进行新军事革命的呼声日趋强烈,强调用高技术提高美军的战斗力,将工业时代的武装力量转变为信息时代的武装力量。俄罗斯则要求运用最新科技成果、最新工艺、最新材料超前研制新一代武器装备。法、英、德等国在提高军队质量、发展高技术武器装备方面也不遗余力。中东地区一些国家自海湾战争以来,从美国等西方国家购买武器装备总金额已超过300亿美元。印度、韩国、东盟各国大幅度增加发展高技术武器装备的投入,使其军费开支保持高额并不断攀升。日本每年都投入90多亿美元用于采购高精尖的武器装备,其自卫队武器装备技术水平居亚洲各国军队之首,引起周边国家的严重关注。美国违背中美三个联合公报的原则,向台湾地区出售F-16战斗机、E-2T预警机、"爱国者"防空导弹等先进武器装备,支持台湾

97

的分裂势力,成为导致台湾海峡局势动荡的重要因素之一。由上可见,尽管国际裁军与军控有所进展,但以谋求质量优势为主的军备竞赛,仍然可能引发国际紧张局势和军事对抗。

五是霸权主义依然存在并呈现新的表现形式。东欧剧变和苏联解体后,虽然美苏争霸世界的局面已不复存在,但霸权主义仍未退出国际舞台,尤其是以美国为首的某些西方国家推行霸权主义更加肆无忌惮,一些地区霸权主义也乘机抬头。主要表现在以下几个方面:

(1)政治强权有所发展。以美国为首的某些西方国家仗恃其实力优势地位,粗暴干涉别国的内政,它们打着"民主"、"自由"的旗号,到处推行西方的政治模式与价值观,竭力在政治上控制发展中国家,致使许多发展中国家政局不稳,社会动荡,战乱不休。尤其是在人权问题上,西方竭力鼓吹"人权高于主权"等观点,对别国内部事务指手划脚,说三道四,甚至提出建立"国际人权干预部队"。1999年3月至6月的科索沃战争,是冷战后以美国为首的西方列强第一次以"人道主义"为借口发动的侵略战争,它打破了人类战争史和国际关系史上的许多禁忌,对国际政治、军事和安全形势造成了广泛而深刻的影响。自20世纪90年代初至今,西方国家在联合国人权委员会上,连续10多次借人权问题,干涉中国内政;联合国人权委员会在美国等少数西方国家操纵下通过的一系列决议,几乎全是针对发展中国家的。

(2)军事干涉更加频繁。从20世纪90年代起,西方大国使用军事力量干涉别国事务的行为更是有恃无恐,有增无减,并在科索沃战争中表现出前所未有的破坏性和冒险性。据美国国防部称,自1989年"柏林墙"倒塌以来,美国对外动用军事力量已达40余次,平均每年对外用兵5次以上,大大超过其在冷战时期对外用兵年平均2.8次的纪录。西方国家实施军事干涉的形式和手段主要是:以军事联盟的形式出现,将冷战时以防御为主的军事集团改造为进攻性的扩张工具;使用高技术兵器,对精心选择的目标实施突袭;在所谓的潜在危机地区及其附近保持足够的军事力量,炫耀实力,随时准备进行武力干涉;打着"维和"的旗号,进行武力逼和,甚至直接参战,偏袒一方,打击另一方;在别国领空和领海实行禁飞禁航,实施海空封锁,践踏别国主权。上述军事干涉行动,直接引发了一些地区的危机和战火,加剧了地区紧张局势,破坏了地区和平与稳定。

(3)经济制裁逐渐增多。20世纪90年代以来,美国等西方国家几乎在每一次重大的国际对抗与冲突中,都使用了经济制裁与封锁手段,或以经济利益为交换条件,逼迫对方让步。近年来,美国在与伊拉克、伊朗、利比亚、古巴等国家的对抗和冲突中,以及处理其他国际争端时,政府和国会的首要行动通常是宣布进行经济制裁与封锁。美国对伊拉克的制裁长达14年之久,对南斯拉夫塞尔维亚共和国的制裁长达6年时间,近年来又进一步强化对古巴的经济制裁。20世纪以来,美国对别国共实行过 100 多次制裁决议,其中有 60 多项是近 10 年来炮制的,其制裁对象包括它的敌对国家、非敌对国家及盟国。例如,美国国会于 1996 年通过的"赫尔姆斯—伯顿法"和"达马托法",不仅干涉古巴、伊朗和利比亚的内政,而且干涉了同这三个国家发展经济贸易关系的所有国家的内政,遭到包括其盟国在内的世界各国的强烈反对。

(4) 文化渗透日趋公开。文化渗透,是西方国家推行其价值观念、生活方式和政治制度模式的重要手段之一。它们凭借信息传媒工具的技术优势,以各种消遣娱乐、流行时尚等商业文化,或以影视音像、文学作品等形式,或通过信息高速公路的互联网络,跨国进行思想文化渗透,达到无孔不入的地步。其媒体往往过分宣扬西方的物质富裕和民主自由的优越,企图削弱别国人民,尤其是青少年对本国本民族优秀文化遗产和历史传统的向往和凝聚力,诱惑其羡慕和追求西方的生活方式和价值观点。总之,文化渗透已成为某些西方大国对别国进行"和平演变"的基本手段,甚至成为引发某些国家社会动乱的祸水。

纵观当今世界形势,和平与发展是时代的主旋律,对话代替对抗是主流,振兴和发展经济是主体。同时,国际社会还存在着一些与时代主题不和谐的噪音,和平还是不全面的,在发展经济中也充满着激烈的竞争,人类谋求全面和平和持久发展的美好愿望仍然受到诸多的挑战,霸权主义、强权政治的存在,始终是解决和平与发展问题的主要障碍。21 世纪,仍有可能是一个很不太平的世纪。维护世界持久和平,促进经济发展,必须坚持不断地反对霸权主义和强权政治。

四、多元化的安全威胁

当代世界在以和平与发展为时代主题之下,绝大多数国家正在致力于建立公正合理的国际政治经济新秩序,更加强调安全合作、共同安全等安全观,重视运用多样化的安全机制,努力争取持续稳定与和平的国际环境。然而,国际安全形势并不令人乐观,人类和平与发展仍然面临多元化威胁与挑战。主要表现在以下几个方面:

(一) 安全威胁更加复杂多变

冷战结束后,冷战思维并没有终结,霸权主义更加猖獗,仍是威胁世界和平与发展的主要根源;不公正不合理的国际政治经济旧秩序,还严重地损害着发展中国家的利益;民族、宗教、文化和领土、资源等矛盾,以及国际犯罪、恐怖主义、环境恶化等问题日益突出,从而使国际安全形势变得更加复杂多变。

1. 领土争端和资源争夺明显增多

领土和资源是国家赖以生存与发展的重要基础。领土争端和资源争夺,是引发国家间利益冲突的基本诱因,也是引发地区性局部战争和武装冲突的动因之一。国家间的领土争端因其形成的历史条件不同,具有不同的性质和特点。其一是历

99

史上长期遗留的领土争端,如英阿马岛领土争端,希腊与土耳其领土争端,伊朗与伊拉克的领土争端,以色列同阿拉伯国家之间的领土争端等,成因复杂,时间久远,屡次冲突,积怨较深。其二是殖民统治者为了给获得独立的国家制造麻烦而留下的领土纠纷,如印巴克什米尔争端,一些非洲国家间的领土争端等,双方各执己见,长期对峙甚至诉诸武力,而西方国家从中渔利。其三是两极格局解体后新独立国家间的领土争端,如独联体国家之间的领土争端,前南联盟国家之间的领土争端。其四是新的国际法出台前后引发的国家间领土争端,如联合国《国际海洋公约》制定过程中及其被批准生效之后,一些国家开始对某些海洋岛屿提出主权要求,甚至对别国已拥有明确主权的岛屿提出主权要求,从而引起国家间的海洋领土争端等。

领土争端往往是同资源争夺联系在一起的。冷战结束后,由于各国更加注重发展经济和增强综合国力,对资源的争夺及与此相关的领土争端,已成为各国普遍关注的问题。伊拉克入侵科威特及其引发的海湾战争,就是冷战后西方大国和地区强国为争夺石油控制权而进行的一场战争;厄立特里亚与也门为争夺哈尼什群岛,不惜兵戎相见,实质上是为了争夺该岛丰富的石油、硫矿和渔业资源;秘鲁与厄瓜多尔在孔多尔山上的边界冲突,也同争夺该地区丰富的黄金、石油和铀矿资源有着密切关系。同时,国际经贸冲突和金融危机,也越来越成为影响国际安全的重要问题。各国有关市场、关税、倾销、配额、投资、汇率等方面的冲突和争夺将更加频繁和激烈。因经济权益冲突导致的国家之间关系紧张,在其他因素的影响和推动下,有的也会诱发国家间的武装冲突和战争。

2. 民族矛盾和宗教纷争不断加剧

冷战结束后,一些国家和地区的民族主义思潮再次兴起,尤其是一些新独立的民族国家和一些极端民族主义者,主张按照民族地域、民族共同体和民族心理认同来重新划分边界,甚至不惜用武力来修改边界,从而导致不同民族之间、部分民族与政府之间的矛盾激化,引发了一系列武装冲突和局部战争。这些民族矛盾主要表现为:①冷战时期遗留的民族矛盾的继续和延伸。这类矛盾与冲突多数处于政治解决过程之中,但仍有一部分难以解决并在继续扩大和加剧。②两极格局解体导致的民族分离主义。一些地区的不同民族,对第二次世界大战后期人为划定的国界和强迫归属产生强烈的逆反与否定心理,加之外部民族分离思想的渗透,形成了新的民族分裂运动。③极端民族主义抬头。目前,极端民族主义势力在许多国家和地区蔓延,有的正在通过各种方式,甚至采取武力方式,企图恢复历史上曾有的民族国家,从而陷入严重的战乱之中;有的企图建立同一民族组成的超出原有疆界的新的民族国家;还有的感到外来民族压力增大,采取各种排外行动,引发社会内部动乱等。

两极格局解体后,宗教矛盾同民族矛盾一样,更加公开化、尖锐化和国际化。宗教矛盾与纷争主要表现为:①各大宗教之间的矛盾。如伊斯兰教、基督教、天主教、东正教、印度教等各大宗教之间的纷争。②宗教与世俗之间的矛盾。宗教人物，主张用某一宗教来统治国家政治、经济、文化及社会生活，发动"圣战"推翻世俗国家的政权，建立政教合一的国家。③某一宗教内部各教派之间的矛盾。由于各教派对教义的解释不同，它们之间形成比较尖锐的矛盾和纷争，常常导致武装冲突和局部战争。同时，宗教信仰是一个世界性问题，宗教矛盾和纷争往往具有国际化的性质。一个地区的宗教矛盾和纷争，会引起整个国家乃至世界范围的动乱和不安宁。科索沃战争使世界各地民族分离主义分子得到一个明确信息：只要迎合西方大国的需求，就有可能得到包括军事干涉在内的各种支持，进而达到分裂的目的。一些西方大国在不断利用军事手段和经济手段的同时，还利用别国宗教矛盾，支持和挑起别国分裂或内乱，企图破坏别国的政治稳定甚至颠覆别国政权，这已成为导致发展中国家动荡或战乱的一个重要因素。

3. 跨国性问题日益严重

由于科学技术的发展和全球经济一体化进程加快，整个世界的空间在相对缩小，"地球村"正在逐步形成，许多跨国性的问题也随之出现并日益严重，对国际社会的安宁与稳定构成了越来越严重的威胁。

（1）大规模杀伤武器扩散的危险增大。冷战结束后，联合国以压倒多数先后批准和通过了无限期延长《不扩散核武器条约》和《全面禁止核试验条约》，充分反映了世界大多数国家和人民爱好和平的意愿。然而，一些国家超出本国防御的需要，不顾国际社会的反对，采取各种手段，研制和发展核生化武器。一些有核国家的非法组织为了谋取经济利益，进行有组织的核材料走私贩运；同时，以美国为首的西方大国在防扩散问题上常常采取双重标准，在对一些国家采取严格的限制、核查和制裁的同时，又怂恿和支持另一些国家秘密研制核生化武器。

（2）国际恐怖主义活动有时十分活跃。恐怖主义活动是指某些国家、组织或个人，为了达到某种政治目的或经济目的，使用非战争的暴力手段进行的极端活动。冷战结束后，国际恐怖主义活动时而收敛、时而活跃。一些极端恐怖组织或恐怖分子多次制造暗杀、爆炸和人质事件，增加了国际社会的紧张与恐怖。

（3）难民潮有增无减。事实证明，难民问题往往与战乱紧密相连，如巴尔干地区，西亚库尔德人居住区，阿富汗、利比里亚、卢旺达、布隆迪、索马里、苏丹等许多战乱地区，使大量民众流离失所，沦为难民。这些难民加剧了国际组织救援工作的负担，给国际社会造成很大压力。难民所到之处给当地居民就业、物资供给、社会治安带来了许多难题，有时还会引发社会动乱。

（4）国际贩毒走私更加猖獗。国际毒品控制委员会认为，全球性毒品问题日益恶化。东南亚的"金三角"、拉美的哥伦比亚和秘鲁等传统的毒品生产地依然十分活跃。近年来，又滋生出一些新的毒品生产地和新的国际毒品转运地，使国际贩毒走私成为一个日益严峻的国际问题。在处理毒品走私问题上，各国已注重开展全面合作,但也引起一些尖锐的矛盾和冲突。国际贩毒走私不仅对人类文明进步影响较大,而且还常常引发暴力冲突。

总而言之,上述复杂多变的、多元化的安全威胁,虽然有的是现实的、直接的,有的是潜在的、间接的,但却是客观和不容置疑的。对此,爱好和平的人们不应放松警惕。

(二)局部战争是对世界与稳定的主要威胁

综合前面分析可以看出,对当代国际社会面临的日趋复杂化、多元化的不安全因素,在处理不当时有可能导致局部战争和武装冲突,从而对世界和平与稳定构成主要威胁。

1. 局部战争的多发性

据不完全统计,冷战期间,世界共发生过 182 次局部战争和武装冲突,年均 4 场次。冷战结束后,由于一些国家之间或国家内部的矛盾逐步激化,西方大国插手地区事务和干涉别国内政等原因,导致局部战争和武装冲突的数量比冷战时期明显增多。与冷战时期不同的是,许多局部战争和武装冲突发生在过去比较稳定的欧洲地区和重要的资源产地,甚至发生在联盟集团的成员国家之间,呈现出局部战争和武装冲突不断蔓延之势。

2. 局部战争的破坏性

自美苏首脑于 1989 年底在马耳他宣布冷战结束后,世界上发生的局部战争和武装冲突与冷战时期一些大规模局部战争相比,其规模和激烈程度通常较小,除了伊拉克战争、科索沃战争、海湾战争、波黑战争、美国入侵巴拿马等为数较少的几场局部战争外,大部分没有出现过大兵团的正规作战行动。尽管如此,这些局部战争和武装冲突仍给国际社会和当事国造成巨大损失。其主要表现是:

(1)人员伤亡代价惨重。据国外有关研究机构统计,第二次世界大战以后,世界局部战争和武装冲突共死亡约 2000 万人,平均每场局部战争死亡约 10 万人以上。在冷战后的局部战争和武装冲突中,虽然人员伤亡数通常有所减少,但有的仍不可小视,如海湾战争中伊拉克伤亡人数达 15 万人;波黑内战中交战各方死亡人数约为 20 万人;卢旺达内战中双方伤亡人数高达数十万人。

(2)战争物资消耗代价巨大。现代局部战争总的物资消耗和日均消耗大大提高。例如,历时 42 天的海湾战争,多国部队的战争物资消量达 800 余万吨,耗资高达 600 多亿美元,平均每天耗资 11 亿美元,美军弹药日消耗量为朝鲜战争时的 20 倍,越南战争时的 4.6 倍;单兵日均消耗物资量达 200 余千克,是第二次世界大战时的 10 倍,越南战争时的 4 倍。

(3)战争破坏的经济代价沉重。由于先进武器装备毁伤力增大,战场火力密度提高,加之大量使用精确制导武器,使现代局部战争的破坏力空前加大,往往给交战国的整个经济带来巨大灾难,使人民饱尝战争的苦难。例如,在海湾战争中,

102

伊拉克近 9000 幢楼房被毁损,80%～90% 的工业、石油和电力设施遭到破坏,90% 的产业工人失业,直接经济损失超过 2000 亿美元;科威特油田全部被毁,经济损失达 600 亿美元,重建费高达 700 亿～1000 亿美元。又如,波黑内战使国家经济建设遭到全面破坏,国民发展水平和人民生活水平倒退了 10～20 年。在非洲,许多贫困的发展中国家连年战乱,给人民带来了深重灾难。

3. 局部战争的不确定性

冷战后世界上的局部战争和武装冲突,往往都是由国内矛盾或国家之间矛盾长期积累和激化而引发的,但由于诱因复杂、预警时间短等原因,这些冲突在爆发时间、地点、进程和结局等方面又带有很大的不确定性,有时甚至是不可控制的。联合国和其他国际组织往往成为"救火队","按下葫芦浮起瓢",虽做了大量的调解工作,但收效甚微,和平进程仍很艰难。例如,1990 年 8 月,伊拉克突然入侵科威特,并不顾国际社会的反对,拒不撤军,进而引发了一场大规模的海湾战争,其发生、发展和结局出乎国际社会的意料。1997 年 5 月,扎伊尔反政府武装组织发动内战夺取了政权,成立了刚果民主共和国,结束了内乱,但时隔一年又重新爆发内战,使国际社会始料不及。

此外,一些国家局部战争和武装冲突带有明显的持久性,其进程和结局也有很大的不确定性,往往是打打停停,谈谈打打,形成久拖不决、前景不可预料的局面。例如,20 世纪 70 年代末期爆发的阿富汗战争至今已近 20 年,冷战后在国际社会的调解下,各派武装组织签订过数十次停火协定,但事后不久又燃起战火,同室操戈。斯里兰卡"猛虎"组织同政府军打了十几年仗,几次和谈均告破裂,至今仍处在对抗之中。阿以冲突是近半个世纪以来世界共同关注的焦点之一,冷战后虽经多方调解,但收效甚微,近年来中东和平进程屡屡受挫,阿以各方仍处于战争状态。

4. 局部战争引起国际组织的更多介入

冷战后的局部战争和武装冲突,不论是属于内战还是国家之间的冲突,越来越引起国际社会的关注和国际组织的更多介入。其主要表现:①进行国际调解,推动和平进程。近年来,联合国和有关地区组织及相关国家积极进行冲突调解,促使交战各方进行和平谈判,争取通过政治、外交途径解决冲突。如非洲统一组织、西非国家经济共同体、独联体国家在调解本地区冲突中都发挥了较好的作用。②进行国际军事干预,强制实现和平。西方大国多次利用联合国决议,对一些地区冲突进行军事干预,强制实现地区的和平,但总的看,都没有完全达到预期的效果,如美军对索马里的行动不得不以失败告退。③派遣国际维和部队,维持冲突地区的和平。1996 年以来,联合国共实施了约 20 次维持和平行动,参加维和部队军事观察员人数最多时达 7 万余人,维和费用最高的 1994 年达 36 亿美元,目前仍有联合国部队或军事观察员在 61 个国家或地区执行维和任务。

国际社会和国际组织日趋关注和介入局部战争和武装冲突,一方面,有助于为冲突地区的和平进程创造有利条件；另一方面，由于国际维和行动和"强制和平行动"有的被西方大国所利用，国际社会和联合国等国际组织也面临许多风险和挑战。一旦军事干预和维和行动失败，联合国将遭受政治上、经济上的巨大损失，国际社会将面临更大威胁。

第三节　我国周边安全环境

安全环境是指在一定时期内，国家周边地区对安全产生影响的外部及内部条件的总和。主要包括国家的地缘环境的基本情况、周边国家情况及国家周边有无危险和受到威胁的情况及条件。也就是说，一国的周边国家或集团对其国家主权、领土完整是否构成威胁、有无军事入侵、渗透和颠覆等情况，它是关系国家和民族兴衰存亡的大事，是制定国防战略的基本依据。周边安全环境是周边地区各种力量长期作用的结果和产物。周边安全环境对国防建设具有直接的影响，而国防建设对周边安全环境也具有反作用。

一、我国周边安全环境演变与现状

（一）我国有为数众多的邻国，它们对我国的安全有不同的影响

在陆上与我国接壤的国家有 15 个：朝鲜、俄罗斯、蒙古、哈萨克斯坦、吉尔吉斯坦、塔吉克斯坦、阿富汗、巴基斯坦、印度、尼泊尔、锡金、不丹、缅甸、老挝和越南。在海上与我国邻海相望的国家有 6 个：日本、韩国、菲律宾、马来西亚、印度尼西亚和文莱。我国有众多的邻国，居世界第二位。

这些邻国对我国周边安全的影响是复杂的。在这些国家中，有的过去对我国曾经进行过侵略，并且目前仍然是经济大国或军事大国，有着雄厚的综合国力和军事实力，具有对我国安全构成重大影响的能力；有的邻国之间积怨很深，严重对立，剑拔弩张，一旦他们之间爆发战争或武装冲突，必将影响我国安全；有的国家内部不稳定因素很多，一旦发生大的内乱，必将对我国边境造成很大压力；有的国家居民与我国边境地区的居民属于同一民族，一旦这些邻国国内的狭隘民族主义泛起，可能会引起我国国内的民族纠纷；有的国家居民与我国某些地区的居民信奉同一宗教，一旦这些国家内的宗教派别斗争加剧或者某些极端宗教派别掌权，有可能增加我国国内相关地区的不稳定因素；还有一些国家与我国之间存在历史遗留下来的领土争议和海洋国土划界的争议，存在着引发边界事件甚至武装冲突的隐患。随着这些不同因素的变化，将对我国安全环境产生不同的影响。

（二）祖国统一问题

1. 台湾自古就是中国的神圣领土

（1）公元 230 年，吴将军卫温曾率军浮海至夷洲（今台湾），加强了内地与台湾

地区的联系。

（2）隋朝时,隋炀帝曾三次派人去琉球(台湾)。

（3）南宋时,澎湖划归福建省晋江县管理。

（4）元朝时,正式设立澎湖巡检司管辖琉球(今台湾),自此,台湾正式归中央管辖。

（5）明朝时,郑成功于 1662 年把荷兰侵略者从台湾赶走。

（6）清朝康熙帝时,1683 年清军进入台湾,1684 年,设台湾府,隶属福建省。1885 年,清政府正式在台湾设行省,刘铭传为第一任巡抚。

（7）1943 年、1945 年,中、美、英分别发表《开罗宣言》《波茨坦公告》,明确承认台湾是中国的一部分,规定日本将台湾归还中国。《开罗宣言》和《波茨坦公告》对台湾归属的规定完全具有国际法的效力和意义。

（8）1971 年中国在联合国合法席位恢复,世界上只有一个中国,台湾是中国一部分的事实得到国际公认。

（9）中美分别于 1972 年、1979 年、1982 年发表《上海公报》《建交公报》《八一七公报》,美国承认一个中国及台湾是中国的一部分的原则。

（10）新中国成立以来,同 160 多个友好国家建立了外交关系,在建交公报中都承认一个中国原则和台湾是中国的一部分。

2. 列强侵略台湾

（1）明朝时(1624 年),荷兰殖民者入侵台湾,实行殖民统治,占领 38 年。台湾人民进行了不断的斗争,1662 年,郑成功赶走荷兰侵略者,收复台湾。

（2）两次鸦片战争中英法军队都曾侵犯过台湾。1858 年的《天津条约》将淡水(今沪尾)、台湾(今台南)开辟为通商口岸;1867 年,美国入侵台湾;1874 年日本在美国的支持下侵略台湾,台湾人民都进行了顽强的阻击。

（3）1884 年法国进犯台湾;刘铭传打退法军的进犯。

（4）1895 日本签订《马关条约》,割占台湾,刘永福率黑旗军和丘逢甲、徐骧领导台湾人民进行了不屈不挠的反割台斗争。

（5）1947 年台湾省人民举行"二·二八"起义,反对国民党统治。1950 年,美国第七舰队侵入台湾海峡。

3. 台湾问题形成的历史背景

近代台湾的凄惨命运是近代中央政府的腐败统治和资本主义列强侵华共同造成的,是近代中国屈辱历史的重要表现,是落后挨打的真实写照。当今台湾问题的存在,是国民党顽固派坚持反共反人民立场的结果;外国反华势力插手台湾问题,推行"以台制华"战略,是台湾问题长期存在的根本原因。

第二次世界大战后,美国实行"扶蒋反共"政策,支持蒋介石发动了反共反人民的内战,中国共产党领导全国人民推翻了国民党在大陆的反动统治,蒋介石退居台湾,美国全面扶植国民党在台湾的统治,造成台湾与大陆的再度分裂状态。

1950年朝鲜战争爆发后,美国第七舰队侵入台湾海峡,阻挠中国人民解放军统一祖国,从此形成了台海两岸长期的对峙局面。1954年美国与台湾当局签订所谓的《共同防御条约》。面对战争挑衅,中国人民解放军被迫于1954年、1958年两次奋起还击,炮击金门国民党守军,两次台湾危机由此产生。

1979年中美建交以后,美国一方面发展与中国的关系,另一方面又利用台湾问题遏制中国;李登辉和陈水扁公开否定"一个中国"的原则,使"台湾问题"更为复杂。

4. 台独势力活动

所谓"台湾独立",就是主张把台湾从中国分裂出去。主张"台湾独立"的分裂活动是从抗日战争胜利、台湾回归中国版图后开始的,并且一直延续到今天。"台独"活动是台湾是社会的一个毒瘤。

"台独"思潮与活动的产生和发展,有其复杂的历史、社会、政治原因,也是美国、日本反华势力纵容和支持的产物。

日本军国主义是"台独"组织和活动的始作俑者。1945年日本天皇宣布无条件投降。按照《开罗宣言》规定,日本"窃取于中国之领土"台湾等必须归还中国。对此,日本军国主义者并不甘心。当时日本驻台湾总督安藤利吉即策动一些日军中的军国主义分子和汉奸分子在台湾建立起"台独"组织;同时,驻台日本右翼军人还发动了"台湾独立"事件,这便是"台独"活动的发端。后来,"台独"活动又得到了美国的大力支持。

历史事实告诉我们,"台湾独立"是第二次世界大战后由美、日帝国主义者操纵,以日美地区为活动"大本营",由少数台籍野心分子出面,利用台湾国民党所制造的"二·二八事件"种下的省籍隔阂,以建立"台湾共和国"为目标的分离中国疆土的活动。

5. 解决台湾问题的主要障碍

中美关系最重要、最敏感的问题是台湾问题。台湾问题得不到解决主要是由于外国势力干涉和台湾分裂势力阻挠。以李登辉、陈水扁为代表的台独势力是台湾问题最大麻烦的制造者,是祖国统一道路上的绊脚石。

当前解决台湾问题、完成祖国统一的有利因素:改革开放,国力增强;"一国两制"方针充分考虑到各方的利益;香港、澳门问题的顺利解决,为解决台湾问题提供了范例;祖国统一是海峡两岸人民的共同愿望,是民心所向,大势所趋;"一个中国"的原则得到联合国和世界绝大多数国家的承认。

6. 大陆对台政策和原则

第一,坚持一个中国原则决不动摇;

第二,争取和平统一的努力决不放弃;

第三,贯彻寄希望于台湾人民的方针决不改变;

第四,反对"台独"分裂活动决不妥协。

(1)新中国成立初期,中国共产党就明确宣布要武力解放台湾,但由于条件不成熟而未能实现。1956年以毛泽东为核心的第一代中央领导集体表示了"争取用和平的方式解放台湾"的思想,但未能推行。

(2)1979年元旦,全国人大常委会发表《告台湾同胞书》,首次提出和平统一、"三通"(通航、通邮、通商和探亲旅游),同时国防部宣布停止炮轰金门。

(3)1981年全国人大常委会委员长叶剑英发表《关于台湾回归祖国,实现和平统一的方针政策》的谈话,主张第三次国共合作,就台湾问题发表九点声明,系统地阐明了我们对台的方针政策。

(4)1982年1月邓小平第一次明确提出了"一个国家,两种制度"的构想。在此指导下,中英、中葡政府分别签署了关于香港、澳门问题的联合声明,从而顺利地解决了香港和澳门问题,也为实现大陆与台湾和平统一提供了成功的范例。

(5)1995年1月,江泽民发表了《为促进祖国统一大业的完成而继续奋斗》的重要讲话,就两岸关系、推动和平统一进程提出了八项主张。

(6)2005年3月,十届人大三次会议讨论并通过了《反国家分裂法》,这充分表明了中国政府和人民反对分裂和捍卫国家领土完整的坚定决心和严正立场。

由此可见,半个多世纪以来,我国政府对解决台湾问题的政策是一脉相承、不断发展的,并且越来越具体化。从根本上说,"一个中国"原则是我国政府对台政策的核心,"和平统一,一国两制"是我国政府提出的解决台湾问题的基本模式。《反国家分裂法》为我们解决台湾问题提供了法律依据,这是一部统一法,是一部维护两岸和平的法。这充分体现了中央政府以最大的诚意、尽最大的努力,争取两岸的和平统一。同时指出,决不承诺放弃武力并为武力解决台湾问题明确了政策底线。台湾问题已经成为中华民族伟大复兴道路上一块巨大的绊脚石,无论局面多么复杂,道路多么曲折,中国人民都将排除一切困难,完成祖国统一大业。

7. 台湾大陆政策的历史流变

20世纪80年代中期,由蒋经国主导的政治革新把台湾带入了政治转型期。在这样的背景下,台湾当局的大陆政策也步入一个调整期。这种调整自1987年11月蒋经国开放大陆探亲伊始,经历了六个阶段的流变:开放大陆探亲(1987—1988年);"一个国家两个对等政治实体"(1988—1993年);走向"独台"(1994—1999年);"两国论"(1999—2000年);"一边一国"(2001—2008年);不统不独(2008年至今)。

1)开放大陆探亲(1987–1988年)

台湾政治革新后,民间力量崛起,社会运动风起云涌。几十年来的两岸敌对并未隔断同胞亲情,来自民间的要求台湾当局开放赴大陆探亲的呼声尤为强烈。这对当局所宣示的坚持"中华民国法统"、以"三民主义统一中国"的鸵鸟式的大陆政策构成了巨大压力。1987年10月15日,"行政院"第2053次院会决议通过"复兴基地居民赴大陆沦陷区探亲办法"。"行政院"宣布,自1987年11月2日,开放除现役军人以及现任公职人员以外,凡在大陆有血亲、姻亲等以内之亲属者,得赴大陆探亲。

台湾当局开放赴大陆探亲,是对以往大陆政策的一个重要突破。人道的要求,对大陆采取"攻势作战"、争取到两岸竞争的长期优势、化解"台独"意识的考量都是促使蒋经国痛下决心的原因。然而继承父位的蒋经国欲从根本上扭转大陆政策的基本方向,毕竟还有许多情感包袱的纠缠。因而,开放赴大陆探亲是大陆政策突破的第一步,也是一小步,其作用也仅局限于具体操作规范上,台湾当局大陆政策的基本框架依然未动,双方的定位仍是"复兴基地"与"大陆沦陷区"、"合法政府"与"叛乱团体"的关系。"三民主义统一中国"的口号依然坚持。蒋经国在1987年9月16日明确表示:现阶段大陆政策的"反共"基本国策不变,光复"国土"目标不变,确保"国家安全"的原则不变。几十年来"反共复国"的基本政策有极大的政策惯性,要求蒋经国这代人放弃以"中华民国法统"统辖两岸的原则,需要有一个漫长的调适过程。而且蒋经国旋即辞世,未能完成这一转变过程。

蒋经国开放台湾老兵赴大陆探亲,走出了一小步,然而这是两岸关系历史上发生转折的一大步。

2)"一个国家两个对等政治实体"(1988—1993年)

1988年1月13日蒋经国逝世,由其一手促成的大陆政策调整工作亟待后人完成。继任"总统"的李登辉主导了这一进程。李登辉即位之初,权力未固、位置未稳。李登辉准确把握台湾社会要求民主化和大陆政策进一步开放的两个基本诉求,一方面以民主化为旗帜,拓展其社会基础;另一方面在两岸关系上,他极力把自己打扮成蒋经国的继承者,在大陆政策上亦步亦趋地延续蒋经国时期大陆政策的基本精神,推动台湾大陆政策的继续调整,以此强化自己的权力,从而完成从政治傀儡到政治强人的转换。

1990年5月,李登辉在就任台湾政权第八任"总统"后,开始寻求一个崭新的大陆政策。在就职演说中,李宣布将在一年内结束动员戡乱时期;他同时要求中国政府将"中华民国"视为对等的政治实体,而从事和平方式的竞赛。他的就职演说,预告着台湾政治史上一个新时代的来临。

如果说1988年7月,国民党第十三次全国代表大会通过的《现阶段大陆政策案》,是国民党对大陆政策进行调整的开始,那么1990年6月"国是会议"的召开,1991年2月"国家统一纲领"的制定则标志着新的大陆政策的形成。

1990年9月21日,"总统府"以任务编组方式设置"国家统一委员会"。1991年1月28日,"总统"明令公布实施"行政院大陆委员会组织条例","陆委会"正式

108

成立。同年 2 月 9 日，"陆委会"核准设立半官方的民间团体——财团法人海峡交流基金会。"国统会"、"陆委会"、海基会的大陆工作系统组建完成。

1991 年 2 月 23 日，"国家统一委员会"第三次会议修正通过的"国家统一纲领"，是台湾当局四十年来第一份系统的大陆政策的纲领性文件，是大陆政策最高原则。据此，"行政院"制定了"台湾地区和大陆地区人民关系条例"暨其施行细则，并于 1992 年 9 月 18 日开始实行。至此，李登辉主持的大陆政策其最高指导纲领、大陆工作组织与基本法制建设已全部完成，台湾大陆工作的基本框架开始形成。

两岸统一之前，"国统纲领"把两岸关系定位于"两个对等的政治实体"，以搁置主权之争。"政治实体"具有模糊性，是对一种前国家状态的描述，它的发展趋向才是问题的关键。由于"国统纲领"把"政治实体"置于"中国统一"的原则之下，明显地展示了两个"政治实体"最终走向统一的政策趋向。因而，大陆虽不满意"政治实体"的定位，但仍愿意在"国家统一"的预设目标下进行沟通、交流和谈判，以促成两岸关系的发展。

从此，台湾当局以"国统纲领"为基础，以"两岸关系条例"为法律依据，辅之以各种具体可操作的法规、行政命令，构成了这一时期台湾大陆政策完整的政策系统。

3）走向"独台"（1994—1999 年）

1994 年是两岸关系发展从前进转向倒退的一年。

长期以来，台湾当局的大陆政策也是以"一个中国"为基点来构建的。如果说 20 世纪 90 年代以前"一个中国"的原则的坚持是为维护"中华民国的法统地位"，那么在 90 年代后，"这项政策的立足点，已从传统的法统观念转移到生存的关注上"。尽管它受到了来自各方面的冲击，而"一个中国"的旗号始终没有放弃。但是，1994 年的"台海两岸关系说明书"是台湾当局从"一个中国"原则倒退的开始。

1994 年 3 月间，李登辉与司马辽太郎的谈话暴露了他追寻"台湾独立"的真实心态。在谈话中，李登辉无视台湾与大陆的历史、文化和血缘的联系，把台湾称作"无主之地""化外之地"，国民党政权是"外来政权"，自称摩西，要率领民众建立"台湾人的国家"。这一谈话在台湾报纸公开披露后，岛内舆论一片哗然。李登辉意识深处对日本的尊崇，对祖国大陆的敌视，昭然若揭。3 月 31 日，"千岛湖事件"发生后，台湾当局乘机大造舆论，把这一起刑事案件政治化，宣布大陆为"高风险区"，设立更多的障碍，阻止台湾民众到大陆进行文化、教育及科技的交流，两岸关系的发展陷于停顿。

1994 年 7 月"台海两岸关系说明书"的出台，表明台湾当局对"一个中国"原则已有根本性的突破。"说明书"用传统的概念，用历史上、地理上、文化上、血缘上的中国来界说中国，再配合以其他的内容来衬托，如"分裂分治的事实""两个对等政治实体"的概念、不再竞争中国代表的宣示,以及暂时搁置主权概念的建议,显示了台北的大陆政策已有了全新的诠释。

台湾学者邵宗海总结主导大陆政策的李登辉的许多讲话、发言,得出了李登辉的"一个中国"论:"一个中国"中的"中国"是个目标,是未来,是目前不存在的;"中华民国"是中国分裂下,其中的一个国家;由于主权概念的模糊与褪去,"一个中国"若是指中华人民共和国,那就不包括台湾。

1994 年的"说明书"是一分水岭,它采用虚化而不是抛弃"一个中国"原则的手法,并吸纳了"台独"的部分理念,这使台湾大陆政策体系中的基石——"一个中国"原则发生动摇。李登辉主导的台湾大陆政策与国家统一的目标渐行渐远,在追求台湾事实"独立"的道路上已形成一完整政策体系。其基本内涵是所谓的"李六条":在两岸分治的现实上追求中国统一;以中华文化为基础,加强两岸交流;增进两岸经贸往来,发展互利互补关系;两岸平等参与国际组织,双方领导人借此自然见面;两岸均应坚持和平方式解决一切争端;两岸共同维护港澳繁荣,促进港澳民主。

至此,李登辉主导下的台湾当局大陆政策基本成型,其政策目标是:和平地走向分裂分治,达成"两个中国"的目标;把两岸关系定位于"两个对等且互不隶属的政治实体""在国际上互为两个平行的国际法人";两岸关系的核心是所谓的"两种制度与生活方式之争";以"三通"、两岸经贸关系发展为筹码迫使大陆在政治上作出让步;以台湾"安全""民众福祉"为优先选项,以此排斥任何促进两岸关系的努力。

4)"两国论"(1999—2000 年)

1999 年是台湾当局大陆政策彻底否定"一个中国"原则,公开主张"台湾独立"的一年。

1999 年 5 月,李登辉出版的《台湾的主张》一书,以极不严肃的语言公开主张"七块中国论",为分裂中国,实现台湾"独立"寻找依据。7 月 9 日,李登辉在接受"德国之声"广播公司采访时,就两岸关系发表了一段令世界震惊的谈话。李登辉以"特殊的国与国的关系"把两岸关系定位于"两国论",这严重动摇了 20 世纪 90年代以来两岸和平交流的基础,台湾当局大陆政策面临重大转折,"两国论"使台海形势再度紧张。

时任"陆委会主委"苏起明确表态:"国统纲领"的对等政治实体那个阶段已经过去了。

在"国家认同"方面,"新台湾人主义"成为"国家认同"和政治共识的核心。所谓"新台湾人"包括原住民,400 年前开始来台的大陆移民,60 年前开始来台的新移民。按照李登辉的诠释,凡是居住在台湾,心系台湾,愿意为台湾牺牲奋斗的人,就是"新台湾人"。几个世纪以来,台湾接纳了许多不同的民族,也融汇了许多不同的文化,发展成为一个现代化的文明"国家"。因此,台湾以"新台湾人"认同为基础,谋求共同发展。

在两岸关系方面,定调为"一个民族两个国家"。"行政院新闻局"把李登辉的"特殊国与国的关系"译成"two states in one nation",凸显台湾的"主权国家"地位。两岸谈判将进入"国对国政治谈判"阶段。"只要在对等的国与国关系下,两岸间什么问题都可以谈,当然也包括三通问题,或是什么中程协议、基础条约都可以谈。"

"两国论"的提出使两岸关系降到了冰点。

5)"一边一国"(2001—2008 年)

2000 年台湾实现第一次"政党轮替",民进党取得了执政地位。

上台伊始的民进党一方面面临着大陆"听其言,观其行"的强大威慑,另一方面在岛内与国民党、亲民党的泛蓝对峙中也处于"朝小野大"的弱势局面,再加上台湾社会对民进党"台独"主张的疑惧,因此民进党不得不淡化"台独"色彩,推行所谓"新中间路线",对大陆政策进行精心包装,以避免引发两岸关系的紧张。

为此,陈水扁在 2000 年当选的就职演说中,提出了"四不一没有"的承诺:不宣布台独,不改国号,两国论不入宪,不推动统独公投,没有废除国统纲领与国统会问题。信誓旦旦地保证在他的任期内不会改变台海现状。接着,陈水扁在 2001 年元旦祝词中又提出"统合论",声称两岸应从经贸和文化统合开始着手,逐步建立"政治统合新架构",从而将"统一""一中两国""两国论""两个华人国家"统统包含在两岸前途的选项之中。"陆委会"解释说,两岸"统合论"提出的基础,"是在表达善意与弹性,这是新政府所跨出的相当大的一步。"2001 年 8 月,又在接见外宾时抛出"宪法一中"论,称"两岸问题要进一步解决,一定要依中华民国宪法的思维来定调,如此才能化解两岸的歧见,为两岸人民找到一个中国问题的答案"。同年,台湾"经发会"经济咨询委员会又达成共识,宣布取消李登辉执政时期延续下来的"戒急用忍"用语,在两岸经贸政策方面改用"积极开发,有效管理"的新提法。

同时,民进党内部关于"台独党纲"的争论再次浮上台面。争论的背景在于,执政之后民进党在大陆政策上陷入了困局,受到"台独党纲"的很大束缚,因此,民进党内部出现了"第二次政党转型"的呼声。2001 年 10 月民进党召开九届二次全代会,通过了《提升决议文位阶等同于党纲案》,并依照"后法优于先法"的解释,确立了《台湾前途决议文》取代"台独党纲"的指导地位,在一定程度上起到了为"台独党纲"解套的作用。应该说,这是陈水扁在权力没有稳固之前的一种权宜之计,随着民进党政权的逐渐巩固,大陆政策也相应进行了调整。

如果说在 2000 年,刚刚执政的陈水扁还有推动两岸关系的言论和行动,那么2002 年开始,"台独势力"的活跃和成长,使得台湾当局大陆政策发生转折,陈水扁当局走向了"台独"的不归路。

2002年8月3日,陈水扁在第29届世界台湾同乡联谊会年会致词时表示:"台湾是一个主权独立的国家,台湾跟对岸中国'一边一国'",公然提出比李登辉的"特殊两国论"走得更远的"一边一国论"。

随后,围绕着"台湾独立"的核心目标,陈水扁的"台独"言行日益升级,愈演愈烈。第一,消解"一个中国"原则,为重新对两岸进行新的定位做准备。第二,重新定位两岸关系,迟滞两岸关系发展。第三,突出"台湾主体化",推动"台湾正名"。第四,冻结乃至废止"国统纲领",主张台湾"前途多元化"。第五,两岸关系"两国化"。第六,煽动"大陆威胁论",加大军购力度。第七,推动台湾公投。第八,推动台湾"新宪法"的制定。

总之,民进党执政时期,其大陆政策表现出了以下特征:坚持"台独"理念,拒不承认"一个中国";在"中华民国"的名义下"借壳上市",推进"渐进式台独";大陆政策脱离了两岸关系的实际,在台湾岛内的政争中沦落为政治斗争工具。

6)"不统不独"(2008年至今)

2008年国民党重新上台执政,台湾实现第二次政党轮替。马英九的大陆政策主张基本框架在2008年台湾"大选"前即已成型。随着马英九当选台湾地区领导人并兼任国民党主席,其主张逐步成为国民党当局的大陆政策,并付诸实施。主要内容大致如下:

(1)承认"九二共识",但将其解读为"一中各表"。马英九多次明确指出,"九二共识"的确存在。关于"九二共识"的内容,马认为,就是1992年海峡两岸就"一个中国、各自表述"达成共识。换言之,双方都接受一个中国的原则,但对一个中国的涵义,可以各自口头表述。"对北京而言,'一中'是指中华人民共和国;对我们而言,'一中'则是指中华民国。双方立场、认知都不同,但双方都不否定对方的存在,也不否定各自表述的方式。"

(2)在"国统纲领""两岸人民关系条例"的框架下,马英九将两岸明确定位"一国两区"。他表示,国民党的两岸关系定位以及法条用语,仍是"大陆地区"与"台湾地区",仍以"大陆地区""台湾地区"来定位两岸关系。

(3)维持现状,但将现状界定为"不统不独不武"。2006年2月7日,马英九在《亚洲华尔街日报》发表文章称,"台湾现在维持现状是最有利的路",因为他相信在可预见的未来,"统一或独立都是不可能的"。台湾目前情况应该"维持现状,不追求立即统一与永久分离"。而维持现状就是维持"不统、不独、不武"。

(4)采取"双边主义"策略,主张两岸通过对话、谈判,缓和两岸紧张局势。马英九认为海峡两岸应该走出"对抗思维"的泥潭,两岸不能采取非和平方式、单边主义(Unilateralism),应以双边、和平的方式协商解决,主张与中共"和解",寻求两岸间的和解和对话,国民党应该继续通过协商等途径帮助降低两岸紧张关系。2008年3月23日,马即提出,两岸在"一中各表"下可搁置主权争议,双方就经济与和平议题展开谈判,希望与大陆签订经济合作协议、和平协议和争取国际空间,以终止两岸敌对关系,也希望两岸能达到双方"互不否认"的状态。

(5) 推动大陆"民主化",谋求"三民主义统一中国"。2005年12月21日,马英九接受美国《新闻周刊》专访时提出两岸"终极统一论"。2006年2月10日,马英九再次表示,"不排除当两岸间的整体发展条件趋于成熟时,即当中国大陆在政治民主、经济繁荣和社会福祉方面的发展可以与台湾相互调和的时候,以两岸的终极统一作为选项。"马在谋求"统一"的过程中,强调"三民主义"的作用,而且特别强调推动大陆"民主化"。

(6) 推动两岸"三通",实现两岸经贸关系正常化。2005年9月2日,时任国民党主席的马英九连续接受日本《读卖新闻》、NHK电视台和共同社三家日本重要媒体的专访。他强调,"如果国民党重新执政,将尽速推动两岸三通直航",因为这样能使台湾成为台商的"全球营运中心",以及外商的"亚太营运中心",对台湾相当有利。他主张两岸直接"三通",认为"台湾真正的问题是要开放及国际化,如能真诚彻底的开放,包括对中国大陆的开放,台湾才有生路。"两岸经贸正常化,"战争的风险才会减少","减少冲突、增加了解"才是真正的爱台湾之道。

(7) 提出"活路模式",希望台湾更多地参与国际活动。2006年3月22日,马英九借在哈佛大学演讲的机会,抛出台湾参与国际社会的想法,再由核心幕僚苏起阐述国际参与"暂行架构"的概念(即所谓"活路模式")。马希望能够建立一种扩大台湾国际参与的"暂行架构"模式,让台湾更能参与国际的双边与多边活动。这种"活路模式"不应以零和游戏为基础,而应建立在务实主义上。马认为,"要解决台湾的'外交',要从根本解决问题,必须从两岸政策这个根本问题解决",他明确指出,"大陆政策是'外交'政策的上位政策"。

在上述主张和理念中,马英九特别强调"九二共识"与"软实力"。

(三) 海洋权益问题

1. 关于东海大陆架和钓鱼岛的争议

1) 中日东海大陆架冲突

东海面积770000平方千米,大陆架一直延伸到冲绳海槽。冲绳海槽大部深度超过1000米,坡度很陡,形成西部大陆架和东部岛架天然分界。但日本却提出以东海中心线为界,企图占去我20多万平方千米的海洋面积。

早在1968年,联合国亚洲及远东经济委员会就在一份报告中指出,中日之间的东海拥有大量的石油和天然气。根据200海里专属经济区的国际海洋法律原则,中日之间在东海存在大片重叠的专属经济区,中日就东海大陆架的划界问题的争端就此开始。

中方坚持自然延伸原则,认为中日两国不共大陆架,在东海地区,位于东海东部、宽60～150海里,长约600海里的冲绳海槽是中日大陆架之间的天然分界线,日本则坚持琉球海沟为大陆板块的终点,中日共大陆架,要求根据"中间线原则",以包括日本方面坚持拥有主权的钓鱼岛在内的琉球群岛为基线,与中国平分东海。从20世纪70年代末80年代初开始,中方就多次提出"搁置争议、共同开发"的倡议,但一直未能成为现实。

中国在东海油气资源的开发中处于领先地位。到2004年,已经开发了"天外天""平湖""春晓"三大天然气田。2004年6月,日本经济产业大臣中川昭一率部下乘专机飞临三大气田上空,随即指责"中国企图独占东海海底资源"。4个月之后,中日关于东海问题的首轮磋商开始。此后"搁置争议、共同开发"成为双方磋商的一个重要原则,但是双方无法就具体油气田的共同开发问题达成一致。

在日本前首相小泉执政时期,随着中日关系出现严重政治困难,东海问题的磋商毫无进展,中日在东海上多次出现对峙。

2007年后,中日关系进入"暖春",两国领导人两度达成重要共识,明确提出使东海成为"和平、合作、友好之海"的共同努力目标,中日东海问题出现转机。

2008年6月18日,中日双方同时宣布,两国一致同意在实现划界前的过渡期间,在不损害双方法律立场的情况下进行合作,并在东海共同开发上"迈出第一步"。根据双方同时发表的《中日关于东海共同开发的谅解》,作为中日在东海共同开发的第一步,双方将在一个协商确定的区块内,经过联合勘探,本着互惠原则,选择双方一致同意的地点进行共同开发。这个共同开发区块的面积虽然不大,但具有重要的象征意义,是中日尝试通过对话与合作化解在东海问题上存在的分歧与争议的一次试验。

然而,2008年9月,日本各大媒体又传出"不明国籍潜艇"侵入日本领海这一耸人听闻的消息。虽然很快就有人认为那只是一条鲸鱼,日本右翼还是臆断中国潜艇侵入日本领海。在这次草木皆兵的气氛下,东海问题自然再次陷入僵局。

2009年初,中日两国对于已经达成的"原则共识"的理解,也出现了"原则性"的分歧。日本《产经新闻》2009年1月4日报道称,中方在中日双方就东海问题发表原则共识后,仍对"天外天"油气田进行单方面开发作业,违反了双方就上述海域共同开发继续进行磋商的共识。中国外交部发言人秦刚当天指出,"天外天"等油气田位于无争议的中国管辖海域,中方对有关油气田进行开发活动是行使中方固有的主权权利。中日双方原则共识中提到的有待就共同开发继续磋商的"其他海域",不包括无争议的中方海域,不存在中日双方就上述海域油气田进行共同开发的问题。

此后,中日对于东海大陆架的共同开发再无新的进展。

2)中日钓鱼岛争端

钓鱼岛位于我国台湾东北约120海里处,由数个岛屿与岛礁组成,面积3.64平方千米。公元1403年以前,钓鱼岛即被中国人发现并命名,明朝把钓鱼岛正式划入了中国的海防范围。1895年，日本强迫清政府将钓鱼岛群岛随同台湾一起割让给日本。

第二次世界大战中，1943年12月中、美、英发表的《开罗宣言》规定，日本将所窃取于中国的包括东北、台湾、澎湖列岛等领土归还中国。1945年的《波茨坦公告》规定："开罗宣言之条件必将实施"。同年8月，日本接受《波茨坦公告》宣布无条件投降，这就意味着日本将台湾包括其附属的钓鱼诸岛归还中国。

此后，由于美苏冷战的大环境和中国内战等因素的影响，美国不仅没有把琉球群岛交还中国，却将其交给战败的日本，而且把钓鱼岛作为琉球群岛的一部分交给了日本。

1951年9月8日，日本同美国签订了片面的《旧金山和约》，将钓鱼诸岛连同琉球群岛交由美国托管。对此，中国总理兼外长周恩来代表中国政府郑重声明，指出《旧金山和约》是没有中华人民共和国参加的对日单独和约，中国政府认为这一和约是非法的，无效的，因而是绝对不能承认的。1971年6月17日，日美签订"归还冲绳协定"时，这些岛屿也被划入"归还区域"交给日本。对此，中国外交部于1971年12月30日发表声明，强烈谴责美日两国政府公然把我钓鱼诸岛划入"归还领域"，严正指出"这是对中国领土主权明目张胆的侵犯。中国人民绝对不能容忍。""美日两国在'归还'冲绳协定中，把我国钓鱼岛等岛屿列入'归还区域'，完全是非法的，这丝毫不能改变中华人民共和国对钓鱼岛等岛屿的领土主权。"其后，美国国务院发言人表示，"归还冲绳的施政权，对尖阁列岛（即我钓鱼岛）的主权问题不发生任何影响"。

此后，钓鱼岛一直处于日本的实际控制下，但中国政府和台湾当局一直没有放弃对钓鱼岛的主权要求。1972年，中日建交和1978年中日和平友好条约签订时，钓鱼岛问题都被暂时搁置。

自从1972年中日关系正常化以来，钓鱼岛（日本称为尖阁列岛）的主权争端一直是中日两国之间悬而未决的问题。近年来，随着东海不断发现石油天然气资源，钓鱼岛的归属又和中日东海大陆架争议直接挂钩。钓鱼岛多年来一直处于日本实际控制下，20世纪90年代以来日本右翼团体屡屡登岛，建造灯塔和神社等简易建筑，向中国挑衅。中国民间的保钓运动，发轫于我国台湾，向香港和大陆扩展。中国民间保钓渔船曾采取包围钓鱼岛的方式，向世界宣示钓鱼岛的主权归属。

2008年以来，中日有关钓鱼岛主权归属的冲突进一步加剧，在东海大陆架的划界问题上毫无进展，共同开发也步履维艰。2008年6月10日，日本海上保安厅的巡逻舰在钓鱼岛附近海域撞沉了台湾渔船，并拘捕船长。2008年12月8日上午8时10分，中国海监船"海监46号"和"海监51号"首次巡航钓鱼岛周边海域，行使国家主权权利，航线与钓鱼岛主岛的最近处只有1千米。此后，中国海监船巡航钓鱼岛周边海域成为惯例。

2012 春夏，日本在钓鱼岛问题上继续挑衅，先是东京都政府号召"购买钓鱼岛"，接着右翼分子登岛"垂钓"，让这一问题进一步凸显。

2. 南海诸岛屿争议问题

1）争端的由来及发展

近代中国的国力衰弱造成南海岛屿长期被外国侵占。

在中国大陆和海南岛以南延续上千千米的海面，有着东沙、西沙、中沙和南沙四大群岛，共有岛、礁沙、滩 200 多个。由于绝大多数岛屿上没有淡水，过去没有常住居民。不过按照国际海洋法，拥有岛礁的主权便可合法掌握其周围海域的资源，目前岛礁之争的实质就是开发海洋资源权之争。

东沙、西沙、中沙和南沙四大群岛属于中国领土，在近现代有着充分的法理依据。由于旧中国的国力衰弱，对一直宣布是本国领土的许多岛礁长期无力控制，法国、日本从 20 世纪初便开始夺占行动，从而留下了后来引发长期争端的种子。

在南海周边国家中，中国宣示拥有对海中岛屿主权的时间最早。20 世纪之初，如今的马来西亚、菲律宾、越南还分别是英、美、法的殖民地，只有中国算是一个主权国家。1909 年，清廷派广东水师提督李准率军舰到西沙群岛考察，在永兴岛升起黄龙旗并鸣炮，并对西沙、东沙、南沙三个群岛进行了测量和考察。中国政府根据此次测绘的海图，于 1912 年出版的《中华民国边界海岸及面积区划图》中绘出了南海疆界线，宣告了南海岛屿是中国领土。

民国年间内战外战不息，又缺乏海军力量，因而长期对南海岛屿难以有效控制，外国殖民者便得以乘机入侵。1885 年法国完全占领越南，随后便对其东部海上的西沙、南沙群岛产生了觊觎之心。日本自 1895 年侵占台湾，为了贯彻其"南下战略"也派所谓商人、探险家到东沙、西沙群岛入据。1930—1933 年，法军占领了南沙较大的南威岛、太平岛、中业岛、西月岛等岛屿，驱逐了岛上的中国渔民，并宣布"合并"到安南（越南的旧称）的巴地省，成为引发中国对法国抗议交涉的"九小岛事件"。

中国民国政府面对法国入侵南海岛屿，在缺乏海军实力时以标定南海疆域详细地图来对抗，于 1935 年 4 月出版了《中国南海岛屿图》，确定了中国南海最南的疆界在北纬 4°，并将曾母滩标在国界线内。这一标定，成为中国地图上最早出现的南海疆域线，也就是后来的"九段线"以及今天中国南海地图上 U 形断续线的雏形。

"弱国无外交"，此时法国并不理睬民国的抗议。1940 年日本出兵控制了法属印度支那，随即又占据了南海中的主要岛屿作为军事基地。1945 年日本投降后，法国军队重返越南恢复殖民统治时，又想控制这些岛屿。1946 年 10 月，法国军舰所载部队登陆侵占了南沙的南威岛、西沙的珊瑚岛，并在太平岛竖立石碑。这时刚刚从美国统治下独立的菲律宾也派人在南沙群岛东部的一些岛屿登陆，其外长季里诺还于同年 7 月 23 日声称,将把巴拉望岛以西 200 海里内的岛屿(即南沙群岛东部岛屿)"合并于国防范围之内"。

面对法、菲对南海岛屿的入侵,当时的中国国民政府认为有必要维权。1946年 11 月,民国海军派"永兴""中建"两舰抵达西沙群岛的主岛永兴岛接收,12 月间又以"太平""中业"两舰抵达南沙群岛的主岛。为了纪念"太平"舰的接收,南沙最大的岛屿遂以"太平"命名。当时太平岛上设立了南沙群岛管理处,归广东省政府管辖,并留下一个连驻军。对法国在南海其他岛屿的驻军,国民党政府因忙于内战加上缺乏实力,无法采取驱逐行动,就此形成了本应属于中国的南海岛屿长期被几国分别控制的局面。

新中国成立后,继续宣布对南海岛屿拥有主权。1950 年 4 月解放军解放了海南岛,国民党军也将驻太平岛的一个连撤回台湾。此时解放军在南海方向还没有建立海军舰队,对外海诸岛一时失控。美国从"遏制"新中国的政策出发,故意鼓励一些国家侵犯中国的海洋权益。1951 年 9 月,美、英等国在排除中国政府代表参加的情况下,在旧金山召开和会,同日本政府签订了片面和约,其中只宣布日本放弃南海岛屿、台湾,却故意不谈将其归还中国。可以说,南海、钓鱼岛争端和"台独"的种子,很大程度上是在这时由美国种下的。

在旧金山和会上,法国扶植的越南保大(即越南最后一代皇帝)伪政府的总理便对南海岛屿提出了领土要求,并明显得到美国纵容。美国支持的南越政府(即保大政权的后继)于 1956 年 5 月 26 日宣称对全部西沙群岛、南沙群岛拥有主权,同时在法军撤走后出兵占领了西沙群岛中甘泉岛和南沙的部分岛屿。

控制了北纬 17°以北的越南领土的越南民主共和国,从 1956 年起多次公开表示西沙和南沙群岛是中国领土,并在本国出版的地图中明确标出。1958 年越南范文同总理致函周恩来总理,也申明了这一点。1975 年南越解放后,越南领导人却称当年的做法只是争取中国援助的权宜之计,这种态度表现出的正是狭隘民族利己观念驱动下的典型实用主义。

新中国成立时便有一支强大的陆军,在陆上打出了国威军威。可惜的是,作为高科技结晶的海空军长期是解放军的弱项,这也是当年中国经济和科技落后造成的历史局限。中国在距大陆较远的南海进行维权行动,恰恰因海军力量弱和缺乏空中掩护而受到严重制约。尽管有重重困难,1959 年 3 月,解放军在南海刚刚组建海军还是派出一艘护卫舰和一艘猎潜艇赴西沙海域巡逻,并运载部队进驻了西沙群岛最大的岛屿永兴岛,同西沙永乐群岛上的南越驻军形成长期对峙。

1961 年美国在南越发起"特种战争",其海军舰队也实际控制了南中国海的大部。当时南越政权在南海的驻军得到美军支持,菲律宾也靠美军保护占据了南沙群岛东部几岛。可以说,越南战争中美军大举参战,也给了它的盟友狐假虎威侵占中国南海岛屿一次机会。

自 1969 年起,美国在越南开始收缩,1970 年毛泽东主席便指示要在适当的机会把盘踞西沙群岛的南越伪军赶走。1973 年初美国从南越撤军,并在战略格局上采取"联中抗苏",对南海岛屿争端采取了不以实力介入的态度,中国在南沙采取行动便有了一个有利战略机遇。虽然当时中国的军事力量主要同苏联对峙,不过仍能以海军中力量最弱的南海舰队在 1974 年 1 月进行了西沙海战。此刻中国海军的建设由于投入少、技术落后,对付南越这种世界上的三流海军还需要以"小艇打大舰",靠着英勇顽强取得了海战胜利。解放军随之登陆收复了甘泉、金银、珊瑚三岛,完全控制了西沙群岛。

1975 年 3 月,越南人民军主力南下,在 4 月间占领西贡,并在南越军队原先占领的南沙六岛登陆,招降了当地驻军并实施了占领。在这一短暂过程中,中国方面没有能做出反应,错过了一个重要机会。越南统一后马上宣称"黄沙群岛""长沙群岛"(即对中国西沙、南沙群岛的称呼)拥有主权,这种背信弃义的行为严重破坏了中越原本友好的关系。越南民主共和国声称对南海岛屿拥有主权,除了引据法国曾占领当地外,再就是声称对南越政权有"法理继承"权。其实按照国际法,独立的殖民地国家根本无权继承原宗主国的侵略遗产。当年越南民主共和国的声明中又一直称保大政权、南越各届政权都是"完全不能代表越南的傀儡政权",对自己都否认其合法的"伪政权"的东西怎么能合法继承呢?

越南统一后,又向苏联海军提供了南海西侧的金兰湾作为基地,更增加了这一地区争端的复杂性。马来西亚在 1963 年从英国统治下独立建国后,也看中了南海资源,从 1978 年起陆续进占了弹丸礁、南海礁和光星仔礁。因曾母盆地探明的石油储量最丰富,马来西亚又成为在该海域开采石油、获取资源最早和最多的国家。随后,文莱也非法控制本属中国的 3000 平方千米的传统海域,并声称对南沙群岛西南端的南通礁拥有主权。

面对当年几国分别占领南沙岛屿,中国都没有能够采取军事行动,重要原因是那里距离海南岛也有 1 千千米以上,此时解放军的战斗机最远作战半径不过 400千米,到达西沙留空时间都不够,对南沙群岛更是鞭长莫及。解放军海军也缺少能够远航的大型军舰,同时又受强国海军牵制,难以到南沙海域采取行动。不过中国政府还是一直发表声明和抗议,申明了在南沙群岛的主权,这就为后来有实力维权时奠定了法理和舆论方面的基础。

1988 年中国海军进入南沙,恰好又抓住了一个国际环境有利的机会。当时中苏关系走向正常化,美国也在战略上争取中国,两个超级大国都不会干涉中国海军在南海的行动。此刻解放军海军舰艇对空防御能力仍很差,只有一艘护卫舰装配了舰对空导弹,难以有效抗御大批飞机来袭,却仍然前往南沙的礁盘上设点(此时南沙群岛的各岛已全部被他国占据)。

1988 年 1 月 31 日,驶往南沙的中国海军编队首先派人登上永署礁升旗,并开始建立"高脚屋"式的住所,随后又派人登上华阳礁、赤瓜礁。越南海军发现后,于3月14日派船到达赤瓜礁企图驱赶中国人员并首先开枪,引发了中方反击。此次小规模海战获胜后,中方才能在南沙6个礁盘上完成了设点,取得有重大战略意义的胜利。

解放军能够在南沙海域设点,从此有了军事存在,过去外交上的语言抗议自此变成了实际行动,在争端中也才有了真正有力的话语权。从那时起至今,南海的东沙群岛的主岛仍由台湾当局控制,西沙群岛完全由解放军控制,中沙群岛因系水下暗礁还无人居住,南沙群岛及其海域则一直处于被五国六方(中国、越南、菲律宾、马来西亚、文莱及中国台湾)分别控制并声称拥有主权的复杂情况。

1989年以后,中国面临的国际环境呈现复杂化,翌年中越两国实现了关系正常化,双方同意对南海的争议以和平协商的方式解决,南海周边各国再没有发生过军事冲突。2002年11月,中国同东盟签署了《南海各方行为宣言》,就和平解决争议、开展南海合作达成共识。宣言确认:"强调通过友好协商和谈判,以和平方式解决南海有关争议。"不过,如何落实这一宣言还存在许多难题,对南沙群岛"菲律宾入侵最早、越南所占最多(共29个岛礁)、马来西亚所占最肥"这一历史形成的局面还维持至今没有打破。

进入21世纪后,中国经济的大发展带来财力和科技水平大幅增强,新下水的新型驱逐舰、护卫舰和潜艇使海军开始具备了远海作战能力,过去最大的弱项即缺乏空中掩护问题也因新型战斗机、战斗轰炸机和空中加油机的列装得到解决。当然,中国反对以武力或以武力威胁解决领土争端,但维持国家权益却不能没有武力。回顾历史可以看出,新中国从成立后在南海的维权行动一直是积极的,过去只是因海空力量太弱出现过"心有余而力不足"的局面。如今中国的国力军力已远非昔比,不过和平与发展已成世界的主旋律,以武力改变领土现状的办法已难以让国际上普遍接受。美国、日本、印度为制约中国崛起,目前积极插手南海争端,造成这一海域的矛盾更加复杂化。

2)现状

目前我国只控制了6个岛礁。

越南侵占了27个岛礁,与15个国家的30多家石油公司联合开采石油,年开采石油2000万吨。并向有生存能力的岛礁移民,修建了若干个军事基地,派驻了2000多名军事人员,坦克60多辆,火炮数百门。

菲律宾侵占了8个岛礁,与15家外国的石油公司联合开采石油,钻井数十口。1991年钻井3口,每口井储量1亿吨以上,每口井日产原油700余吨,并在岛礁上修建了军事基地,同时还炸毁了我设在岛礁上的标志。

马来西亚侵占了3个岛礁,与27家外国石油公司联合开采石油,开采面积达24万平方千米,已深入我传统领海120海里,年开采石油800万吨,天然气110亿立方米。在侵占的岛礁上派了驻军,修建了军事基地。

印尼侵占了我传统海域 5 万平方千米,打井 17 口,其中有一口天然气井为世界十大气井之一,储量达 11 亿立方米。

文莱侵占我传统领海海域 3000 平方千米,打井 200 多口。

3)有关国家的企图

越南向马来西亚、菲律宾建议:以菲律宾、马来西亚、越南海岸线为准向外 200 海里为各自的海区,再把剩下的南海海面积分为 4 等份,每个国家(指中、越、马、菲)各一等份。此建议立即得到了马来西亚、菲律宾的响应。

菲律宾提出:南海问题是一个国际问题,应有联合国安理会或国际法院裁决。

日本则表示:正在忧虑地注视南沙事态发展,有可能卷入保护海上航道的行动。

美国直言不讳地说:在南海和东南亚地区有美国的重大利益,美国要在南海争端中发挥重要作用。并提出要仿效《南极条约》,建立包括争议各方以及美国、日本、俄罗斯、印尼等国在内的国际性《南沙权利机构》。

目前的局面表明:越南、菲律宾、马来西亚等国出于侵占海洋国土的需要,印尼、文莱出于掠夺海洋资源的目的,必然会一保现在已经占领的岛礁,二夺另外一些岛礁。越南加入东盟,其目的是想与东盟联合行动;菲律宾态度积极,是想借助越南的力量抗衡中国。美、日、印度则从大战略考虑,期望南海局面长期维持下去。

(四)边界争端问题

1. 中印边界问题

1)边界争端及由来

中国与印度两国边界全长约 2000 千米,分西、中、东 3 段,西段约 600 千米,中段约 450 千米,东段约 650 千米。1962 年两国因边界争端爆发了一场边界战争。至今未能取得突破性进展。

西段边境争端。主要是新疆阿克赛钦地区归属之争。长 600 千米,争议面积约 3.35 万平方千米。除巴里加斯一处外,其余都控制在中国手中。阿克赛钦是一块被喀喇昆仑山、昆仑山及阿里高原环绕的盆地,自古以来就是从新疆到达西藏的重要通道,一直属于中国,直到 20 世纪 50 年代印度人抗议中国通过阿克赛钦修建新藏公路以前,中国政府并不知道印度对这里有领土要求。印度的依据是所谓约翰逊线。19 世纪 60 年代,英国测绘军官约翰逊曾到新疆作探险旅行,此人把阿克赛钦视为无主地,因此将 3 万平方千米的土地划进英印的属地,将中印分界线画在了昆仑山一侧。对于这条约翰逊线,英国政府并未知会清朝政府,历代中国政府包括新中国并不知道此事,更谈不上承认了。

中段长 450 千米,北起西段的南端,往东南至中、印、尼(泊尔)三国交界处的里普列克山口,争议面积约 2000 平方千米,分为 4 处,现控制在印度手中。

东段争端,是传统习惯线与麦克马洪线之争。东段通常提到的有三条线,即麦克马洪线、传统习惯线和实际控制线。东段长 650 千米,西起中、不(丹)、印三国交界处,东到中、印、缅(甸)三国交界处的库阳山口,争议面积约 9 万平方千米。传统习惯线在喜马拉雅山南麓,以此线作为边界,约 9 万平方千米的藏南地区属于中国;而麦克马洪线以喜马拉雅山脊分水岭的连接线作为界线,将藏南土地划归印度。

2)争端解决进展

2003 年 6 月印度前总理瓦杰帕伊访问中国大陆时,与中方协议,两国分别任命了边界问题特别代表,将谈判代表的层级提升到副部长级,每年轮于两国首都针对边界问题进行谈判。

中印关于边境问题的第一阶段会议已经在 2005 年 4 月结束,双方同意在"政治标准和指导原则"下解决领土问题。第二阶段会议的目标是寻求一个"一揽子"的框架,来解决所有有争端的区域。接下来的第三阶段的会议才会讨论边界划分的问题。

2015 年 3 月 23 日,中印边界问题特别代表第十八次会晤在新德里举行。中方特别代表、国务委员杨洁篪同印方特别代表、国家安全顾问多瓦尔就边界问题深入交换意见,就两国双边关系及共同关心的国际地区问题进行了战略沟通。

双方认为,2014 年 9 月习近平主席成功访问印度,两国领导人为未来 5 至 10 年中印战略合作指明了方向,作出了规划。双方将共同落实两国领导人重要共识,保持高层互访势头,推动中印战略合作伙伴关系不断向前发展。中印互为重要邻国,是当今世界两个最大的发展中国家和最具活力的新兴市场国家。中印关系的发展,事关两国人民的福祉,也牵动本地区乃至世界的和平与发展。双方应共同努力,推动各领域务实合作,进一步加强在国际和地区事务中的协调配合,共同构建更加紧密的发展伙伴关系,为促进世界的和平与发展作出更大贡献。

2. 中俄(苏)边界问题

中俄边界全长 4300 多千米,分为东、西两段。双方以有关两国边界的条约为基础,根据公认的国际法准则,本着平等协商、互谅互让的精神,经过多年谈判,分别于 1991 年 5 月 16 日、1994 年 9 月 3 日和 2004 年 10 月 14 日签署了《中苏国界东段协定》《中俄国界西段协定》和《中俄国界东段补充协定》。上述三个协定一起将中俄边界线走向全部确定。

1)新中国建立后的中苏边界问题和边界冲突

新中国建立后中苏结成紧密的同盟关系,中苏边界问题虽未被解决,但两国的亲密关系掩盖了在边界问题上的潜在矛盾,双方基本按实际控制线维持了中苏边界的平静。然而随着 20 世纪 50 年代末中苏关系恶化,边界问题上的阴影开始显露出来。1960 年 8 月,苏联在中国新疆博孜艾格尔山口附近地区挑起了第一次边境事件。1963年3月8日《人民日报》社论《评美国共产党声明》公开提出,《瑷珲条约》《北京条约》和《伊犁条约》是沙皇俄国政府强迫中国政府签订的不平等条约。文章重申中国政府在新中国成立时就宣布,对于历史遗留下来的历届中国政府与外国政府所订立的条约要按其内容承认、废除、修改或重订。对一些悬而未决的历史遗留问题,中国政府一贯主张经过谈判和平解决,在未解决前维持现状。1964年中苏曾经就边界问题举行过谈判,但很快毫无结果地被搁置。此后苏联向原本安宁友好的中苏边界大量派遣部队并不断挑起边界冲突。

中苏关系恶化后,苏联频繁起边界纠纷,从1964年10月到1969年2月,苏联边防军挑起的各种边境纠纷高达4180余起。乌苏里江上的珍宝岛成为边境斗争的焦点。珍宝岛位于黑龙江省虎林县境内,在乌苏里江主航道中心线中国一侧,面积0.74平方千米。该岛北端原与中国大陆相连,由于江水的长期冲刷,1915年才与中国大陆分离,形成江中小岛,至今在枯水期间仍与中国江岸相连,人们可徒步上岛。岛上长期有中国人居住。按国际惯例界河分界线应按主航道划分,然而中苏关系恶化后苏联把分界线几乎划到中国一侧的河岸,把珍宝岛划入苏联界内。由于珍宝岛距离苏联西伯利亚铁路线上的远东城市达里涅列钦斯克(伊曼)很近,附近的乌苏里江冬季冰封期江面狭窄,这客观上也使珍宝岛成为边界纠纷的多发区。从1967年起,苏联边防军多次侵入珍宝岛以及附近区域,珍宝岛的冲突成为当时中苏漫长边界上众多冲突的缩影。然而1969年3月以前双方的冲突是控制在不互相交火的范围内,可1969年3月2日情况突然发生变化,双方边防军发生了较大规模冲突,这是第一次珍宝岛冲突。3月15日双方又发生第二次规模更大的冲突。

珍宝岛事件的影响远远超过了事件本身造成的伤亡。珍宝岛事件不仅直接导致了同年8月13日苏联在中苏边境西段制造铁列克提事件,更重要的是它使中苏对抗达到了一次极限。由于双方长期过高估计了对方的实力和敌意,珍宝岛事件使中苏陷入极度的相互恐惧之中。苏联由于在人力上处于弱势,一度考虑对中国进行核打击,并探寻了美国的态度。而中国由于军事实力上的弱势,也进行了大规模的战备和疏散。中苏之间这种剑拔弩张的高度紧张状态对双方都是不利的,也正是由于这种危险的武装对峙使双方领导人开始考虑在无法缓和双方政治关系的前提下减少双方的边界纠纷,避免由于边界冲突失控使双方卷入都不愿意看到的战争。此后中苏虽然在政治和军事上依旧保持紧张状态,但在边境上实行了克制态度,在珍宝岛—铁列克提冲突后中苏边境没有再发生严重的武装冲突。

2) 中俄边界问题的解决

珍宝岛事件后,中苏双方于当年10月恢复了边界问题谈判。中国在边界问题上的原则和立场是一贯的,即在肯定19世纪中国清政府和沙俄签订的边界条约是不平等的基础上,仍愿意本着尊重现实的态度和以中苏两国人民友谊为重的原则,以这些条约为基础全面解决中苏边界问题，不要求收回沙俄通过那些不平等条约从中国割让的土地。至于后来任何一方违反那些条约而侵占另一方的领土，原则上必须无条件归还对方，但双方可以根据平等协商、互利互让的原则，考虑当地居民的利益，对边界上的那些地方做必要调整。中国的态度是合情合理的，既维护了中国的主权，也尊重了现实和苏联的利益。但在当时的政治环境下，苏方也许自知理亏，在谈判中采取鸵鸟政策，既不承认历史上中俄边界条约是不平等条约，也不承认中苏边境上存在争议地区。苏联的这种态度使边界问题谈判难以有结果，但谈判本身相对边境冲突本身就是一种进步，避免了因边界冲突诱发战争的危险。而且借助于边界谈判这一渠道却解决了一些边境居民实际生活中迫切而带有隐患性的问题。1980年由于苏联出兵阿富汗，中苏谈判被终止。

进入20世纪80年代以后，由于国际和中苏国内形势的变化，双方政治关系逐渐缓和和改善，这就为解决边界问题创造了条件。1986年苏联领导人戈尔巴乔夫在谈到中苏边界问题时第一次表示接受了中国在中苏边界谈判中所持的立场，同意按主航道中心线划分阿穆尔河（黑龙江）边界线走向，希望不久的将来，边界成为和平友好的边界。由于中苏东段边界基本是以黑龙江（包括额尔古纳河）和乌苏里江为界的，所以苏联在划分江界上采取了正确态度后双方东部边界的大部分问题迎刃而解。1987年，中苏开始第三次边界谈判。双方达成协议，同意以目前中苏边界条约为基础，根据公认的国际法准则，本着平等协商、互谅互让的精神，公正合理地解决历史遗留下来的边界问题。1989年5月戈尔巴乔夫访华。在邓小平同志与戈尔巴乔夫会见中谈及中苏关系历史及遗留下来的边界问题时，邓小平同志提出，我们要"结束过去，开辟未来"。为此，邓小平同志一方面指出"沙俄通过不平等条约侵占的中国土地，超过150万平方千米"，但另一方面则强调"考虑到历史的和现实的情况，我们仍然愿意以这些条约为基础，合理解决边界问题"。

在友好合作的精神下，双方以较快的速度划定了大部分双方的东部边界，1991年5月中苏两国外长鉴定了《关于中苏国界东段的协定》，协定确定了"中苏国界线，通航河流沿主航道中心线行，非通航河流沿河流中心线或主流中心线行"。根据协定黑龙江中岛屿，俄占538个，中占614个；乌苏里江中岛屿147个归俄，151个归中国。此外中国还具有经过黑瞎子岛两侧在黑龙江和乌苏里江的自由航行权及经图们江下游进出太平洋的航行权。当年12月苏联解体，1994年中俄双方划定了双方西段在西部54千米的边界，这样中俄之间98%的边界得到划定。剩下的问题集中在额尔古纳河上游阿巴该图洲渚及黑龙江中游黑瞎子岛两个地段的边界划分和如何具体执行双方达成的协定。

2004年10月14日中国外交部长李肇星和俄罗斯外交部长拉夫罗夫在北京签署了《中华人民共和国和俄罗斯联邦关于中俄国界东段的补充协定》。根据14日发表的由两国元首签署的联合声明,这次签署的补充协定中,两国就边界两块未协商一致地段的边界线走向问题达成了协议。

2005年6月2日,中俄在符拉迪沃斯托克互换《中华人民共和国和俄罗斯联邦关于中俄国界东段的补充协定》批准书。当年6月,中俄勘界工作启动。2007年4月,俄军开始拆除在黑瞎子岛的设施。该年9月,中俄黑瞎子岛陆地勘界基本完成。同年11月,中国黑瞎子岛界碑竖立。

3. 中越边界问题

中越边界领土问题包括陆地边界、北部湾划分和南沙群岛及其附近海域的主权和海洋权益争议等三方面。

1991年11月,两国签署了《关于处理两国边境事务的临时协定》。

1993年10月,两国签署《关于解决边界领土问题的基本原则协议》。

经过双方的共同努力,两国于1999年12月30日在河内正式签署《中越陆地边界条约》。

2000年7月6日,两国在北京互换了条约批准书,《陆地边界条约》正式生效。

2000年12月25日,两国在北京正式签署中越《关于在北部湾领海、专属经济区和大陆架的划界协定》和中越《北部湾渔业合作协定》。

2002年《南海各方行为宣言》的签署是包括越南在内的东盟国家共同要求以和平方式解决南海争端的一个标志。

2011年10月11日,中共中央总书记、中国国家主席胡锦涛在北京人民大会堂与来华进行正式访问的越南共产党中央总书记阮富仲共同出席《关于指导解决中华人民共和国和越南社会主义共和国海上问题基本原则协议》的签字仪式。

1)陆地边界

越南自秦朝并入中国版图以后,一直由中国直接治理长达1000多年。根据《后汉书》记载:"汉伏波将军马援南征交趾,于交州日南郡(郡所位于今越南广治省广治河与甘露河合流处)象林(位于今越南广南省维川南茶桥一带)立南铜柱,为汉之南疆"。

法国侵略越南时期,清朝出兵抵抗法军,在黑旗军的帮助下,占领了越南北方。但是,法国侵略军也占领了我国台湾的澎湖地区,切断了大陆和台湾的联系,并重创了中国南洋水师。1885—1897年,清朝政府与当时统治越南的法国殖民政府签订界约划定中越边界,规定中越边界在现界的基础上进行调整。

越南建国以后,越南认为那次清-法的划界对越南不公平,越南吃亏了,对中国提出了广泛的领土要求。20世纪70年代,两国开始举行陆地边界谈判,后一度中断。1979年,中国认为有争议的领土只有5平方千米。

20世纪90年代初,中越双方重启有关边界领土问题的谈判,并一致同意以中法界约为基础核定陆地边界线,重新签订边界条约。双方于1999年12月30日签订《中越陆地边界条约》，彻底解决了中越陆地边界问题。

2001 年 11 月，两国政府成立中越陆地边界联合勘界委员会，负责勘界立碑工作，并起草两国陆地边界勘界议定书及其附图。同年 12 月，双方在广西东兴和越南芒街口岸竖立第一块新界碑。

2008 年 12 月 31 日，中越双方就陆地边界勘界剩余问题达成一致，如期实现 2008 年内完成陆地边界勘界立碑工作的目标。

2009 年 2 月 23 日，中国和越南在广西凭祥友谊关公路口岸举行中越两国边境的第 1116 号界碑和 1117 号界碑揭幕仪式，标志着中越陆地边界问题已得到圆满解决。

中越陆地边界勘界文件签字仪式 2009 年 11 月 18 日在北京举行，中越双方签署的文件包括《中越陆地边界勘界议定书》及其附图、《中越陆地边界管理制度协定》和《中越陆地边境口岸及其管理制度协定》。至此，历时 10 年的中越陆上边界划分谈判终于尘埃落定。随着中国外交部副部长武大伟与越南副外长胡春山分别代表两国政府对文件的签署，中越陆地 1300 多千米的边界线由双方政府以正式文件的形式确定下来，并交联合国等国际社会确认。

2）海上争端

中越海上问题，一是涉及越南对我西沙群岛和南沙群岛提出领土主权要求，并派兵占领我南沙部分岛礁；二是南海海域划界问题，可大致分为北部湾湾口外划界、西沙群岛与越南中部海岸之间的海域划界、南沙群岛与越南中南部海岸之间的海域划界。岛屿领土主权争端与海域划界问题相互交织，十分复杂。

目前，越南占据我 29 个南沙岛屿。近年来，越南政府通过修建军用机场、堡垒，进行海岛移民、进行国内立法、设立南沙占领海岛的行政管理机构、向联合国提交领土领海申请等一系列措施，加剧将南沙群岛"越南化"的进程。越南政府已经多次公开宣称"越南拥有南沙群岛的全部主权"。我国目前仅控制了南沙群岛的 9 个岛屿。

1947 年，中国率先测量南海并确定"九段线"国界。近代以来，虽然中国屡遭外敌入侵，但当时的中央政府在处理南海问题上还是比较积极的。第二次世界大战后，中国国民政府派遣军舰从日军手中收复南海诸岛，对南海海域及其 170 多个附属岛、礁进行了测量，并根据各岛礁在南海的地理位置及其他特征，并重新命名。1947 年，国民政府结合对南海的实地测量以及中国对南海主权的历史依据，决定以"十一条断续线"（又称"U 形线"）作为中国南海的疆界线，并将其收入《中华民国行政区域图》公开发行，中华人民共和国建国之后改为"九条断续线"沿用。所以中国主权范围内的南海并不是国际上常说的面积 350 万平方千米南中国海（South China Sea）的全部，而是按照九段线划定的 200 万平方千米。

1975 年前越南承认中国主权，此后对南海进行实际占领。虽然中国率先宣布了对南海诸岛的主权,但由于中国并未派驻驻军,越南和菲律宾等国对南海的主权停留于口头上的认可上,菲律宾还以"安全原则""邻近原则"等为理由争夺对南海的主权。随着20世纪60年代南海油气资源的发现,越南开始了对西沙和南沙的争夺。1975年越南南北统一后,越南在南海问题上一改过去承认西沙、南沙为中国领土一部分的态度,出动海军接收原为西贡当局占领的南沙海岛,还非法将西沙、南沙纳入其版图,改名为"黄沙群岛""长沙群岛",并通过石油开发、驻兵等方式在实际占领南海岛屿。

2002年,东盟各国签署了《南海各方行为宣言》,有关各方承诺根据公认的国际法原则,包括1982年《联合国海洋法公约》,由直接有关的主权国家通过友好磋商和谈判,以和平方式解决领土和管辖权争议,而不诉诸武力或以武力相威胁。各方承诺保持自我克制,不采取使争议复杂化、扩大化和影响和平与稳定的行动,包括不在现无人居住的岛、礁、滩、沙或其他自然构造上采取居住的行动,并以建设性的方式处理它们的分歧。实际上是各国都承认了南海问题的争议属性,决定"搁置争议,共同开发",只是这样没有约束力的国际规约履行起来是另外一回事。

自1982年《联合国海洋法公约》实施以后,对专属经济区与大陆架等海洋权益方面的争夺开始成为各国关注的重点。《公约》规定每个国家有权在领海以外拥有从基线量起不超过200海里的专属经济区;而200海里以外大陆架外部界限的划定,则需要各国在2009年5月13日前向联合国提交资料。南海周边的东南亚国家不顾南海作为半封闭海域以及中国对南海拥有历史主权的事实,单方面宣布实施200海里专属经济区和200海里的大陆架,大肆抢占南海海域。

为了实现自身在南海的利益,越南采取种种措施,力图使南海问题国际化。近年来,越南加快了在南海扩张的步伐,继续加强与他国的合作,伙同别国共同开发南海资源,让更多国家介入南海争端。目前,越南与法国、意大利、日本等国家签订有开发南海资源的协议和合同,并与外国公司一道在南海建设油气井。越南还不停地制造一些不利于中国的舆论,甚至还威胁要把南海问题提交联合国组织。美、日等国不遗余力地宣扬中国威胁论,使南海问题陷入国际关系的泥淖之中。其根本目的是遏制中国的发展,同时达到挑拨东盟国家与中国关系的目的,造成越南等东盟国家对中国的不信任,增加东盟国家对我国的防备心理,使南海问题的沟通愈加困难。

时至今日,南海周边国家不断扩大在南海的主权要求和利益诉求,使得以专属经济区和大陆架主张重叠所产生的矛盾冲突日渐增多,以海洋权益为核心的竞争愈发激烈。以美国为首的区域外国家纷纷插手南海问题,加之南海周边国家不断扩充军备等因素,南海地区的和平与稳定面临重大挑战。

中国在南海问题上一贯坚持采用和平的手段,以平等协商的方式进行谈判解决。在经济全球化、区域一体化进程日益加快的今天,中越南海问题的解决之路将会得到更多国家的关注。中越南海问题的解决不仅关涉中越双方利益,更对周边国家与中国在南海的争端具有示范作用,同时也关涉到利益相关的其他非周边国家。

根据中越两国领导人的共识和两国政府边界谈判代表团团长达成的协议,中越双方于 2012 年 5 月 29 日至 30 日在北京举行海上低敏感领域合作专家工作组第一轮磋商。双方就开展两国在海洋环保、海洋科研、海上搜救、减灾防灾领域的合作交换了意见,并就有关合作原则与工作机制达成一致。第七轮磋商于 2015 年6 月 4 日在河内举行,双方就年内启动"中越北部湾海洋与岛屿环境综合管理合作研究""中越长江三角洲与红河三角洲全新世沉积演化对比研究"项目达成共识,并一致同意继续落实两国领导人重要共识及《关于指导解决中越海上问题基本原则协议》,积极推进海上低敏感领域合作。

2013 年 10 月 13 日下午正在越南访问的中国国务院总理李克强与越南总理阮晋勇举行会谈,双方同意成立包括海上共同开发磋商工作组在内的三个工作组,海上、陆上、金融合作三头并进,开展两国在上述三方面的合作,深化面向未来的中越关系。

4. 与其他国家的边界问题

中国同 14 个国家接壤,陆地边界总长 22000 多千米,是世界上陆地边界线最长和邻国最多的国家,也是边界情况最复杂的国家之一。新中国成立之际,中国与陆上邻国的 12 条边界有的没有划定,有的虽划定但由于自然和人为的原因而形成一些争议。建国以来,中国在和平共处五项原则及睦邻友好外交方针的指引下,经过不懈努力,逐步、稳妥地解决了与大多数邻国间历史遗留下来的边界问题。截至目前,中国已与除印度以外的所有邻国签订了边界条约或协定。

中国边界问题的解决主要集中在两个时期:①20 世纪 60 年代,中国先后与缅甸、尼泊尔、蒙古、巴基斯坦、阿富汗等国签订了边界条约或协定;②20 世纪 90 年代至今,中国与俄罗斯、老挝和越南以及新独立的哈萨克斯坦、吉尔吉斯斯坦、塔吉克斯坦等国解决了边界问题。

二、我国周边安全环境发展面临的挑战

(一) 大国关系的影响

中国周边地区是大国利益交汇之地,中、美、俄、日、印对地区总体形势发展影响举足轻重。尽管上述国家关系有密有疏,但在全球化背景下彼此利益相互交织,在竞争中力求保持合作,避免迎头相撞。

(1)中美关系。美国虽视中国为主要潜在对手,并采取措施对中国防范遏制,但双方在反恐、朝核、维持台海稳定及经贸合作领域存在共同利益,美国对中国仍

采取两面下注的政策,并不希望与中国发生对抗。近年来竞争性的一面是比较凸显。从 2013 年 6 月 7 日至 8 日中国国家主席习近平同美国总统奥巴马在美国加利福尼亚州安纳伯格庄园举行会晤,到 2014 年 11 月 11 日晚,习近平主席与奥巴马总统再次在北京中南海瀛台举行会晤,可以看出前期中美关系呈现竞争性或者紧张性的一个态势,到 2014 年底才出现比较缓和的趋势。

(2)中日关系。美日同盟针对中国的一面虽有加强,但彼此亦心存防范:美借日制华,却不希望中日交恶而不可收拾;日傍美制华,并不甘心为美火中取栗。中日整体关系包括钓鱼岛在内的一系列历史问题或者其他问题,关系持续走低,在 2014 年底出现了一些回调的迹象,但结构性的矛盾在短期之内还是比较难以解决的。

(3)中俄关系。遭受美国战略挤压的俄罗斯,虽在乌克兰问题上对于全球政治和亚太政治上的格局影响非常大,但俄罗斯在战略上对亚太包括对中国的需求是大大提升的,中俄在战略上的协作和合作明显在加强,俄罗斯视中国为主要战略伙伴,中俄关系有望继续稳固发展。

(4)中印关系。印美关系虽发展迅速,但印度不会全面倒向美国,沦为美遏制中国的棋子。印度新一届政府上台以来提出了他们自己新的治国理念,从整体来看,印度呈现出一个平衡上的双轨战略,尤其在经济上要加强和中国合作,但在战略上对中国还是有一定平衡作用,这种双轨制政策是比较明显的。中印关系目前相对比较稳定,但是很难会出现一个合作或者友好的大的突破。

在可预见的未来,只要自身策略得当,中国不会成为大国矛盾的焦点,在大国外交中仍有充分的回旋空间。

(二)中国周边安全面临的挑战

1. 美日及其同盟体系对中国崛起的战略挤压

首先美国政府不会放弃实施亚太再平衡战略的,对中国的防范、竞争或者遏制会逐渐加强。虽然美国也在强调全球层面和中国有合作的需求,但是在地区层面,竞争性还是比较明显的。大国关系的变动,中日关系会有一定的缓和,但是由于历史的因素、现实的问题,不排除可能还会出现一些大的波动。俄罗斯现在战略上面对美国或者欧洲国家的挤压,中国是否要跟它进一步加强战略协作,或者保持一定距离,俄罗斯是否是靠得住的长期的合作伙伴,这些都需要深入思考。

2. 海上管控危机对构建新的海洋秩序的挑战

南海问题还是影响中国与周边国家关系的一个主要因素。中国应该进一步加强前几年取得的良好态势,如参加 2015 年中国和东盟的海洋合作年、中国东盟海上合作基金等,通过对话、合作,逐渐构建一些新的规则和理念。海上丝绸之路更多的是一个大的海洋秩序的框架,就一些中国新理念、新框架、新议题来提出,把它定位在这样的高度,中国在管控海上危机时,一定要加强在海上建立所谓海上战略,加强一些制度建设,尤其关于南海战略、海洋战略以及周边战略等要尽快出台,这对于整个统筹中国周边的各个职能部门的功能,包括我们怎么样维权、维稳都具有非常重要的意义。

3. "一带一路"战略实施面临的挑战

"一带一路"是"丝绸之路经济带"和"21世纪海上丝绸之路"的简称。"一带一路"不是一个实体和机制,而是合作发展的理念和倡议,是依靠中国与有关国家既有的双多边机制,借助既有的、行之有效的区域合作平台,旨在借用古代"丝绸之路"的历史符号,高举和平发展的旗帜,主动地发展与沿线国家的经济合作伙伴关系,共同打造政治互信、经济融合、文化包容的利益共同体、命运共同体和责任共同体。"一带一路"的建设不仅不会与上海合作组织、欧亚经济联盟、中国—东盟(10+1)等既有合作机制产生重叠或竞争,还会为这些机制注入新的内涵和活力。

2013年9月7日,习近平主席在哈萨克斯坦发表重要演讲,首次提出了加强政策沟通、道路联通、贸易畅通、货币流通、民心相通,共同建设"丝绸之路经济带"的战略倡议;2013年10月3日,习近平主席在印度尼西亚国会发表重要演讲时明确提出,中国致力于加强同东盟国家的互联互通建设,愿同东盟国家发展好海洋合作伙伴关系,共同建设"21世纪海上丝绸之路"。

2014年10月24日,包括中国、印度、新加坡等在内21个首批意向创始成员国的财长和授权代表在北京签约,共同决定成立亚洲基础设施投资银行。亚洲基础设施投资银行(简称亚投行),是一个政府间性质的亚洲区域多边开发机构,重点支持基础设施建设,总部设在北京。2015年3月12日,英国正式申请加入亚投行,成为首个申请加入亚投行的主要西方国家。截止2015年4月15日,法国、德国、意大利、韩国、俄罗斯、澳大利亚、挪威、南非、波兰等国先后已同意加入亚洲基础设施投资银行,已有57个国家正式成为亚投行意向创始成员国,涵盖了除美国之外的主要西方国家 以及除日本之外的主要东方国家。

2014年11月8日,中国国家主席习近平宣布,中国出资400亿美元成立丝路基金。2014年12月29日,丝路基金有限责任公司完成工商注册,丝路基金是开放的,欢迎亚洲域内外的投资者积极参与。

"一带一路"战略,实际上也提出了要和周边国家发展战略对接,具体这些国家的战略对接有怎样的考虑,细致到每一个点上,开放哪些港口,建哪些港口,做哪些项目,都需要很大的投入。另外包括在人员上的风险、战略上的疑虑、双边的外交关系等,都可能会对"一带一路"提出更多的问题。现在"一带一路"战略进入一个攻坚期和试水期,几年内都会对中国的国际战略提出更大的挑战。

4. 非传统安全将面临更复杂的挑战

非传统安全,又称"新的安全威胁",指的是人类社会过去没有遇到或很少见过的安全威胁；具体说，是指近些年逐渐突出的、发生在战场之外的安全威胁。

非传统安全问题主要包括：经济安全、金融安全、生态环境安全、信息安全、资源安全、恐怖主义、武器扩散、疾病蔓延、跨国犯罪、走私贩毒非法移民、海盗、洗钱等。非传统安全问题有以下主要特点：①跨国性。非传统安全问题从产生到解决都具有明显的跨国性特征，不仅是某个国家存在的个别问题，而且是关系到其他国家或整个人类利益的问题；不仅是对某个国家构成安全威胁，而且可能对别国的国家安全不同程度地造成危害。②不确定性。非传统安全威胁不一定来自某个主权国家，往往由非国家行为体如个人、组织或集团等所为。③转化性。非传统安全与传统安全之间没有绝对的界限，如果非传统安全问题矛盾激化，有可能转化为依靠传统安全的军事手段来解决，甚至演化为武装冲突或局部战争。④动态性。非传统安全因素是不断变化的，例如，随着医疗技术的发展，某些流行性疾病可能不再被视为国家发展的威胁；而随着恐怖主义的不断升级，反恐成为维护国家安全的重要组成部分。⑤主权性。国家是非传统安全的主体，主权国家在解决非传统安全问题上拥有自主决定权。⑥协作性。应对非传统安全问题加强国际合作，旨在将威胁减少到最低限度。

在亚太地区，我国周边比较明显的如非法捕鱼、人口走私、毒品、恐怖主义、水资源安全等一直存在，每年都会出现不同的特征，整体上升的态势比较明显。对我们来说，既是一个机遇也是一个挑战。机遇在于，中国和周边国家地区在传统安全上合作是一个短板，缺乏政治互信，有些历史问题。在非传统安全领域，反而有很多合作的空间。随着中国实力的上升，提供公共产品的能力逐渐加强。比如2013年11月8日超强台风"海燕"登陆菲律宾造成严重破坏之后，中国给菲律宾提供海上救援和资助，证明中国在非传统安全领域上发挥的作用空间和自身的能力意愿非常巨大。通过非传统安全的合作，可以加强政治互信，在一定程度上推动传统安全的合作。

2014年以来，伊斯兰教国组织迅速崛起之后，对全球的安全影响是很大，各种宗教，或者一些民族分裂运动者都会出现恐怖分子的趋势。包括中国在内，整个东南亚地区，恐怖主义重新升温的态势是比较明显的。"藏独""疆独"等民族宗教分裂活动也有加重之势，这些敌对分裂势力内外勾联，不断进行捣乱破坏。在西部地区，特别是新疆、西藏的安定，对中国局势的稳定至关重要。新疆、西藏及中西部的战略地位使其对中国未来整体的经济发展和社会稳定非常重要。一旦新疆、西藏出现了动乱甚至分裂，必然造成内地工业化和经济发展腹地及战略资源的丧失，同时会造成大量人口回流，加剧内地本来已经严重的土地、人口、资源矛盾，激化内地原本存在的各种社会矛盾，进而可能造成全国性的经济、社会和政治问题。此外，世界上民族和宗教分裂活动比较集中的地区和国家大多在中国周边，如中亚地区、俄罗斯、阿富汗、印、巴、印尼、菲律宾等，局势长期动荡不安，对我国周边环境的安全与稳定产生很大影响。

三、面对复杂的周边环境应采取的对策

面对复杂多变的周边环境，中国应加快谋划"大周边战略"，区分陆地与海洋的不同情况，统筹各大地缘方向，针对地区热点，创新运用博大精深的"中华文韬武略"，破解美国的"巧实力"及个别邻国的"小伎俩"。

(一) 大周边战略

"大周边战略"应强调以下两大原则：

(1)"刚柔并济"，周边战略切忌"阴柔有余、阳刚不足"，包括在南海问题与南沙争端上。对内对外都要讲清楚中国"走和平发展道路"的完整含义，和平发展绝不排除为捍卫自身正当利益的自卫反击，应让周边个别国家尽早"清醒"过来，打掉其幻想与错觉，以免其日后因挑衅中国被惩罚而"后悔莫及"。与此同时加快"硬实力"建设，重点提升海空远程防卫打击能力。

(2)"政经相辅"。"政"指政治与安全事务。应正视中国与东盟一些国家在南海存在的安全利益冲突，美国因此才有机可乘。中国与邻国之间经济利益基本吻合，但安全利益则存在冲突（领土与海洋权益争端等），这些邻国因而"经济上靠中国、安全上靠美国"，在安全上利用美国"制约"中国。破解这一困境须对症下药，"以长补短"，经济是中国的优势与"强项"，安全则是中国的劣势与"短板"，应一面扩大经济共同利益，一面妥善化解安全利益冲突，应将经济与安全联系起来，以经济手段来促进安全合作或抑制安全冲突，包括对侵犯中国权益的国家实施经济制裁、相关制裁，应准确打到对方的"痛处"与要害。

(二) 努力保持中美关系的稳定

美国是当今世界唯一的超级大国，对全球事务和亚洲地区的事务有着巨大的影响力。美国的态度在相当大程度上可以影响日本、韩国、澳大利亚以及东南亚很多国家的政策。在我国周边许多热点问题的背后，都有美国的影子。由于我国被美国认为是最有潜力在未来挑战其主导地位的国家，美国对华政策中防范的一面在一个相当长的时间内不可能消失。但美国在保持中美关系的稳定方面也有着重要的利益，在很多国际事务上，美国需要我国的合作。因此，只要双方做出足够的努力，中美关系可以维持一个相对稳定的局面。

(三) 发展睦邻外交，拓展我国在周边国家中的影响力

综合实力的增强，使我国营造有利周边环境的能力也相应增强。我国虽然在周边地区产生了一定的影响力，但与我国综合实力相比，两者之间并不相称。现在，我国与很多周边国家的关系中，最重要的支柱还处于经济合作的层面，如何加强我国与一些周边国家在政治、战略层面的合作，建立起高度稳定的、经得起国际环境变化考验的战略关系，还是一个需要努力加以实现的目标。

此外,针对外界对南海问题的炒作与曲解,宜适时明确界定中国在南海的维权"底线"。

放眼未来,周边是中国崛起必须经历的"大考",也是一道必须迈过去的"坎",谋划中国对外"大战略",务必优先"经营"与"料理"好"大周边"。

第三章　军事思想

第一节　军事思想概述

军事思想是关于战争、军队和国防问题的理性认识,是人们对长期军事实践经验的系统总结和理论概括。通常包括战争观、战争问题方法论、战争指导思想、国防观及建军指导思想等基本内容。军事思想在实践中不断丰富与发展,又反过来指导军事实践的实施与发挥。

军事思想是一种社会意识形态,从它产生起就具有了鲜明的阶级性。纵观军事思想的形成与发展过程,又明显地表现出各时期的时代性、相互之间的继承性和特色鲜明的创新性。因此不同阶级、不同时代和不同地域具有不同的发展轨迹,表现出不同的军事思想,按照区域划分为东方军事思想、西方军事思想;按照时代划分为古代军事想、近代军事思想、现代军事思想;按照国家分为中国军事思想、美国军事思想、俄罗斯军事思想,等等。

一、古代军事思想

有了战争就有了军事思想。战争、国家、军队都是私有制的产物,自从人类进入奴隶社会以来,战争活动就不断发生,人们通过对战争实践的理论总结也就产生了军事思想。追溯世界军事思想的发展过程,可以分为三个时期:古代军事思想、近代军事思想和当代军事思想,而俯瞰世界古代军事思想的产生、发展则主要集中于两个相对独立的区域:东方的中国和西方的地中海沿海国家。特别是中国的古代军事思想,内容丰富、成熟较早、理论突出,是世界古代军事思想的杰出代表。

(一)中国古代军事思想

1. 形成时期

公元前 21 世纪,中国建立了奴隶制的夏王朝,从此战争成为阶级斗争的最高形式。此时,尽管人们对于战争的认识处于低级阶段,还是产生了以靠天命观指导战争为中心内容的军事思想。奴隶主对外族发动掠夺战争,或用武力镇压本族奴隶的反抗,都是以征讨"违天命者""吊民伐罪""敬天保民"相号召,并用占卜手段,假借神的旨意和严刑厚赏驱使士卒作战。作战方式是集团列阵正面冲杀。到商代以后,作战逐渐以车兵为主。对军队指挥,要求行动统一,严厉管理。这种思想,指导着夏、商、西周几个王朝的军事斗争。通过这一时期的战争实践,人们已初步认识到审势而动,量力而行,众可以胜寡,强可以胜弱,反映了朴素的唯物主义观念。在西周时期,已出现《军志》《军政》等军事著作。

【知识链接】《军志》《军政》的军事思想

《军志》《军政》两书约产生于西周末期,虽早已散佚,但在《左传》《孙子》及后来的史籍中还保留着一些片断引文。从这些引文中,可以看出其内容大致记载着一些军事规律和指挥原则。可以把它们看作我国最早的专门化军事著作。

《左传》有三处引用了《军志》的文字:

僖公二十八年谓:"《军志》曰:'允当则归。'又曰:'知难而退。'又曰:'有德不可敌。'"

宣公十二年谓:"《军志》曰:'先人有夺人之志。'"

昭公二十一年云:"厨人濮曰:'《军志》有之,先人有夺人之心,后人有待其衰。'"

《通典》记唐军事家李靖曾引用《军志》谓:"《军志》曰:'失地之利,士卒迷惑,三军困败。饥饱劳逸,地利为宝。'"

宋本《十一家注孙子》引用了《军志》两段文字:

"《志》曰:'止则为营,行则为陈(阵)。'"

"《军志》曰:'阵间容阵,足曳白刃;队间容队,可与敌对。前御其前,后当其后;左防其左,右防其右。行必鱼贯,立为雁行,长以参短,短以参长。回军转阵,以前为后,以后为前。进无奔进,退无速走,四头八尾,敌冲其中,两头俱救。'"

《军政》的内容保留下来的较少,目前只在宋本《十一家注孙子》中见到两句:

"《军政》曰:'言不相闻,故为金鼓;视不相见,故为旌旗。'"

"《军政》曰:'见可而进,知难而退。'又曰:'强而避之。'"

从上述引文看,有的文字极为浅近,很可能是经过后人加工了的,但就内容而言,它们反映的基本为西周时的军事思想,是将当时的军事思想以军事条令的形式反映出来的。《军志》《军政》的军事思想,依据上述引文,可概括为以下几个方面:

(1)强调政治对军事的重要性,主张加强"德治",即做到内部团结,将政治与军事作通盘考虑,以政治清明来保证军事活动立于不败之地。从另一侧面说,对于政治清明、内部团结的国家,不可以与之为敌,轻率地对其发动进攻,即所谓"有德不可敌"。

(2)指出作战要量力而行并把握战机,主张"允当则归""知难而退""强而避之",即根据敌我双方力量的强弱,在作战中进攻要适可而止,可战则战,不可战则退,当遇到强敌时,要善于避敌之长、攻敌之短,以保存自己,减少不必要的损失。与此同时又不能一味保守,而要"见可而进",当出现有利的战机时,要迅速出击,不可贻误战机。

(3)主张"先人有夺人之心(志)",认为两军相峙,如先发制人,以强大攻势主动进攻,可以收到摧毁敌人精神,使其军心摇动、意志崩溃,以收事半功倍之效。

（4）认为"地利为宝""失地之利,士卒迷惑,三军困败",充分认识地理形势对战争的重要性,如军队所处的地形不利,士卒因处险境必然恐惶怯战,致使军心不稳、士气低落而三军崩溃。如军队得地形之利,则可充分利用有利地形致敌于死地。视地利为宝,说明当时军事家对地理因素的认识已相当深刻。

（5）强调军队阵形的严整与纪律的严格,平时做到"行止有序","上则为营,行则为陈（阵）",在作战过程中要按要求保持严整的队形,向前进击,阵队需有形,前后左右各司其职,即使回军转阵,亦不可乱形,且"进无奔进,退无速走"。在保证军队的队形与纪律方面,已经认识到了用金鼓旌旗进行统一指挥的效用。

2. 成熟时期

约从公元前 8 世纪初至前 3 世纪末,即春秋战国时期,中国逐渐由奴隶社会进入封建社会。生产力的发展,社会制度的变革,引起了士兵成分的变化和兵器的改进,军事制度和作战方式也随之变化。为适应这些新情况的需要,产生了统率军队的专职将帅,涌现了许多代表新兴地主阶级的军事家和兵书著作。著名的《孙子兵法》,标志着封建统治阶级军事思想的成熟。它是世界上最早的系统而全面的军事理论著作,揭示了一系列指导战争的规律,并奠定了中国军事思想的基础,指导着后代的战争实践和军事理论的研究,在国际上也享有极高的声誉。《孙子兵法》提出,军事斗争必须巧妙地运用权谋,即"上兵伐谋","必以全争于天下",认为"不战而屈人之兵"是高明的军事家所期求的最理想的战争结局。它打破了奴隶社会的天命观,以朴素的辩证法和唯物主义思想,指出战争获胜不取决于鬼神,只要能够做到"知彼知己",就可以"百战不殆"。它提出了"以正合,以奇胜"和"攻其无备,出其不意"的作战思想。《孙子兵法》还指出,战争胜负是由政治、经济、天时、地利、人事等因素所决定的,所以封建统治阶级要修明政治,顺应民心。这些思想,也为《孙子兵法》同时代的其他兵书和论及军事的著作所重视。战国时期,人们对战争的认识又进了一步。例如,传为军事家吴起所著的《吴子》,就探索了战争的实质,论及战争发生的根源,并把战争分成几种类型,赋予定义,提出对付各类战争的方略。军事家孙膑所著《孙膑兵法》,更主张抛弃"责仁义,式礼乐"的思想,要求用战争手段解决社会混乱局面;其作战思想则特别强调"贵势"和以奇制胜。这些主张,都是对《孙子兵法》军事思想的继承和发展。

3. 发展时期

从公元前 3 世纪末至公元 13 世纪,中国经历了秦、汉、晋、隋、唐、宋、元等几个大的王朝的统治和更迭。在这漫长的历史时期,先秦的军事思想对军事斗争仍然起着重要的指导作用。同时,由于社会经济、政治、文化及战争的发展,军事思想也进一步得到丰富和提高。就战争种类而言,有建立封建王朝的统一疆域的战争,有多次大规模农民起义、民族起义的战争,又有国内诸民族贵族为了争夺中央统治权而进行的战争。就军队发展而言,兵种和兵器装备有了较大的变化。不但有了独立的骑兵,而且舟师水军参战的数量也更多了。这就要求作战指挥必须加强步、骑、水军等的配合作战,使得战略战术运用和指挥艺术都得到高度发展。在这一时期,通过战争实践,造就了许多著名的军事家和将领,出现了许多总结军事斗争经验的兵书。秦始皇的大规模筑长城、修驰(直)道、重兵戍边等军事措施,对后世建设边防的战略思想有重大影响。在著名的楚汉战争中,张良为刘邦决策,收揽民心,分化对方,争取同盟,孤立项羽,取得了战争胜利。西汉王朝在对北方匈奴贵族的反击作战中,由名将卫青、霍去病率独立的骑兵集团主动出击,快速机动,远程奔袭,以及正面冲击、翼侧迂回等作战行动,创造性地发展了大规模使用骑兵的战略战术。兵书《六韬》,针对频繁的战争,提出了爱惜民力、休养生息的思想,并对作战指挥机构以及步兵、骑兵的协同作战等作了论述。兵书《三略》,进一步阐述了"柔能制刚,弱能制强"的朴素的军事辩证法思想,并指出最高统治者必须广揽人才,重视民众与士卒的作用。从汉到隋曾多次发生过从黄河流域向江南进军的大规模战争,大都是步、骑兵和水军多路并进的多兵种大集团的配合作战。其中,东汉末年的赤壁之战、晋灭吴之战、东晋苻秦的淝水之战,以及隋灭陈之战最为著名。在这些战争中,政治斗争与军事斗争的结合,谋略与决策,以及作战指挥艺术,都达到了相当高的水平。《李卫公问对》一书,联系唐代初期的战争经验,对以往兵书进行了探讨,对《孙子兵法》提出的虚实、奇正、攻守等原则及其内在联系,作了比较辩证的论述。李筌的《太白阴经》认为,战争的取胜决定于国家政治的优劣、力量的强弱以及谋略的运用。到了辽、宋、西夏和后来的宋与金、蒙古等几个民族政权并立的统治时期,互相长期处于对立状态,战争频繁。这个时期,随着生产发展和战争的需要,出现了火器和复杂的装备器材,对作战产生了重要影响。在以汉民族为主体的宋王朝,由于政治腐败,军权由皇帝绝对控制,军队作战能力低下,造成屡战失利。统治者为了教习文臣武将熟悉军事,命曾公亮等编纂《武经总要》,总结古今兵法和本朝方略,并颁布《孙子兵法》《吴子》《司马法》《六韬》《尉缭子》《三略》和《李卫公问对》为《武经七书》,官定为武学教材。这时,许洞的《虎钤经》和何去非的《何博士备论》,均对皇帝绝对控制军队指挥权及其危害提出了非议。南宋名将岳飞提出:"运用之妙,存乎一心。"他率岳家军突破皇帝"钦定"的作战旨意,采取步、骑配合的灵活战法,击败了金军强大的骑兵。陈规在《守城录》中,记录了军队开始使用火器和改进城防工事进行防御作战的方法,主张"守中有攻",对城市防御战法有所创新。中国北方游牧民族建立的辽、西夏、金等政权,均以骑兵见长,特别是后来兴起的蒙古族,建立了兵牧合一的制度,充分发挥其骑兵优势,以高度的机动灵活制敌,并善于学习和利用敌方先进技术,不断改进其军队的装备。蒙古贵族和后来建立的元王朝战胜南宋时,采取远距离的战略迂回和步、骑、水军联合多路进军,实施大集团军队的战略进攻。以上的实践经验和兵书内容,进一步发展和丰富了古代的军事思想。

4. 继承时期

大约从 14 世纪末至 19 世纪 40 年代,约从明朝至清朝后期,中国封建社会逐步走向没落的境地,不但有连绵不断的大规模农民起义战争、民族起义战争和统治者的平叛战争等,而且外国也开始入侵中国。这一时期,由于火器的改进和从外国引进部分先进兵器,出现了独立的水师、炮兵、工兵及其他技术兵种,加以作战对象发生了变化,因而在建军和作战指挥等方面都发生相应的变化。这时,一方面出现十分保守的只求守城保寨单纯防守作战的思想;另一方面,从实践中总结出的带有强烈革新内容的军事思想,也在不少兵书中出现。明代杰出抗倭将领戚继光的《纪效新书》和《练兵实纪》就是这种革新思想的代表作。他根据沿海复杂的地形条件和倭寇火器装备的特点,对阵法作了重大改革。他制定了以 12 人为单位的"鸳鸯阵",把它作为战斗队形的基础。何良臣的《阵纪》一书,对于军队组训和战法的论述,也具有革新的内容。孙承宗主编的《车营扣答合编》,反映了在大量火器装备部队后,编制和战法的改革。茅元仪编纂的《武备志》,则试图从军事理论、建军作战、兵器制造使用、天象地理、江河海防诸方面,提出实行军事改革的依据,以求振兴明王朝的武备。清王朝建立以前,后金(清王朝前身)与明军发生萨尔浒之战,清太祖努尔哈赤以"凭尔几路来,我只一路去"的方针,集中优势兵力,充分发挥其步骑协同作战的长处,对明军的多路进攻实行各个击破,反映了军事指挥上的新思想。乾隆以后,统治者局限于骑射为满人之根本的思想,采取闭关锁国政策,在军事上逐渐趋于保守落后。但是,也有不少人针对这种状态,提出了某些革新思想。例如,惠麓酒民的《洴澼百金方》,主张团结民心,实行兵民联防;顾祖禹的《读史方舆纪要》提出京城要建立多层次设防的思想;年羹尧的《治平胜算全书》,强调平时对军队严格训练,战时才能取胜等,都有一定的积极意义。

中国古代军事思想是中国古代千百次王朝战争和大规模农民起义战争的经验总结。其丰富内容,是前人留下的宝贵军事遗产,也是中华民族灿烂文化遗产的一个重要部分。中国近代的直至现代的军事思想,都从中批判地继承和吸取了许多有价值的内容。

5. 我国古代军事思想观念

1)战争观

这一思想大约形成在奴隶社会的初期,到奴隶社会的末期基本成熟。以仁为本的战争观,主要包括两层含义:

(1)战争支柱——以仁为本。《司马法·仁本第一》开宗明义:"古者,以仁为本,以义治为正。正不获意则权。"仁者使人亲,义者使人悦。此二者,才是战斗力的凝聚核,才是赢得战争胜利的基础。

（2）战争准则——师出有名。《礼记·檀弓下》主张"师必有名"，认为师出无名，必将遭到众人的反对，定成败局。

2）指导原则

（1）重战思想。《孙子兵法》开宗明义、大声疾呼："兵者，国之大事，死生之地，存亡之道，不可不察也。"认为战争是关系到国家民众生死存亡的头等大事，不能不认真研究和对待。

（2）慎战思想。即慎重对待战争，不轻易言战。《孙子兵法》中这样写道："亡国不可以复存，死者不可以复生，故明君慎之，良将警之。"

（3）备战思想。其意就是未雨绸缪。孙子受当时形势的影响，提出了必须重视备战的思想，并告诫人们思想上时刻不要忘记战备，做到"用兵之法，无恃其不来，恃吾有以待也；无恃其不攻，恃吾有所不可攻也"。

（4）善战思想。就是要会用兵打仗。

① 注重以"道"为首要因素的多因素制胜论。"道"就是政治，是"令民与上同意也。故可以与之死，可以与之生，而不畏危也。"当然，在注重道的同时，其他"天、地、将、法"四个因素也不可忽视。

② 庙算制胜论。庙算，是古代开战前在庙堂举行军事会议，商讨与谋划战争的一种方式。《孙子兵法》主张战前，要对战争全局进行计划和筹划，定出可行的战略方针。

③ "诡道"制胜论。《孙子兵法》里讲道："兵者，诡道也"。因此，他提出了"能而示之不能；用而示之不用；近而示之远；远而示之近。利而诱之；乱而取之；实而备之；强而避之；怒而挠之；卑而骄之；佚而劳之；亲而离之"的诡道之法，进而达到"攻其不备，出其不意"的目的。

3）指导思想

《孙子兵法·谋攻篇》中写道："知彼知己，百战不殆；不知彼而知己，一胜一负；不知彼不知己，每战必殆"，这不仅仅对战争有指导意义，而且对政治、外交、经济乃至工作生活都有一定帮助。

4）全胜战略

自古以来，战争的直接目的就在于保存自己、消灭敌人。最高和最理想的目标就是以"全"争胜——"不战而屈人之兵"。《谋攻篇》中指出："故百战百胜，非善之善者；不战而屈人之兵，善之善者也"。因此，"善用兵者，屈人之兵而非战也，拔人之城而非攻也，毁人之国而非久也，必以全争于天下。故兵不顿而利可全，此谋攻之法也。"

5）作战思想

主要表现在："制人而不制于人"，夺取主动权。强调的就是要根据战场的具体情况，灵活且有针对性地采取制胜方法。

6）强调奇正

"凡战者,以正合(合力攻击),以奇胜(奇兵制胜)"。"奇正"是中国古代一对重要的军事矛盾,历代兵家多有阐述和运用。"奇正"的含义广泛,一般来说,常法为正,变法为奇。分而言之:在兵力使用上,守备、钳制的为正兵,机动突击的为奇兵;在作战方式上,正面进攻、明攻的为正兵,迂回、侧击、偷袭的为奇兵;在作战方法上,按一般原则作战的为正兵,采取特殊战法的为奇兵。"奇正"充分体现了用兵的机动灵活性,出奇制胜的高妙之处,在于攻击敌人无备与虚弱之处。

7）用将之道

选贤任能,不仅是古人的用人之方,也是用将之道。

（1）重将思想。《投笔肤谈·军势第七》指出:"三军之势,莫重于将"。并且认为,"大将,心也。士卒,四肢百骸也",即我们现代所说的"千军易得,一将难求"。

（2）选将思想。在古代,选将标准有五,《孙子兵法·计篇》中明确提出"将者,智、信、仁、勇、严也"。

（3）用将思想。古人认为,将帅使用的原则,就是信任和放手,做到"用人不疑,疑人不用"。

（二）外国古代军事思想

与中国古代军事思想相比较,外国的古代军事思想起步较晚,认识上还不够全面和深刻,主要散见于当时的一些历史资料或文学著作之中,从而缺乏一定的系统论述。

1. 古希腊军事思想

古希腊军事思想是西方近代军事思想的历史源头。它萌生于公元前8世纪希腊城邦出现以后,并随着古代希腊社会政治、经济的发展,思维能力的进步,战争与军事实践经验的不断积累,逐渐升华为理论,内容也日益丰富和发展起来。

公元前2000年前后,古希腊人开始创建城邦并逐渐向东、西地中海和黑海沿岸一带殖民。他们引进腓尼基人、埃及人、波斯人的弓矛甲胄和海军、陆军作战方法,加以发展和改进,在军事上迅速强盛起来,击败了波斯军队两次大规模入侵。希腊早期的战争神话、史诗《伊利亚特》和《奥德赛》及军事历史著作《历史》等,反映当时人们对战争现象已经有了一些直观、粗浅的认识。受时代的局限,早期希腊人普遍认为超自然的力量决定着战争的胜败,所以每次战前都要请示神灵,遵循天神的"旨意"行事。但在严酷的战争面前,这种神秘主义的战争观又常常被朴素的理性思考所冲破,开始认真探求建设强大军队的道路和先进的作战方法。雅典、斯巴达等城邦都建立了由奴隶主贵族和自由民组成的非常备重装步兵,竭力扩充操桨战舰海军,培养青少年的尚武精神和作战技能,注意从小进行军事训练,重视团结各城邦共同抵御强敌,扬长避短,以机动灵活的海军、陆军战术打击敌人。希波战争后,古希腊各城邦相继进入极盛时代,为争夺霸权爆发了长达27年的伯罗奔尼撒战争。在此期间,古代希腊军事思想有了长足发展。伯里克利、修昔底德、苏格拉底、色诺芬、柏拉图等政论家和学者开始以理性主义态度分析战争现象,摈弃以往神话中将战争归结为神意的唯心认识,或将战争起因看成是争夺美女的表面看法,深刻指出战争是双方根本利益冲突的结果,政治、经济、精神因素对战争胜负都有重要影响。他们主张建立一支精选的军队,强调纪律和训练的重要性,重视激励军队士气,加强将帅的选拔和培养,要求做好战争准备,适时选择战机,集中兵力,积极争夺制海权等。来山得、科农、阿格西劳二世和埃帕米农达等著名战将在战争实践中采用了一系列新的战法,特别是埃帕米农达首次采用斜切战斗队形,集中主力于一翼,从根本上改变了正面平分兵力的传统布阵方法。公元前4世纪前后,曾经显赫一时的雅典、斯巴达和底比斯城邦先后衰落,位于巴尔干半岛中部多山地区的马其顿王国在腓力二世和亚历山大三世领导下迅速崛起。他们吸收东西方国家的战争经验和军事思想成果,建立由常备军和雇佣军构成的职业军队,扩大海军、骑兵和攻城兵的数量,利用政治、经济、军事、宗教和婚姻等各种手段从战略上分化瓦解敌人,安抚和控制新征服地区,创造性地将斜切战斗队形发展成为步兵、骑兵、弩砲兵、攻城兵联合的马其顿方阵,增强了希腊方阵攻城、突破和扩大战果的能力。后来又从保持军队机动的需要出发,进一步增加其中轻装步兵的数量,制定了队形内部灵活变换和相互协同的原则,把方阵变成若干独立行动的纵队,尽可能发挥骑兵机动和追击的作用。

在古希腊的文学、史学和哲学作品中,保留了十分丰富的关于战争、军队建设和战争指导方面的言论。

(1)关于战争:①在战争根源问题上,早期古希腊人普遍相信战争的发生、发展和结局都无法逃脱神谕的预言,所以将征求神谕作为战争准备的最重要部分,获胜后也不是将胜利归结为用兵得当和战士英勇,而是将荣誉归于诸神和天上的英雄们。另一些人则认为战争是由争夺美女之类的事件引起的。伯罗奔尼撒战争前后,雅典和斯巴达的一些政论家开始排除神灵崇拜等表面现象的干扰,以理性主义态度研究战争深层原因。他们指出,战争是敌对双方利害冲突不可调和的产物。在伯罗奔尼撒战争中,对斯巴达作战是为了雅典的安全、荣誉和自己的利益,只有保护城邦的利益,才能有每个公民的利益。②在战争与政治、经济的关系方面,古希腊人普遍将侵略他人与非正义战争联系起来,将被侵犯者的反抗与正义战争联系起来。但有时为了给一些强大城邦的扩张行动寻找依据,又常常将正义放到一边,而过分强调利益,甚至以神灵和自然界规律的名义为扩张战争辩护。他们还认为雅典城邦之所以在多次战争中都能够坚定果敢,团结一心,根源在于民主政治,在于其爱国主义精神所激发出来的勇敢斗志。战争的胜负结局,取决于双方经济力量的强弱。在战争中,金钱比军备更重要,因为只有金钱才能使军备发生效力。

③在战争与和平问题上,一些人已意识到二者的辩证关系,奉劝人们不要担心暂时的恐怖,而要争取战后永久的和平。因为战争使和平得到巩固,如果为着安宁而不肯作战,那么仍然不能避免战争的危险。

(2)关于军队建设:①古希腊政治家和将领们提倡建设一支捍卫城邦的军事力量,并注意根据战斗需要改善其组织形式和兵种构成。为了实现海上霸权,地米斯托克利以"雅典的未来在海上"作为号召,力主投入巨资建造大批战舰,扩充海军;腓力二世在军事技术日趋复杂、战争规模不断扩大的形势下,建立由常备军和雇佣兵组成的职业军队,包括步兵、骑兵、弩砲兵和攻城兵等诸多兵种。②在军队教育训练方面,古希腊将帅重视激发将士的尚武精神,宣扬爱国思想,培养官兵视死如归的勇气、吃苦耐劳的作风和强烈的集体荣誉感。斯巴达城邦甚至颁布法令,要求人们绝大部分时间住在军营内,共同进餐,以简朴、紧张的军营生活为荣。认为纪律和训练是增强军队战斗力的重要因素,军人的品质就是勇于作战,富于荣誉心,严守纪律,具备高超的作战技能。斯巴达城邦规定儿童从7岁起就要参加军事训练(包括击剑、拳击和跑步等);妇女也要接受体育及军事教育,以保证城邦始终拥有大批作战技能娴熟的兵员。③在将帅修养方面,认为一名优秀将领应当具备勇猛、正义、慷慨和守信等良好品质,作战时身先士卒、以身作则,厚犒重赏有功将士,抚慰伤员,厚葬死者,以金钱、土地优待阵亡将士家属和老兵;应当懂得筹集粮秣、编组和运用战斗队形,以及进行战前鼓动演说等。

(3)关于战争指导:①在战争艺术的内容方面,古希腊人已试图对"将兵术"内容做进一步区分,认为战术只是"将兵术"的一部分,包括编组战斗队形及在不同情况下的具体运用。此外,"将兵术"还包括选拔部将、筹备粮秣、训练和鼓动士兵等。②在战略方针上,强调重视战争的物质准备和精神准备,制定周密计划,发挥自身优势,以己之长击敌之短;保存军事实力,不争一城一地的得失;先发制人,积极进攻,突然袭击,出奇制胜;集中主力对付主要敌人,力避分散用兵;保持部队机动灵活,力争战场主动权;海军与陆军密切配合,夺取和掌握制海权;运用政治、经济等各种手段配合军事打击,分化敌人势力,团结同盟军,以小的损失换取大的胜利等。③在具体战法上,先后形成以快速冲击和两翼夹攻著称的雅典方阵,由纵深8列长矛兵组成的斯巴达方阵,集中主力于一翼的斜切战斗队形以及诸兵种联合的马其顿方阵等;海战中采用了先进的撞角、接舷战术,从而使古希腊军队的战术水平、机动和攻击能力长期居于世界前列。

古希腊军事思想奠定了欧洲古代军事思想的基础,其精华部分多为古罗马人所继承,对古代罗马军事思想及文艺复兴前欧洲军事思想的发展产生了巨大影响,堪称世界军事思想宝库中的一份珍贵历史遗产。

2. 古罗马军事思想

古代罗马兴起于公元前8世纪的亚平宁半岛。在由氏族公社向阶级社会过渡的王政时代,其军队主要由自备武器的不同等级公民临时组成,包括骑兵、重步兵、标枪兵、投石兵等不同兵种,以 100 人为最基本的战术编队(称"百人队")。布阵则效仿古希腊人,以重步兵为方阵主体,轻步兵掩护翼侧。公元前 509 年奴隶制共和国成立以后,平民通过与贵族的长期斗争废除了债务奴隶制,由平民组成的轻步兵成为罗马军队的主体。公元前 275 年,古罗马人击败希腊城邦伊庇鲁斯,控制了整个意大利半岛。公元前 264—公元 146 年,与称霸西地中海的迦太基进行了三次布匿战争。在海上,古罗马人赶造上百艘大型战舰,发明了接舷吊桥"乌鸦吊",根据自身不谙海战却擅长白刃格斗的特点,采用接舷战术先后在米拉海战、埃克诺姆斯角海战中重创迦太基舰队。

古罗马将领根据迦太基军队远离本土、不能持久作战的特点,采取坚壁清野、避免正面交锋、切断敌人后援的战法,在山区消耗和疲惫敌人,终于击败汉尼拔。随后古罗马军队征服马其顿、叙利亚、努米底亚、米都、山南高卢等广大地区,将整个地中海变成了自己的内湖。长期的对内对外征战,为古罗马培养出一批英勇善战的将领。他们的统帅艺术高超,军事思想先进,如费边以己之长击敌之短,长期坚持游击歼敌的策略;西庇阿(大)诱敌深入,分化瓦解,各个击破的战法;凯撒步、骑兵协同作战,建立预备队等,皆为古代罗马军事思想增添了丰富的内容。在罗马共和国后期的大规模奴隶起义中,起义军首领斯巴达克步、骑协同,隐蔽机动,出敌不意,外线进攻,避强击弱等高超的统帅艺术,更在世界战争史上写下了光辉的一页。

为了始终保持一支强大的军事力量,罗马共和时代的政治家在军事上进行一系列改革。公元前 3 世纪左右,他们根据古希腊方阵的利弊得失,结合多年的征战经验和兵器改良状况,组建了由数个中队组成的著名的罗马军团。军团士兵手持投掷兵器重标枪和格斗兵器短剑、椭圆形凸面盾牌,排成棋盘方格状的战斗队形,其整体机动能力和单兵作战能力都远远超过古希腊方阵。公元前 2 世纪,著名改革家格拉古从提高军队作战能力出发,在所提出的改革法案中禁止征召 17 岁以下未成年人服役,服役公民的武器装备改由国家供应。其后,马略在此基础上进一步改革,变征兵制为募兵制,招募公民服役,并由国家供养,服役期达 16 年;士兵对将校负责,将校由统帅任命;加强纪律,强化训练;建立后勤保障系统等,对于提高军队战斗力,强化罗马国家机器和保持社会安定起到了积极作用。

公元前 27 年,罗马将领渥大维结束内战,获"奥古斯都"尊号,从此罗马进入帝国时代。奥古斯都为了建立与其独裁统治相适应的军事制度,实行雇佣兵制度,建立禁卫军,延长士兵服役期限,为军队各级单位赋予固定番号,为退役老兵建立军事殖民区等,以维护古罗马优越的军事地位。一些军事理论家则致力于总结以往的作战经验,弘扬古罗马军队建设的优良传统。如弗龙蒂努斯编写的《谋略》和韦格蒂乌斯撰著的《论军事》等军事理论著作,在当时及后世都产生了重要影响。然而,随着罗马帝国社会矛盾日益尖锐和奴隶主贵族极度腐化,越来越多的罗马人厌恶艰苦的军营生活,追求奢侈豪华。罗马皇帝戴克里先为弥补兵员不足,主张志愿兵役制、义务兵役制并行,大量征召异族人入伍。后继者君士坦丁一世更进一步强调军权集中,以御前军代替禁卫军,把军队分成边防军团和内地机动军团等。但这些改革措施未能挽救罗马帝国衰落的命运。公元476年,西罗马帝国终于灭亡。

古罗马人重视对战争艺术的研究。从众多古罗马史书如凯撒的战争回忆录《高卢战记》《内战记》,古罗马军事理论著作《谋略》《论军事》中,可以看到大量有关战争、军队建设和战争指导等方面的论述。

(1) 关于战争:①对战争的目的、性质有了较为明确的认识。古罗马将领们公开申明,对外征伐的目的是为了得到金钱、土地和城市,并宣称自己所进行的战争是正义的,鼓励士兵为利益、光荣和正义而战。②看到了政治态度和人心向背对战争的重要影响。西庇阿(大)在与汉尼拔作战时,主张采取各种政治和心理的分化手段,争取敌人的同盟者。凯撒也强调必须政治、外交手段和军事打击并用,恩威并施,分化瓦解,促敌自相残杀,以赢得战争的胜利。③尽管神意决定战争胜负的观念仍占重要地位,但更强调实力因素的作用,认为财力和军力是战争胜负的基础。

(2) 关于军队建设:①认为精选兵员和严格训练部队是建设强大军队的前提。古罗马政治家和将帅十分强调士兵的征选,规定服役年龄为17～46岁,要从温带气候国家的农村中征选那些身强力壮、有使命感、勇于献身的年轻人当兵。强调勇敢主要是训练出来的,要根据作战需要训练士兵,通过长期艰苦的野外训练,使之熟练使用武器,具备吃苦耐劳的体力和意志。②既注意关心士兵的饥饱冷暖,又强调以严刑酷法维护军纪。每次作战时,古罗马将帅都以物质利益和精神鼓励动员士兵英勇作战。对临阵脱逃的士兵,古罗马军律规定采取十人中抽杀一人,钉十字架、挖眼甚至烧死等残酷刑罚。这种恩威兼施的治军原则对维护古罗马军团的战斗力有着重要作用。③认为将帅身先士卒是胜利的源泉。每遇紧急关头,古罗马将帅往往率先冲入敌阵,以自身的表率作用激励士气。④重视军事技术的革新。古罗马将帅认为军事技术的进步是提高战斗力的重要因素,因此积极采用双刃锋利的步兵短剑,制造了当时最先进的攻城锤、乌鸦吊、盾车、木塔、弩机,修筑了坚固的防御工事和围城工事。这些新兵器和新技术的采用,对夺取战争胜利起到了重要作用。

(3) 关于战争指导:① 积极进攻。主张在敌人集结之前采取行动,或诱敌深入,或迫敌分兵,变数量的整体劣势为局部优势,依靠不断的行军使敌人疲于奔命,然后在最关键的地点对敌实施突然打击。②善用谋略。主张运用计谋声东击西,制造假象调动敌人,瓦解敌人,动摇敌人的信心;主张不经过战斗,仅以切断对方粮运就迫使敌人投降,达到兵不血刃的目的。③灵活用兵。强调各种战斗样式都有其优长和缺陷,应当根据战场情况灵活处置,不可因循守旧;敌人攻势凌厉时,要采取拖延策略,消耗敌人,陷敌于欲战不能的窘境;不要因循以往将兵力一次投入的战法,而要建立在关键时刻投入使用的预备队,以扭转战局或扩大战果。

古代罗马军事思想总结了古希腊、古罗马的战争经验,内容较为丰富,不仅在当时指导了古罗马将帅们的军事实践,而且对欧洲漫长的中世纪和文艺复兴时期的战争实践也具有重要影响。

3. 欧洲中世纪军事思想

从公元476年古罗马帝国灭亡到1640年英国资产阶级革命,为欧洲的中世纪。在这个长达1100多年的"黑暗统治"时代,封建割据的庄园经济、宗教思想以及经院哲学的禁锢等,极大地限制了军事思想的发展。直到封建社会后期,才随着中国的火药技术、火器技术的传入以及受到意大利文艺复兴的影响,西方古代的军事思想才有了缓慢的发展。这个时期的主要军事代表人物有中世纪西欧早期的封建帝国法兰克王国加洛林王朝国王查理大帝(742—814年)、瑞典国王和统帅古斯塔夫二世(1594—1632年)等,代表作品有东罗马(拜占庭)皇帝莫里斯一世(539—602年)论述海陆军协同作战理论的军事著作《将略》、利奥六世(866—912年)论述罗马军队的组织、战略战术问题、针对敌人战法采取相应战略战术的军事著作《战术学》、意大利军事理论家 N. 马基雅维利(1469—1527年)的《战争艺术》(又译《论战争艺术》《兵法》等)、普鲁士国王弗里德里希二世(1712—1786年)的《战争原理》等。此时的军事思想可以概括为:战争被披上了宗教的外衣,掩盖了统治阶级之间的利益争夺;宣扬了战争是人类天性的一部分,是原始罪恶的源头,也是教会权力的支柱;在战争中丧失了生命的人,可以进入天堂,赎免一切罪恶,这其实是对战争认识的倒退;重视军队的建设,把军队看成是国家的重要工具;对雇佣兵制的弊端有了初步的认识,主张实行义务兵役制;初步涉及战略学、战术学等军事概念;还认识到制海权的重要性,认为控制了海洋就可以赢得和守住巨大的海外领土等。

查理大帝　　　　　古斯塔夫二世

二、近代军事思想

（一）中国近代军事思想

中国近代军事思想是指1840年鸦片战争国门被西方列强打开逐步沦为半殖民地半封建社会开始，直到1949年中华人民共和国成立期间，一批批中国政治家、军事家、思想家为平国难，放眼世界，借鉴外国军事思想，结合中国古代军事思想所进行的关于军事问题的观点和理论的探索成果。

1. 思想变革

1840年鸦片战争前的清王朝，崇尚"骑射为满人之根本"，长期实行闭关锁国政策，兵器落后，军备废弛，军事思想停滞不前。清军在鸦片战争中败北，开始暴露出清朝统治阶级军事思想的严重弱点。鸦片战争后，随着列强对华侵略的逐步加剧，中国古代军事思想受到西方资产阶级军事思想越来越大的挑战，发生了此消彼长或互相融合的历史性演变，导致了中国近代军事思想的产生和形成。

鸦片战争之后，以道光帝（昱宁）为首的统治集团把中英《南京条约》看作是"万年和约"。然而，地主阶级中以林则徐、魏源为代表的一些有识之士，首先放眼世界，看到了西方列强的"唯利是图""唯威是畏"的本性，主张严修武备，"以甲兵止甲兵"，坚决抵抗外来侵略。同时，他们也看到西方列强的"船坚炮利"，承认中国在军事技术方面的落后，提出了"师夷长技以制夷"的著名战略思想，"以守为战"的战略防御思想，以及"器良、技熟、胆壮、心齐"的建军思想。尽管这些思想在当时未被清廷采纳，但已发出了变革中国古代军事思想的信号，并标示着中国近代军事思想发展的方向。

19世纪50年代初，爆发了以太平天国革命为主的席卷全国的各族人民大起义。在太平军的打击下，腐朽的清朝正规武装八旗、绿营兵不堪一击，迫使清廷下谕各省兴办团练"助剿"；而具有远见的曾国藩，看透了八旗、绿营兵的不足恃和团练的不中用，借机编练了一支新型地主武装——湘军。这支军队以捍卫名教、勤王忠君为建军宗旨，仿效明代戚继光编练队伍的办法而组成。以一批中小地主阶级知识分子为骨干，以山乡质朴农民为兵源，比八旗、绿营兵具有更强的战斗力。曾国藩的湘军，以及后来按照湘军营制组建的淮军，注意采用洋枪洋炮，重视政治灌输和层层严密控制的建军思想，开了近代"兵为将有"的先河。

曾国藩、胡林翼、左宗棠、李鸿章等湘、淮军统帅，出身儒生，熟悉历代兵家韬略，并善于从实战中总结经验教训，形成了一套比较完整的作战指导思想。他们对战争持稳慎态度，主张"谨慎为先""稳慎为主"。在战略上，强调"慎静缓图"，谋定后动，稳扎稳打，不求速效。在镇压太平军的作战中，曾国藩采取"先剪枝叶，后图根本"的方略；在镇压捻军的作战中，曾国藩、李鸿章先后采取"以静制动""扼地兜剿"的方略；在镇压西捻军和陕甘回民起义军的作战中，左宗棠采取"先捻后回"、

"先秦后陇"的方略；在作战指导上，胡林翼等注意抓住必争之地，运用"围城打援"等战法。所有这些，都体现了因敌、因时、因地制宜的原则和着眼于歼灭对方有生力量的思想。

太平军建立之初，就以推翻清王朝、建立人间"小天堂"为宗旨。他们仿照《周礼》，以军、师、旅、卒、两的序列编组部队，先后建立起陆营、土营和水营，实行具有供给制性质的"圣库"制度，强调军队严格的组织纪律。这不仅较当时的八旗、绿营兵为优，而且为农民战争史上所仅见。早期，太平军贯彻在湖南道州确定的"略城堡，舍要害，专意金陵，据为根本"的正确战略方针，使革命势力迅速扩展到长江流域。但是，他们在占领金陵（今南京）后，却违反集中使用兵力的原则，做出了据守金陵，同时北伐和西征的错误战略决策，使革命力量遭到严重挫折。然而，太平军在实战中运用并发展了一些传统战法，反映出太平军将士高超的作战艺术。后期捻军"易步为骑"，采用以走制敌、盘旋打圈战法，也反映出重在歼敌有生力量的思想。但是，捻军最后分为东、西两军，在战略上失去协同，加速了这支起义军的失败。太平军的军事思想，除了反映在流传下来的《太平军目》《太平条规》和《行军总要》等文献中外，更多地则体现在他们建军作战的行动中。

从这一阶段清军以及农民起义军建军、作战的情况看，虽然出现了新的军事思想，但中国古代军事思想仍居统治地位，已明显地不适应抵御外敌入侵的需要。

2. 学习西方

第二次鸦片战争结束后，清王朝与西方列强之间的矛盾暂趋缓和。统治阶级中一部分被称作洋务派的官僚（如奕诉、曾国藩、左宗棠、李鸿章等），出于镇压农民起义和抵御外敌入侵的双重目的，开展了一场以学习西方"长技"为主要内容的"自强"运动。

洋务派官僚本着"自强以练兵为要，练兵又以制器为先"的方针，首先兴办近代军事工业，仿造西式武器装备，这就为新的军事思想产生提供了物质基础。他们还在"练兵与制器相为表里"方针指导下，着手整顿军队。从京营八旗中挑选精壮，专习洋枪洋炮，编练成八旗"洋枪队"；挑选部分绿营兵，仿照湘淮军营制进行编练，改称"练军"；将驻守边防、海防和战略要地的湘淮军改称"防军"，承认其为国家正规武装，这就使清军军制有了初步变化。

同治年间，先后发生了阿古柏侵占新疆和日军入侵台湾的事件，边境危机日益严重，在统治阶级内部引起了"海防"与"塞防"的争论。清政府否定了李鸿章等人提出的舍弃新疆、专备海防的错误方针，采纳了左宗棠等人提出的海防与塞防并重的方针，出兵收复新疆。与此同时，决定加紧筹办海防，其设防思想也由以往的以岸防为主，发展到海陆并举，以建设海军为主。19世纪80年代初，北洋、南洋、福建三支海军已初具规模。1884年，福建海军在中法战争中覆灭后，清廷进一步提出"以大治水师为主"的方针，设立海军衙门，优先扩充北洋海军，于1888年组建完成,并在旅顺口、威海卫等地建立海军基地。还本着"用人最为急务,储才尤为远图"的方针,着手兴办海军学堂,选派学生出国留学。此外,还"参用西法",拟订了《北洋海军章程》。这些,既反映了西方军事思想所产生的影响,也反映出中国军事思想所起的变化。

发生在这段时间的中法战争、中日战争,在清廷妥协方针指导下,都先后失败了。但是,随着西式武器的陆续装备部队和军制的初步改革,在作战样式和战法方面已引起了不少变化。例如,步骑、步炮协同作战已被普遍采用;独立的海战以及陆海军协同的抗登陆作战也已出现;阵地战、运动战水平有所提高;战斗队形开始由密集向疏散发展,并出现了攻守结合的"地营"等。所有这些,是与作战指导思想的变化分不开的。

由于受到清廷"中学为体,西学为用"总的指导思想的束缚,尽管在仿制西式武器装备方面取得了较大的进展,但建军思想仍囿于一度行之有效的湘军营制,以致八旗、绿营军制的改变,都未能脱出湘军营制的窠臼;即使在新建的海军中,也程度不同地保留着湘军营制的影响。军队的管理教育,仍然以封建纲常与宗法思想为基本内容,带有浓厚的封建色彩,这是军事思想落后的反映。

中国在 1894 年中日甲午战争中的惨败,在军事思想领域引起了巨大的反响。群臣百官纷纷条陈时务,主张仿用西法,创练新军。清政府也看到,在甲午战争中,日本"专用西法取胜",因而得出了"仿用西法创练新兵为今日当务之急"的明确结论,决定全面改革军制,编练新军。胡燏棻受命在天津附近的小站,按照西法编练"定武军"(袁世凯接任后改称"新建陆军")。与此同时,张之洞在南京编练"自强军"。此次编练的新军,设有步、炮、马、工程各队,一律装备新式火器,并改用德国操典练兵。这是军事思想上放弃湘军营制、改用西法的重大转变。

1900 年抗击八国联军入侵战争的失败,使清廷进一步认识到,现行营制饷章已经过时,急需加以彻底改变。清政府出于维护其统治的需要,也颁谕实行"新政"。其重要内容之一就是进一步改革军制;设立练兵处,正式制定新军制,计划在全国限期编练新军 36 镇(师),加快了编练新军的步伐。此次普练新军,改以日本陆军编制为蓝本,平时以镇为单位,下辖步兵二协(旅),马队、炮队各一标(团),工程、辎重各一营。这种编制的采用,标志着清代军制正式步入新的轨道。在普练新军的同时,对各省的旧军队汰弱留强,改编成巡防营,形成了类似野战军与地方军相结合的武装力量体制。还正式宣布废除武举制度,确定在全国广设学堂,建立军事教育系统,翻译出版西方和日本的军事学术著作,编写军事教材,介绍资本主义国家有关军事技术、军事制度以及军事学术方面的知识。在这些书籍中,袁世凯等编纂的《训练操法详晰图说》、徐建寅编写的《兵学新书》以及贺忠良编纂的《战法学教科书》,对传播西方的军事思想,具有较大影响,并在促进中西军事思想融合方面,进行了初步的尝试。

3. 推向高峰

大体与清末编练新军的同时,以孙中山为代表的资产阶级革命党人,认识到在中国"和平之法无可复施",决心摒弃改良主义,走武装夺取政权的道路。孙中山、黄兴等实行由联合会党为主转为争取新军为主的武装斗争方针,最后依靠新军,取得了推翻清王朝的伟大胜利。辛亥革命的胜利成果被袁世凯篡夺之后,孙中山仍然坚持武装斗争,并进一步认识到,要打倒军阀,必须打倒军阀所赖以生存的帝国主义。但是,孙中山在如何建立一支资产阶级革命军队的问题上,经历了漫长、曲折的道路,最后在共产国际和中国共产党的帮助下,才认识到建立一支革命军队对于中国革命的绝对必要性,并找到了正确的建军道路,提出军队必须与"国民相结合"使之成为"国民之武力"的建军思想;还在军队中建立党代表和政治工作制度,对军队进行三民主义的教育。孙中山关于建立中国国民革命军的思想,是中国资产阶级登上历史舞台后,把中国近代军事思想推向高峰的标志。此后,由于买办资产阶级的得势,中国资产阶级军事思想也随之逐步趋于反动。

这一时期,蔡锷、蒋方震等也介绍了一些西方资产阶级的军事理论。例如,认为战争是"政略冲突之结果";主张学习西方的义务兵役制,指出这是"既欲其精,又欲其多"的好制度;主张在军队编制方面应体现人与器合、兵与兵合、军与军合、军与国合等原则;在政治教育方面,提倡进行军国民教育。这些都给中国近代军事思想增添了新的内容,对中西军事思想的融合,做了进一步的尝试。

清末普练新军之后,没有进行过抗击外敌大规模入侵的战争。仅从辛亥革命、讨袁战争、护国战争、护法战争等几次重要的国内战争来看,作战指导思想较前有明显的变化:由于战争复杂多变,司令部的作用已被提到重要位置,前线指挥员已被赋予较多的机动处置之权;比较普遍地注意利用近代交通、通信工具,用来机动部队和提高指挥效能;预备队的作用日益引起重视;开始使用飞机遂行侦察、轰炸任务;随着枪炮火力的加强,更加重视防御工事的构筑与改进。但这一时期的作战样式偏重于阵地战,运动战和游击战甚为少见,作战方法也比较呆板。

这段时间的军事活动,以模仿西方军制和传播西方军事思想为基本特征,并带有生搬硬套的特点。中国古代军事思想中过时的部分逐渐被摒弃。但如何有选择地吸收西方先进军事思想,批判地继承中国传统军事思想的问题还没有解决。

4. 新的使命

自鸦片战争到五四运动前后的 80 余年间,是中国军事史上的急剧变化时期。随着历史前进的步伐,中国传统军事思想得以逐步变革和发展。与此相适应,中国在军事实践活动方面,冷兵器为主的状况已被火器所取代,由单一营制过渡到诸军种、兵种合成军队,由封建式军队过渡到资产阶级式军队,由陈旧的战法过渡到比较先进的战法。由于近代中国是一个半殖民地半封建社会,因而中国近代军事思想及其指导下的军事实践,也就无不带有这一社会性质的印记。消除这些印记,并创立切合中国实际的现代军事思想的任务,中国资产阶级没有也不可能完成,这一任务必然历史地落到了中国无产阶级的肩上。

(二) 外国近代军事思想

从 1640 年英国资产阶级革命至俄国十月革命,为世界近代史。外国近代军事思想主要划分为两大体系,即资产阶级军事思想和无产阶级军事思想。

1. 资产阶级军事思想

资产阶级军事思想,作为一种理论体系,主要是在 18 世纪末法国大革命时期及其以后的半个世纪内逐渐形成的。拿破仑一世为此做出了重大贡献。他承袭法国大革命军事改革的成果,逐步完善了法国的军队组织,并通过频繁的战争实践,创立了一整套新的作战方法。而普鲁士的克劳塞维茨和瑞士的若米尼则在总结历史上各次重大武装冲突活动,特别是法国大革命和拿破仑战争的基础上,对军事上的一些基本问题,如战争的本质、战争与政治的关系、军队的建设、战略与战术的区分、攻防作战的基本原则等,进行了系统的分析与研究。克劳塞维茨的《战争论》和若米尼的《战争艺术概论》(1838)是资产阶级军事思想具有奠基性质的理论名著。

从 19 世纪中期到第二次世界大战结束,是资本主义获得重大发展的时期,也是资产阶级军事思想得到进一步丰富的时期。在这 100 年左右的时间里,随着工业和科学的进步,军事技术有了巨大发展,出现了装甲车、舰艇、飞机、坦克等许多新武器装备和新的军种、兵种,随之而来的是战争样式和作战方法的变革,从而为许多新的军事理论的问世准备了条件,主要有:德国毛奇和施利芬的速决战思想;美国马汉的海权论;意大利杜黑、英国特伦查德和美国米切尔的空中战争论;德国鲁登道夫的"总体战"理论;英国富勒、法国戴高乐和德国古德里安的机械化战争论(又称小型职业军队理论);英国利德尔·哈特的"间接路线战略",以及第二次世界大战中德国的"闪击战"思想等。上述这些形形色色的理论,在一个长时期内,对世界上不少国家,特别是对西方各资本主义国家的军队建设、战争准备和作战指导,都产生过极重要的理论指导作用,其中有些思想直到现在还在继续发挥作用。

关于战争,资产阶级学者一般都不愿意承认战争同阶级斗争的联系,而认为战争是人类社会的永恒现象。他们对于现代战争的起因,有着种种不同的解释,如:"造成战争的是人的本性",战争是强者的权利,战争是文化技术进步的产物,战争是高等种族实现对低等种族统治的手段,战争可以消灭"过剩的人口",战争是自然界争取空间的斗争在社会生活中的表现,等等。在战争与政治关系的问题上,克劳塞维茨提出了战争是政治通过另一种手段的继续的命题,强调战争必须服从于政治,服务于政治。但鲁登道夫却认为,政略需从属于战略,政治应服务于作战。第二次世界大战后,西方军界则又有人提出,核战争一旦爆发,任何政治都将不复存在,克劳塞维茨的理论在现时已不起作用。资产阶级学者的阶级立场使他们不可能正确区分正义战争与非正义战争,在关于决定战争胜负的因素及人与物在战争中的地位和作用的问题上,往往片面夸大武器在战争中的作用,忽视人民群众的力量,因而总是对一些军事冲突的结局做出错误的估计。在对待未来战争的看法上,资产阶级军事理论界的一部分专家认为,未来的世界战争,将是一场发生在联盟之间、洲际性的、使用核武器或其他更先进的大规模杀伤武器的总体战,这场战争将要发展到宇宙空间。他们强调西方国家现在就应为这种战争做好充分准备。另一部分学者认为,核武器的巨大威力已使发生世界核战争的可能性大为减少,未来的世界战争可能是一场破坏性空前巨大的常规战争。

关于军队,在资产阶级军事著作中,军队一向被描述为一种超阶级的、与政治无关的、具有全民性质的组织,它的任务是保卫国家和民众的利益。克劳塞维茨把军队说成是用来保卫国土的武装起来的人们。资产阶级反对封建的雇佣兵制,主张实行普遍义务兵役制;反对贵族垄断军队中的军官职务,主张挑选培养军官不受出身等级限制。资产阶级军事思想十分重视根据武器装备的发展,适时变换军队的组织体制和军种、兵种构成。强调必须对军队进行严格的军事训练,是资产阶级建军思想的一个极重要内容,而重视军队成员的精神状态,则是许多资产阶级军事指挥家的共同特点。

对于作战指导问题的探讨,在资产阶级军事文献中占有突出的地位。这方面的研究成果一般是通过确立军事原则的方式来体现的。资产阶级军队的作战指导原则,最常见的有以下九条,即:目的和任务,简明性,统一指挥,进攻,机动,集中兵力,节约兵力,突然性,军队的战斗保障。为了结合现代条件更好地运用这些原则,有些资本主义国家还在军队的条令纲要典籍中,提出了不少具体的作战要则。例如,协调一致地作战,以己之长击敌之短,规定主要作战方向,并不间断地支援主要方向上的作战,保持作战的连续性,快速运动,猛烈突击和速战速决,有效地利用地形和天候条件,保护部队,等等。所有这些都说明,资产阶级在作战指导方面,通过长期的经验积累,已经认识到不少客观规律。

这个时期,西方军事思想理论也在工业革命和信息革命两大浪潮的强力推动下,呈现出前所未见的创新发展,主要表现在以下几个方面:

(1)着眼战略层面,构筑具有全球性战略思维的新型军事理论体系。

近代以来,随着西方各主要资本主义国家的兴起,西方军事思想呈现出一个重要的特点,即:注重构建具有全球性战略思维的军事理论。1492年哥伦布航海发现美洲的"地理大发现"和其后的一系列航海大发现,宣告了西方殖民时代和海洋瓜分时代的开始。从此,资本主义列强开始利用海上航道极力谋求海外市场。在此背景下,西方军事思想突破了以前狭隘的理论视野,逐渐具备了全球性的战略眼光。这种角逐全球的战略思维,是人类战争史上未曾出现过的。配合西方资本主义全球性的扩张行动,西方军事理论界也产生了一系列新型军事理论。这些新型军事理论彻底突破了过去以"陆权论"为主导的军事思维模式,引发了西方军事思想史,乃至整个人类军事思想史上的一次飞跃。

西方军事思想的这种突破性发展,以马汉所提出的"海权论"最具代表性。马汉的"海权论"把国家的战略利益与海洋权益紧密结合在一起,为世界主要资本主义国家通过控制海洋进而控制世界打下了理论基础。关于这一点,美国军事史学家韦格利曾指出,马汉"献给读者的不仅是一项海军战略,而且更多地是一项追求民族强盛的国家政策……",其最终目标不仅是要建立国家海权,更重要的是要建立强大的海权国家。

从本质上说,马汉的"海权论"是地理大发现的产物,具有全球性和世界性眼光,这是区别于以往任何时代的军事思想的一个重要特点。随着资本主义在全球范围的扩张,近代以来的西方军事思想也越来越具有全球性的战略眼光,出现了大量关于全球战略的论述,开始构建具有全球战略思维的军事理论。20世纪末出现的"全球战略""国际战略""联盟战略"等一系列战略思想,其实都深受"海权论"等全球性战略思想的影响。在这些具有全球战略思维的新型军事理论的指导下,建立世界军事强国陆续成为一些资本主义大国所追求的目标。

(2)重视新技术的发展和应用,及时创立与之相适应的军队作战理论。

近代以来,在西方的军事思想发展进程中,出现了一个非常先进的理念,即注重军事技术的应用,并把新的军事技术与新的作战方法有机结合起来,创建新的作战理论,再以新的作战理论推动和牵引军事技术的发展,形成一个良性互动的发展回路。可以说,近代以来西方先进军事思想的产生,无一不具有这一特征,或遵循这一规律。比如,杜黑提出的"空中战争"理论,富勒提出的"机械化战争"理论等,鲁登道夫提出的"总体战"理论,都是在当时军事技术允许的条件下,经由那些具有前瞻性眼光的军事家认真思索后提出的。实践证明,军事技术与创新战法相结合,就能够改变传统作战样式,产生新的作战思想,进而产生指导新技术条件下各种战争的新的军事理论。

(3)军事思想的创新与军事领域的其他变革形成良性互动。

透过近代以来西方的军事理论创新活动可以发现,每当一个真正具有突破性意义的创新理论问世后,都会在军队编制体制、武器装备、后勤保障等方面引发一连串新的、巨大的变革,产生新的战争实践。而且,随着先进作战理念的不断涌现,先进的军事理论会更加成熟,军事领域的其他变革也就向着更加高效和正确的方向迈进。

仍以马汉的"海权论"为例。它的出现在当时的世界范围内引发了新的战略指导理论、军队作战方式乃至军队建设模式的变革。在美国,当时的美国政府借助马汉的理论,冲破国内的"孤立主义",调整军事战略,从1900年起,通过不断建设,使海军力量由世界排名第 12 跃居到世界前列,第一次世界大战后,又超过英国成为海上霸主。依靠强大的海军,美国于 1898 年打赢了与西班牙的战争;第一次世界大战中与英法共同挫败德国海军;第二次世界大战中,又在太平洋上取得一系列海战的重大胜利,直至进驻东京湾,在"密苏里"号战列舰上接受日本投降签字……可以说,由于西方列强都运用了先进的军事理论并在它们的指导下进行军事变革,其军事实力在近代以来的 100 多年间,大都得到了迅速增强或恢复。

总之,近代以来西方的军事思想,在大胆摸索、不断创新的催动下,走在了世界的前列。西方军事思想的创新,直接导致了军队建设和战争实践的变革,这些变革又与军事思想的创新形成了良性互动,引发更深层次、更大规模的军事理论创新。西方军事思想的这个特点,已经成为一些军事强国确保其军事实力长盛不衰的秘诀之一。

2. 无产阶级军事思想

(1)马克思和恩格斯奠定了无产阶级军事理论的基础。马克思和恩格斯在创立科学共产主义学说时,已经得出了无产阶级只有用暴力推翻全部现存的社会制度,才能实现消灭私有制这一暴力革命的结论。1850—1853 年年初,提出工人阶级必须武装起来,建立自己的独立军队。在总结各国人民起义和反对殖民帝国侵略的武装斗争经验的基础上,提出了人民战争的精辟思想。他们把 19 世纪中叶中国人民抗击英、法等帝国主义野蛮入侵的英勇流血斗争,称为保卫中华民族的人民战争;他们对中国人民在战争中显示的革命潜力的深刻分析,准确地预报了中国将在东方崛起的光辉前景。恩格斯通过为《美国新百科全书》撰写《欧洲军队》《论线膛炮》《步枪史》等著作,充分阐明了军队及其技术、战术发展的历史唯物主义原理,奠定了无产阶级的军事历史学、军事技术学、军制学、筑城学、战略学、战术学以及军事地理学等各门学科的理论基础。1871 年巴黎公社革命失败后,马克思和恩格斯总结这次无产阶级暴力革命的经验教训,进一步发展了无产阶级暴力革命的理论,为无产阶级必须创建自己的新的军队奠定了理论基础。

马克思和恩格斯关于无产阶级军事理论的主要观点是:①战争是人类社会发展的一定历史阶段的产物。它在社会历史发展过程中既起过残杀破坏作用,也起过破旧促新的革命作用。资本主义的灭亡,只有经过无产阶级革命才能实现。无产阶级革命虽不排除和平斗争手段,但只有用暴力推翻资产阶级的统治,夺取政权,经过无产阶级专政,才能实现共产主义和消灭战争的目的。②夺取政权、实行无产阶级专政的首要条件是无产阶级军队。工人阶级必须用自己的新的"机器"去代替包括军队在内的全部旧的国家机器。无产阶级只有武装起来,建立起无产阶级的新的军队,在战场上争得自身解放的权利,才能实现暴力革命的目的。③武装起义是无产阶级和被压迫人民暴力革命的开始形式。起义是一种艺术,它要遵守一定的规则,否则就要遭到失败。第一,不要玩弄起义,必须有充分的准备,并集中强大的优势力量,对付在组织、训练和习惯势力方面都占据优势的敌人;第二,起义一旦开始,就必须以最大的决心行动起来,并采取进攻。④暴力(战争)的胜利是以暴力所拥有的物质资料为基础的。军队的全部组织和作战方式以及与之有关的胜负,取决于人和武器这两个条件,也就是取决于居民的质量和取决于技术。⑤无产阶级革命战争和争取民族独立的战争,必须实行人民战争,而不应当局限于用正规军的一般的作战方法。群众起义,全民武装,到处组织游击队,采取游击战,进行人民战争,才是小民族制胜大民族,不够强大的军队抵抗比较强大和组织良好的军队的唯一方法。

(2)列宁对马克思主义军事理论的发展。19世纪末期,马克思主义创立者相继逝世后,列宁在领导俄国无产阶级革命斗争中,在粉碎国内反动阶级叛乱和帝国主义武装干涉的战争中,在指导国际工人阶级的革命运动中,深入研究和阐述了帝国主义时代战争的根源和性质问题,提出了帝国主义时代战争引起革命的论断和变帝国主义战争为国内战争的策略。列宁总结无产阶级暴力革命的实践经验,制定了俄国无产阶级革命的军事纲领,提出了世界上第一个社会主义国家军队建设的基本原则,十分注意党对军队的领导和培训自己的军事专家,从而创造性地继承和发展了马克思、恩格斯关于战争与军队的理论:①发展了马克思主义关于战争的历史唯物主义观点。认为马克思主义者要根据战争的性质是正义战争还是非正义战争,来决定对待战争的态度。消灭战争的根本途径是消灭阶级和私有制。②发展了无产阶级暴力革命的原理。主要观点是:革命就是战争,历史上没有一个阶级斗争的问题不是用暴力来解决的;专政是直接凭借暴力的政权;国内战争是阶级斗争最尖锐的形式;要把各国之间的帝国主义战争变为被压迫阶级反对压迫者的国内战争,变为剥夺资本家阶级的战争,变为无产阶级夺取政权、争取实现社会主义的战争;在阶级斗争已经尖锐到国内战争程度的时代,无产阶级政党的任务不仅应当是参加这个国内战争,而且应当是在这个国内战争中起领导作用。③丰富和发展了武装起义的原理。列宁强调武装起义必须在出现不以各个阶级的意志为转移的、尖锐化了的革命形势时才能发动;必须使无产阶级政党成为起义的领袖和领导者;为准备起义,党必须在工人、农民和军队中培养一支无产阶级大军,积极做好起义准备;起义必须在决定的地点、在决定的关头,集中很大的优势力量,在统一的领导下,迅速而坚决地进攻;在发生全民政治罢工的时代,起义采取遍及全国的长期的国内战争的形式,是不可避免的;即使在现代军事技术和军事组织的条件下,武装起义仍然是能够取得胜利的。④创立了无产阶级革命军队的建军原则。列宁强调:常备军是国家政权的主要强力工具。无产阶级军队必须由共产党领导,在军队中建立党组织,设立政治委员,加强军队的政治工作。军队必须实行统一集中指挥,在军队内实行单一首长制。要像爱护眼珠一样爱护军队和国家的防御能力。⑤发展了人民战争的思想。相信群众,发动群众进行革命战争,依靠群众的觉悟和英勇战斗的精神去战胜敌人,这是列宁军事思想中的一个基本思想。⑥确立了无产阶级革命战争的基本战略思想,包括:利用敌人之间的利害矛盾,争取联合各种可能的同盟者,战胜强大的敌人;严肃地对待国防,精确地估计力量的对比,认真切实地准备战争;在决定时机和决定地点拥有压倒优势;除了学会进攻以外,还必须学会正确的退却;必须有巩固的有组织的后方;军队的统一指挥,国家的一切力量和资源的严格集中管理,是取得战争胜利的必要条件。

(3)斯大林对马克思列宁主义军事理论的发展。斯大林将毕生献身于无产阶级解放事业中,军事活动占据重要地位。他协助列宁组织和领导了十月革命。他同列宁一起创建了苏俄红军,并亲临前线指挥作战。他在领导苏联的社会主义建设中,在领导与指挥苏联的伟大卫国战争中,把马克思主义的军事原理,与建设社会主义国家的现代化国防,与保卫社会主义国家的现代化战争实际相结合,丰富和发展了马克思列宁主义的军事理论:①发展了在资本主义势力包围中建设和巩固社会主义国家国防的理论。强调在争取到的国际和平环境中,有计划地高速地发展国民经济,建立雄厚的现代国防经济基础,创造一切技术和经济上的必要前提来最大限度地提高国防力量,精简军队数量,提高军队现代化军事装备水平。同时,注重从政治上思想上巩固和加强国防。②发展了马克思列宁主义关于战争的理论。坚持了列宁关于帝国主义时代战争的观点,同时发展了殖民地民族解放斗争和世界人民及一切被侵略者联合反对法西斯战争的理论;发展了社会主义国家反对帝国主义侵略战争的胜利必然性的理论。③发展了马克思列宁主义关于建设无产阶级军队的理论。强调社会主义国家军队的无产阶级性质,及其巩固无产阶级专政的基本任务;发展了军队现代化建设的理论,强调军队要彻底打败敌人,必须有完全现代化的数量充足的装备,以及充足的供应;强调要加强技术兵种的建设并协调地发展各军种、兵种;强调加强干部和部队的训练,严格军事纪律等。④发展了马克思列宁主义的战略理论和作战指导艺术。强调现代条件下必须掌握战争的一切形式和一切科学成就,并合理运用它们。在保卫社会主义祖国,反对强敌侵略的战争中,必须发动全民的卫国战争;实行积极防御;坚决顽强地抵抗敌人的进攻,并适时组织完善的反攻;当敌人力量强大、退却不可避免时,要实行正确的退却,以赢得时间,积聚力量,转入反攻。不断改进各军种、兵种特别是航空兵、炮兵、坦克兵的作战使用方法等。

(4)中国和其他社会主义国家对马列主义军事理论的发展。以毛泽东为代表的中国共产党人,在中国革命战争中所创造的适合中国特点的毛泽东军事思想,是马克思列宁主义普遍原理与中国革命战争实践相结合的产物,是马克思列宁主义军事理论创造性的重大发展。世界各社会主义国家的无产阶级及其马克思主义政党,在领导本国人民争取解放的武装斗争中,也都结合自己国家的实际,进行了军事理论的创造,不断丰富和发展着马克思列宁主义军事理论。

154

马克思列宁主义军事理论,使军事科学领域实现了根本变革,使无产阶级和一切被压迫人民的革命武装斗争获得了制胜的科学指导,使社会主义国家的国防建设得以建立在科学的军事理论的基础上。它的发展历史生动地说明,继承马克思列宁主义军事理论,在于结合实际的应用,并在运用中进行创造。为此,必须要善于把它的基本原理同具体历史条件下的个别论断区别开来;善于把它的每一个结论、原则放到产生它的具体历史环境中去考察和认识,真正把握其理论的精神实质;善于把基本的原理同具体的革命实践结合起来。马克思主义军事理论产生于19世纪40年代,距今已100多年,它的生命力就在于不断分析研究实践中出现的新情况、新问题,同各个时代和各个国家的具体革命实践相结合,从而得到不断的丰富和发展。

三、现代军事思想

(一) 中国现代军事思想

我国现代军事思想主要体现在毛泽东军事思想、邓小平新时期军队建设思想、江泽民国防和军队建设思想、胡锦涛国防和军队建设思想和习近平关于国防和军队建设的重要论述等思想理论体系中。

1. 马克思主义的战争观和战争方法论

战争是人类发展到阶级社会的产物;战争是政治的暴力手段的继续;帝国主义、霸权主义是战争的根源;人类进入和平与发展时代后,世界大战在可以预见的时期内可能避免,但局部战争不可避免;正义战争为社会发展扫清障碍,非正义战争阻碍社会前进;支持和参加正义战争,反对和遏制非正义战争;建设和谐世界,为永久世界和平而斗争。

战争发展的趋势与历史发展的趋势相一致,世界和平的历史趋势不可阻挡;战争的胜负由人民的力量决定,是敌我双方的政治、经济、军事、自然和人的主观指导各方面情况相互作用的结果;人是战争的决定因素,武器是战争的重要因素。战争是一种特殊的社会活动形态,它有一套特殊组织,一套特殊方法,一种特殊过程,这组织,就是军队及其附随的一切东西,这方法,就是指导战争的战略战术,这过程,就是敌对的军队互相使用有利于己不利于敌的战略战术从事攻击或防御。

战争是有规律的,战争规律是可以认识的;把握战争规律是为了正确地指导战争;从战争中学习战争,要客观地、全面地、辩证地、发展地研究战争;既要研究战争的客观规律,更要研究战争的特殊规律。

2. 人民军队建设思想

人民军队是一支中国共产党缔造和领导的、全心全意为人民服务的军队;没有人民的军队,就没有人民的一切;要实行党对军队的绝对领导,坚持为人民服务的宗旨,把政治工作作为军队建设的生命线,贯彻官兵一致、军民一致、瓦解敌军的政治工作三大原则,发扬民主和依法治军,遵守党和人民军队的纪律,执行战斗队、工作队、生产队三大任务,进行科学的教育训练,发扬优良作风,与时俱进建设现代化正规化人民军队。

要以"三个代表""科学发展观"重要思想为指导,加强和改善军队党的建设和政治思想工作;牢牢把握党在新形势下"听党指挥、能打胜仗、作风优良"的强军目标,全面加强军队革命化现代化正规化建设;要科技强军,走有中国特色的精兵之路,军队要由数量规模型向质量效能型、人力密集型向科技密集型转变,要加快武器装备现代化的步伐;军队要完成机械化和信息化建设的双重历史任务,实现跨越式发展;要建设强大的海军、空军和战略导弹部队;要培养和造就大批高素质新型军事人才;要把教育训练摆在战略的位置,中心的位置;要把军事斗争准备和长远建设结合起来;精干的常备军与强大的后备力量相结合;要依法从严治军;要创新军队建设,提高军队建设效率。

3. 人民战争思想

人民战争是广大人民群众为了反抗阶级压迫和民族压迫而组织和武装起来进行的战争,中国共产党领导的人民战争是正义的战争、群众的战争和有组织的战争;革命战争是群众的战争,只有动员群众才能进行战争,只有依靠群众才能进行战争;中国共产党领导的人民战争必胜;中国现代的人民战争必须坚持共产党的正确领导,构建最广泛的统一战线,实行以人民军队为骨干的三结合的武装力量体制,以武装斗争为主并与其他斗争形式紧密结合,建立巩固的人民战争的根据地,实行适应人民战争特点的战略战术。

4. 人民战争的战略战术

战略上藐视敌人,战术上重视敌人;保存自己,消灭敌人;实行积极防御,反对消极防御;灵活运用游击战、运动战、阵地战等各种作战形式;战略上持久,战术上速决;以歼灭战为主,辅之于消耗战;集中优势兵力,各个歼灭敌人;慎重初战,执行有利决战,避免不利决战;做好战争准备,不打无准备、无把握之仗;坚持战争指导上的主动性、灵活性和计划性;要研究现代条件下人民战争的规律。

5. 国防建设思想

居安思危,加强国防,防备和抵抗侵略,制止武装颠覆,保卫国家的主权统一、领土完整和安全;综合安全的新安全观;国防服从服务于国家经济社会发展大局;增强综合国力,国防与经济建设协调发展,以科学发展观搞好国防建设;努力发展国防科技工业;坚持积极防御、打赢现代条件下的反侵略战争的战略思想;建设强大的革命化、现代化、正规化的人民军队;进行新条件下的人民战争,实行全民防卫;加强信息化战争条件下的国防动员建设;要深入开展中国特色的新军事变革。

(二)外国现代军事思想

俄国十月革命以后,世界进入了现代史。这一时期,科学技术日新月异,武器装备发生了巨大变化。大口径火炮、雷达、坦克、飞机、航空母舰、远程导弹、原子武器等层出不穷,武器的破坏力空前增大,作战效能成倍增长,使得对战争和军队建设的理性认识更加深刻。这一时期的军事思想主要表现在以下几个方面。

1. 空中制胜论

意大利的杜黑、美国的米切尔、英国的特伦查德被认为是这一理论的先驱。特别是意大利的杜黑所著的《制空权》最富代表性。杜黑中认为:由于飞机的广泛应用,将会出现空中战争,空中作战的成败将会决定整个战争的胜负,为此,有必要建立与海军、陆军同等重要的新型军种——空军;夺取制空权是赢得战争的先决条件,空军的首要任务是夺取制空权;空中作战是进攻性的,空军的核心是建设一支轰炸机部队,要对敌国纵深的政治、经济、军事目标实施战略轰炸,从而迫使其屈服。

2. 坦克制胜论

英国的富勒、奥地利的艾曼斯贝格尔、法国的戴高乐、德国的古德里安、英国的利德尔·哈特是这一理论的主要倡导者。古德里安,德国军事家、军事理论家,德国装甲兵创建者。第一次世界大战中他开始注意当时英、法、俄等国军事专家提出的新观点,积极研究装甲兵的建设、运用以及与其他军种、兵种的协同作战等问题。古德里安认为,装甲兵应在陆军中居主要地位,而其他兵种则处于配合装甲兵的辅助地位。他反对坦克只是步兵伴随兵器的观点,认为把坦克编在步兵师里是错误的,主张在陆军中组建独立的装甲兵团,以形成新的战斗兵种。同时指出,装甲兵并不能完成所有任务,尚需得到其他兵种的协同,只有其他支援兵器具有相应的速度和越野能力,坦克才能发挥作用。古德里安还主张在敌人预料不到的时间和地点集中使用大量装甲部队,在空军和摩托化步兵支援下对敌实施"闪电"式进攻,快速突破对方防御,突入敌纵深并分割围歼敌重兵集团,摧毁或夺占重要工业区和原料产地,占领交通枢纽,破坏敌政治、军事中心,迅速彻底击败敌人。他认为闪电战可大大加快战争进程,缩短持续时间,俘获大量敌人,夺取大量物资,减少己方伤亡和物资消耗,保证在一系列战役和整个战争中获得胜利。古德里安认为,坦克是具有快速机动能力的进攻武器,只有实施大纵深高速度进攻和快速机动,突破防御后大胆追击,才能充分发挥其战斗性能;在复杂地形作战时,必须有步兵随伴行动,以便迅速通过难以通行的地段并给敌人以打击;进攻时,应达成冲击的突然性,并尽量打击敌人的薄弱部位;防御时,也应赋予进攻任务。无论进攻还是防御,都应在决定性的方向上集中使用,实施统一而灵活的指挥,并做好物资保障和技术保障工作。

3. 总体战理论

鲁登道夫,德国军事家、军事理论家,步兵上将,第一次世界大战期间曾任东线德军参谋长等职。他所著述的《总体战》是其代表作,系统阐述了总体战理论,要求国家生活的各个方面在平时就服从战争准备的需要,主张采取一切手段甚至极端野蛮的手段进行战争。鲁登道夫认为,克劳塞维茨时代那种由政府及其军队进行的"内阁战争"已成为过去。第一次世界大战显示出与以往战争完全不同的特性。现代战争是一种全面的战争,战场已扩展到各参战国的全部领土;现代战争又是一种全体战争,不仅双方军队相互厮杀,而且人民也同样遭受苦难并直接为战争效力。政治的本质已发生变化,像总体战争那样具有总体特性,政治与战争的关系也随之变化,克劳塞维茨在这方面的理论已不能成立。战争和政治都应服务于民族生存,而战争则是民族生存意志的最高体现,因此,政治必须服务于战争。只有民族的精诚团结,才能最终决定总体战争的结局。在总体战的背景下,应实行国民经济军事化,平时就应建设一支做好战争准备的军队,重视统帅在总体战争中的地位和作用,并且认为总体战的突然性具有巨大意义。鲁登道夫的总体战理论是依据第一次世界大战的经验教训及 20 世纪初工业、科学技术和武器装备的发展水平得出的。鲁登道夫仇视和反对社会主义革命,宣扬种族主义和民族沙文主义,其军事思想适应当时德国复仇主义重新瓜分世界的需要,是纳粹德国侵略扩张政策的重要理论基础。

4. 核战争理论

主张使用核武器进行战争的理论。这种理论一度成为某些核大国制定军事战略的依据。这一理论的主要代表人物有美国总统艾森豪威尔,战略空军司令李梅,军事问题专家布罗迪,康恩,克诺尔,基辛格,柯林斯;英国陆军元帅蒙哥马利;苏联共产党中央总书记赫鲁晓夫,总参谋长索科洛夫斯基元帅等。核战争理论主要包括全面核战争理论、有限核战争理论和战区核战争理论。

全面核战争也称战略核战争。该理论认为,全面核战争是核大国之间最后的决战手段,双方将无限制动用核武库的所有武器。这种战争的特点主要有以下几点:①战争的突然性;②战争的毁灭性;③战争规模巨大;④战争进程短促。西方军事问题专家认为,可能引发全面核战争的潜在因素有五个,即蓄意发动、意外事件、情况估计错误、第三者的蓄意挑动以及好战国家领导人的冲动。苏联和西方军事理论界均认为,在美、苏双方都拥有大量战略核武器的情况下,全面核战争会使交战双方遭到毁灭性打击,发动此种战争作为达到国家目的的手段已失去合理性,战略核武器主要用于核威慑,因此,发动此种战争的可能性很小。

有限核战争是一种使用战略核武器而在战争规模、攻击目标和破坏程度等方面加以限止的核战争。20 世纪 50 年代末,美国开始丧失核武器及其运载工具方面的绝对优势,而大规模使用核武器对美国本身就意味着遭到核报复的潜在危险。面对这种情况,美国军事理论界提出必须在某种程度上限制核报复规模的观点,着手研究有限核战争理论。有限核战争是一种有控制的核战争,战争双方将只打击对方的军事力量,以达到消耗对方报复能力的目的。另一些美国军事问题专家则主张,对军事和非军事目标的破坏应同样降低到最低限度,目的主要在于动摇对方的决心而不是消耗其战略部队,最终通过谈判在有利于己的条件下停战。

战区核战争是使用战术核武器进行的战争,亦称有限核战争。美军军事当局认为这种战争可能在美国以外的任何地区发生,但以欧洲为主。战术核武器可在对方实施核袭击时作为报复手段使用,也可在抗击对方大规模常规进攻失败时作为还击手段使用。在战区核战争中,战术核武器主要用于摧毁对方领土内选定的工业目标,在有限的作战地域消灭对方部队,以及摧毁对方的空军基地、导弹基地和运输线。

第二节　毛泽东军事思想

毛泽东军事思想是我军的建军之魂、立军之本、制胜之道,是我国国防和军队建设的根本指导思想。毛泽东关于当代中国革命战争和军队问题的科学理论体系,基本组成部分包括人民军队、人民战争以及人民战争的战略战术。它是马克思列宁主义普遍原理与中国革命战争实践相结合的产物,是中国革命武装斗争历史经验的总结,是中国共产党集体智慧的结晶,是毛泽东思想的重要组成部分。

一、毛泽东军事思想的科学含义

毛泽东军事思想是以毛泽东为主要代表的中国共产党人关于中国革命战争、人民军队和国防建设以及军事领域一般规律问题的科学理论体系,不仅科学地揭示了毛泽东军事思想的基本内涵,而且充分地反映了毛泽东军事思想的本质特征。

(1) 毛泽东军事思想是马克思主义在中国的运用和发展,是马列主义普遍原理与中国革命战争实践相结合的产物。

这是明确毛泽东军事思想与马克思主义军事理论的辩证关系。马克思主义是放之四海而皆准的真理,是指导各国无产阶级革命行动的行动指南,因此,任何国家无产阶级政党在进行革命时,必须坚持马克思主义的理论指导。但是,马克思主义所提供的只是一般的指导原理,而不是绝对适应于一切时代和时期的一成不变的结论和公式,它本身要求在运用中不断发展和完备。为此,在坚持马克思主义的同时,又必须根据各国革命自身的社会历史条件和具体特点来动用和发展马克思主义。尤其是在旧中国这样一个以农民为主要群众,以反帝反封建为直接任务,各种社会矛盾极为复杂的半殖民地半封建的东方大国,无产阶级政党如何领导人民进行民族革命,这是一个全世界共产主义者所没有遇到过的任务,要完成这个任务,没有马克思主义指导当然是不行的,但如果不从中国实际出发,只是照搬马克思主义的一般原理,也是不能成功的。因为马克思主义产生的时代与现实中国革命的时代是不同的。中国革命怎样搞? 在马克思主义那里找不到现成答案,而只能是把马克思主义普遍原理同中国革命战争的具体情况结合起来,在斗争实践中去运用和发展马克思主义,使马克思主义中国化民族化,才能引导革命取得胜利。

毛泽东军事思想正是在以毛泽东为主要代表的中国共产党人,通过运用马克思主义军事理论,来全面考察、分析了中国社会、历史和民族的特点,深入研究中国革命战争的客观实际问题,阐明中国革命战争的特点和规律,从而正确解决在半殖民地半封建的大国里如何夺取革命战争胜利的一系列重大问题。因此说,毛泽东军事思想是马克思主义普遍原理与中国革命战争具体情况相结合的第一次历史性飞跃的产物,是马克思主义军事理论在中国革命战争实践中的具体运用和发展。

(2)毛泽东军事思想是长期中国革命战争和国防建设实践经验的科学总结。

毛泽东军事思想是中国革命和建设经验的理论总结,而且又是被中国革命战争和中国国防建设实践证明了的科学体系。为领导中国革命战争和国防建设实践活动,以毛泽东为首的老一辈无产阶级革命家亲历了数十载的战争实践,先后进行了400多次战役、3万多次战斗,撰写了军事著作和指挥作战的文电5000余篇,约400万字。可以说毛泽东军事思想正是在中国这块土地上进行长期革命战争实践和理论探索过程中逐渐发展起来并被战争实践反复证明了的一个正确的科学思想体系。

(3)毛泽东军事思想是中国共产党人集体智慧的结晶。

毛泽东军事思想虽然是以毛泽东命名,但它不是毛泽东一个人智慧的产物,而是中国共产党人集体智慧的结晶。这主要表现在以下几方面:

① 毛泽东军事思想的主要组成部分即"毛泽东军事著作",是中国共产党集体智慧的结晶。我们从毛泽东的军事著作可以看到以下几种情况:一是有的军事著作是毛泽东吸收了我党一些领导人的思想成果、卓越见解而写成的。如他起草的古田会议决议中的许多重要思想和精神,是从陈毅起草、周恩来审定的"中央九月来信"中吸收来的。再如毛泽东《论政策》等文章中就吸收了刘少奇提出的关于白区对敌斗争的许多策略思想,朱德提出的许多游击战争的战略战术思想,毛泽东在《中国革命战争的战略问题》等文章也得到体现。二是有的军事著作是经过党中央反复讨论研究,由毛泽东起草并修改定稿的工作报告和党内的批示、决议、决定、通报等。在以毛泽东为首的党中央的集体领导形成以后,毛泽东提出的许多重要思想都经过了党中央集体讨论,集中了集体的智慧。党的许多领导人和军队高级指挥员,在不同时期、不同岗位上,表现了高超的军事指挥艺术和军事工作才能,成为出色的无产阶级军事家。他们具有丰富的斗争经验和很高的军事理论水平,撰写了许多军事著作,从各方面充实、丰富和阐述了毛泽东军事思想。他们中有参与我军创建和长期担任军队主要领导职务的领导人如周恩来、朱德、邓小平、彭德怀、刘伯承、贺龙、陈毅、罗荣桓、徐向前、聂荣臻、叶剑英和粟裕等;有在战争时期已牺牲的党的优秀军事家如左权、彭雪枫等。三是有的军事著作是毛泽东和其他同志

160

共同撰写的,如《中国革命和中国共产党》等。

② 中国革命的伟大实践、千百万人民群众的斗争实践,是毛泽东军事思想形成和发展的丰饶土壤和不竭的源泉。中国共产党领导的革命武装斗争和国防建设事业,代表人民的根本利益,是人民群众的集体事业。在长期的斗争的历程中,人民群众表现了巨大的革命热情、聪明才智和创造精神。无数革命先烈在斗争中献出了宝贵的生命。1942 年延安整风期间,毛泽东在谈到毛泽东思想时曾指出:"这不是我一个人的思想,是千百万先烈用鲜血写出来的,是党和人民的集体智慧"。建国后,毛泽东又一再强调这一观点,1962 年他在《扩大的中央工作会议上的讲话》中指出:"在抗日战争前和抗日战争时期,我写了些论文,例如,《中国革命战争的战略问题》《论持久战》《新民主主义论》《共产党人发刊词》,替中央起草过一些关于政策、策略的文件,都是革命经验的总结。那些论文和文件,只有在那个时候才能产生,因为没有经过大风大浪,没有两次胜利和两次失败的比较,还没有充分的经验,还没有充分认识中国革命的规律。"1962 年他在谈到《毛泽东选集》时又指出:"毛选哪是我一个的著作啊!'毛选'里东西,是群众教给我们的,是付出了流血牺牲的代价的。"

总之,我们在理解毛泽东思想是中国共产党集体智慧的结晶这一层含义时,必须要坚信人民群众是创造历史的主人,防止陷入历史唯心主义的泥潭。毛泽东思想形成和发展都离不开人民群众的伟大实践。如果认为毛泽东思想只是个别人头脑中臆造出来的,或者说仅仅是领袖人物实践的产物,而忽视人民群众在毛泽东思想形成和发展中的伟大作用,势必会陷入历史唯心主义的泥坑,毛泽东思想也就成了无本之木、无源之水的空洞的说教。因此,我们在理解这层含义时,必须看到千百万人民群众的实践在毛泽东思想形成和发展中的伟大作用。

(4) 毛泽东军事思想是毛泽东思想的重要组成部分。

毛泽东军事思想之所以是毛泽东思想的一个重要组成部分,这是由于中国革命是武装革命反对武装反革命这个特点所决定的。旧中国的特点为是,帝国主义、封建主义和官僚资本主义组成的反革命势力十分强大。它对于无产阶级和一切进步力量来说,异常残酷,无丝毫民主可言。因此,中国革命也就无议会道路可走,"中心任务和最高形式是武装夺取政权,是战争解决问题"。这一点,决定着中国新民主主义革命的基本特点必然是用武装革命反对武装的反革命,决定着从事中国革命战争不能不成为中国共产党一切工作的重心。为此,以毛泽东为主要代表的中国共产党人,十分重视军事问题,并以其巨大的精力去研究武装斗争,探索中国革命战争的规律,以赢得战争也就是中国革命性胜利。在这样一个长期的斗争过程中,军事实践活动在中国共产党领袖们的革命实践活动中,占着最重要、最突出的地位。对军事问题的阐发,成为他们整个理论创造活动中最精彩、最丰富的成果。作为这种成果代表的毛泽东军事思想,在毛泽东思想体系中自然成为最重要的组成的部分。

毛泽东军事思想同毛泽东思想其他部分是有机联系的。无论是在战争年代，还是在和平建设时期，以毛泽东为代表的中国共产党人所要解决的都不是一两个或几个方面的问题，而是政治、经济、军事、外交、思想文化、科技等方面的问题。在某一个时期，某一方面的问题可能成为他们所关注的重点，但是，从总体上来讲，他们是从中国革命和建设的总体出发，来研究和处理各个方面的问题的。毛泽东思想的各个组成是一个有机整体，它们之间存在着内在的必然性联系。因此，毛泽东军事思想在毛泽东思想的整个体系中并不是封闭的、孤立的部分，而是反映了中国革命宏大事业的一个侧面。它既体现了以毛泽东为主要代表的中国共产党对军事这一领域的独特贡献，同时包含了毛泽东思想的许多带有普遍意义的成分。

二、毛泽东军事思想的形成与发展

毛泽东军事思想是在中国长期的革命战争实践中，逐步形成和发展起来的。它是马克思主义的普遍真理和中国革命战争实践相结合的产物。毛泽东军事思想继承和发展了马克思主义的军事理论，吸取了古今中外军事理论的精华，既是对陈腐的军事观念的否定，又是对人类优秀军事思想的继承和发展。

（一）毛泽东军事思想在土地革命战争时期逐步形成

从井冈山到长征，毛泽东率领红军在中央苏区开展武斗斗争，胜利地粉碎了敌人的围剿，开辟了农村包围城市的胜利道路，毛泽东先后提出了十六字诀和分兵以发动群众，集中以应付敌人、诱敌深入等为主要内容的红军游击战和游击性运动战的作战原则，并在《中国的红色政权为什么能够存在》《井冈山的斗争》《关于纠正党内的错误思想》《星星之火可以燎原》等著作中作了阐述。这些标志着毛泽东军事思想的初步形成。其基本点有以下几方面：

（1）要建立一支人民军队。中国革命战争特点决定了中国革命的主要斗争形式是战争，而主要的组织形式是军队，中国共产党必须建立自己的军队。这支军队必须完全置于党的领导之下，成为执行革命的政治任务的武装集团。它必须服从于无产阶级思想领导，服从于人民斗争和根据地建设，必须担负起打仗、做群众工作、筹款、帮助群众建设革命政权等项任务，在军队内部要实行民主制度，在军队外部要遵守政府法令，尊重地方干部，坚决贯彻三大纪律八项注意。

（2）实行工农武装割据，建立农村革命根据地。为了使农村根据地能够长期坚持和发展，必须把武装斗争、土地革命和根据地建设三者正确地结合起来。武装斗争是中国革命的主要形式，离开了武装斗争，就不能进行有效的土地革命和根据地建设。土地革命是中国民主革命的主要内容，如果武装斗争不和土地革命相结合就不能充分发动和组织群众，有了武装也会陷于失败。革命根据地是中国革命的战略基地，如果没有根据地，土地革命就不可能坚持和发展，武装斗争就会失去依靠,就有被敌人击败的危险。武装斗争、土地革命、革命根据地建设三者的结合就是"工农武装割据"的基本思想。

(3) 动员和依靠群众进行人民战争。革命战争是群众的战争,只有动员群众才能进行战争,只有依靠群众才能进行战争。在反围剿中,必须充分动员和依靠人民群众,实行主力红军、地方红军、赤卫队和工农暴动队相结合的武装力量体制。

(4) 阐明了战争观和方法论。战争是阶级斗争的最高形式,战争有正义战争与非正义战争之分,我们拥护正义战争,反对非正义战争。我们研究战争的目的在于消灭战争。战争是客观存在的事物,战争规律是可以认识的。研究战争要着眼特点,着眼发展,着重研究全局性的规律。研究战争唯一正确方法,就是一切从实际出发,实事求是,调查研究,按照侦察、判断、决心、部署的逻辑顺序,不断深化对战争的认识。研究战争规律的目的,在于解决主客观的矛盾,使主观符合客观,在客观的基础上高度发挥主观的能动性。

(5) 实行积极防御战略思想及其作战原则。根据中国革命战争的特点和规律,我军要实行积极防御。积极防御就是攻势防御、决战防御,为了反攻和进攻的防御。积极防御是后发制人的战略,是化被动为主动,化劣势为优势,从战略防御转入战略进攻,彻底消灭敌人的战略。实行积极防御,就要进行充分的准备,要诱敌深入,要适时转入战略反攻。在战略反攻中,要以运动战为主要作战形式,集中兵力,以战役战斗的速决战、歼灭战消灭敌人,夺取战争的最后胜利。

(二) 毛泽东军事思想在抗日战争时期逐步成熟并形成完整的科学体系

抗日战争爆发之后,中国共产党在理论上和实践上都遇到了一系列新情况和新问题需要研究解决,以毛泽东为代表的中国共产党人,展开了极为活跃和富有创造性的革命实践和理论研究活动,以适应抗日战争出现的新形势。

在这个时期中毛泽东先后撰写了《中国革命战争的战略问题》《论抗日游击战争的基本战术——袭击》《抗日游击战争的战略问题》《论持久战》《论新阶段》《战争和战略问题》等军事论著。这些著作深刻地解决了战略防御、游击战争等重大问题,系统地阐述了关于建设人民军队、进行人民战争和运用人民战争战略战术的基本理论。这些标志着毛泽东军事思想作为一个科学体系已经建立起来。

毛泽东军事思想的发展主要体现在以下几方面:

(1) 人民战争思想进一步得到完善。毛泽东同志从抗日战争的客观情况出发,进一步论述了人民战争的原理,指出:"兵民是胜利之本","战争之伟力之最深厚的根源,存在于民众之中",在《论联合政府》中,对于人民战争进行了科学的概括和系统的阐述。

(2) 人民军队建设的理论有了新的发展。强调"没有一个人民军队,便没有人民的一切"。军队要置于党的绝对领导之下,"我们的原则是党指挥枪,而决不容许枪指挥党","全心全意地为中国人民服务,就是这个军队的唯一的宗旨"。提出了军队政治工作的三大原则:官兵一致,军民一致和瓦解敌军。

(3)游击战争和建立根据地的思想进一步得到了丰富和发展。抗日战争规模大、时间长、形式多,游击战争已经提高到战略地位。毛泽东根据战争的实践全面论述了游击战的理论:主动地、灵活地、有计划地执行防御中的进攻战、持久战中的速决战、内线作战中的外线作战,和正规战争相配合,建立根据地,战略防御和战略进攻,向运动战发展,以及指挥关系等。

(4)丰富和发展了研究和指导战争的理论。毛泽东进一步提出了战争与和平的关系,战争是政治的继续,决定战争胜负的因素是人不是物,革命的中心任务和最高形式是武装夺取政权,是战争解决问题;进一步发展了积极防御战略思想,具体表现在战略方针、战略阶段和作战形式的发展变化,以及战略转变等。

(三)毛泽东军事思想在解放战争时期得到全面发展和完善

解放战争,是毛泽东军事思想全面丰富和发展的时期。解放战争是两种命运、两种前途的决战。毛泽东作为我军的统帅,他和他的战友成功地组织领导了这次战争和重大的战役,使他的军事才华得到了充分的发挥,指挥艺术达到了炉火纯青的地步。

(1)创造性地发展了我军战略进攻的理论。过去我军虽然在根据地范围内实行战略进攻,但都是在局部地区进行的,它具有战略和战役的双重意义。总的来讲,还没有脱离防御的范畴,完全是战略全局的行动,从而使战略的理论有了很大发展:①提出了战略进攻的时机方向、样式和部署;②具体了毛泽东关于战略决战的理论,并且创造性地解决战略的时机和方向、关照战略全局,协调各战役之间的作战行动、军事打击与政治争取相结合等问题;③发展了战略追击的原则,即在战略追击中,实行大迂回、大包围,解决残余敌人。

(2)提出了以打歼灭战为核心的十大军事原则。这是对我军作战原则的系统总结和科学概括,使歼灭战思想更加理论化。

(3)丰富了人民军队的建军思想,强调从政治思想上建军,提出了开展诉苦、三查的新式整军运动;进一步发展了军队内部的政治、经济、军事三大民主。

(四)毛泽东军事思想在取得全国政权后新的发展

建国后,毛泽东军事思想又有了新的发展。毛泽东指出,马克思主义不是停止的,是向前发展的,十大军事原则也要根据今后战争实际情况加以补充和发展,有的可能是要加以修正的。毛泽东针对抗美援朝战争中新的情况,及时总结了我军的作战经验,提出了许多新的作战原则。例如在战略反攻阶段,提出了对美军应实行战术小包围,打小歼灭战的原则。在战略防御阶段,把阵地战提高到战略地位,肯定了坑道作战的经验,使阵地战的理论在新的历史条件下得到大的发展。

毛泽东根据新的历史条件和我军的历史使命,明确地向全军提出了"建设正规化、现代化的国防部队"的光荣任务并对我军建设和今后反侵略战争的战略问题,作过一系列重要的旨示。例如,强调司令机关在现代化建设中的作用,他指出,"为了组织这种复杂的、高度机械化的、近代的战役和战斗,没有健全的、具有头脑作用的、富于科学的组织和分工的司令机关不行",强调发展现代化的技术装备。强调加强我军后勤建设和后勤保障,他指出,"对于现代军队,组织良好的后方后勤工作有极其重大意义"。但是由于各种原因,特别是"四人帮"的干扰破坏,使我军的建设和各项战备工作受到了很大的影响。直到十一届三中全会以后,党中央进行拨乱反正,才恢复毛泽东思想的本来面目。邓小平作为中央军委主席,对坚持和发展毛泽东军事思想做出了卓越的贡献。他认真地分析了我军所处的历史条件和担负的重要任务,向全军提出了建设强大的现代化、正规化的革命军队的奋斗目标。他明确地指出:要全面整顿军队,军队应该成为贯彻执行党的路线方针政策的模范,干部队伍要实现革命化、年轻化、知识化、专业化,军队要把教育训练提高到战略地位,改革军队的编制体制,在现有国力下加速改进军队的武器装备,建立健全各种规章制度,学习科学文化知识,培养军地两用人才,等等,这是对毛泽东军事思想在新的历史条件下的重大发展。

三、毛泽东军事思想的基本内容

毛泽东军事思想作为一个科学体系,有着极其丰富的内容。主要有以下几个方面:

(一) 人民战争思想

以毛泽东为主要代表的中国共产党人把马克思列宁主义关于人民群众的历史能动作用原理,创造性地运用于中国革命战争实践,形成了一套完整的人民战争思想。

(1) 革命战争是群众的战争,只有动员和依靠群众,才能进行革命战争。战争力量的对比不但是军力和经济力的对比,而且是人力和人心的对比。战争伟力之最深厚的根源存在于民众之中,兵民是胜利之本,真正有力量的是人民而不是反动派。革命战争是群众的事业,动员了广大军民,就造成了陷敌于灭顶之灾的汪洋大海,造成了弥补武器等等缺陷的补救条件,造成了克服一切战争困难的前提。对广大军民的政治动员是一件绝大的事,是夺取战争胜利最基本的条件。

(2) 在政治、经济发展不平衡的中国社会条件下,要首先在反动统治力量最薄弱的广大农村建立革命根据地,并采取"波浪式"的推进政策逐步加以扩大,作为进行人民战争的依托。建立了巩固的根据地,才能造成军事上、政治上、经济上、文化上的伟大革命阵地,使之成为发动群众、扩大武装、发展生产、准备干部的战略基地,成为为人民军队提供人力物力支援的巩固后方和作战的良好战场,借以达到保存和发展自己,消灭和驱逐敌人的战争目的。建立和发展农村革命根据地,必须把武装斗争与土地革命结合起来,建立革命政权,广泛组织和武装群众。同时,也不

165

可忽视城市工作和非根据地的农村工作。实行现代条件下的人民战争，国家必须建设巩固而强大的战略后方。

（3）革命战争是为人民利益而战的战争，要实行代表绝大多数人民利益的奋斗纲领和基本政策。战争中要兼顾人民群众的长远利益和眼前利益，重视发展生产，尽可能地减轻人民群众的负担，尽力改善群众生活，以调动和保持人民群众支持长期革命战争的积极性。

（4）必须团结一切可以团结的阶级、阶层和社会集团，利用一切可以利用的矛盾，结成最广泛的统一战线，使革命获得最广泛的国内社会基础和国际同情援助，最大限度地孤立和打击最主要的敌人。

（5）要把武装斗争这种主要斗争形式同其他各种非武装斗争形式，包括工人的、农民的、青年和妇女的斗争，经济战线、外交战线和思想文化战线上的斗争，合法的和非法的斗争，公开的和秘密的斗争等，在总体上配合起来，从一切方面的努力中不断增加革命的战争力量，减少反革命的战争力量，使力量对比朝着有利于己不利于敌的方面逐步变化，最后达到获得力量优势，战胜敌人的目的。

（6）以人民军队作为进行人民战争的骨干力量，实行主力兵团（野战军）和地方兵团相结合，正规军和游击队、民兵相结合，武装群众和非武装群众相结合的体制。主力兵团可以随时执行超越地方的作战任务，地方兵团执行保卫地方和进攻当地敌人的任务；游击队和民兵则是正规军的助手和后备力量，主要执行在固定地区内直接配合正规军作战和保卫地方的任务。三种武装力量分工不同，紧密配合作战，是实行人民战争的正确组织形式。

（7）实行与人民战争相适应的战略战术，灵活机动地使用兵力和作战形式。

（二）人民军队思想

毛泽东高度重视人民军队在夺取政权和保卫政权中的作用，强调"没有一个人民的军队，便没有人民的一切。"他从中国革命战争的实际出发，系统地创立了人民军队的建军原则，成功地解决了如何把以农民为主要成分的革命军队建设成为一支无产阶级性质的，具有严格纪律的，同群众保持紧密联系的新型人民军队的问题。

（1）这支军队是中国共产党领导的，为着广大人民利益而建立、而战斗的无产阶级性质的新型军队，是真正的人民军队。紧密地与中国人民站在一起，全心全意为中国人民服务，是这支队军队的唯一宗旨。

（2）这支军队是执行革命政治任务的武装集团，它永远是一支战斗队，同时也执行工作队、生产队等革命政治所要求的其他任务。新民主主义革命时期，除了担负作战这项主要任务外，还要担负宣传群众、组织群众、武装群众、帮助群众建设政权以至于建立共产党的组织等项工作，并利用作战间隙进行生产。中华人民共和国建立后，中国人民解放军的任务是巩固国防，抵抗侵略，捍卫人民共和国和社会主义制度,保卫人民的和平劳动,参加国家建设事业。

(3) 这支军队作为忠实执行中国共产党的政治纲领和政治路线的工具,必须完全地无条件地置于中国共产党的绝对领导之下,坚持党指挥枪,决不允许枪指挥党,兵权只属于党,决不属于任何个人。军队的最高领导权和最高指挥权属于中国共产党中央委员会和中国共产党中央军事委员会,一切行动听从中共中央、中央军委的指挥。军队中要建立党的各级组织,作为各级部队(分队)的领导核心。党委(支部)统一的集体领导下的首长分工负责制,是党实施对军队绝对领导的根本制度。

(4) 这支军队实行坚强有力的政治工作。中国人民解放军的政治工作,是中国共产党为了对军队实施领导而在军队中进行的思想工作和组织工作,是人民军队的生命线。人民军队政治工作的主要内容包括:加强军队中党组织建设,发挥党委的核心领导作用、党支部的战斗堡垒作用和共产党员的先锋模范作用。对官兵实行进步的政治教育,灌注革命精神和先进思想,培养爱国主义、国际主义和革命英雄主义精神;实行政治民主、经济民主和军事民主,实行军民一致、官兵一致和瓦解敌军的原则。按照德才兼备的原则选拔任用干部。中国共产党在军队的团和相当于团以上的单位设政治委员和政治机关,并配备相应的政治工作人员,领导和管理部队的政治工作。政治工作的任务是:保持党对军队的绝对领导和人民军队的性质;保证党的路线、方针、政策的贯彻落实,保证全体指战员充分发挥为人民而战斗、而工作和训练的积极性与创造性,保证各项任务的完成。

(5) 这支军队实行集中领导下的民主,建立自觉的严格的纪律,保持和发扬人民军队的优良传统和作风。严格执行三大纪律八项注意,尊重政府,爱护人民;时刻保持坚定正确的政治方向,灵活机动的战略战术,艰苦朴素的工作作风,做到团结、紧张、严肃、活泼。

(6) 这支军队要加强正规化、现代化建设,实行统一的指挥、统一的制度、统一的编制、统一的纪律、统一的训练,加强组织性、计划性、准确性和纪律性。不断用现代化的武器和新的技术装备部队,提高战斗力。

(7) 这支军队要加强教育训练,严格训练,严格要求,大力开展群众性练兵活动,提高官兵科学文化知识水平,掌握新的技术和随之而来的最新战术,全面提高指战员的军政素质。要办好各类院校,培养合格的军事人才。

(8) 这支军队要加强军事科学研究,注重把自己的战争经验上升为理论,同时批判地借鉴中国古代和外国军事思想的有益成分,发展中国现代的军事科学。

(三) 人民战争的战略战术思想

毛泽东在指导中国革命战争的长期实践中,创立了一整套具有中国特色的人民战争的战略战术,成为人民军队在战争力量敌强我弱,武器装备敌优我劣的条件下克敌制胜的法宝。其基本精神是:一切从敌我双方的实际情况出发,你打你的,我打我的,有什么枪打什么仗,对什么敌人打什么仗,在什么时间地点打什么时间地点的仗;灵活机动,不拘一格,扬长避短,力争主动,利用矛盾,各个击破;进攻时反对冒险主义,防御时反对保守主义,退却时反对逃跑主义,有效地达到保存自己、消灭敌人的战争目的。

（1）承认积极防御,反对消极防御。在敌大我小、敌强我弱的条件下,战略防御阶段必须实行战略上的内线的持久的防御战和战役战术上的外线的速决的进攻战,通过战役战术上的歼灭战达到战略上不断消耗敌人,借以逐渐改变战争力量的总体对比,最终把战略防御推向战略进攻。

（2）以歼灭敌人有生力量作为作战的主要目标,不以保守或夺取城市和地方为主要目标,城市和地方的夺取或保守是大量歼灭敌人有生力量的结果。

（3）歼灭敌人有生力量,必须贯彻集中优势兵力,各个歼灭敌人的原则。力求打歼灭战,在特殊情况下也可以采取给敌以歼灭性打击的方法;力避打得不偿失或得失相当的消耗战。

（4）实现歼灭战,必须审慎地选择打击方向和攻歼目标,先打分散孤立之敌,后打集中强大之敌。每战集中优势兵力,四面包围敌人,力求全歼,不使漏网。

（5）采取恰当的作战形式,实行运动战、阵地战、游击战相结合。就中国革命战争的全过程而言,运动战是大量歼灭敌人,决定战争命运的主要作战形式。阵地战是消耗和歼灭敌人的重要作战形式,战略防御阶段主要执行阻击和钳制敌人的任务,在战略进攻阶段主要执行攻歼据守之敌,夺取城市的任务。游击战则应提高到战略地位,它不仅是配合正规战争必不可缺的辅助作战形式,而且在长时期内,游击战和游击性的运动战是中国革命战争的主要作战形式。运动战、阵地战、游击战,不同时期有不同的重点,应根据战争的实际情况有主有次,灵活运用,并适时实行以转换主要作战形式为主要内容的军事战略转变。

（6）力求主动,力避被动,执行有利决战,避免不利决战,应慎重初战。每战须预有准备,立足于能够应付最困难最复杂的情况,力求有胜利把握,不打无准备无把握之仗。

（7）发扬勇敢战斗、不怕牺牲、不怕疲劳、连续作战、勇于近战夜战的优良战斗作风;善于利用作战间隙休整部队,以利再战。

（8）立足现有装备战胜敌人,同时注重从作战缴获中不断充实和改善自己的装备。

（9）把对敌军的军事打击与政治瓦解结合起来,重视利用敌人营垒内部的各种矛盾,在军事打击的强大压力下开展有力的政治攻势,利用多种方式解决敌人。

（10）大力组织支援前线,搞好后勤保障,切实做好人员和各种物资的动员补充工作及医疗救护工作。

（四）国防建设思想

中华人民共和国建立后,中国共产党军事工作的中心,随之转到巩固国防、建设现代化国防上来。为此,毛泽东提出了一系列相应的指导思想和原则。

（1）实行积极防御的战略方针,对外永远不称霸,决不侵犯别人,也决不允许别人侵犯中国。

（2）必须建立强大的国防,以保卫国家主权、领土完整和合法权益不受侵犯,保卫人民民主专政,维护世界和平与地区和平,为国内进行社会主义建设提供安全保障。

（3）正确处理国防建设与经济建设的关系,把国家经济建设放在首位。国家在以经济建设为中心的同时,要重视加强国防建设,在不断增加国家经济实力的基础上,努力实现国防现代化。

（4）中国的国防现代化要走适合本国国情的发展道路,坚持独立自主、自力更生、艰苦奋斗的方针。要在中国共产党的统一领导下,动员和依靠广大军民共建国防。国防斗争要综合运用军事、政治、经济、外交、文化等多种方式,实行有理、有利、有节的方针。

（5）必须建设一支强大的现代化、正规化的革命军队。军队建设应保持适当规模,注重提高质量,不断从低级阶段向高级阶段发展,建设诸军种、兵种合成的国防军。

（6）建立完整的国防科研和国防工业体系,实行平战结合、军民结合的方针,根据本国本军的特点发展武器装备,尤其要重视发展当代尖端武器和技术装备。

（7）普遍实行民兵制度,完善国防动员体制,加强国防后备力量建设。

（8）加强战略后方建设,为未来反侵略战争提供巩固的战略依托。

（9）对付外敌入侵,仍要坚持人民战争的路线,坚持立足现有装备战胜优势装备之敌的优良传统。

（五）战争观和军事问题方法论

毛泽东运用辩证唯物主义和历史唯物主义的原理,研究指导中国革命战争,创造性地提出了"军事辩证法"这一概念,系统、深刻地阐明了战争和军队的一系列根本观点,揭示了军事领域矛盾运动的各种基本规律,总结提出了关于如何研究和指导战争的许多具有普遍意义的重要原则。军事辩证法是毛泽东军事思想的理论精髓所在,它为正确地看待战争,恰当地解决军事领域的各种矛盾,提供了基本的观点和方法。

（1）战争是从有私有财产和有阶级以来就开始了的,用以解决阶级和阶级、民族和民族、国家和国家、政治集团和政治集团之间,在一定发展阶段上的矛盾的一种最高斗争形式。帝国主义和霸权主义是现代战争的根源。战争是流血的政治,用以扫除发展道路上的障碍。在阶级社会中,革命和革命战争是不可避免的,舍此不能完成社会发展的飞跃。无产阶级要根据每场战争的政治性质,决定对它的态度,拥护一切推动社会进步的正义战争,反对一切阻碍社会进步的非正义。人类正义战争的旗帜是拯救人类的旗帜。人类社会的发展终究是要消灭战争的,当进步到消灭了阶级、消灭了国家,什么战争也没有了。支持和参加正义战争是为了最终消灭战争。

（2）从本质和长远上看,帝国主义和一切反动派都是纸老虎,应从这点上建立无产阶级的战略思想,在战略上即总体上要藐视一切敌人和困难;另一方面,它们又是活老虎、铁老虎、真老虎,应从这点上建立无产阶级的策略思想和战术思想,在战术上即每一个具体问题上要重视一切敌人和困难。

（3）作为两军厮杀的战争,其军事本质和根本目的是保存自己、消灭敌人。这是一切战争行动的根据,从技术行动起到战略行动止,都要贯彻这一本质。它普及于战争的全体,贯彻于战争的始终。一般来说,消灭敌人是主要的,只有大量地消灭了敌人,才能有效地保存自己。

（4）战争双方诸因素的相互对立、依存和在一定条件下的转化,构成战争矛盾运动的内容和过程,推动战局的发展,决定战争的结局。这种对立、依存和转化,在战争过程中表现为双方客观物质基础和自觉能动性的综合竞赛,表现为力量对比的消长变化。战争的胜负虽然取决于双方军事、政治、经济、国际援助等诸方面的条件,但这些条件只是提供了胜负的可能性,最终决出胜负还要靠人们的主观努力,发挥人的自觉能动性。发挥人在战争中的能动性,就是要正确地认识和应用战争的规律,在战争指导上具体表现为主动性、灵活性和计划性。军事家不能超越既定客观条件许可的范围去企图战争的胜利;但可以而且必须凭借既定的客观条件,正确而充分地发挥主观的努力,实施正确的战争指导,多打胜仗,从而逐渐实现战争力量对比的强弱转化,能动地夺取胜利。武器是战争的重要因素,但起决定作用的归根到底是人而不是物。既要反对过分夸大精神作用的唯意志论,又要反对过分夸大武器作用的机械论。

（5）战争现象虽然较之其他社会现象更带有所谓"概然性",但战争不是神物,而是一种物质的运动现象,同样是有规律的,是可以认识和驾驭的。要注重从战争学习战争。

（6）战争的规律有一般与特殊之分。正确地研究和指导战争,必须着眼其特点和发展。既要熟识和运用一般的战争规律,又要熟识所从事的具体战争的特殊规律,防止不分战争性质和时间、地域差别的教条主义和经验主义。战争规律是战争的客观实际对于人们头脑的反映。熟识敌我双方各方面的情况,从中找出其行动的规律,并应用这些规律于自己的行动,是研究和指导战争的根本方法。

（7）要正确处理战争全局与局部的关系。战争指导者要有战略头脑和全局观念,善于关照全局,掌握关键,抓住战略枢纽部署战役,抓住战役枢纽部署战斗,以局部服从全局,全局则着力保证关键性的局部。

(8)战争中,认识情况的过程不但存在于军事计划建立之前,而且存在于军事计划建立之后。要在必要而周密的侦察基础上,进行去粗取精、去伪存真、由此及彼、由表及里的分析思考,做出正确的判断,据以定下正确的作战决心,制定合理的军事计划。制定军事计划要考虑多种可能性,立足最坏情况,争取最好结果。军事计划付诸实施后,要根据客观情况的变化,及时修正决心,调整部署,求得主观指导不断合于客观实际。

(9)要运用对立统一的观点,正确认识和处理保存自己与消灭敌人、进攻与防御、优势与劣势、主动与被动、内线与外线、流动性与固定性、进与退、走与打、集中与分散、持久与速决、歼灭与消耗、前方与后方、正规军与群众武装、野战军与地方军、军事工作与政治工作等军事领域中一系列特有的矛盾关系,使矛盾的两个方面达到相反相成或相辅相成。

(10)战争的形态是在不断否定旧的作战方式中发展的,要适时实行以转换主要作战形式为主要内容的军事战略转变,使战争形式符合战争特点和作战任务的变化。

四、毛泽东军事思想的历史地位和现实意义

毛泽东军事思想萌芽于大革命时期,初步形成于土地革命战争时期,在抗日战争时期建立起科学体系,在解放战争时期则全面成熟,并在建国以后的社会主义革命和社会主义建设时期获得了新的发展。它是毛泽东在中国长期的革命战争和建设中,创造性地把中国传统军事思想、外国军事思想,特别是马恩列斯所创立的军事理论运用于中国革命战争的实践,形成的一套完整的具有中国特色的军事思想体系。其中既有毛泽东个人的性格印记并从他的个性品格中反映出的中华民族的伟大气派,同时也具有马克思主义的党性原则和实事求是的品格,是充满着辩证法精神的先进的军事哲学。毛泽东军事思想由战争观和战争方法论、人民战争、人民军队、人民战争的战略战术、民兵和国防建设等六个部分组成了一个互相联系的整体,是关于中国革命战争和军事问题的科学的理论体系,是马列主义的基本原理和中国革命战争具体实践相结合的产物,是中国人民革命战争和军事斗争实践经验的科学总结,是毛泽东思想的重要组成部分,是中国共产党领导中国革命战争、军队建设、国防建设和反侵略战争的指导思想,也是全世界被压迫民族和被压迫人民,以及广大第三世界国家军事思想的理论基础。毛泽东的军事思想创造性地丰富和发展了马克思主义的军事理论,其所揭示的军事规律达到了人类在该领域的新的高度。不仅如此,毛泽东军事思想还提出了一系列重大的军事科学创见,并创造了高超的战争指导艺术。毛泽东军事思想不仅实现了中国军事思想史上的根本变革,科学回答并成功解决了中国革命战争、人民军队建设和国防建设的一系列问

题,成为中国革命战争胜利和人民军队建设、国防建设的指南,而且在世界军事思想史上也独树一帜,为原殖民地和半殖民地人民在民族解放、国家独立、人民革命提供了有力的思想武器,指导了被压迫民族和人民的解放运动并取得重大胜利,因而深刻地影响着世界格局,对人类历史产生了深远影响。

毛泽东军事思想,作为一个系统阐述军事问题的理论体系,不仅是对某一个具体的战役、战斗的经验总结,而且形成了对人类战争和革命的规律性的认识:无论在什么时代,人都永远是战争中的主宰和决定因素,持有正义一方的人民必将是战争中的最后胜利者。正是基于对这一规律的把握,毛泽东军事思想才具有其不可替代的当代价值:在高科技和信息化时代的今天,尽管帝国主义、霸权主义的武器装备已经武装到牙齿并足以毁灭地球多少次,但是这一切并没有改变人是战争胜负决定因素这一基本原理,胜利者仍将是人,是人民,而不是武器。综上所述,在新世纪新阶段,面对世界新军事革命提出的挑战,毛泽东军事思想仍然是人民军队的立军之本、制胜之基,是指导我军建设发展的行动指南,是推动中国特色军事变革的有力武器,是实现中华民族伟大复兴的重要保障。同时,毛泽东军事思想的推广能够增强包括中国先进的军事文化在内的中华文化的国际影响力,为实现人类永久和平做出贡献。因此,在新的时代背景和现实条件下,我们仍然要继续坚持毛泽东军事思想的精髓——为人民服务的宗旨和实事求是的原则,坚持其与时俱进的理论品质,坚持和发展毛泽东军事思想,并运用毛泽东军事思想的科学的世界观和方法论回答和解决现实的军事领域中的新问题。只有这样,我们才能完成中国特色的军事变革,才能战胜世界新军事革命的挑战,才能实现中华民族的伟大复兴,从而为实现人类永久和平做出应有的贡献。

第三节 邓小平新时期军队建设思想

邓小平新时期军队建设思想,是以邓小平为主要代表的中国共产党人关于当代中国军事的科学理论体系。它是邓小平理论的重要组成部分,是毛泽东军事思想在新的历史条件下的继承和发展,是当代中国的马克思主义军事理论。邓小平作为中国共产党的第二代领导集体的核心,为适应新时期军队建设和国防建设的需要,他运用马列主义和毛泽东军事思想的立场、观点和方法,提出了一系列新时期军队建设和国防建设的基本理论、原则、方针和政策,揭示了我国新时期军队建设和国防建设的基本规律,形成了具有中国特色的新时期军队建设的指导思想。主要回答了在和平与发展成为时代主题、国家实行改革开放和以经济建设为中心的历史条件下,如何解放思想、实事求是地开创中国特色的精兵之路,建设一支强大的现代化、正规化革命军队的问题。

一、邓小平新时期军队建设思想的形成和发展

邓小平是我军的主要领导者和创始人之一。在长期的革命战争中和新中国成立后,他参与了创立毛泽东军事思想的实践活动,并以远见卓识、求真务实的非凡才干,对毛泽东军事思想的形成和发展做出了重要贡献。这些为邓小平军事理论的形成和发展奠定了重要的基础。

1975年后,邓小平重新回到军队并领导军队工作。1978年召开的党的十一届三中全会和全会形成的以邓小平为核心的新一代中央领导集体,领导全党全军和全国各族人民实现了伟大的历史转折,开创了我国社会主义事业发展的新时期。邓小平新时期军队建设思想,正是在这一过程中,在新的历史条件下,逐步形成和发展起来的。

(一)萌芽和初创时期

从1975年年初邓小平重新领导军队工作,到1978年年底是邓小平新时期军队建设思想萌芽和初创时期。

邓小平于1973年从江西返回北京,恢复国务院副总理职务。1975年1月5日,邓小平被任命为中央军委副主席兼中国人民解放军总参谋长。数日后,他分别担任中共中央副主席、政治局常委、国务院副总理。1976年,他第二次被错误罢免。1977年7月,邓小平恢复了1975年年初担任的全部职务。第二次复出后,他努力在军事领域清除林彪、"四人帮"的影响,克服军队当时严重存在的"肿、散、骄、奢、惰"等问题,恢复我军优良传统。1978年,他提出新时期的军队建设要解放思想、实事求是,要研究新的历史条件,要研究新情况、解决新问题。

这一时期,邓小平思想和实践的核心是"回到马列主义、毛泽东思想的正确轨道上来,我们将永远沿着这个轨道前进",这进一步奠定了邓小平军事理论的基础。邓小平提出:军队要整顿,整顿的实质就是要恢复毛泽东从井冈山起为我军建立的好制度、好作风、好传统,主要是艰苦奋斗的作风、实事求是的作风、群众路线的作风,整顿必须从领导班子着手;四个现代化,有个国防现代化,要实现国防现代化,首先要解决军队的整顿、准备打仗和军队建设问题,国防的现代化,只有建立在国家整个工业以及农业发展的基础上才有可能;要把军队的教育训练提高到战略地位;指导思想要明确,就是要解决现代化问题;继承毛泽东军事思想,研究现代条件下人民战争,发展我国军事科学;治军要严,首先对领导班子要严,对高级干部要严,军队非讲纪律不可,纪律松弛是不行的;我们军队也要有民主,没有民主就不可能有自觉的纪律。

(二)基本形成时期

从1979年到1985年,是邓小平军事理论基本形成时期。

这一时期,邓小平在军事领域思想和实践的核心,是解放思想、实事求是,一切

从实际出发,继承和发展毛泽东军事思想,创造性地研究和解决新形势下军队建设亟待解决的问题。这成为贯穿邓小平军事理论的思想精髓。邓小平指出:不解放思想,正确的政治路线就制定不出来,制定了也贯彻不下去;现在世界上真正大的问题,带全球性的战略问题,一个是和平问题,一个是经济问题,和平和发展是当代世界的两大问题,中国发展得越有力量,世界和平越靠得住;霸权主义是战争的根源,反对超级大国的霸权主义也就是维护世界和平;根据对战争与和平问题的新认识,确定我们建军的正确原则和方向,实行军队和国防建设指导思想的战略性转变;军队要服从整个国家建设大局,而且要在这个大局下面行动,要支援和积极参加国家建设;中国人民解放军的全体指战员,务必时刻保持警惕,不断提高自己的军事政治素质,努力掌握应付现代战争的知识和能力,扎扎实实做好反侵略战争的准备,为保卫世界和平,为保卫祖国领土的安全,为争取台湾早日回归祖国,实现祖国统一大业做出新的贡献;必须把我军建设成为强大的现代化、正规化的革命军队,我们一定要在国民经济不断发展的基础上,改善武器装备,加速国防现代化;讲质量,讲真正的战斗力,搞少而精的真正顶用的东西,精简军队,提高战斗力;军队的政治思想工作需要加强,也更应当加强,军队所有的军事人员、政治人员都要做政治思想工作,干部队伍要年轻化、知识化、专业化。

（三）进一步丰富和发展

1986年以来,在邓小平的领导和关怀下,军队建设不断取得新的成就,邓小平军事理论得到进一步丰富和发展。

这一期间,邓小平主要强调:我们党的十一届三中全会以来制定的方针政策是正确的,"一个中心、两个基本点"本身没有错,要坚定不移地执行党的十一届三中全会以来制定的一系列路线方针政策,要认真总结经验,对的要继续坚持,失误的要纠正,不足的要加点劲,军队、国家政权,都要维护这条道路、这个制度、这些政策;搞现代化建设,搞改革开放,要把我们的军队教育好,把我们的专政机构教育好,把共产党员教育好,把人民和青年教育好;第三世界国家发展起来,可以避免世界大战;我们都是以自己的国家利益为最高准则来谈问题和处理问题,不管是大霸权主义,还是小霸权主义,我们都反对,凡是有利于和平的事情,我们就拥护、赞成,凡是搞霸权主义的,我们就批评、反对;要提倡科学,靠科学才有希望,中国必须发展自己的高科技,在世界高科技领域占有一席之地;国家的主权、国家的安全要始终放在第一位;中国是一个大国,没有必要的武装是不行的,没有足够的武装力量不能保证安全。

二、邓小平新时期军队建设思想的主要内容

围绕军队建设这个党和国家在新的历史条件下的主要军事实践,邓小平系统回答了新时期军队建设的前提和依据、目标和任务、方针和道路等一系列重大问

题,建构了一个关于当代中国军事的科学的发展的理论体系。

(一) 新时期战争与和平的理论

国际关系全局和国家发展大局是新时期的军队建设、国防建设和军事斗争准备的根本依据。在新的历史条件下,邓小平创造性地提出和平与发展是当今世界的时代主题,并在此基础上深刻阐述了当代战争与和平理论,强调新时期的中国军事就是要争取和维护一个和平的环境来实现四个现代化。邓小平的当代战争与和平理论是新时期中国军事的重要的理论基础和思想依据。

和平与发展是当今世界的时代主题。在新的历史条件下,邓小平继承和发展毛泽东军事思想的立场、观点和方法,始终把关注和研究国际局势的发展和变化,作为对军队和国防建设实施战略指导的重要前提之一。

在变化的世界新形势下,毛泽东和邓小平都十分重视从战略全局上考察和把握国际格局中的基本关系。20世纪70年代,毛泽东高瞻远瞩,提出了划分三个世界和反对霸权主义的思想。80年代,邓小平经过长期观察和冷静分析,于1984年指出:"现在世界上问题很多,有两个比较突出。一是和平问题。现在有核武器,一旦发生战争,核武器就会给人类带来巨大的损失。要争取和平就必须反对霸权主义,反对强权政治。二是南北问题。这个问题在目前十分突出。发达国家越来越富,相对的是发展中国家越来越穷。南北问题不解决,就会对世界经济的发展带来障碍。"1988年。他再次指出:"当前世界上主要有两个问题,一个是和平问题,一个是发展问题。和平是有希望的,发展问题还没有得到解决。"1990年,针对国际战略格局变化他又指出:"现在旧的格局在改变中,但实际上并没有结束,新的格局还没有形成。和平与发展两大问题,和平问题没有得到解决,发展问题更加严重。"

邓小平关于和平与发展是当今时代主题的论断,实事求是地反映了世界基本矛盾在当代的发展和变化。20世纪60年代之后,世界经济、政治、军事等方面的形势发生了很大变化,特别是进入80年代以来,更是出现了许多同战争与革命时期相比有重大变化的新情况:①西方势力在不放松武力威胁的前提下,正在变以武力扼杀为主的战略为以"和平演变"为主的战略,企图"西化""分化"社会主义国家;②西方发达国家通过对国内生产关系和上层建筑在一定程度上的自我调节,并主要由于战后新技术革命的推动,促进了社会生产力发展,缓解了国内社会矛盾;③西方发达国家之间争夺领土、资源和市场的矛盾在许多方面有所缓和,经济上相互渗透、相互依存的关系进一步发展,虽然在合作中仍存在各种各样的摩擦和冲突,但远没有闹到兵戎相见的地步;④世界殖民主义体系解体,帝国主义国家同殖民地、半殖民地国家的矛盾,衍化为发展中国家同发达国家之间的矛盾,发展中国家与发达国家之间的贫富悬殊成为世界经济发展的巨大障碍和导致国际局势动荡不安的重要原因;⑤高新技术在世界范围内迅猛发展,正在深刻改变着世界的社会经济面貌,重视提高以经济和科技水平为主要标志的综合国力成为国际竞争的中心内容。

总之,世界要和平,国家要发展,社会要进步,经济要繁荣,生活要提高,日益成为各国人民的普遍要求,成为不可抗拒的历史潮流。这是我国新时期军队和国防建设必须关注和重视的新的国际大局。

在和平与发展两大问题中,邓小平一直强调,发展问题是个核心问题,具有更重要的意义。他指出:"发展才是硬道理。""应当把发展问题提到全人类的高度来认识,要从这个高度去观察问题和解决问题。"世界范围内由于发展的极度不平衡造成的贫富之间的对立,由于非合理开发造成的对人类生存环境的破坏等,已经成为影响人类生存和发展的严重现实问题,同时也日益成为导致国际局势动荡不安的重要原因。其二、靠发展来维护和平。致力于把维护世界和平的基点放在爱好和平国家的发展上,放在第三世界国家的发展上,特别是放在中国自己的发展上,是邓小平提出的一个极其重要的战略指导思想。邓小平认为,世界和平力量的发展,是制止战争、维护和平的根本因素。20世纪80年代以来,他多次指出,我们现在的观点是战争应该避免,也可以避免,问题在于和平力量、一切不愿意战争的力量要发展起来、团结起来。除了用战争消灭战争之外,还可以通过发展和平力量,壮大和平力量,促进和平力量更大程度增长的方式,创造制止大规模战争、避免大规模战争、维护世界和平的根本条件。正是在这个意义上,邓小平指出:"发展自己同维护和平是一回事情。"

发展又需要和平。在和平与发展两大主题中,发展是目的,和平是基础。150多年来的历史经验告诉中国人民,没有和平安定的环境就不可能有真正的发展。我国进行社会主义现代化建设,需要一个稳定的国内环境,也需要一个和平的国际环境。邓小平指出,我们最需要和平,我们不希望战争,尽管我们打了二十多年的仗,才打出来这么一个国家。我们的第一大任务就是反对霸权主义,维护世界和平。我们是真诚地希望和平的。他还说:"中国要实现自己的发展目标,必不可少的条件是安定的国内环境与和平的国际环境。我们不在乎别人说我们什么,真正在乎的是有一个好的环境来发展自己。"这些论述清楚地告诉我们,争取和维护一个和平的环境来实现四个现代化,是中国军队和国防建设肩负的重大历史使命。

科学把握时代特征,还必须研究战争与和平问题。邓小平对当代的战争与和平现象做出了新的科学的认识和判断。

从20世纪70年代后期到80年代中期,在邓小平的倡导和推动下,我国对战争与和平问题进行了认真的观察、分析和思考,逐步形成了新的认识和判断。期间,经历了认识发展的三个阶段。

第一阶段:20世纪70年代中期以后,邓小平以战略家的远见卓识,预见到世界战争可能延缓和推迟,同时认为战争不可避免,仍要防备早打、大打。1977年邓小平提出"战争可能延缓爆发"。后来,他几次讲到战争有可能推迟,开始讲五年打不起来,后来讲十年打不起来,再后来讲二十年打不起来。1980 年他说:"我们有信心,如果反霸权主义斗争搞得好,可以延缓战争的爆发,争取更长一点时间的和平。"与以前相比,这一认识对过去认为战争已经迫在眉睫的估计做了重要修正,把战争的必然性看作一种历史趋势,看作一种可能性,而不是一种马上就会发生的不可逆转的现实威胁。这是对战争与和平问题新认识的开端。

第二阶段:20 世纪进入 80 年代以后,邓小平从全球范围对战争与和平两种力量进行科学考察,进一步明确指出战争的危险始终存在,但和平力量的增长超过战争力量的增长,如果工作做得好,世界大战可以避免。这一期间,邓小平对战争与和平问题的认识发生了重要转变,并完整系统地形成了关于当代战争与和平问题的新认识和新判断。

这个新认识和新判断是邓小平长期冷静观察和科学分析国际环境及其变化的思想结晶。根据 20 世纪 70 年代后期至 80 年代中期的国际环境,邓小平认为世界战争可以避免的判断主要基于以下条件:①核武器的巨大破坏力和超级大国之间战略核均势的形成,使有资格打世界大战的两个超级大国都有了毁灭对方的力量,谁对谁都没有绝对优势,因此,谁也不敢先动手;②两个超级大国都在进行全球战略部署,但都受到了挫折,都没有完成,双方争夺出现了僵持的局面,在这样的情况下,它们也就不敢动;③最为重要的是和平力量的增长超过了战争力量的增长,这个和平力量首先是第三世界,也包括日本、西欧和东欧,美国和苏联的人民也不支持战争,世界很大,复杂得很,但一分析,真正支持战争的没有多少,人民是要求和平、反对战争的;④中国的强大是制止世界大战的重要因素,中国的发展就是制约战争的力量的发展,如果中国在 20 世纪内达到"小康水平",制约战争的力量就会有很大增长,如果再经过三十年到五十年的建设接近发达国家水平,那时战争就更难打起来了;⑤还要看到,世界新科技革命蓬勃发展,经济、科技在世界竞争中的地位日益突出,这种形势,无论美国、苏联、其他发达国家和发展中国家都不能不认真对待。根据对以上世界大势的分析,以及对我国周边环境的分析,邓小平带领我们的国家和军队改变了原来认为战争的危险迫在眉睫的看法。

第三阶段:90 年代以来,两极格局开始终结,国际形势进一步发展变化,旧的国际战略格局已经打破,新的格局尚未形成,世界正朝着多极化的方向发展。针对这种情况,邓小平明确指出:"我们过去对国际问题的许多提法,还是站得住的。"尽管在今后一个较长时期内,冷战思维依然存在,霸权主义和强权政治仍然是威胁世界和平与稳定的主要根源,世界仍不安宁,但国际形势在总体上继续趋向缓和,在相当长的时期内避免新的世界大战是可能的,争取一个良好的国际和平环境和周边环境是可以实现的。产生这种情况的原因,除了过去的一些条件继续发生作用外,还因为:多极化趋势在全球或地区范围内,在政治、经济等领域都有新的发展,世界上各种力量出现新的分化和组合,多极化趋势的发展有利于世界的和平、稳定和繁荣;大国之间的关系经历着重大而又深刻的调整,一些大国之间虽然存在着复杂的矛盾,但目前不存在发生军事对抗的危险;各国人民要求平等相待、友好相处的呼声日益高涨,要和平、求合作、促发展已经成为时代的主流,局部战争尽管时有发生,通过政治谈判解决局部冲突的趋势在加强;广大发展中国家的总体实力在增强,各种区域性、洲际性的合作组织空前活跃,维护世界和平的因素正在不断增长。这一切都有利于遏制战争。我们完全有可能争取到一个较长时期的国际和平环境。

邓小平关于战争与和平问题的新判断,其所包含的科学内涵是

（1）世界大战可以避免,小的战争不可避免。对于我国这样一个最大的发展中国家来说,在目前情况下,唯一可能改变我国发展战略和社会主义现代化进程的最大的外部威胁是世界大战。因此,从战略的高度思考国家和军队的未来,邓小平最关注的是世界性战争。他所讲的战争可以避免,指的是世界规模的战争即世界大战,而不是说各种规模和类型的战争都可以避免。由于世界上矛盾斗争的复杂性和战争诱因的多样性,在诱发世界大战的因素得到众多制约的同时,地区性、偶发性的局部战争和武装冲突的可能性不仅不能完全排除,相反,在一定的条件下甚至可能进一步增多。

（2）霸权主义是当代战争的主要根源,战争危险依然存在。20世纪80年代以来,邓小平始终是在指出战争的危险依然存在的前提下讲战争是可以避免的。也就是说,在相当长的时期里世界性的战争可以避免,它丝毫也不意味着战争的根源已经消亡,人类已进入"永久和平"的年代。在新的历史条件下,邓小平继承毛泽东晚年关于霸权主义是战争根源的思想,通过对国际形势的透彻分析,对当代战争的主要根源进一步做出了科学论断。他指出:"当今世界不安宁来源于霸权主义的争夺"。"战争是同霸权主义联系在一起的。"那种一讲战争可以避免便以为从此天下太平,看不到世界上仍存在着战争危险的认识是不正确的。

（3）世界战争可以避免既是现实可能的,又是有条件的。邓小平指出,战争应该避免,也可以避免。问题在于和平力量、一切不愿意战争的力量要发展起来、团结起来。他还说,和平的赢得是人类共同努力的结果,特别是第三世界国家努力的结果,并不是超级大国发善心。

（4）在新的历史条件下,要制止战争,避免战争,就必须反对霸权主义和强权政治。邓小平说:"我们的目标是争取和平,但和平要通过斗争来赢得。""要维护世界和平,就要从各个角度反对霸权主义。"这里,邓小平把反对霸权主义、强权政治的斗争作为一项根本性的战略任务,鲜明地提到中国人民和世界人民面前。

邓小平关于当代战争与和平问题的新判断,在变化了的新形势面前,对当今世界大势和我国周边环境做出了实事求是的分析,果断地改变了我国对战争危险的传统看法,具有重要的战略意义。邓小平强调:"这个判断,对我们非常重要,我们

就能够安安心心地搞建设,把我们的重点转到建设上来。没有这个判断,一天诚惶诚恐的,怎么能够安心地搞建设?"改革开放以来的实践证明,这个新判断完全正确,无论对于国家建设还是对于军队建设,都发挥了极其重要的战略指导意义。

根据对战争与和平问题的新判断,1985年我军做出了军队和国防建设指导思想实行战略性转变的重大决策,即从准备"早打、大打、打核战争"的临战状态,真正转到了和平时期的建设轨道上来,充分利用今后一个较长时间内大仗打不起来的和平环境,在服从国家经济建设大局的前提下,抓紧时间,有计划、有步骤地加强以现代化为中心的根本建设,提高军政素质,增强我军在现代战争条件下的自卫能力。实行这一战略性转变,标志着我国的军队和国防建设已经进入一个新的发展时期,步入一个新的发展轨道,在我国武装力量建设史上具有划时代的意义。这是邓小平新时期军队建设思想全面形成的一个重要标志,也是我军建设史上重要的里程碑。军队和国防建设指导思想实行战略性转变的思想和实践,源于邓小平的当代战争与和平理论,是这一理论在实践中的贯彻和运用,同时又进一步丰富和深化了这一理论。

(二) 新时期军事战略理论

1. 国家的主权和安全要始终放在第一位

主权和安全,是国家生存和发展的基础。在新的历史条件下,邓小平指出:"国家的主权、国家的安全要始终放在第一位,对这一点我们比过去更清楚了。"这是邓小平对新时期关于国家安全问题最具代表性的精辟论断,是他关于国家安全问题的一贯思想。

在国际战略格局发生历史性变化的情况下,面对霸权主义和强权政治对世界和平与发展的威胁,邓小平严肃地指出,确保国家的主权和安全不受侵犯,是我们一贯的立场,是不可动摇的基本原则。经验告诉中国人民,国家的主权和安全比什么都重要,是中华民族自立于世界民族之林的首要条件。在任何时候、任何条件下,每一个中国人都要珍惜来之不易的国家主权和安全。

2. 实行积极防御的军事战略方针

在新的历史条件下,邓小平把毛泽东积极防御战略思想与我国所面临的军事斗争实际相结合,确立了新时期的军事战略方针。

20世纪70年代末和80年代初,面对新的国际国内形势,邓小平重新审视军事战略方针问题,明确指出:"我们未来的反侵略战争,究竟采取什么方针?我赞成就是'积极防御'四个字。"

中国是社会主义国家,对内致力于解放生产力、发展生产力,改善人民物质文化生活;对外奉行独立自主的和平外交政策,反对霸权主义,维护世界和平,坚持自卫的防御立场,不搞侵略扩张,永远不称霸。邓小平指出:"中国的对外政策,主要是两句话。一句话是反对霸权主义,维护世界和平,另一句话是中国永远属于第三世界。中国现在属于第三世界,将来发展富强起来,仍然属于第三世界。中国和所有第三世界国家的命运是共同的。中国永远不会称霸,永远不会欺负别人,永远站在第三世界一边。"这种基本国情决定了我国的军事战略始终是防御型的,而不是进攻型的;是自卫型的,而不是外向型的。这与我国的社会主义性质与和平外交政策是完全一致的。邓小平说"我们的战略始终是防御,二十年后也是战略防御。"

坚持积极防御,反对霸权主义,这是我国的军事战略与帝国主义、霸权主义国家军事战略的一个本质区别。如果不是在战略上坚持自卫的、防御的立场,而是搞对外扩张性的进攻战略,就违背了我国的社会性质和对外政策,也就损害了我们党和人民的根本利益。

中国是一个独立的主权国家,考虑军事战略问题,要以维护国家的主权和安全为根本的出发点和立足点。中国人民珍惜同其他国家和人民的友谊与合作,更加珍惜自己经过长期奋斗得来的独立自主权利;中国需要和平,真心希望避免战争,但深知和平要通过斗争来赢得;对于战争或军事斗争,中国一向坚持人不犯我、我不犯人、人若犯我、我必犯人的自卫原则。在霸权主义和强权政治依然存在的情况下,维护国家利益,维护国家的主权和安全,最终要靠自己拥有能够遏制战争,抵御侵略,反对分裂,反对动乱,维护和平与稳定的强大的军事力量。而正确指导这一军事斗争的,只能是积极防御的战略方针。

只有坚持积极防御战略方针,才能在新的历史条件下赢得战略上的主动地位。新时期我国所从事的各种军事斗争,就其本质来说,是自卫的、防御的军事行动。我们坚持积极防御的战略方针,强调军事斗争的正义性质,强调战略上的后发制人,强调反对各种霸权主义和侵略行径,表明了中国人民及其武装力量维护世界和平与稳定的初衷,顺乎潮流,合乎民意,得到中国人民和世界各国爱好和平的人民的拥护和支持,有利于取得战略上的主动地位。

3. 新时期积极防御战略方针的基本精神

(1) 要把国家利益作为处理军事战略问题的最高准则。一方面,考虑军事战略问题,要以国家安全利益为最高准则。国家的安全是发展的基础。安全利益得不到有效的保护,没有和平稳定的环境,经济发展就无从谈起。邓小平指出:"国家的主权、国家的安全要始终放在第一位"。在霸权主义和强权政治依然存在的情况下,维护国家利益,维护国家的主权和安全,最终要靠自己拥有能够遏制战争和抵御侵略的强大军事能力。另一方面,考虑军事战略问题,要同国家的发展利益联系起来。国家的发展利益也是国家具有长远性和根本性的利益。邓小平指出,中国是一个和平力量,制约战争的力量,中国的主要目标是要让自己尽快发展起来。现在国家还穷,还很落后,尤其需要一个和平环境,集中力量解决自己的发展问题。因此,大力发展社会生产力,实现以经济建设为中心的社会主义现代化建设的战略目标,是当前和今后相当长的时期内国家发展利益的集中体现。军事战略必须服从和服务于国家发展战略,把国家最高利益作为军事战略考虑的核心问题。新时期实行积极防御的军事战略方针,目的就是要保障国家的改革开放和经济建设有一个长期稳定的和平环境。这是新时期军事斗争的根本任务,是国家发展利益的根本要求。

(2) 要把遏制战争和打赢战争统一起来。新时期军事战略方针,克服了一个时期里军事战略功能的某种单一性,在战略上兼顾打赢战争与遏制战争的双重功能,强调既要努力遏制战争爆发,又要着眼于打赢战争,从而使军事战略方针得以更有效地发挥其应有的作用。

遏制战争和打赢战争是军事斗争的两个方面,它们互为前提,互为目的。遏制战争是打赢战争的必要条件。通过遏制战争,可以赢得时间,增强实力,更好地创造打赢战争的条件。打赢战争是遏制战争的重要基础。只有具备了打赢战争的能力,或者通过实际运用军事手段在一定限度内有效地惩戒敌人,才能增强威慑的可信度,才能有效地遏制战争,包括遏制下一次或更大规模战争的发生。对于我国来说,遏制战争,是军事斗争准备的重要着眼点,是和平时期军事战略的最佳选择,也是一切军事活动希望努力争取的最好结果。打赢战争,则是一切军事斗争准备的根本立足点。它既是遏制战争的基础和前提,也是遏制无效后实现战略目的的最终手段。从我军长期的军事斗争实践来看,坚持遏制战争与打赢战争的辩证统一,是积极防御战略思想的要义,对其中的精神实质我们必须正确理解,准确把握,灵活运用。

在新时期军事斗争的战略指导中,要特别重视遏制战争的问题。遏制战争,包括遏制大规模的战争,也包括遏制中小规模的局部战争与武装冲突。在打与不打的问题上,我们要在维护国家利益的前提下尽量争取不打。因此,军事斗争要根据积极防御军事战略方针的基本精神,在和平时期建立和保持能够对战争发动者形成有效威慑的战略防御态势,积极地开展各种军事斗争准备,通过军事斗争与政治、外交等斗争的密切配合,努力遏制各种不安全因素的增长,遏制战争因素的发展。即使出现了一些局部战乱,也要尽量限制冲突升级。一句话,防患于未然,把可能的战争或冲突制止在其发生之前,是我国军事战略的最优选择和最佳目标。

尽一切可能去遏制战争,绝不意味着不做打赢战争的准备。相反,遏制战争必须具备打赢战争的能力。要把遏制战争与打赢战争辩证统一起来,战略上首先着眼于遏制战争的爆发,可以通过遏制战争赢得更多的时间,增强打赢战争的物质基础和各种准备。一旦敌人把战争强加在我们的头上,我们将根据有理、有利、有节的方针,坚决果断地做出反应,使用必要的力量,采取多种手段,通过正义的自卫战争,达到"以战制战"的目的。

(3) 要坚持现代条件下的人民战争。在新的历史条件下,邓小平继承和发展毛泽东人民战争思想，明确提出了"现代条件下人民战争"的重要概念，为新时期的军事理论研究和未来军事斗争的战略指导指明了方向。

创造现代条件下人民战争的新战法，成功的要诀在于真正做到"你打你的，我打我的"。换句话说，就是扬长避短，努力夺取并把握作战主动权。面对具有高技术优势的敌人，要充分发挥我们的优势和长处，抓住敌人的短处和弱点打，用敌人意想不到、难以对付的打法去打。正如邓小平所指出的那样："我们有我们的打法，我们有我们的传统。"

（三）新时期军队建设理论

1. 建设一支强大的现代化正规化的革命军队

1981年9月，邓小平指出："我军是人民民主专政的坚强柱石，肩负着保卫社会主义祖国、保卫四化建设的光荣使命。因此，必须把我军建设成为一支强大的现代化、正规化的革命军队。"这是新时期军队建设的总目标和总任务，是邓小平军事理论的核心内容。

革命化，要求军队高举马列主义、毛泽东思想和邓小平理论的伟大旗帜，坚持党的绝对领导，坚持全心全意为人民服务的唯一宗旨，坚持老红军的优良传统和作风，坚持党的基本路线和基本纲领，始终不渝地保持人民军队的性质。

现代化，要求军队适应未来战争需要，全面提高官兵素质，逐步改进武器装备，正确解决军队的科学编成，不断提高军队建设的科学技术含量，提高现代条件下的自卫作战能力和水平。

正规化，要求军队坚持依法治军、从严治军的根本方针，建立健全规章制度，提高科学管理水平，用条令条例规范军队建设的方方面面，推动军队建设逐步走上制度化、法制化的轨道。

"三化"中，革命化是我军特有的政治性质和政治优势，是我军生命力和凝聚力的根本源泉，反映了我军建设的特殊规律，是我军区别于其他任何军队的本质所在。革命化是现代化和正规化的灵魂，为现代化和正规化建设规定正确的方向和宗旨，为现代化和正规化建设提供精神动力。现代化和正规化要靠人来实现。人的精神状态、士气、干劲、积极性、创造性等，决定着现代化和正规化建设的成败。只有坚持革命化，使我军干部战士具有崇高的理想、坚定的信念、强烈的事业心和责任感，才能产生巨大的智慧和力量，引导和促进现代化和正规化建设。

现代化和正规化则是世界各国军队共同的发展要求，反映了现代军队建设的普遍规律，是世界军事发展的必然趋势，也是我军在新的历史条件下提高战斗力的关键所在。对于我军来说，革命化、现代化、正规化，相互联系、相互促进、相辅相成、缺一不可。现代化是提高军队战斗力的关键。它为革命化和正规化建设提出了实践课题和中心任务，同时促进革命化和正规化建设。离开了现代化建设，革命化和正规化就会成为空中楼阁。现代战争不仅要求改善武器装备，而且要求提高人的素质,不仅要具备更高的军事素质和身体素质,而且要具有更高的科学文化和精神心理素质。军队的现代化程度越高,对正规化的要求也越高。正规化是现代化和革命化的重要保证。它为革命化和现代化建设提供了良好的秩序和环境。部队有了优良的作风和严明的纪律,革命化和现代化建设才能顺利进行。特别是在新形势下我军要实现政治合格、军事过硬,没有作风优良和纪律严明是不行的。

2. 坚定不移地走有中国特色的精兵之路

邓小平在长期的军事生涯特别是在指导新时期的军队和国防建设的过程中,要求军队和国防建设坚定不移地走有中国特色的精兵之路。从我国的国情和军情出发,坚持战斗力标准,注重质量建设,贯彻改革精神,是邓小平关于新时期军队和国防建设的基本思路。

军队就是要以提高战斗力为标准。针对新时期军队和国防建设遇到的新情况和新问题,邓小平突出强调要提高军队的战斗力。提高战斗力,增强国防实力,是新时期军队和国防建设的基本目的,也是检验军队和国防建设各项工作的根本标准。

战斗力是军队建设的核心,是军队履行根本职能的基本能力,是军队这一特殊的——人与武器——系统最基本的能量输出。提出军队建设的战斗力标准,要求人们不但要看到人和武器等在军队建设中的重要意义,同时要看到人和武器在结合之后所施放出来的能量——战斗力。战争,说到底是敌对双方战斗力的抗衡。战斗力的强弱,是决定战争胜负的基础。一支军队平时能否积累和储存巨大的战斗能量,是战时能否夺取胜利的关键。战斗力标准明确了和平时期评价军队和军人社会价值的根本尺度。

以现代化建设为中心,是邓小平新时期军队建设思想的重要内容,是新时期军队建设的根本方针。邓小平多次强调,谋划军队建设全局,"指导思想要明确,就是要解决现代化问题。"1987 年 1 月,我军明确提出,军队的现代化建设是我军全部工作的中心。其主要目标是实现军事人才、武器装备、体制编制和军事理论的现代化。

军队建设以现代化为中心,是解决我军新时期面临的主要矛盾、适应世界军事发展的需要。新时期,我军建设面临的问题、困难和矛盾很多,其中主要的矛盾是现代战争的客观要求同我军现代化水平还比较低的矛盾。现代化水平低,是新的历史条件下严重制约我军战斗力的最突出的问题。现代科学技术特别是高技术正在引发军事领域一系列革命性的变化。同这种发展趋势相适应,世界各主要国家纷纷加快军队的现代化建设步伐,形成了以高技术质量建设为主要标志的竞争新态势。谁的现代化程度高,谁就能在夺取战争主动权方面占据优势;而现代化程度低的一方,则很难用数量的优势来弥补质量的差距。对于世界军事的这一发展趋势,邓小平认识最早、最深。

要把教育训练提高到战略地位,是邓小平新时期军队建设思想中的一个突出思想和独到见解。邓小平多次指出,在没有战争的情况下,要把教育训练放在战略问题的一个重要位置上。把教育训练提高到战略地位,不是权宜之计,而是具有全局意识和战略远见之举,是和平时期军队建设的一个根本方针。

邓小平关于"要把教育训练提高到战略地位"的思想,是从国家建设和军队建设的全局出发,提出的一项高屋建瓴的战略决策,具有深刻的思想内涵。我们军队过去是在长期的战争环境中成长和发展起来的,那时培养干部,锻炼部队,主要靠战场考验,是从战争中学习战争。现在不打仗,靠什么来考验干部,用什么来提高干部,提高军队的素质,提高部队的战斗力?归根到底还是要靠教育训练,这是和平时期军队战斗力得以生成和提高的主要渠道和方式。

教育训练的内容:①学习现代战争知识,提高干部战士驾驭现代战争的本领。②加强诸军兵种的合成训练,增强部队的联合作战能力。③把军队办成一个大学校,培养军地两用人才。不断提高广大指战员的军政素质和科学文化水平,这是我军的一贯思想。

教育训练要坚持以干部为主的原则。军队的教育训练,关键是干部的教育和训练。要把教育训练提高到战略地位,重要的是要加强干部的教育训练,提高干部的军政素质。这对提高军队的教育训练水平,加强部队的全面建设,起着至关重要的作用。同时要坚持办好军队院校的原则。要加强军队的教育训练,"一个方面是部队本身要提倡苦学苦练","另一方面是通过办学校来解决干部问题",邓小平提出,学校要"训练干部,选拔干部,推荐干部"。他强调:要从制度上考虑,从排长起,各级军官都要经过军官学校的训练。他规定,排连干部要初级步兵学校毕业,营团干部要进过中级军官学校,军和师的领导干部也要进过高级军官学校的才能当。这表明军队院校的职能从传统的训练干部扩大为选拔干部、训练干部、推荐干部。

(四)新时期国防建设理论

(1)国防建设要服从服务于整个国家建设的大局。经济力量是国防建设的基础,国防现代化,对国家经济和科学发展水平的依赖非常大。可以说,经济条件决定着国防建设的水平。任何国家、任何时代的国防,都首先取决于社会的经济条件。由此可见,在我国经济和科学技术水平没有一个较大发展和提高的情况下,国防现代化是不可能实现的。所以唯一正确的选择就是服从国家建设大局,随着国家的发展,逐步实现国防现代化。

邓小平在强调国防建设要服从国家建设大局的同时,反复强调"我们一定要在国民经济不断发展的基础上,改善武器装备,加速国防现代化。"要求国防建设应与国家建设协调发展。古今中外的历史实践充分说明:发达的经济和强大的国防,是一个主权国家自立于世界民族之林的两大支柱。二者都反映了国家的根本利益,不可偏废其一。

（2）建设一支"三结合"的武装力量。在国防建设中，邓小平十分重视武装力量的建设，始终强调要实行"三结合"武装力量体制。在革命战争年代，我们的三结合的武装力量体制由野战军、地方军和民兵构成。在新的历史时期，我国的武装力量由人民解放军、人民武装警察部队和民兵组成。中国人民解放军是我国武装力量的主体，包括现役部队和预备役部队。关于中国人民解放军现役部队的建设，邓小平有一系列重要论述。组建预备役部队和加强预备役部队建设，是邓小平对毛泽东军事思想的重大发展，也是邓小平新时期军队建设思想的一个重要内容。

（3）发展国防科技工业是国防现代化的基础。国防科技和国防工业建设，是新时期国防建设的重要内容。邓小平指出，国防科技工业的发展，是国防现代化的关键。他强调，国防科技工业必须从中国的实际出发，走有中国特色的发展道路。

邓小平一贯强调，国防科技工业必须服从国家的经济建设大局，要体谅国家的困难，发扬艰苦创业的精神，量力而行，把有限的资金用在刀刃上；要坚持军民结合、平战结合、军品优先、以民养军的方针；要立足于独立自主，自力更生，走自行设计、自行研制的路子，自力更生并不是闭关自守，自力更生与对外开放是统一的，有选择地引进先进的技术装备和管理方法，可以提高自力更生的能力。

三、邓小平新时期军队建设思想的历史地位

（1）邓小平新时期军队建设思想是在新的国际背景下出现的马克思主义军事理论。邓小平新时期军队建设思想，敏锐地洞察了国际社会出现的新变化，正确揭示了当今世界的时代主题，指明了新时期军事的正确原则和方向，在和平与发展成为时代主题的历史条件下，把马克思主义军事理论的基本原理与当代中国实际和时代特征相结合，是新的国际背景下的马克思主义军事理论，是马克思主义军事理论发展的一个新的阶段，因而成为当代中国的马克思主义军事理论。

（2）邓小平新时期军队建设思想是在新的国内条件下出现的毛泽东军事思想。邓小平军事理论，是在我们党和国家以经济建设为中心，坚持四项基本原则，坚持改革开放，发展社会主义市场经济的历史条件下，历史形成的当代中国军事科学理论体系，是对毛泽东军事思想的重大发展。如果说以毛泽东为核心的第一代党中央领导集体的军事实践和军事思想代表了党和军队在军事思想上的第一次历史性飞跃，那么，以邓小平为核心的第二代党中央领导集体的军事实践和军事思想则代表了党和军队在军事思想上的第二次历史性飞跃，这个飞跃的思想结晶和理论成果就是邓小平新时期军队建设思想。

（3）邓小平新时期军队建设思想是迎接世界军事发展挑战的新时期军队和国防建设的指导思想。邓小平新时期军队建设思想揭示了相对和平时期国防和军队建设的基本规律，符合我国我军的实际，具有鲜明的中国特色和强大的生命力，符

合当代和未来战争的客观要求。在确定把建设具有中国特色的现代化、正规化革命军队作为我军建设的总任务、总目标，并强调要以现代化为中心时，实际上是把按照现代和未来战争的客观要求，全面加强军队建设作为我军建设的出发点和落脚点。因此，有效地贯彻这一指导思想，便成为我们做好战争准备、赢得未来反侵略战争胜利的可靠保证。

第四节　江泽民国防和军队建设思想

江泽民担任军委主席 15 年，深刻洞察和把握国内外形势的重大变化和世界新军事变革的发展趋势，对加强国防和军队建设提出了一系列新论断、新举措，丰富和发展了毛泽东军事思想和邓小平新时期军队建设思想，创立了江泽民国防和军队建设思想，领导国防和军队建设取得巨大成就。他以马克思主义政治家、军事家和战略家的胆识、气魄和智慧，紧紧扭住我军思想政治建设不放松，引领人民军队沿着坚定正确的政治方向阔步前进。

一、江泽民国防和军队建设思想的形成过程和基本特征

（一）江泽民国防和军队建设思想的形成过程

江泽民国防和军队建设理论的形成与发展，大致可以分为三个阶段：

1. 第一阶段：思想孕育和萌芽（1989—1993 年：军事斗争准备基点实行根本性转变思想的提出）

江泽民担任中央军委领导工作后，我军建设面临着"战场"与"市场"的两大考验。1991 年海湾战争爆发后，他就提出要研究现代战争，强调"要注意从海湾战争中研究现代战争的特点，充分认识在我们军队的现代化建设中，要重视和依靠科学技术进步。"从 1990 年 12 月在全军军事工作会议上提出"五句话"总要求，到 1993 年初中央军委制定了新时期积极防御的军事战略方针，我军建设产生了新的飞跃，全军上下掀起了研究高技术局部战争的热潮。这一阶段的重要理论标志，是军事斗争准备基点实行根本性转变思想的提出。

20 世纪 80 年代以来，随着科学技术在军事领域的广泛应用，高技术局部战争成为现代战争作战的主要形式。江泽民经过深入思考，1993 年明确提出了要把军事斗争准备的基点放在打赢现代技术特别是高技术条件下的局部战争上。这一转变，要求我军的军事斗争准备从打赢一般条件下的局部战争向打赢高技术条件下的局部战争转变，要求我军的现代化建设必须适应打赢高技术局部战争的需要。他提出军事斗争准备的基点实行根本性转变，实际上是"打什么仗""仗怎么打"问题上的转变，这对新形势下提高我军的战斗力具有重大的历史意义和现实指导意义。

2. 第二阶段:思想基本形成(1994—1997 年:"两个历史性课题"思想的提出)

面对新形势和社会历史条件,江泽民提出全军要积极探索新形势下治军的特点和规律、军事斗争准备的特点和规律、国防建设的特点和规律。这期间,我军制定了《"九五"期间军队建设计划纲要》,全军上下深入贯彻新时期军事战略方针,加快了军队的质量建设。江泽民提出了国防和军队现代化建设"三步走"和"跨越式"的发展战略。1996 年 3 月,我军在东南沿海举行了诸兵种联合作战实兵演习,标志着我军的现代化水平和在现代化条件特别是高技术条件下的防卫作战能力都有了新的提高。这一阶段的理论标志是"两个历史性课题"思想的提出。1997 年年底,江泽民语重心长地说"对于新时期的军队建设,有两个问题是我始终加以关注的:一个是在复杂的国际环境中,我军能不能跟上世界军事发展的趋势,打赢未来可能发生的高技术战争;另一个是在社会主义市场经济和对外开放条件下,我军能不能保持人民军队的性质、本色和作风,始终成为党绝对领导下的革命军队。"江泽民提出的两个问题,就是"打得赢"、"不变质"。这是新形势下我军建设的两个历史性课题,二者相互贯通、相互依存,统一于新时期军队建设的实践之中。

3. 第三阶段:思想进一步完善和系统化(1998 年以后:军队建设主要矛盾思想的提出)

1998 年年底,江泽民提出"当前我军建设面临的主要矛盾,是现代化水平与现代战争需要还不适应"。他不仅反复强调了军队建设的主要矛盾,而且提出了解决主要矛盾的具体措施,形成了一套系统的论述。特别是 1999 年总结出军队建设的若干条决策,使江泽民国防和军队建设思想更加系统化,基本形成了科学体系。

江泽民关于我军建设主要矛盾的论述,既体现了马克思主义的基本原理和我们党的优良传统,又符合我军的实际。我们必须十分重视对国防和军队建设主要矛盾的研究,在此基础上明确军队建设的任务,制定正确的方针政策,使我军建设不断沿着正确的方向发展壮大。面对现代战争的新特点和新要求,对比我军的实际情况,江泽民明确提出了军队建设的主要矛盾是现代化水平与现代战争要求不相适应的矛盾。这一判断抓住了我军建设的根本性问题,是江泽民国防和军队建设思想的重大发展。

(二)江泽民国防和军队建设思想的基本特征

1. 时代性

江泽民国防和军队建设思想是根据当今时代的发展变化和我国的基本国情提出的,是对新的历史条件下军队建设和军事斗争新特点和新规律的揭示,具有鲜明的时代性。主要表现在,以江泽民为核心的党的第三代领导集体把握住了两极对立的世界格局向多极化方向发展,高度集中的计划经济向社会主义市场经济发展,相对封闭的社会向对外开放发展,一般条件下的战争向现代技术特别是高技术条件下的局部战争发展的时代特征,形成了一整套适应世界多极化、经济全球化、信息网络化和新军事革命较完备的军事理论体系,具有鲜明的时代特征。

2. 实践性

江泽民国防和军队建设思想既是我军新时期国防和军队建设实践的产物,又是新时期国防和军队建设实践经验的正确反映和理论升华。其实践特征主要表现在,它是在指挥我军建设十几年来取得辉煌成就的过程中形成和完善的。

1999 年年底,江泽民在军委的一次会议上从十四个方面总结了十年来军队建设的主要情况和重大成就。从我军十年的发展过程看,江泽民国防和军队建设思想是在创造性地解决和推动新时期国防建设的过程中形成和发展的,并且获得了理论的升华,具有高度的实践性。

3. 创新性

江泽民国防和军队建设思想的创新性主要表现在创造性地提出和解决了我军在新的历史条件下面临的新任务。

这一时期,从在高度集中的计划经济体系中建设部队转变为在社会主义市场经济环境中建设部队,从着眼于一般条件下的战争转变为打赢高技术条件下的局部战争,从武器装备的半机械化转变为在实现机械化中推进信息化、以信息化带动机械化等课题,深刻地揭示了世界新军事革命、国内改革开放和社会主义市场经济条件下我军建设的新特点和新规律,具有开创性的理论贡献,创造性地解决了我军在推动现代化建设过程中所面临的一系列的根本性问题。

二、江泽民国防和军队建设思想的主要内容

(1)从国际战略全局和国家发展大局谋划国防和军队建设。以放眼世界、面向未来的战略眼光,始终把国家主权和安全放在第一位,强调军队建设必须着眼世界发展大势,既要服从国家经济建设大局,又要在经济发展的基础上加快现代化步伐,不断提高国家战略能力。海湾战争初露高技术战争端倪,战争形态、战场环境、作战方法、指挥手段等与以往战争大不相同。江泽民同志主持制定新时期积极防御的军事战略方针,对我军战略指导实行重大调整,把军事斗争准备的基点,从应付一般条件下的局部战争转到打赢现代技术特别是高技术条件下的局部战争上来。随着高技术战争的出现和发展,追求军事质量优势已成为大国军事角逐的潮流。江泽民提出把科技强军、加强质量建设作为我军发展大计,要求军队建设实现由数量规模型向质量效能型、由人力密集型向科技密集型的转变。

(2)解决好"打得赢、不变质"两个历史性课题。1997 年 12 月江泽民指出:"对于新时期的军队建设,有两个最重要的问题是我始终关注的:一个是在复杂的国际环境中,我军能不能跟上世界军事发展的趋势,打赢未来可能发生的高技术战争;另一个是在对外开放和发展社会主义市场经济的条件下,我军能不能保持人民军队的性质、本色、作风,始终成为党绝对领导下的革命军队。"

两个历史性课题的提出，是对新时期我军建设主要矛盾和任务的深刻洞察和准确把握，抓住了军队建设根本性和全局性的问题，确立了新时期军队建设的大方向。

坚持打得赢、不变质相统一，反映了人民军队建设的本质要求。打得赢，就是我军要建设成为一支具有强大实战能力和威慑能力的现代化军队，能够打赢现代技术特别是高技术条件下的局部战争，为维护国家的安全统一，为建设中国特色社会主义事业提供可靠保障。不变质，就是我军始终坚持中国共产党的绝对领导，永远保持人民军队的性质、本色和作风，经得起任何政治风浪的考验，永远成为党的军队、人民的军队、社会主义国家的军队。

坚持打得赢、不变质相统一，是我军存在和发展的全部意义和价值所在。离开了不变质，我军建设就失去了正确的前进方向，也不可能获得强大的战斗力，胜利担负起保卫社会主义祖国的历史责任；离开了打得赢，军队不能有效地履行神圣职责，不变质也就失去了意义。

（3）党对军队的绝对领导是我军永远不变的军魂。江泽民同志在庆祝建党80周年大会上的讲话中，全面总结了中国共产党80年的奋斗业绩和基本经验，回顾了我们党领导人民军队的光辉历程，指出："我们锻造了一支党绝对领导下的人民军队"，"我们党领导的人民解放军是人民民主专政的坚强柱石，是保卫祖国的钢铁长城和社会主义建设的重要力量"，强调在新的形势下，要坚持党对军队的绝对领导的根本原则，努力把人民解放军建设成为一支强大的现代化、正规化革命军队。

坚持党对军队的绝对领导，是我军的建军之魂、胜利之本，也是党的事业成败之所系、国家民族安危之攸关。江泽民同志强调，坚持党对军队的绝对领导，关键是保证枪杆子要掌握在忠于党的人手里。在我军建设与改革不断推进的重要时期，我们必须把建设高素质干部队伍、培养新型军事人才作为重大战略任务继续抓紧抓好。选拔任用干部，任何时候都要坚持德才兼备，把政治标准放在第一位，把听党的话放在第一位，确保我军在政治上组织上纯洁巩固。

（4）积极推进中国特色的军事变革。江泽民强调，当今世界，以信息技术为核心的高新技术的发展，极大地改变了人们的生产、生活方式和国际经济、政治关系，同时也有力地促进了世界新军事变革的发展。信息化是当代科技革命、社会变革最重要的推动因素，也是新军事变革的本质和核心。现代战争形态正由机械化战争向信息化战争转变。我们要积极推进中国特色的军事变革，使军队适应当代科学技术和新军事变革加速发展的形势，加快推进军队的各项改革和建设，实现军队由机械化半机械化向信息化的转变，全面提高军队的实战能力。

江泽民指出，推进中国特色的军事变革，必须按照实现信息化的要求，科学确立军队建设的战略目标、发展思路和具体步骤。要坚持以信息化带动机械化，以机械化促进信息化,实现机械化、信息化建设的复合式发展,完成机械化、信息化建设的双重历史任务。要发挥军事理论的先导作用,创新军事理论和作战思想,更好地指导和推动军队信息化建设和军事斗争准备。推进中国特色的军事变革,必然给军队建设的各个领域带来深刻变化,也必须需要我们进一步思考和解决一些深层次的矛盾和问题。要力争在21世纪中叶完成信息化建设的战略任务。

(5)提出新时期军事战略方针并用以统揽军队建设全局。1991年6月,江泽民指出:"我们的战略方针是积极防御。对这个方针怎么理解?积极防御是攻守结合,不是单纯地守。这是个很重要的战略问题。"在江泽民的主持下,1993年年初制定了新时期军事战略方针,把军事斗争准备的基点放在打赢现代技术特别是高技术条件下的局部战争上。

江泽民曾经明确指出:"全军的各项建设和一切工作,包括军事训练、政治工作、后勤保障、国防科研,等等,都要在新时期军事战略方针的指导和统揽下,立足于打赢现代技术特别是高技术条件下的局部战争,周密规划,全面部署和深入展开。"用新时期军事战略方针统揽军队建设全局,要求全军部队的一切工作,都紧紧围绕打赢现代技术特别是高技术条件下的局部战争而展开,要以改革创新的精神迎接世界新军事革命的挑战,加强对高技术条件下局部战争的研究,掀起并形成广泛、深入、持久地学习科学理论和高科技知识的热潮。

(6)按照"五句话"总要求全面加强军队建设。江泽民依据邓小平新时期军队建设思想,总结我军几十年的建设经验,紧紧把握时代脉搏,围绕军队建设实际,切实抓准了直接关系军队战斗力生成的基本内容,在1990年12月初的总参谋部工作会议上明确提出了军队建设的基本标准:政治合格、军事过硬、纪律严明、保障有力,接着在1991年的"七·一"讲话中,又补充了"作风优良"。

1992年10月,江泽民在中国共产党十四大报告中明确指出,要通过严格的训练和管理,通过深入细致的思想政治工作,保持部队的高度稳定和集中统一,真正做到政治合格、军事过硬、作风优良、纪律严明、保障有力,不断提高战斗力。"五句话"言简意赅,涵盖了新时期军队建设的基本内容,概括了战斗力的基本要素,成为实现新时期军队建设总目标所必须遵循的行动准绳和纲领。

军队建设"五句话"的总要求,以推动部队全面建设为基本着眼点,是军队建设总目标在实际工作中的具体化和规范化。总要求抓住政治、军事、作风、纪律和保障这五个直接关系到军队战斗力生成的基本内容,逐一明确了军队建设的基本标准,既有很强的现实针对性,又具有长远指导意义。

政治合格居"五句话"之首,具有十分丰富的科学内涵。集中到一点,就是邓小平曾指出的"忠于党、忠于人民、忠于国家、忠于社会主义"。

政治合格,是对人民解放军政治建设的要求。在新的历史时期,人民解放军要做到政治合格,具体来说,就是始终不渝地坚持党对军队的绝对领导,努力贯彻和

190

实践我党我军全心全意为人民服务的宗旨,坚定地坚持马列主义、毛泽东思想、邓小平理论的指导地位,坚决维护建设中国特色的社会主义道路,认真履行维护国家安全、发展和保护人民和平劳动等根本职能,致力于创造和平、稳定的国际环境,使人民军队努力成为中国改革开放和现代化建设的坚强后盾,成为国家政权巩固、社会稳定、经济发展、人民安宁的可靠保障,并为完成祖国统一大业做出应有的贡献。

军事过硬,是履行军队使命的基本保证,是对人民解放军提高军事素质的要求。

只有实现军事过硬,人民解放军才能有效地完成党赋予的任务,担负起维护国家安全与稳定的历史重任。江泽民在提出"军事过硬"要求时,即明确指出:要努力继承和发展毛泽东军事思想;要重视学习现代化科学技术知识,研究高技术条件下人民战争的战略战术,掌握驾驭现代化战争的本领;要从难、从严、从实战需要出发,确实搞好院校教育和部队训练。

作风优良,是实现政治合格、军事过硬的重要条件,是对人民解放军作风建设的要求。

军队的作风是军队战斗力的直接体现。人民军队一向以能征善战著称于世,形成了一系列好的传统作风。就整体而言,作风优良就是要做到:实事求是、言行一致,公道正派、廉洁奉公,艰苦奋斗、勤俭节约,尊干爱兵、拥政爱民,雷厉风行、英勇顽强,谦虚谨慎、戒骄戒躁。

纪律严明,同样是实现政治合格、军事过硬的重要条件,也是对人民解放军纪律建设的要求。

纪律是履行军队根本职能、克敌制胜的有力保证。严明的纪律是军队建立内部秩序,协调内外关系,巩固团结统一,提高部队凝聚力和战斗力的重要保证。

新的历史时期,军队纪律建设面临的新情况和新问题,不断为纪律严明的实践与发展注入新的内容:人民军队在新的历史条件下必须严格遵守政治纪律;树立高度自觉的组织观念,坚决服从命令听从指挥;严守群众纪律,做到秋毫无犯;正确处理军政军民关系,善于运用法律手段维护军人的合法权益;严格遵守军队的条令条例和各项规章制度,养成自觉遵守纪律的习惯,等等。

保障有力,是推进军事建设和夺取军事斗争胜利的物质保证,也是对我军后勤建设的要求。

要做到保障有力,从总体上讲,就是必须适应高技术战争的客观要求,保证人民解放军现代化建设的顺利进行;强化后勤管理,提高保障效益;加强后勤教育训练,提高服务保障质量;深化后勤改革,加快后勤建设步伐。同时不断探索新时期的平战结合、军民兼容的思路,发挥军民整体保障的威力。实现保障有力,必须做到后勤人员的素质过硬,后勤装备性能先进,后勤保障体制整体优化,后勤管理机制健全,基层后勤工作落实。

（7）始终把思想政治建设摆在军队各项建设的首位。1994年12月18日，江泽民在军委扩大会议上首次提出：必须高度重视军队的思想政治建设，必须把它摆在全军各项建设的首位。在1995年军委扩大会议上，他指出，我军是体现我们党和国家政治优势的重要力量。我军在国家生活中的这种特殊的职能和地位，决定了讲政治是我军优良传统的精髓和军队建设的灵魂。因此任何时候都必须把思想政治建设摆在首位。1999年，他在全军政工会议上进一步指出："思想政治建设必须摆在全军各项建设的首位，这是从党、国家和军队工作全局的战略高度提出的要求"。他提出把思想政治建设摆在首位，是经过深思熟虑的，是有丰富内涵的，是一以贯之的，是站在党、国家和军队的战略全局，着眼新时期军队建设内在规律，提出的重要治军思想和大政方略。

（8）实施科技强军战略，加强军队质量建设。1997年9月，江泽民指出，贯彻积极防御的军事战略方针，加强质量建设，走有中国特色的精兵之路。适应世界军事领域的深刻变化，加强教育训练，提高现代技术特别是高技术条件下的防卫作战能力。要重视科技强军，加强国防科技研究，建立和完善与社会主义市场经济体制相适应的国防工业运行机制，逐步更新武器装备。第一，加强国防科研，改善武器装备。第二，依靠科技进步，提高质量效能。第三，开展科技练兵，培养军事人才。江泽民提出："加强质量建设的关键，是实施科技强军的战略，提高军队现代化建设的各个方面的科学技术含量，增强现代技术特别是高技术条件下的防卫作战能力"，"科技练兵是提高我军打赢高技术战争能力的根本途径，在军队现代化建设全局中具有举足轻重的地位。"根据江泽民和中央军委的部署，全军坚定不移地贯彻科技强军战略，围绕军事斗争准备的重点难点问题，紧贴实战需要，坚持从难从严，向科技要训练质量，向科技要战斗力，并在2000年举行了继1964年全军大比武以后规模最大的实兵演练"砺剑2000"，检验了科技练兵的成果。

（9）培养和造就大批高素质的新型军事人才。江泽民强调，培养大批高素质新型军事人才，是中国特色的军事变革的重要内容，也是推进这一变革的重要保证。必须下大力气抓好人才战略工程，重点抓好指挥军官队伍、参谋队伍、科学家队伍、技术专家队伍和士官队伍。中国人民解放军是一支善于学习的军队，是一所大学校，历来有注重学习、教育人、培养人的光荣传统。要大兴学习之风，在全军部队形成一个学习科学理论和现代科学文化知识的热潮，为军队现代化建设和军事斗争准备提供强大的人才和智力支持。

（10）加快武器装备现代化建设的步伐。1998年4月3日，中央军委决定设立组建人民解放军总装备部，全面负责全军武器装备建设的集中统一领导，促进国防和军队现代化建设。1999年1月8日，江泽民在接见出席总装备部第一次党委扩大会议代表时说，我国的国防科技和武器装备建设事业，已经走过了40多年光辉历程。过去，我们在那么艰苦的条件下，搞出了"两弹一星"，为保障国家安全、提高我国的国际地位奠定了重要基础。现在,我们的经济实力、科技水平和工业基础有了很大发展,装备管理体制基本理顺,比起过去来,条件有了很大的改善,应该有信心创造新的更大的成绩。江泽民强调,我们要立足现有装备打仗,树立以劣势装备战胜优势装备之敌的信心。同时,我们也要加强武器装备建设,努力提高武器装备的高科技含量,增强应对未来高技术战争的物质技术基础。我们下决心成立总装备部,调整改革武器装备管理体制,加强武器装备建设的集中统一领导,就是为了迎接世界军事变革的挑战,加快我军武器装备现代化建设的步伐。

(11)走出一条投入少、效益高的军队现代化建设路子。现代条件下作战消耗大,技术保障复杂,综合性时效性要求高。江泽民提出,我军保障体制改革的基本趋势,就是实现保障一体化,建立全新的军民兼容、平战结合、三军一体、精干高效的保障体系,把三军的通用物资和通用勤务保障全部统一起来。同时,根据社会发展进步和大量物资生产筹措、武器装备的保养维护可以依靠社会来进行的实际,江泽民特别强调,必须走开社会化、市场化的路子,要打破军地界限,最大限度地依托利用国民经济体系,增大军队后勤保障特别是生活保障社会化的范围。总之,就是要通过改革创新,提高军事经济效益,提高后勤保障能力,走出一条投入较少、效益较高的军队现代化建设路子。

(12)坚持依法治军、从严治军。从严治军是古今中外治军之道,依法治军是现代军队建设的一般规律。一个无产阶级政党要想长期执政,就必须用巨大精力去抓军队,真正做到依法治军、从严治军。江泽民指出:"依法治军,把党关于国防建设和武装力量建设的主张,通过法定程序上升为国家意志,使党的领导同依法办事统一起来,目的是从制度上和法律上保证党对军队的绝对领导,保持人民军队的性质,推动军队现代化建设。"坚持依法治军、从严治军,首先要强化纪律观念。江泽民指出:"纪律是军队的命脉,纪律不严,军队就会成为一盘散沙。要把加强纪律建设摆在部队管理工作的重要位置,⋯⋯全军要进一步强化纪律观念,养成严守纪律、令行禁止的好作风,保证政令、军令的畅通。"依法治军、从严治军关键在于提高各级领导干部依法办事的意识和能力,"各级领导干部要努力学习法律知识,增强法制观念和依法办事的能力,学会用法规制度教育、引导和管理部队,协调和处理内外关系和各种矛盾。"

(13)军队现代化建设动力在于改革。江泽民强调扭住中国特色军事变革不放松,明确了推进军事斗争准备的动力。江泽民多次指出:"推进军队现代化建设向前发展,动力在改革,出路也在改革。"中国特色军事变革是我国军事领域的一场深刻革命,是推进军事斗争准备的强大动力和重要途径。要深刻认识和把握新军事变革的本质和发展趋势,把抓紧做好军事斗争准备与积极推进中国特色军事变革紧密结合起来,瞄准建设信息化军队、打赢信息化战争的目标,坚持走复合式、跨越式发展道路,努力实现我军建设整体转型,把军事斗争准备不断提高到新的水平。

（14）依靠人民建设军队、建设国防。江泽民强调指出，军队建设和国防建设，是全党和全国各族人民的共同事业。依靠人民建设军队、建设国防，是我们的优良传统。各级党委、政府和人民群众，要关心和支持军队建设，帮助军队完成各项任务，妥善安置军队转业干部、退伍军人和离退休干部，做好优抚工作。军队要发扬拥政爱民的优良传统，一如既往地积极参加社会主义物质文明和精神文明建设。只要我们军政军民团结一致，同呼吸，共命运，心连心，我们就会无往而不胜。

三、江泽民国防和军队建设思想的历史地位

江泽民在担任军委主席15年间，以马克思主义政治家、军事家、战略家的革命气魄和胆识，坚持按照"三个代表"重要思想所体现的时代性和先进性的要求，思考新的历史条件下建设什么样的军队、怎样建设军队，未来打什么样的仗、怎样打仗的问题，围绕解决打得赢、不变质两个历史性课题，创新和发展党的军事指导理论，形成了江泽民国防和军队建设思想。

（1）江泽民国防和军队建设思想，是科学回答国防和军队建设重大时代课题的智慧结晶。在江泽民主持军委工作这一历史时段，和平与发展仍然是时代主题，但国际战略格局出现了重大转变，世界新军事变革迅猛兴起；国家改革开放和社会主义市场经济深入发展，社会生活日益多样化，给国防和军队建设提出了一系列前所未有的时代课题。江泽民敏锐地把握世界发展趋势和中国前进脉搏，始终把国防和军队建设放在当代世界深刻变化的大背景下加以思考，放在当代中国与当代世界的密切联系中加以思考，放在当代中国的发展走向中加以思考，对如何在世界局势变动不定、军事安全因素呈上升趋势的情况下，有效维护国家安全和发展利益；如何在国家经济实力不断增强、对安全保障提出更高要求的情况下，实现国防建设和经济建设的相互促进、协调发展；如何在改革开放不断深入、社会处于重大变动的情况下，始终不渝地坚持党对军队的绝对领导；如何在世界军事发展突飞猛进、信息化成为军队现代化的核心和本质的情况下，走出一条我军现代化建设跨越式发展的道路；如何在战争形态发生重大转变，军事斗争任务面临新的挑战和考验的情况下，不断完善和发展积极防御的军事战略；如何在实行依法治国、建设社会主义法制国家的情况下，提高依法从严治军水平等，提出了一系列新思想、新观点和新论断。作为科学回答国防和军队建设重大时代课题的产物，江泽民国防和军队建设思想具有鲜明的时代特征。

（2）江泽民国防和军队建设思想，是新的历史条件下国防和军队建设实践经验的理论升华。实践是认识的源泉，是理论创新的根基。江泽民在谋划和指导军队建设过程中，坚持深入国防和军队建设第一线，亲自研究部署重大战略决策；高度重视调查研究，准确把握国防和军队建设发展的客观要求，既善于根据实践的发

展做出正确的决策,又善于对实践经验做出新的理论概括,用发展的理论指导新的实践。从提出"五句话"总要求到强调把思想政治建设摆在军队各项建设的首位,从确立新时期军事战略方针到强调推进"两个根本性转变",从号召全军官兵大力加强"两个武装"到提出打得赢、不变质两大历史性课题,从倡导"依法治军"到强调"科技强军",从制定我军现代化建设"三步走"发展目标到要求全军积极推进中国特色军事变革,所有这些重要思想或重大决策,都直接反映了军队建设实践发展的客观要求,而其贯彻落实又为军事理论创新发展提供了实践基础。江泽民国防和军队建设思想创立和形成的过程,就是一个不断推进我军建设实践创新和理论创新的辩证发展过程。这一重要思想,是当代中国军事领域实践经验的科学概括和理论升华,赋予了党的军事指导理论以强大的生机和活力。

(3)江泽民国防和军队建设思想,是对毛泽东军事思想、邓小平新时期军队建设思想的丰富和发展。江泽民既始终如一地把毛泽东军事思想、邓小平新时期军队建设思想贯彻于国防和军队建设实践,特别是坚持和运用毛泽东同志确立的人民军队的建军原则、人民战争的战略战术以及军事辩证法思想,坚持和运用邓小平同志关于实现国防和军队建设指导思想战略性转变的思想、关于军队建设要以现代化为中心的思想以及用改革促进"精兵"的思想,又在这个基础上结合新的军事实践,大胆地进行理论探索,科学阐明了当代中国国防和军队建设的地位作用、目标任务、指导方针、总体思路、根本途径、战略步骤、发展动力和政治保证等,形成了以坚定不移地走中国特色精兵之路为根本性指针,以解决打得赢、不变质为历史性课题,以积极推进中国特色军事变革为主导性思想的军事理论体系,把党的军事指导理论发展到了一个新的阶段。

第五节 胡锦涛国防和军队建设思想

党的十八大把科学发展观同马克思列宁主义、毛泽东思想、邓小平理论、"三个代表"重要思想一道,确立为我们党必须长期坚持的指导思想。胡锦涛国防和军队建设思想,是科学发展观的重要组成部分,是科学发展观在军事领域的运用和展开,实现了党的军事指导理论的又一次与时俱进。

一、胡锦涛国防和军队建设思想的科学含义和历史背景

(一)胡锦涛国防和军队建设思想的科学含义

党的十六大特别是党的十六届四中全会以来,面对世情、国情、党情深刻变化,胡锦涛科学判断我军建设所处历史方位,准确把握国防和军队建设阶段性特征,从国家安全和发展战略全局高度统筹经济建设和国防建设,提出了一系列紧密联系、相互贯通的新思想新观点新论断,形成了党关于新形势下国防和军队建设思想,也

就是胡锦涛国防和军队建设思想。这一重要的军事指导理论,科学回答了在世界大发展大变革大调整、我国全面建设小康社会的历史条件下,推进国防和军队建设科学发展、全面履行新世纪新阶段我军历史使命的重大课题,开辟了党的军事指导理论创新发展新境界。胡锦涛国防和军队建设思想作为科学发展观的重要组成部分,是科学发展观在军事领域的运用和展开,是毛泽东军事思想、邓小平新时期军队建设思想、江泽民国防和军队建设思想的继承和发展,是新形势下推进国防和军队建设的科学指南。

胡锦涛国防和军队建设思想是一个科学体系。关于国防和军队建设的指导方针、国防和军队建设的主题主线、国防和军队建设的总基调、国防和军队建设的目标任务、国防和军队建设的发展道路、国防和军队建设的发展理念、国防和军队建设的内在动力、国防和军队的思想政治建设理论,既有军事哲学层次的指导思想,也有军事实践活动的方法原则,丰富和发展了新形势下国防和军队建设的目标、道路、理念、动力、保证等基本内容,形成了一个完整、科学、开放的军事思想体系。这一重要军事指导思想,反映了军队建设继往开来的客观规律,是加强军队建设的基本遵循,是引领、推动国防和军队建设实践不断前进的强大思想武器。

(二)胡锦涛国防和军队建设思想的历史背景

(1)世界多极化和经济全球化的趋势进一步凸显,影响国家可持续发展的外部制约因素增加。

新世纪新阶段,国际形势呈现出和平、缓和、稳定的基本态势,和平、发展、合作是时代的主流;世界多极化和经济全球化的趋势进一步凸显;各国利益相互依存、相互交织,对话合作意愿不断增强。但是,随着国际形势的发展变化,我国可持续发展面临的外部制约因素也在增加。主要表现在:西方敌对势力加紧对中国实施西化、分化和遏制政策,千方百计对中国加以牵制;我国周边安全环境存在诸多隐患,围绕海洋权益的斗争加剧;随着国家利益的拓展,保护海外利益的任务更加艰巨。

(2)国家社会和经济发展形势总体良好,影响国家安全和稳定的不确定因素增多。

我国经济社会、国防和军队建设进入新世纪新阶段以后,给国家的安全和发展形势带来了有利的机遇。主要表现在:我国政治安定、民族团结、经济发展、社会和谐的局面得到进一步巩固;我国对世界的影响力在增长;国家社会和经济发展形势总体良好。但影响国家安全和发展的不稳定、不确定因素增多。主要表现在:台独、藏独、疆独等民族分裂势力猖獗;恐怖势力、宗教极端势力等邪恶势力加紧勾连聚合,不断组织策划渗透、瓦解和破坏活动;我国人口、就业和"三农"等问题凸显,社会矛盾和犯罪问题增多;国内安全与国际安全的互动性增强,一些国内问题如果处理不当,可能会演变为国际问题,一些国际问题也可能影响我国诱发社会稳定问题;国家传统安全威胁和非传统安全威胁因素相互交织。

（3）我军所处环境和面临的任务发生了重大变化,国防和军队建设面临时代性的挑战。

由于我军所处环境和面临的任务发生了重大变化,国防和军队建设需要解决诸多具有时代性的课题。如何在国际上单边主义和强权政治仍然存在,多极化趋势日趋呈现,区域化和全球化经济机遇与挑战并存,竞争大于合作的复杂形势下,坚决有效地维护国家战略利益;如何在我国改革发展进入关键时刻,特别是"台独"等分裂势力严重威胁祖国和平统一大业的背景下,更好地履行党和人民赋予军队的神圣使命,有效维护国家主权、统一稳定;如何在世界新军事变革加速推进,战略主动权竞争日趋激烈的形势下,大力推进国防和军队现代化建设,不断增强应对危机、维护和平,遏制战争、打赢信息化战争的能力;如何在我国经济实力、科技实力、国防实力和民族凝聚力不断增强,国防和军队建设取得巨大成就的基础上,继续抓住机遇、乘势而上,推动国防和军队建设迈上新的台阶。这些都给我国国防和军队现代化建设带来了时代性的挑战。

二、胡锦涛国防和军队建设思想的主要内容

（一）科学发展观——又好又快发展的重要指导方针

胡锦涛对中国特色社会主义理论体系的重要贡献是提出了科学发展观这一重大战略思想,对党的军事指导理论的重要贡献是提出科学发展观是国防和军队建设必须长期坚持的重要指导方针。胡锦涛关于国防和军队建设贯彻落实科学发展观的一系列思想,是新世纪新阶段国防和军队建设又好又快发展的科学指南。

（1）充分认识国防和军队建设贯彻落实科学发展观的必要性和重要性。当今世界和当代中国正在发生广泛而深刻的变化,机遇前所未有,挑战也前所未有。和平、发展、合作是当今时代的潮流,国际战略形势保持总体和平、缓和、稳定的基本态势。国内改革开放和社会主义经济、政治、文化、社会建设不断向前推进,军队现代化水平不断提高,国防实力明显增强。但是,我国安全形势仍面临许多不利因素,既面临境外敌对势力西化、分化政治图谋的严峻挑战,又面临我国改革发展进入关键时期新矛盾新问题的复杂考验。我军建设正处于机械化任务尚未完成、同时又面临信息化任务的特殊历史时期,现代化水平与打赢信息化条件下局部战争的要求还不相适应,军事能力与履行新世纪新阶段我军历史使命的要求还不相适应。新世纪新阶段,国防和军队建设要又好又快地向前发展,就必须有科学的理论指导。因此,国防和军队建设贯彻落实科学发展观,是适应国家安全形势发展变化的迫切要求,是实现国防建设与经济建设协调发展的必然要求,是新世纪新阶段军队建设发展的内在要求。

（2）全面把握科学发展观的科学内涵与国防和军队建设贯彻落实科学发展观

的本质要求。科学发展观，第一要义是发展，核心是以人为本，基本要求是全面协调可持续，根本方法是统筹兼顾。具体到国防和军队现代化建设，胡锦涛指出，新世纪新阶段国防和军队现代化建设的发展，必须是融入国家现代化战略全局、与国家安全和发展利益相适应的发展，是注重全面建设、革命化现代化正规化相统一的发展，是坚持以人为本、推动军队建设与促进官兵全面发展相一致的发展，是走中国特色精兵之路、速度质量效益相协调的发展，一句话，必须努力实现国防和军队现代化建设又好又快发展。这一理论表明，国防和军队现代化建设，关键是做到好中求快。又好又快发展是全面落实科学发展观的本质要求，是军队贯彻落实科学发展观的根本着眼点。

（3）国防和军队建设贯彻落实科学发展观，必须坚持党对军队的绝对领导和我军的性质宗旨，着眼履行使命，提高打赢能力，加强全面建设，统筹国防建设与经济建设、中国特色军事变革与军事斗争准备、机械化建设与信息化建设、诸军兵种作战力量建设、当前建设与长远发展、主要战略方向建设与其他战略方向建设，推动军事理论、军事技术、军事组织、军事管理创新，加快转变战斗力生成模式，坚持军民结合、寓军于民，实现国防和军队建设全面协调可持续发展。

（4）牢固树立科学发展观在国防和军队建设中的指导地位。把科学发展观确立为国防和军队建设的重要指导方针，是胡锦涛在立足国家发展战略全局、准确把握新世纪新阶段国防和军队建设内在要求，全面总结我军建设发展经验的基础上提出来的，是党的军事指导理论的重大创新发展。国防和军队建设贯彻落实科学发展观，是时代赋予我们的重大责任。我们要切实增强国防和军队建设贯彻落实科学发展观的坚定性和自觉性，提高贯彻落实科学发展观的素质能力，坚定不移地以科学发展观为指导，科学筹划和推进部队建设，努力推动新世纪新阶段国防和军队建设又好又快地向前发展。

（二）新世纪新阶段我军历史使命——新世纪新阶段的建军方向

"三个提供、一个发挥"的历史使命，是胡锦涛科学分析国际战略形势、我国安全环境以及我军建设状况，着眼我国综合国力增强、国际地位提升、国家发展战略变化的新需要，对新世纪新阶段我军地位作用和职能任务做出的新概括，体现了党对军队的新要求，为我军建设发展指明了方向。

（1）为党巩固执政地位提供重要的力量保证。中国共产党是中国特色社会主义事业的领导核心。我们党成为执政党，是历史的选择、人民的选择。人民军队的历史使命，历来同党的历史任务紧密相连，同国家安全和发展利益紧密相关。我军作为党绝对领导下的人民军队，在巩固党的执政地位、坚持社会主义制度和维护人民群众根本利益方面，肩负神圣使命，具有重要作用。必须以党的旗帜为旗帜、以党的意志为意志，坚持党对军队绝对领导的根本原则和制度，永远听党的话、跟党走，始终成为党巩固执政地位的中坚力量。

（2）为维护国家发展的重要战略机遇期提供坚强的安全保障。21世纪头20年，是我们必须紧紧抓住并且可以大有作为的重要战略机遇期。抓住机遇促进发展，对全面建设小康社会、加快推进社会主义现代化至关重要。战略机遇期来之不易，抓住和用好战略机遇期，更不容易。历史上，我国既有丧失机遇而落伍的沉痛教训，也有抓住机遇实现快速发展的成功经验。机遇难得，稍纵即逝。抓住和用好战略机遇期的一个基本前提，是要有一个良好的安全环境。当前影响和危害战略机遇期的因素仍不少，国家安全问题的综合性、复杂性、多变性进一步增强。必须加强国防和军队建设，为创造一个有利于全面建设小康社会、加快推进社会主义现代化的长期安全环境做出应有贡献。

（3）为维护国家利益提供有力的战略支撑。捍卫国家利益及其发展，是军队的价值所在，是军队的使命所在。随着时代的进步和我国的发展，我国安全利益逐渐超出传统的领土、领海和领空范围，不断向海洋、太空和电磁空间扩展和延伸。这就要求我们必须拓展安全战略和军事战略视野，不仅要维护国家生存利益，还要维护国家发展利益；不仅要维护领土、领海和领空安全，还要维护海洋、太空和电磁空间安全以及其他方面的国家安全。

（4）为维护世界和平与促进共同发展发挥重要作用。维护世界和平与促进共同发展，是全人类的共同愿望和责任。随着经济全球化的不断发展，中国经济和世界经济已经融为一体。中国的发展离不开世界，世界的繁荣稳定也离不开中国。作为联合国安理会常任理事国之一，作为世界上人口最多、发展最快的社会主义大国，我国理应在国际事务中承担起与我国国际地位相称的职责和作用。维护世界和平与促进共同发展，除了运用经济、政治、外交等和平方式外，还必须有强大的军事实力做后盾。这就要求我们必须努力建设一支与我国国际地位相称和我国发展利益相适应的军事力量，增强我军应对危机、维护和平、遏制战争、打赢战争的能力，在维护世界和平与促进共同发展中发挥更大作用。

（5）新世纪新阶段我军历史使命光荣而重大。全面履行好这一历史使命，是党的重托、人民的期望。我军全部工作都要围绕有效履行这一历史使命来展开，围绕提高履行历史使命的能力来进行，坚决完成好党和人民赋予的各项任务。

（三）中国特色军事变革——推进国防和军队建设的必然要求

胡锦涛主持军委工作期间，继承和发展江泽民关于中国特色军事变革的战略思想，明确提出"加快中国特色军事变革"，突出强调"改革创新是推进国防和军队建设、加快中国特色军事变革的强大动力"，为在新的更高起点上加快中国特色军事变革提供了科学指南。

（1）切实增强加快中国特色军事变革的紧迫感和责任感。新世纪新阶段，世界军事领域中的变革越来越迅猛，竞争越来越激烈。世界各主要大国和我国周边一些国家的军队，在军事变革上采取多种措施，加快了变革步伐。这对处在机械化任务尚未完成、同时又面临信息化任务这一特殊历史时期的我军来说,构成了严峻的挑战和巨大的压力。加快中国特色军事变革,时不我待,势在必行。这是我军应对多种安全威胁、完成多样化军事任务、有效履行历史使命的必然要求,是逐步缩小与国际先进军事技术水平的差距、实现军队现代化发展的必由之路。

胡锦涛多次强调,要密切关注、主动适应世界军事变革发展趋势,坚定不移、奋发有为地推进中国特色军事变革;要审时度势、锐意进取,采取措施、积极应对,加速推进、不断深化中国特色军事变革;要只争朝夕、埋头苦干,以强烈的事业心和责任感推动中国特色军事变革。这些理论突出地表明了中国共产党人对世界军事变革发展规律的深刻认识,对国家安全形势深切的忧患意识和对加快中国特色军事变革的重大责任意识,对不断提高我的战略能力特别是军事能力,努力夺取国际军事竞争的战略主动、进而夺取政治主动和外交主动,具有重大的理论和实践意义。

(2)以党的军事指导理论为指导加快中国特色军事变革。中国特色军事变革是一场全面而深刻的变革,不变不行,变慢了也不行,变错了更不行。党的军事指导理论对中国特色军事变革沿着正确的政治方向和实践路径向前推进至关重要。

党的军事指导理论是马克思主义军事理论中国化的重大成果,是党对军事问题的根本看法和基本观点,是党的指导思想在军事领域的具体运用与生动展开。它主要研究的是军队举什么旗、走什么路,听谁指挥、为谁服务,完成什么使命、实现什么目标,建设什么样的军队、怎样建设军队等重大问题,实质上就是党的军事纲领。

在80多年的历史征程中,我军始终坚持把马克思主义军事理论同中国革命战争和人民军队建设实践结合起来,创造了一整套中国特色建军治军的方针原则,形成了毛泽东军事思想、邓小平新时期军队建设思想、江泽民国防和军队建设思想三大军事理论成果。新世纪新阶段,胡锦涛对军队建设的指导方针、历史使命、优良传统、奋斗目标、全面建设、军事斗争准备、思想政治建设、后勤建设、装备建设等重大问题做出了一系列重要论述,进一步丰富发展了党的军事指导理论,是党的军事指导理论的最新成果。加快中国特色军事变革,必须牢固树立胡锦涛国防和军队建设理论的指导地位,自觉地用它来武装头脑、指导实践,为加快中国特色军事变革奠定坚实的思想理论基础。

(3)改革创新是推进国防和军队建设、加快中国特色军事变革的强大动力。国防和军队改革是我国改革开放事业的重要组成部分,其主要内容是体制机制的调整改革。这既是中国特色军事变革的重要方面,同时又发挥着为中国特色军事变革提供强大动力和体制机制保障的重要作用。

加快中国特色军事变革,必须大力推进军事理论、军事技术、军事组织和军事管理创新。军事理论创新对中国特色军事变革具有基础性、前瞻性和先导性作用,军事技术创新对加快中国特色军事变革起着原动力的作用,军事组织创新对提高战斗力、实现人与武器装备的最佳结合起着重要的纽带作用,军事管理创新对降低军队建设成本、提高军事系统运行效率同样具有非常重要的作用。加快中国特色军事变革的根本目的是提高战斗力,要以此为出发点和落脚点,用战斗力标准来统一改革思想、制定改革措施、检验改革成效,通过改革创新不断加快中国特色军事变革的前进步伐。

(四)思想政治建设——我军常抓不懈的根本建设

新世纪新阶段,胡锦涛深刻洞察和把握国内外思想政治动态和世界军事发展趋势,着眼于有效履行我军历史使命,对我军思想政治建设提出了许多新思想新观点新论断,为全面推进我军思想政治建设指明了方向。

(1)军队思想政治建设理论的创新发展。胡锦涛把马克思主义基本原理与新形势下中国军队建设的具体实际结合起来,对军队思想政治建设的地位作用、本质要求、根本任务、重点内容、科学思路、实践途径等一系列问题做出了重要论述。胡锦涛强调思想政治建设是革命化建设的核心,是军队最根本的建设,科学界定了思想政治建设的地位作用;强调加强军队思想政治建设最根本的是要坚持党对军队的绝对领导、坚持全心全意为人民服务,指出了思想政治建设的本质要求;强调坚持不懈地用马克思主义科学理论、中国特色社会主义理论体系和党的理论创新的最新成果武装全军,阐明了思想政治建设的首要任务;强调引导官兵树立坚定的理想信念和正确的世界观人生观价值观,始终保持政治上的坚定和思想道德上的纯洁,明确了思想政治建设的根本任务;强调以社会主义核心价值体系为引领、构建当代革命军人核心价值观,搞好我军历史使命、理想信念、战斗精神和社会主义荣辱观教育,规范了思想政治教育的重点内容;强调更加有力、更加扎实、更加富有成效地推进思想政治建设,在加强思想政治教育的主动性、针对性、实效性上下功夫,在抓基层、打基础上下功夫,在克服形式主义、官僚主义上下功夫,指明了加强和改进思想政治建设的科学思路。这些理论意境高远、内涵丰富、思想深刻、富于创新,形成了较为完整的理论体系,进一步丰富发展了我军思想政治建设理论。

(2)加强和改进思想政治工作。新世纪新阶段,我军建设正处于承前启后、继往开来的重要历史时期,思想政治建设所处的时代背景和历史条件发生了深刻变化,思想政治建设面临着前所未有的挑战和考验,担负着更为繁重的任务。加强和改进思想政治工作,是确保党对军队绝对领导的必然要求,是确保部队打得赢、不变质的必然要求,也是确保广大官兵健康发展的必然要求。胡锦涛指出,加强和改进思想政治工作,必须着眼时代发展和形势任务变化对思想政治工作提出的新要求,根据部队官兵的成分变化和思想实际,有的放矢地做工作,增强思想政治工作的针对性、实效性。既要弘扬我军优良作风和光荣传统,又要积极创新和改进思想政治工作的内容、形式和手段。要把解决思想问题和解决实际问题结合起来,把促进思想进步与保持心理健康结合起来,把加强思想教育与完善政策制度结合起来。特别是要把党的先进性要求真正贯彻和体现到党的思想、组织、作风、制度建设各个方面,充分发挥党委的核心领导作用、党支部的战斗堡垒作用、共产党员的先锋模范作用,使思想政治建设真正落到实处。

(3)思想政治建设的科学指南。胡锦涛关于我军思想政治建设理论,坚持了解放思想、实事求是、与时俱进的思想路线,体现了面向世界、面向未来的战略视野,体现了紧跟时代精神的创新意识,体现了求真务实的科学精神,集中反映了新形势下我军思想政治建设的成功经验和特点规律,是对毛泽东、邓小平、江泽民关于军队思想政治建设重要思想的继承、丰富和发展,是新形势下我军思想政治建设的科学指南、基本依据和根本遵循。

(五)富国和强军——加强国防和军队建设的必由之路

胡锦涛在党的十七大报告中提出:"在全面建设小康社会进程中实现富国和强军的统一。"这一重要战略思想对于发展中国特色社会主义、实现中华民族伟大复兴,具有重大而深远的意义。

(1)富国和强军都是我国现代化建设的战略任务,是发展中国特色社会主义、实现中华民族伟大复兴的重要基石。长期以来,我们党在领导社会主义建设实践中,总是站在国家安全和发展战略全局的高度来谋划国防和军队建设。新世纪新阶段,以胡锦涛为总书记的党中央提出科学发展观等重大战略思想,中国特色社会主义事业总体布局又有了新的拓展。胡锦涛高度重视国防和军队建设,指出"国防和军队建设,在中国特色社会主义事业总体布局中占有重要地位",强调"必须站在国家安全和发展战略全局的高度,统筹经济建设和国防建设,在全面建设小康社会进程中实现富国和强军的统一。"这一重要战略思想凝结着党的三代中央领导集体和十六大以来党中央为探索社会主义现代化建设规律付出的智慧和心血,适应了全面建设小康社会新的发展要求,是我们党探索社会主义现代化建设规律的又一崭新成果,是党领导社会主义现代化建设在理论上和实践上更加成熟的重要体现。

(2)建设富强民主文明和谐的社会主义现代化国家,在当前集中表现为全面建设小康社会。全面小康必须以安全为基础。没有国防,没有安全,就没有最基本的生存保障,就谈不上全面小康。我国是一个发展中的社会主义大国,如果不在发展经济的同时加强国防建设,既不能获得应有的国际地位,也难以有效保障经济建设的成果,就会在诸多方面受制于人。只有在全面推进经济、政治、文化、社会建设的同时,加强国防和军队建设,不断增强包括经济实力、国防实力、文化软实力在内的综合国力,中华民族才能真正走向富强民主文明和谐。

(3)实现富国和强军的统一,是对中国历史经验教训的深刻总结。在中华民族的历史上,凡是繁荣昌盛的时期,都是国富兵强的盛世;反之则是屈辱、衰败、落后和挨打的时期。历史反复证明:贫穷落后要挨打! 国富军弱也要挨打!

（4）实现富国和强军的统一,关键是统筹好经济建设和国防建设。统筹经济建设和国防建设,对实现富国和强军的统一至关重要。经济实力的增强是国防和军队建设发展的前提基础,国防和军队建设的发展又为国家发展提供可靠的安全保障。统筹经济建设和国防建设,必须坚持军民结合、寓军于民,走出一条中国特色军民融合式发展路子。要坚持把社会主义制度能够集中力量办大事的优势和市场在资源配置中的基础性作用结合起来,将国防建设有机融入经济社会发展之中。既充分利用经济社会发展成果推进国防和军队现代化建设,又积极发挥国防和军队现代化建设对经济社会发展的重要拉动作用,使富国和强军统一于全面建设小康社会的伟大实践。

（六）全面建设现代后勤——开创军队后勤建设新局面的重大举措

全面建设现代后勤,是胡锦涛国防和军队建设理论的有机组成部分,是党的十七大对我军后勤建设提出的一项重大战略任务,也是全军后勤广大官兵的光荣历史责任。

（1）全面建设现代后勤是有效履行我军历史使命的必然要求。新世纪新阶段,我军历史使命对后勤建设提出了新的更高要求。全面建设现代后勤这一战略构想的根本出发点,是着眼有效履行我军历史使命,全面提高综合保障能力。这就要求我们深化保障体制改革,创新保障方式,发展先进保障手段,提高后勤管理水平,努力使后勤现代化水平与保障打赢信息化条件下局部战争的要求相适应,后勤保障能力与履行我军历史使命的要求相适应,保障我军能够在各种复杂形势下有效应对危机、维护和平,遏制战争、打赢战争。无论陆、海、空、天、电哪个领域,仗在哪里打,军事任务在哪里执行,后勤就必须保障到哪里。这是有效履行我军历史使命,提高保障我军应对多种安全威胁、完成多样化军事任务能力的必然要求。

（2）全面建设现代后勤是一个有机的统一整体。全面建设现代后勤内涵深刻,意义重大,其主要内容是保障体制一体化,保障方式社会化,保障手段信息化,后勤管理科学化。

保障体制一体化,就是将国家、地方与军队力量统筹运用,将陆海空三军后勤保障融为一体,将战略、战役、战术后勤紧密衔接。保障方式社会化,就是把国防和军队现代化建设融入国家经济社会发展之中,充分利用和依托民用资源与社会保障资源,逐步建成骨干在军、主体在民的社会化保障体系。保障手段信息化,就是运用现代的信息技术、基础平台、网络环境和信息资源,推进后勤信息系统与后勤保障装备的一体融合,实现保障需求实时可知,保障资源实时可视,保障活动实时可控。后勤管理科学化,就是综合利用现代管理理论、技术和方法,对后勤保障活动进行全过程的科学管理。主要包括建立健全科学的管理体制、规范的管理机制、先进的管理手段、有效的监督控制。由此可见,全面建设现代后勤是一种体系建设,这四个方面的内容是统一的、不可分割的。

（3）以科学发展观为指导,切实把军队后勤建设纳入科学发展的轨道。全面建设现代后勤,必须坚持从实际出发,立足国情军情,发扬艰苦奋斗、勤俭建军的优良传统,坚决反对大手大脚、铺张浪费,坚定不移地走投入较少、效益较高的国防和军队现代化建设路子,切实把有限的军费管好用好,用在刀刃上,用出效益来。必须坚持走中国特色军民融合式发展路子,能利用民用资源的就不自己铺摊子,能纳入国家经济科技发展体系的就不另起炉灶,能依托社会保障资源办的事都要实行社会化保障,把军队后勤建设深深融入国家经济社会发展体系之中。必须统筹国防军队建设与国家经济建设的关系、军队后勤建设与军队整体建设的关系、军事斗争后勤准备与后勤建设的关系、后勤建设中当前与长远、重点与一般、局部与全局、需要与可能等各种关系,按照时代发展要求,实现后勤保障理念、保障体制、保障方式、保障手段、后勤管理和后勤人才队伍的全面进步和发展。

（4）全面建设现代后勤,是我军现代化建设的重要组成部分,是新世纪新阶段后勤建设发展的战略性任务。我们必须紧紧围绕履行我军历史使命,自觉适应新形势新任务新要求,以创新的精神、创新的思路和创新的办法,积极探索全面建设现代后勤的特点规律,努力实现我军由陆军主导型后勤向三军一体型后勤、由封闭型后勤向开放型后勤、由人力密集型后勤向科技密集型后勤、由经验管理型后勤向科学管理型后勤的根本转变,不断开创全面建设后勤新局面,推动后勤建设取得质的跃升和新的进展。

三、胡锦涛国防和军队建设思想的地位作用

以胡锦涛为总书记的党中央,系统总结国防和军队现代化建设的历史经验,深刻认识前所未有的机遇和挑战,敏锐把握国家发展的新军事需求,提出了一系列关于加强国防和军队建设思想,把党的军事指导理论推向前进。

（一）深刻反映了新的历史条件下军队现代化的新要求

新世纪新阶段,我国面临着前所未有的机遇和挑战,要求军队现代化建设实现新的转型和历史性跨越。首先,必须把握世界发展大势对我国军事能力的需求。我国的机遇和挑战以及由此带来的困惑都与世界发展大势直接相关。世界发展大势是由当今的休战与共存向和平与深度合作发展,还是向战争与激烈争夺发展？中国军事能力建设如何在两者之间把握平衡呢？其次,必须了解中国军队现代化建设的背景。中国军队现代化建设是在中国更加开放、新军事革命更加深入、面临的威胁更加复杂多样的情况下进行的,这就要求从根本上提高军队现代化建设的质量效益,切实走出一条投入较少、效益较高的现代化建设路子。第三,必须认识军队现代化建设的"软阻力"。长期和平环境造成军队的惰性和悠久历史形成的习惯,已成为军队现代化建设和改革的"软阻力"。这就要求我军现代化建设要在

更高的起点上解决思想性、结构性、机制性问题,需要实现新的根本性的突破。

胡锦涛国防和军队建设思想,既是在这些新的历史条件下产生和形成的,又是对这些问题的科学把握和解决;既分析了军队现代化建设的新条件、新要求、新课题,又提出转变发展观念,创新发展模式,提高发展质量,加快发展步伐,努力把军队现代化建设推进到一个新阶段的总思路,从而确立了体现科学发展观要求的军队现代化建设指导理论。

(二) 多方面发展了党的军事指导理论

胡锦涛国防和军队建设思想,是对毛泽东军事思想、邓小平新时期军队建设思想、江泽民国防和军队建设思想的继承和发展。改革开放以来,军队现代化建设实际上面临三个根本性问题:①和平发展成为时代主题、国家以经济建设为中心的大背景下,军队未来打什么仗、怎样打仗? ②在国际安全环境发生重大变化、世界新军事变革加速推进、国内市场经济快速发展和更加开放的历史条件下,建设什么样的军队、怎样建设军队? ③国家改革发展进入重要战略机遇期、国防和军队处于重大转型时期,什么是国防和军队的科学发展、怎样实现科学发展? 胡锦涛国防和军队建设思想,在进一步回答和解决前两个问题的同时,着重回答和解决第三个问题的进程中,提出了一系列新思想、新观点、新论断,推进了党的军事指导理论的新发展。

(三) 形成了以科学发展观为主线的系统理论

胡锦涛国防和军队建设思想,围绕什么是军队科学发展、怎样实现科学发展这个根本问题展开的,以推进军队现代化建设科学发展为已任。

(1) 把科学发展观作为加强国防和军队建设的重要指导方针。把科学发展观作为国防和军队建设指导思想,就要在国防和军队建设中全面贯彻落实科学发展观,紧紧抓住国防和军队建设的根本和关键,以开拓创新的精神,推进国防和军队建设科学发展。

(2) 从发展目标、发展模式、发展动力、发展重心、发展途径、发展保证等方面回答了什么是军队科学发展、怎样实现科学发展的问题,把科学发展观具体化为国防和军队现代化建设的政策和措施。

(3) 把科学发展观所内涵的思想路线和科学方法,贯穿于国防和军队现代化建设的实践,真正实现以科学的方法指导军队现代化建设的科学发展。

(四) 在军队现代化建设的实践中得到丰富和发展

贯彻落实科学发展观,实现国防和军队现代化建设科学发展的实践还是初步的,还面临许多待解难题,还会出现许多新问题,还存在许多未知领域和不可测因素,这些都有待进一步认识和进一步把握。胡锦涛国防和军队建设思想是一个开放的与时俱进的体系,必然会依据新的实践经验提出新观点、形成新思想,把党的军事指导理论不断推向前进。

第六节　习近平关于国防和军队建设重要论述

党的十八大以来,习近平着眼坚持和发展中国特色社会主义、实现中华民族伟大复兴中国梦,围绕强军兴军提出一系列重大战略思想、重大理论观点、重大决策部署,深刻阐述了国防和军队建设带根本性方向性全局性的重大问题,丰富发展了党的军事指导理论,是新形势下加快推进国防和军队现代化的科学指南。习近平关于国防和军队建设重要论述,集中体现了习近平提出的一系列新思想新观点新论断新要求。

习近平在建军治军实践中做出一系列重要论述,深刻阐明了国防和军队建设带根本性方向性全局性的重大问题,鲜明回答了新形势下建设一支听党指挥能打胜仗作风优良的人民军队的重大课题。这些重要论述是习近平系列重要讲话精神的"军事篇",开辟了党的军事指导理论的新境界,为在新的历史起点上加快推进国防和军队现代化提供了根本指导。

一、习近平国防和军队建设重要论述的科学指导意义及军事理论创新

(一)习近平国防和军队建设重要论述的科学指导意义

习近平国防和军队建设重要论述,在强军兴军中彰显出巨大理论价值和实践威力,应充分认清重要论述的根本指导作用,切实用以指导国防和军队工作实践,把握发展大势、提升起点标准、保持正确方向。

(1)习近平关于国防和军队建设的重要论述,集中体现了党在军事领域的意志主张,为国防和军队建设指明了前进方向。习近平站在我国由大向强的历史交汇点谋划推进国防和军队建设,发出实现强军目标的伟大号召,要求军队为实现中华民族伟大复兴中国梦提供坚强力量保证。必须深刻认识习近平重要论述充分体现了国家和民族最高利益对人民军队的历史重托,体现了党的执政使命对军队建设的时代要求,也从根本上规定着新形势下军队政治工作的方向和任务。只有高举实现中国梦强军梦的时代旗帜,才能筑牢官兵团结奋斗的共同思想基础;只有紧紧围绕党、国家和军队工作大局思考筹划,才能科学确立发展目标和思路;只有准确把握新的伟大事业赋予的使命责任,才能更好地适应新形势、经受新考验、实现新发展。

(2)习近平关于国防和军队建设的重要论述,丰富发展了党的军事指导理论,为国防和军队建设提供了理论引领。习近平围绕建设巩固国防和强大军队,提出许多富有创见的新思想新观点新论断新要求,与毛泽东军事思想、邓小平新时期军队建设思想、江泽民国防和军队建设思想、胡锦涛国防和军队建设思想既一脉相承又与时俱进,续写了马克思主义军事理论中国化的新篇章。必须深刻认识习近平

重要论述为党的军事指导理论注入新的时代内涵,丰厚了国防和军队建设的直接理论依据;贯穿强军目标这条红线,拎起了政治工作的"魂"和"纲";蕴含科学的立场观点方法,为国防和军队建设提供了有力思想武器,应切实作为科学理论深入学习贯彻好。

(3)习近平关于国防和军队建设的重要论述,包含着新形势下国防和军队建设的战略运筹,为国防和军队建设拓展了发展空间。习近平对国防和军队建设极为重视,做出许多重要指示,特别强调国防和军队建设永远是我党的生命线,必须把国防和军队建设摆在首位,围绕强军目标加强国防和军队建设,为全面加强我军革命化、现代化、正规化建设提供可靠政治保证、强大精神动力、有力人才支持。这些重要指示涵盖国防和军队建设的方方面面,科学阐明了国防和军队建设的地位作用、方针原则、内容任务和基本要求,把我国防和军队建设的理论和实践推进到新的发展阶段,为保持和发展我军特有国防和军队建设理论、加强和改国防和军队建设工作提供了根本遵循。

(4)习近平关于国防和军队建设的重要论述,凝结着当代革命军人的价值追求,为国防和军队建设集聚了强大动力。习近平重要论述高扬中国特色社会主义的精神旗帜,为国防和军队建设根基构筑了精神家园;承载全党全军全国人民建设强大军队的热切期盼,为国防和军队建设聚合强军兴军正能量创造了良好条件;体现中国梦强军梦与官兵个人梦想的高度契合,为国防和军队建设发展进步注入了力量源泉;立起合格军人、优秀党员、好干部的时代标准,为国防和军队建设问题提供了行为准则;展现理论真理力量与领袖人格力量的高度统一,为国防和军队建设树立了典范。

(二)习近平国防和军队建设重要论述的军事理论创新

习近平国防和军队建设重要论述是党的军事指导理论的重大创新发展。紧跟军事实践发展推进军事理论创新,以创新的军事理论指导军事实践,是我们党领导军事工作的宝贵经验。习近平关于国防和军队建设的重要论述,坚持党一以贯之的建军治军思想,反映了形势任务变化与党和国家事业发展对军队的新要求,揭示了新形势下军事力量建设和运用的特点规律,体现了科学真理性、理论创新性、实践指导性的高度统一,开辟了党的军事指导理论发展新境界。

(1)习近平关于国防和军队建设的重要论述,反映了实现中华民族伟大复兴的中国梦对国防和军队建设的根本要求。军队建设历来与国家民族的生存发展紧密相连。当前,我国正面临前所未有的发展机遇,但我们越发展壮大,遇到的阻力压力就会越大,面临的外部风险就会越多,迫切需要建设一支强大人民军队作支撑。习近平关于国防和军队建设的重要论述,站在实现中华民族伟大复兴的战略高度,全面阐述新形势下军队建设的地位作用、目标任务、方针原则、战略步骤等重大问题,体现了实现国家民族最高利益对人民军队的历史重托,体现了完成党的执政使命对军队建设的时代要求,为我军更好担负起维护国家统一、领土主权、海洋权益和发展利益的职能使命提供了有力引领。

(2)习近平关于国防和军队建设的重要论述,赋予了马克思主义军事理论新的时代内涵。我们党历来重视从理论上解决军事斗争实践一系列重大问题。新形势下,习近平准确把握时代特征和当代中国军事实践,对我军所处历史方位和阶段性特点作出新定位,明确了筹划推进国防和军队建设的战略基点;对军队建设目标作出新概括,拎起了国防和军队建设的总纲;对推进军队建设、改革和军事斗争准备提出新要求,揭示了新的历史条件下建军治军的特点规律等。习近平关于国防和军队建设的重要论述,以一系列新思想新观点新论断,科学阐明了加快推进国防和军队现代化的重大理论和现实问题,丰富发展了党的军事指导理论,续写了马克思主义军事理论中国化的新篇章。

(3)习近平关于国防和军队建设的重要论述,明确了加快推进国防和军队现代化的行动纲领。新时代孕育新理论,新理论指引新征程。习近平关于国防和军队建设的重要论述,清晰勾画了强军兴军的"目标图",明确了加强军队建设的聚焦点着力点;科学规划强军兴军的"总布局",阐明了加快推进国防和军队现代化的阶段步骤;精准提供强军兴军的"金钥匙",开阔了破解矛盾问题的视野思路;日益成为强军兴军的"强磁场",凝聚了实现中国梦强军梦的意志力量。近年来的生动实践使我们深刻认识到,国防和军队建设取得新进步、呈现新气象,根本在于党中央、中央军委和习近平的英明领导,在于党的军事指导理论最新成果的实践威力。只要我们把习近平关于国防和军队建设的重要论述作为科学指南牢固确立起来,贯彻到部队建设各领域全过程,就一定能不断开创军队建设新局面。

二、习近平国防和军队建设重要论述的主要内容

(一)关于强军目标

习近平关于国防和军队建设的重要论述内涵丰富、涵盖广泛,涉及军队建设、改革和军事斗争准备各领域各方面。这些重要论述紧密联系、相互贯通,围绕党在新形势下"建设一支听党指挥、能打胜仗、作风优良的人民军队"的强军目标这一核心,抓住事关军队建设全局的关键和要害问题,形成了一个有机统一的整体。

习近平在主持召开中央军委深化国防和军队改革领导小组第一次全体会议并发表重要讲话时强调:深化国防和军队改革,坚持用强军目标审视改革、以强军目标引领改革、围绕强军目标推进改革。强军目标集中体现了我军的根本原则、根本职能、根本性质和宗旨,明确了加强军队建设的聚焦点和着力点。习近平强调,必须"扎扎实实做好实现党在新形势下的强军目标这篇大文章"。实现强军目标,必须牢记坚决听党指挥的强军之魂,能打仗、打胜仗的强军之要,依法治军、从严治军的强军之基,全面推进国防和军队深化改革和现代化建设。

（1）加强思想政治建设，确保部队坚决听党指挥，这是强军之魂。习近平指出："我军作为执行党的政治任务的武装集团，必须把听党指挥作为军队建设的首要。"他鲜明指出，坚持党对军队绝对领导，关系我军性质和宗旨、关系社会主义前途命运、关系党和国家长治久安，是我军的灵魂和命根子，永远不能变、永远不能丢；听党指挥，最紧要的是始终在思想上政治上行动上同党中央保持高度一致，坚决维护党中央、中央军委的权威，一切行动听从党中央、中央军委的指挥；把思想政治建设摆在军队各项建设首位，加强理论武装，强化军魂教育，有的放矢地加强意识形态工作，培育社会主义核心价值观和当代革命军人核心价值观，确保部队绝对忠诚、绝对纯洁、绝对可靠。此外，坚持党对军队绝对领导绝不是一句空洞口号，必须落实在行动上。将思想政治建设摆在国防和军队各项改革建设的首位，着力打牢部队听党指挥的思想根基，增进信党爱党的思想情感，锤炼忠诚于党的政治品格。确保部队绝对忠诚、绝对纯洁、绝对可靠，始终忠于党、忠于社会主义、忠于祖国、忠于人民，为实现中华民族的伟大复兴提供安全保障。习近平在领导国防和军队建设中，对坚持党对军队绝对领导始终高度重视、反复强调、紧抓不放。这些重要论述，阐明了新形势下人民军队建设发展的首要问题，揭示了强军兴军必须强政治、铸军魂的内在要求，指明了军队思想政治建设的根本任务。

（2）打造一支能打仗、能打胜仗的军队，这是强军之要。习近平指出："军队首先是一个战斗队，必须坚持一切建设和工作向能打胜仗聚焦。""能打仗、打胜仗"这个强军之要，是人民军队经过历史检验总结出来的。战斗力是检验部队一切建设和工作的试金石。在战斗力这个唯一的根本的标准要求下，破除阻力，打破藩篱，理清制约部队建设发展的突出矛盾、瓶颈短板和主要症结，推动军队建设的所有资源向提高战斗力聚焦。按照打仗的要求搞建设、抓准备，军队建设必须把提高战斗力作为出发点和落脚点，一切工作都要向"能打仗、打胜仗"的要求聚焦。习近平关于国防和军队建设的重要论述，始终贯穿着能打仗、打胜仗的根本指向，始终把打赢战争作为军队的头等大事、第一责任加以强调。习近平鲜明指出，打仗和准备打仗是军人的天职，战场上打不赢就会产生严重政治后果；要牢固树立战斗力这个唯一的根本的标准，强化当兵打仗、带兵打仗、练兵打仗思想，坚持一切建设和工作向能打胜仗聚焦，确保部队召之即来、来之能战、战之必胜；与时俱进加强军事战略指导，坚定不移把信息化作为军队现代化建设发展方向，坚持以国家核心安全需求为导向拓展深化军事斗争准备，提高军事训练实战化水平。这些重要论述，阐明了能打胜仗在强军兴军中的核心牵引作用，抓住了军队建设的"牛鼻子"，对我军履行使命任务能力提出了更高要求。

（3）大力弘扬我军优良作风，推进军队组织形态优化，这是强军之基。习近平指出："作风优良是我军的鲜明特色和政治优势，必须把作风建设作为一项基础性长期性工作抓紧抓实，永葆人民军队政治本色。"依法治军、从严治军是强军之基，必须保持严明的作风和铁的纪律,确保部队高度集中统一和安全稳定。坚持把作风建设作为军队一项基础性长期性工作抓紧抓实,是习近平同志建军治军的突出特色。近年来,全军上下聚焦"四风"问题、铁腕纠治,部队风气向上向好。习近平鲜明指出,能否始终如一保持我党我军光荣传统和优良作风,关系永葆人民军队政治本色,关系军队形象和战斗力建设,关系军队的生死存亡;坚持依法治军、从严治军,以纪律建设为核心,严字当头、领导带头,抓常、抓细、抓长,构建规范化制度化的长效机制;加强作风建设,必须坚持大病小病都要治,下大气力整肃军纪,坚决反对"四风",旗帜鲜明反对腐败、反对特权,纠治官兵反映强烈的不正之风,着力解决深层次矛盾和问题。这些重要论述,深刻阐明了改进作风对强军兴军的有力保证作用,明确了推进各项工作的重要突破口和切入点。在国防和军队深化改革中,军队领导干部能跳出个人得失的利益小圈子,着眼国防和军队改革大局,钻研新形势下战争的制胜机理和决胜之道,营造实干强军、实干兴军的浓厚氛围。同时,推进军队组织形态现代化,建立健全联合作战指挥体制、联合训练体制、联合保障体制,优化作战力量结构,构建中国特色现代军事力量体系,为建设巩固国防和强大军队提供体制机制保障。

(4)始终把握国防和军队建设深化改革这个动力。习近平对国防和军队改革极为重视,亲自推动纳入全面深化改革总体布局,上升为党的意志和国家行为,做出一系列决策部署。他鲜明指出,改革创新是军队建设发展的强大动力,深化国防和军队改革已进入攻坚期和深水区,是我们回避不了的一场大考。要坚持用强军目标审视改革、以强军目标引领改革、围绕强军目标推进改革,着力解决制约国防和军队建设的体制性障碍、结构性矛盾和政策性问题,构建中国特色现代军事力量体系。要牢牢把握坚持改革正确方向这个根本,把握能打仗、打胜仗这个聚焦点,把握军队组织形态现代化这个指向,把握积极稳妥这个总要求。要勇于冲破思想观念的束缚、突破利益固化的藩篱,敢于啃硬骨头,敢于涉险滩,进一步解放和发展战斗力,进一步解放和增强军队活力。这些重要论述,充分彰显了改革的坚定意志,阐明了改革的重大原则,明确了改革的方法步骤,为深化国防和军队改革改什么、怎么改提供了根本指导。

(二)关于国防和军队改革

国防和军队改革是全面改革的重要组成部分,是全面深化改革的重要标志。党的十八大报告提出的"构建中国特色现代军事力量体系",在军队和国防建设中推进改革,就是要强化改革创新理念,不仅在武器装备上升级换代,更要看军事力量体系的架构重组。在军队改革中,军事技术是根基,军事理论构想是蓝图,军事力量体系重构则是主体建筑,具有根本性、全局性、整体性和决定性意义。深化国防和军队改革,推动中国特色军事变革深入发展,构建中国特色现代军事力量体系,有助于解决军队建设面临的突出矛盾和问题,为维护国家主权、安全、发展利益和全面建成小康社会提供重要力量支撑和坚强安全保障。

习近平指出："实现中华民族伟大复兴，是中华民族近代以来最伟大的梦想。可以说，这个梦想是强国梦，对军队来说，也是强军梦。"伟大梦想的实现，离不开具体的改革思路作指导。第一，把握改革的正确方向，以强军为改革目标。习近平在主持召开中央军委深化国防和军队改革领导小组第一次全体会议时强调，深化国防和军队改革，要把思想和行动统一到党中央和中央军委的决策部署上来，坚持用强军目标审视改革、以强军目标引领改革、围绕强军目标推进改革。围绕强军这一目标做好各方面的准备和统筹，牢牢把握坚持改革正确方向这个根本。第二，坚持党对军队的绝对领导，发挥好中国特色社会主义军事制度的优越性。为了更好发挥中国特色社会主义军事制度的优势，要不断深化国防和军队改革。改革就是要更好地坚持党对军队的绝对领导，更好地坚持人民军队的性质和宗旨，实现中国特色社会主义军事制度自我完善和发展。第三，牢牢把握能打仗、打胜仗这个聚焦点。要坚持以军事斗争准备为龙头，坚持问题导向，把改革主攻方向放在军事斗争准备的重点难点问题上，放在战斗力建设的薄弱环节上。第四，牢牢把握军队组织形态现代化这个指向。没有军队组织形态现代化，就没有国防和军队现代化。要深入推进领导指挥体制、力量结构、政策制度等方面改革，为建设巩固国防和强大军队提供有力制度支撑。此外，还需把握好积极稳妥这个总要求。该改的就要抓紧改、大胆改、坚决改，在重大举措牵一发而动全身进行改革时，则须稳妥审慎。改革举措出台之前，必须反复论证和科学评估，力求行之有效。

国防和军队改革最终要落实到具体的领导部门和军队干部身上，落实改革以军队各级党委班子和高中级干部为抓手。习近平强调："在学习贯彻强军目标中要注重抓党委班子和高中级干部这个重点。"军委班子和军队高级干部在领导国防和军队建设中肩负着重大历史责任和重大政治责任，必须以强烈的使命担当，身体力行、率先垂范，从个人进退得失和瞻前顾后中解放出来，切实解决国防和军队建设中面临的改革难题。习近平要求中央军委深化国防和军队改革领导小组，强化集中统一领导，搞好总体设计、统筹协调、整体推进、督导落实，确保各项改革工作统一谋划、统一部署、统一推进、统一实施。要坚持科学议事决策，坚持走群众路线，充分发扬民主，广泛听取各方面意见。这些要求不仅是对中央军委深化国防和军队改革领导小组提出的要求，也是对全军领导干部落实十八大报告和十八届三中全会精神提出的具体要求。各级领导部门要珍惜一代代官兵不懈奋斗取得的巨大成就，在国防和军队改革中，发扬民主，坚持走群众路线，做好总体设计，忠心耿耿为党和人民工作，努力把国防和军队建设不断推向前进。

（三）关于军事外交

军事外交工作服务于军队现代化建设。党的十八大报告更是首次将军事外交作为国防和军队建设部分的重要内容。自十八大以来，在习近平军事外交思路的导引下,从推进大国军事关系到构建有利周边环境,从为提升战斗力创造平台到争取国际舆论斗争主动权,国防和军队改革在对外交往和形象展示上表现出一种全新的风格。

习近平强调,"做好外交工作,胸中要装着国内国际两个大局"。世界新军事革命的加速发展,军事技术和战争形态的革命性变化,改变着国际政治和军事格局,也挑战着我国国防和军队的建设发展。习近平要求军事外交要增强忧患意识、危机意识、使命意识,这三种意识是应对复杂国际战略形势和国家安全环境的迫切需要,按照"能打仗、打胜仗"的要求,努力建设与我国国际地位相称、与国家安全和发展利益相适应的国防和军队,"为中国全面建成小康社会争取良好国际环境"。

习近平任军委主席以来,发展全方位对外军事关系。十八大以来,我国积极推动大国合作,增进战略互信,与俄罗斯、美国和欧盟集团主要国家等建立加强了军事交往。习近平多次在不同场合强调与邻为善、以邻为伴的原则,与周边国家防务部门和军队务实合作不断深化,注重与周边国家发展军事互信关系。习近平多次出访发展中国家,强调中国要和发展中国家共同发展,对贫穷的国家给予力所能及的帮助,特别是军事援助,在非洲习近平首次提出,"13亿多中国人民正致力于实现中华民族伟大复兴的中国梦……我们还要同国际社会一道,推动实现持久和平、共同繁荣的世界梦。"

习近平重视海上军事力量。海上军事力量既是开展和平军事外交的窗口,又是维护国家海洋主权的重要力量。自2013年以来,中国海军开展多次海洋国际维和、人道主义救援、海上安全合作等军事外交,先后派出了"哈尔滨"舰、"兰州"舰、"临沂"舰等舰艇,出访了美国、智利、巴西、阿根廷、澳大利亚等国家,加深了其他国家与我国海军之间的理解互信,双方海上合作和海军友好关系得到发展。另一方面,在钓鱼岛、南海等涉及国家领土主权的问题上,绝不松口,派出巡海船队,有力遏制了日本、菲律宾等个别国家侵犯我国领土主权和海洋权益的非法行径,明确宣示维护国家利益的坚定意志。

随着世界多极化、经济全球化的深入发展,多边对话与合作在全球治理中的地位作用显著上升。首先,我国军队广泛参与多边机制,与欧盟、非盟、北约等开展了不同形式的交流,积极发挥在国际安全事务中的作用,展现大国担当。其次,向国际社会阐释中国和平安全理念,越来越多的中国军队领导人及军队专家学者借助香格里拉对话会、亚太合作理事会、雅加达国际防务对话会等国际讲台,宣传我国防御性国防政策,宣传和谐亚太理念,回应外界对中国军力发展的关切。第三,积极参与维护国际安全事务和人道主义救援。十八大以来,中国军事外交主要体现为在维护国际安全事务中承担大国责任。中国已连续向亚丁湾、索马里海域派遣多批次舰船执行护航任务,为维护国际航道安全做出重要贡献。

三、学习习近平国防和军队建设重要论述的重要意义

党的十八大以来,习近平高度重视国防和军队建设,做出一系列重要论述,鲜明提出建设一支听党指挥、能打胜仗、作风优良的人民军队这一党在新形势下的强军目标,引领国防和军队建设迈上新的征程。习近平关于国防和军队建设的重要论述,深刻阐明了新形势下为什么要强军、强军目标是什么、怎么走中国特色强军之路等重大问题,是习近平系列重要讲话精神的"军事篇",是凝聚强军意志、推进强军实践的强大思想武器,为加快推进国防和军队现代化提供了根本遵循。

(1)进一步坚定强军信念。强军目标振奋军心,强军兴军催人奋进。学习习近平关于国防和军队建设的重要论述,必须把实现强军目标作为国防和军队建设发展的鲜明主题和基本实践,坚持用中国特色社会主义理论体系武装自己,坚定道路自信、理论自信、制度自信,打牢实现中国梦强军梦的共同思想基础。深化强军目标学习,深入开展主题教育活动,大力加强核心价值观培育,繁荣发展强军文化,引导大家勤学修德明辨笃实,激发精神动力,汇集强军力量。严守政治纪律和组织纪律,培养纪律意识,"平时"听招呼,"战时"听指挥,关键时候不含糊,坚决听从党中央、中央军委和习近平指挥。

(2)进一步增强国防意识。习近平关于国防和军队建设的重要论述,明确了加快推进国防和军队现代化的大方向大思路,蕴含着马克思主义立场观点方法,为增强大家的国防意识提供了基本依据和科学指导。学习这些重要论述,学会运用科学理论之"矢"射自身发展之"的",自觉站在时代前沿、军事前沿、科技前沿,破除守旧守常守成思想,树立前瞻谋划、打仗思想、问题导向、实干精神等与强军目标相适应的思想观念。

(3)进一步强化使命担当。现在,强军的责任不单单落到新一代革命军人肩上,而是全体国民的共同责任。深入学习习近平关于国防和军队建设的重要论述,一定要落实到各自岗位职责上,体现在实际行动上。必须强化忧患意识、危机意识和使命意识,心头时刻想着国家安危,肩上时刻扛着强军责任,做到本职岗位不走神、勤勉工作不懈怠、敢作敢为不推诿、关键时刻不退缩。激发锐意进取、争创一流的奋斗精神,始终保持开拓之勇、昂扬之气,越是困难越向前,始终保持一抓到底的狠劲、毫不放松的韧劲、燕子垒窝的恒劲,为实现中华民族伟大复兴而努力。

第四章　军事高技术

第一节　军事高技术概述

"高技术"一词目前尚无统一定义。日本认为以当代尖端科技和下一代科学技术为基础建立起来的技术群称为高技术。法国认为高技术就是知识密集型产业。美国则认为高技术是对企业及产品中技术含量和水平的评价。

高技术具有高智力、高投资、高竞争、高风险、高效益、广渗透性等特点。

高技术一般分为两类：一类是高难度技术，如航空、航天、原子能、导弹等；另一类是高效益技术或"普及型"高技术，如微电子、机电一体化、新材料、生物工程、新能源、激光技术等。

多数学者认为，高技术是指以当代科学最新成就为基础，处于科学技术发展前沿、对提高生产力、促进社会文明、增强综合国力起先导作用的技术群。

一、军事高技术概述

（一）军事高技术的定义

所谓军事高技术，就是应用于军事领域的现代高新科学技术。具体来说，军事高技术是建立在现代科学技术成就基础上，处于当代科学技术前沿，对武器装备发展起巨大推动作用的那部分高技术的总称。即已经应用或即将应用于军事领域中，并对现代军事和现代战争产生重大影响的高新科学技术群。

军事上的需要是军事高技术发展的主要推动力。第二次世界大战中，为满足战争的需要而研制的雷达、核武器、V1 和 V2 导弹及 1946 年研制成功的电子计算机，揭开了 20 世纪 60 年代高技术发展的序幕。冷战时期，由于两个超级大国激烈的军备竞赛，使得以核武器技术、导弹技术、计算机技术、微电子技术、航天技术为代表的军事高技术群体异军突起。70 年代开始，在以信息产业为代表的高技术蓬勃发展的情况下，高技术武器装备大量研制成功并登上了战争舞台，同时，许多传统的常规武器也因采用高新技术手段加以发展而使战术技术性能得到了极大提高；80 年代至 21 世纪初爆发的几场局部战争，使军事高技术的发展更引起了世界各国的广泛注意和高度重视。

（二）军事高技术的主要领域

按照科学分类方法，科学技术的体系结构通常划分为基础科学、技术科学和工程技术三个层次。军事高技术的体系结构是由科学体系中面向军事应用的那部分技术科学和工程技术所组成的。

目前军事高技术主要可分为 6 大新技术群,即电子信息、新材料、新能源、生物技术、航天技术和海洋技术 6 大领域,每个高技术领域都包含成千上万的高技术。这 6 大技术群之间相互渗透。相互交叉,不断涌现新的学科和技术,并且都被运用到军事上。

军事高技术的分类:从军事高技术与武器装备的关系来看,军事高技术可分为两大类,一类是支撑武器装备发展的基础技术,主要包括微电子技术、光电子技术、计算机技术、新材料技术、高性能推进与动力技术、仿真技术、先进制造技术等;另一类是直接用于武器装备并使之具有某种特定功能的应用技术,主要包括侦察监视技术、伪装与隐身技术、精确制导技术、信息战技术、指挥控制技术、军事航天技术、核化生武器技术、新概念武器技术等。

(三)军事高技术的特点

1. 高智力

高技术是知识密集型技术,它的发展必须依靠创造性的智力劳动,依靠富有创新意识、创新能力的高素质人才,体现了高智力的特性。比如半导体集成电路,从成本上讲,原料及能源仅占其总成本的 2% ,而其余 98% 都是其智力含量。

2. 高投资

高技术的研究开发需要昂贵的设备和较长的研制周期,因而研制过程需要耗费巨额资金。据统计,目前,一般高技术企业用于研究开发的经费占其产品销售额的比例高达 10% ~30% ,而科研成果产业化的投资又比研究开发投资高出 5~20 倍,形成高技术产业后的设备更新投资还会越来越大。比如制造集成电路的设备,10 年之中关键设备就更新了三代,每更新一代,设备投资就要增加一个数量级。

3. 高竞争

高技术的时效性决定了谁先掌握技术、谁先开发出产品并抢先投放市场或用于战场,谁就能获得优势,占据主动。为此,世界军事强国和大国都制定了高技术发展计划,试图在世界高技术发展的竞争中占有一席之地。

4. 高风险

高技术竞争的失败,对企业而言,就意味着投资的失败;对国家而言,意味着国家利益将要受到损害。此外,高技术研究本身也蕴含着巨大的风险,甚至要以生命作为代价。以航天技术的发展为例,40 多年来,航天技术取得了神话般的巨大成就,但其风险也高得惊人。1961 年 3 月 23 日,苏联的邦达连科就成为为航天事业献身的第一人。另据英国《新科学家》杂志数据分析:目前正在组装的国际空间站,在组装过程中,至少发生一次重大失误的可能性为 73.6% 。

5. 高效益

高技术产品是高附加值产品,其形态是知识的物化形式,所以其价值远远超过所消耗的原材料和能源。实践证明,高技术成果一旦转化为市场化的产品,就能获得巨大的经济收益,一旦得到实际应用,就能产生广泛的社会影响。比如航天技术,其投资效益比高达1:14,充分体现了高效益的特点。

6. 高渗透

高技术本身具有极强的综合性和技术辐射性或渗透性,隐含着巨大的技术潜力,不仅可以用于新兴产业的创立,而且可以用于传统产业的改造,成为经济、国防、科学、技术、政治、外交和社会生活等各个领域发展变化的驱动力。

7. 高速度

高技术产业是目前发达国家经济中最活跃也是增长最快的经济部门。美国经济在"9·11"事件前已连续十多年呈现高增长、低通胀趋势,而且美国 GNP 占世界总值的比例也由20世纪90年代初的24.2%增加到2000年的30%,这些都是以信息技术为龙头的高技术产业带来的结果。高技术产业的成功不仅表现在产值、产量的发展高速度上,而且还突出表现在产品性能更新的高速度,比如计算机芯片的处理速度,30多年来,几乎每18个月就翻一番。现在普遍使用的高性能计算机,其运算速度已可达每秒几十万亿次,微机处理速度也已可达每秒10亿次。

二、军事高技术对现代战争的重大影响

恩格斯曾指出:"一旦技术上的进步可以用于军事目的并且已经用于军事目的,它们便立刻几乎强制地,而且往往是违反指挥官的意志而引起作战方式上的改变甚至变革。"

(1)武器装备的大量使用将明显地改变现代战场与作战行动。

① 作战空域扩大,战场向大纵深、高度立体化方向发展,不存在明显的前方和后方。

兵力兵器远距离作战能力的提高,使作战空域向大纵深发展,使作战行动更加强调实施大纵深。同时,武器装备的分布高度增大,使作战空间向高低结合的高度立体化发展,作战行动更加强调"空地一体""海空一体"甚至"陆海空天一体"的立体化作战。

② 由于兵力兵器的快速作战能力的提高,以及在夜间和不良气象条件下作战能力的提高,使作战行动向高速度、全天候、全时域发展。

(2)高技术武器装备将强制性地引起作战方式的变革。

军事技术的进步、武器装备的不断变革,必然会推动作战方式的发展变化。20世纪80年代以来,在迅速崛起的高技术猛烈冲击下,第二次世界大战以来形成的传统作战理论逐渐失去了指导意义,作战理论的变革势在必然。

海湾战争是举世公认的战争史上水准最高的一场高技术局部战争。在谈到作战理论对其影响时，美国前国防部队迪克·切尼认为，20 世纪 80 年代初美国提出并写进作战条令中的"空地一体作战"理论发挥了重要的指导作用。在这场战争中，以美军为首的多国部队，对伊军实施了电子－火力突击、垂直突破、纵深机降、远距离包围迂回等空地一体作战行动，最终赢得了战争。

近几年，信息战理论又成为一种新的作战指导思想。信息能力被当作衡量一个国家作战能力的关键，甚至成为现代战争的核心，对作战的胜负有着举足轻重的影响。信息技术装备已广泛地渗透到战场的各个领域，构成日臻完善的作战"神经系统"，并创造了软、硬杀伤相结合的电子战手段。计算机病毒和"黑客"攻击也构成了信息战的主要内容。

（3）作战指挥体系将"扁平网络化"。

传统的自上而下的高度集中的"树状"指挥体系已经过时，取而代之的将是扁平型"网状"指挥体系。C^4ISR 系统将成为一种典型的指挥模式。这是一种人－机结合的指挥控制系统，它通过部署在地面、空中和空间的各种探测器或传感器自动搜集各种信息，并通过计算机实时处理战场信息，提供有关数据，帮助进行决策，拟定作战方案，下达作战命令。

（4）军事高技术的广泛应用必然引起军队建设的变革

① 军队规模将缩小。由于作战效能的大小主要取决于武器系统的高技术含量和作战人员的军事高科技素质，军队的数量、质量和战斗力之间的关系从而将发生根本性变化，质量将上升为主导地位，数量将逐渐减少，战斗力将大幅度提高。

② 军队结构将不断优化，数字化部队将成为发展趋势。各军兵种部队比例关系更加合理，结构更加紧密，以适应高技术武器系统作战功能一体化的需要。部队编成趋向一体化、多能化、小型化，并向数字化部队方向发展。

③ 军队人员构成和素质将大幅度改善。为适应操纵高技术武器装备的需要，军官、士兵的科学技术水平和操作技能必将相应提高，对军人的品格、素质、能力、学历等要求将有新的标准。在人员比例上，军官的比例将上升，士兵的比例缩小；技术军官的比例上升，其他军官的比例缩小；技术保障、尤其是信息技术保障人员增多，勤务保障人员减少，军队将成为人才密集型群体。

三、军事高技术的发展趋势

（一）军事信息技术将持续快速发展

当前，信息技术正以惊人的速度、向着更广更深的领域推进，社会的信息化程度不断提升，信息技术已经成为现代高技术群的领衔技术。信息技术的核心地位和高速持续发展的趋势正在并必将继续全面影响军事高技术的发展，使军事信息技术的快速持续发展成为军事高技术发展的重要特点和趋势。另一方面，信息化战争在向新的更高层次的演变过程中,也对军事信息技术提出了越来越高的要求,从而也极大地推动了军事信息技术的发展。

另外,从近期军事信息技术的发展情况看,也能明显地感觉到这种趋势。例如:军用微电子技术目前正向超微型、系统集成和边缘整合三个方向发展。所谓超微型,即是使电子器件的尺寸越来越小,以适应现代武器装备体积小、效能高的要求。有的发达国家正在努力研制尺寸极小甚至达到纳米阶段的军用电子器件。二是积极研制系统集成芯片,使各种物理的、化学的和生物的敏感器及执行器与信息处理系统结合在一起,从而更加有效地完成从信息获取、信息处理、信息存储、信息传输到信息执行的一系列系统功能。系统集成芯片被认为是微电子技术领域的一场重要革命,今后相当长的一段时间内将是系统集成芯片技术真正快速发展的时期。三是将微电子技术与其他技术结合,产生新的军事技术。比如微机电系统技术(MEMS)是微电子技术与机械技术、光学技术等相结合而产生的;生物芯片则是微电子技术与生物工程技术结合的产物。这些技术可能不久便会取得突破,并对军事活动产生重大影响。

军用计算机也将向运算速度更快、形式多样化、高智能化的方向发展。我国正在努力研制每秒能运算四千多亿次的"曙光3000"超级服务器,美国也雄心勃勃地计划建造每秒一千万亿次的"蓝基因"超级计算机。另外,各国科学家还正在研制各种各样的新型计算机,如数据流计算机、神经计算机、生物计算机、光学计算机、超导计算机、阵列计算机等。目前,美、日、英等国家还在大力研制智能计算机,这种计算机可模拟人的思维方式并进行较为复杂的推理。这些高性能计算机的发展,将使军事信息技术得到进一步发展,给信息化战争带来崭新的面貌。

(二) 军事人工智能技术的地位将越来越高

人工智能技术在20世纪70年代以来被称为世界三大尖端技术之一(空间技术、能源技术、人工智能技术),也被认为是21世纪的三大尖端技术之一(基因工程、纳米科学、人工智能)。近30年来,人工智能技术获得了迅速的发展,取得了一系列成果,对信息化社会的发展和人类的生产生活产生了很大的影响,其地位不断提升。而人工智能技术被应用于军事领域后所形成的军事人工智能技术同样得到飞速的发展。在指挥控制系统、精确制导系统、侦察监视系统、战场机器人系统等方面得到广泛运用和取得巨大的战场效应,改变了战场的面貌,催生了新的作战方法,对信息化战争的发展做出了不可或缺的贡献。同时,由于军事人工智能技术的运用不仅能提高作战效能,还有利于政治目的和军事战略的实现。因此,军事人工智能技术的发展不可避免地得到重视。目前,各国都加大了对军事人工智能技术研究工作的投入,展开了激烈竞争,新的计划和成果不断涌现。军事人工智能技术的高速发展和对现代战争的巨大影响已成为必然的趋势。

当前,战场指挥控制系统(C^4ISR)中人工智能技术的作用日益重要。一些国家正在研制智能决策系统中使用的智能计算机,试图模拟人的大脑功能,替代人脑从事某些指挥、决策等工作。美国推出网络中心战模式作为未来作战系统,把 C^4ISR 系统与各种作战平台整合为一体,对战场情况进行控制处置。美、日、欧等国家和地区,计划通过建立庞大的太空卫星系统,编织一张囊括全球的指挥控制网,以提高其战场反应的智能化水平。

人工智能技术在军事领域中越来越重要这一趋势还表现在精确制导武器的智能化程度的不断提升上。第一代精确制导武器,需要以手动操纵跟踪目标;第二代精确制导武器可以发射后不管;第三代精确制导武器只需确定目标,弹药发射后能自动寻找、识别、击毁目标。目前美国正在研制第四代、第五代精确制导武器。今后的精确制导武器将会具有一定的逻辑判断能力,在实施攻击时,不仅可以进行威胁判断、多目标选择和自适应抗干扰,还能自动选择最佳命中点,自动寻找目标最易损、最薄弱的部位,以获取最高作战效能。

战场机器人的不断涌现,是人工智能技术发展趋势的重要标志。目前,许多国家都投入巨资积极研发各种类别的军用机器人。无人侦察飞机和无人战斗机的品种和数量越来越多,无人战车和无人舰船等也已面世。一些国家的空军已开始部署大型的无人作战飞机。美军试图在未来 10 年内组建由士兵和机器人组成的人、机混合兵团,并打算在 2050 年后不再使用有人驾驶的飞机。一些国家还在积极研究昆虫机器人等其他各具特色的新型机器人。

(三) 军事航天技术将成为又一个战略制高点

现代科技的迅猛发展把人类带进了越来越宽广的空间,人类的智慧之箭射向了遥远的太空。航天技术的发展给人类的物质、精神生活都带来了巨大的变化。军事航天技术是近年来发展成果最多的军事高技术领域之一,它对军事通信、侦察、军事导航、指挥控制、网络等领域的发展做出了极大的贡献。一定意义上来说,信息化战争的发展必然以军事航天技术的发展为前提。对此,各国都有共同的认识,在制定社会发展战略时,都把发展航天技术尤其是军事航天技术作为夺取世界未来的战略制高点的手段,投入巨资,激烈竞争。

目前,一些国家在不断改进航天器运载技术的同时,积极开展了军用卫星技术、空间站技术、太空载人技术、星球探测技术、反卫星技术和近太空高速投送技术的研究工作。美国准备在太空部署密集的微卫星群,用作对地面目标的即时攻击和太空战。美国打算大力改进其第二代卫星导航系统(GPS)的性能;我国的北斗卫星导航系统以及欧洲和一些国家联合开发的伽利略卫星导航系统正在推进。日本、印度等国近年来加快了航天技术发展的步伐。还有一个值得关注的方面是,航天技术与其他技术结合将孕育出新的武器系统。比如,当前军事科学家们正在研究将航天技术和激光技术、定向能技术相结合,以便能够研制出新的太空武器系统,用来攻击卫星、飞机、导弹、海洋中的舰艇、地面上的车辆等目标。

（四）军事纳米技术将取得重大的突破

现代科技在关注宏观世界的同时,也将触角伸向微观世界。近年来,纳米技术发展迅速,已经对诸多领域产生了重要的影响。许多国家都加强了对纳米技术的研究。军事纳米技术将可能取得重大突破,从而对现代战争产生许多重大的影响。

目前,军事纳米技术正向以下三个方面发展:①微机电系统。即在非常微小的空间内构建微型系统,由在硅片上制造的微型电机、作动器和传感器组成,可用于分布式战场传感器网络、有毒化学战剂报警传感器、高性能敌我识别器和微型机器人电子失能系统等。②专用微型集成仪器,特别是纳米卫星。这种仪器可用微电子工艺技术和微机电技术开发出来,不仅可替代现有航天器和运载火箭上的有关系统,还将导致研制出重量只有 100 克、可大量部署的军用纳米卫星。③所谓的"微型军"装置。"微型军"装置是指能像士兵那样遂行各种军事任务的超微型智能装备,目前美、英、德、俄等国正在研制的"微型军"装置主要有"间谍草"、袖珍遥控飞机、"机械蚂蚁"和"机器虫"。这些微型兵器可执行战场侦察和特种作战等任务。

（五）军事生物技术可能引起军事领域的又一次革命

有人预测,生物技术的发展和生命科学的研究,将是今后四五十年里最令人振奋的科技领域。美国科技前沿的科学家有 1/3 在从事生命科学研究。生物技术和生命科学的发展有可能引发人类社会的又一场革命。许多国家都对生物技术和生命科学的发展做出了长远的规划,并投入许多资源用于生命科学的研究和生物技术的开发。生命科学和生物技术的持续发展必将成为人类科学技术发展的重要趋势。在这个背景下,军事生物技术的发展也已取得一些成果,并将以更快的速度持续发展。而军事生物技术的进步必然对军事领域产生巨大的影响甚至可能是一场新的变革。以生命科学为基础的综合性技术——生物技术也将成为军事高技术的制高点。

目前,军事生物技术主要涉及生物武器、基因武器等领域。可能向以下一些方面推进:①生物电子装备。利用生物技术设计生产的大分子系统能高速进行电子信息传递、存储和处理,而且不会受电磁干扰的影响。用这种电子元件制成的雷达,可在强烈电磁干扰下,全天候、全方位、远距离搜索、发现目标与识别敌我。即将问世的蛋白分子计算机将比现有计算机的运算速度和存储能力高出数亿倍,并具有人脑的分析、判断、联想、记忆等功能。生物电子装备将使军队指挥控制、军事情报的获取、武器的精确制导等发生质的变化。②生物炸弹。利用生物技术制造炸药,生产过程简单,成本低,燃烧充分,爆炸力强,威力比常规炸药大 3 ~ 6 倍。用生物炸药制成的武器战斗部可使武器的战术、技术性能提高一个数量级。③军用仿生导航系统。科学家们已经发现,自然界中许多动物具有导航能力,比如鸟类的导航系统只有几毫克,但精确度极高,这给军事科学家极大的启发,一些国家的军事科学工作者正在利用生物技术手段模拟制造动物的导航系统来代替传统的军事导航系统,以提高精度,缩小体积,减轻重量,降低成本,增强在复杂条件下的导航能力。

(六) 新生的军事高技术必将层出不穷

近几十年科学技术发展的速度十分惊人,新的技术不断涌现。新技术不仅会对人类社会产生很大的影响,而且也必将渗透到军事领域,催生许多新的军事高技术,进而影响战争的发展。新生的军事高技术层出不穷是军事高技术发展的趋势之一。

第二节 应用型军事高技术概述

一、应用型军事高技术的类型

从高技术应用的角度划分,可将军事高技术划分为六大领域:

(1) 信息技术。包括微电子技术、光电子技术、生物电子技术、超导电子技术、真空电子技术和新材料技术等一系列高技术。

(2) 精确制导技术。包括寻的制导、遥控制导、惯性制导、地形匹配和景象匹配制导、全球定位系统制导、复合制导等制导技术。

(3) 隐身与伪装技术。隐身技术包括雷达隐身技术、红外隐身技术、电子隐身技术、声波隐身技术、可见光隐身技术等。伪装技术包括光学伪装、电学伪装、仿生学伪装、材料学伪装等多种伪装技术。

(4) 侦察与监视技术。包括空间侦察与监视技术、空中侦察与监视技术、水下侦察与监视技术、地面侦察与监视技术等等。

(5) 航天技术。包括航天运载技术、航天器技术和测控技术。

(6) 指挥控制技术。包括 C^2 系统、C^3 系统、C^3I 系统、C^4I 系统、C^4ISR 系统等,目前最先进的是 C^4ISR 系统。

二、应用型军事高技术的发展趋势

(一) 侦察与监视技术将大大提高

随着微电子、光电子、通信、雷达、航天等技术的发展及广泛应用,现代侦察与监视技术已经进入了一个崭新的发展阶段。不仅从侦察方式、侦察手段、侦察设备上,而且从战术技术运用上,也都将提高到一个新的水平,实施侦察与监视的效果对信息化条件下战争结局将产生直接的影响。

(1) 空间上的多维化。为了适应未来高技术立体战争的需要,太空中的侦察卫星,天空中的侦察飞机,陆地上的雷达、地面传感器、无线电设备,水下的声纳等侦察监视设备,不能是孤立的,必须有机地形成一个整体,组成一个涵盖陆、海、空、天、电磁的综合的侦察监视网络,在侦察与监视的地域、时间、周期以及对情报的处理和利用方面,使不同的侦察与监视设备之间互相取长补短,相互印证,使侦察与监视设备的优点和特长充分发挥。

(2)速度上的实时化。信息化条件下战争火力、兵力机动快,作战节奏快,要求侦察与监视提供的信息也要快,否则就满足不了作战的需要。为此,必须要提高信息处理和传输能力。随着遥感技术和计算机技术的迅速发展,借助大容量和运算速度快的计算机对遥感图像进行自动分类和识别,可大大地提高信息处理速度,将使侦察与监视获得的信息实时地传递给指挥员决策使用成为现实。

(3)手段上的综合化。侦察技术的发展,反过来又促进了反侦察技术和伪装干扰技术的发展。为了有效地发现、区分、识别、定位、监视和跟踪目标,特别是有效剥除其伪装,不仅要加强目标特征研究,还要加速研制新的遥感器,使用多种遥感器同时观测同一地区,既能获得较多的信息,也能使各种信息之间相互对照、比较和印证,从而提高信息的可信度。

(4)侦察、监视系统与攻击系统结合更加紧密。在未来信息化条件下战争中,只有将侦察监视系统与武器系统,特别是精确制导武器有机地结合起来,才能充分发挥侦察与监视的效果。武器系统要"够得着",侦察监视系统要"看得到"。侦察与监视系统不仅能以自身携带的武器攻击,更重要的是能引导空中、地(水)面的武器攻击所发现的目标。通过信息传输是侦察监视系统与武器系统紧密结合的最重要也是最主要的途径。

(5)提高侦察与监视系统的生存能力。由于精确制导武器的迅速发展,对侦察与监视系统的生存构成了严重的威胁。能否确保侦察与监视系统的生存,将直接关系到作战结局。航空侦察与监视系统,要向高空、高速、隐身、超低空方向发展,以便让对方的防空火力"够不着""追不上""看不见"。随着反卫星武器的出现,航天侦察与监视系统也不再"高枕无忧",而必须在如何躲避攻击、抗电子干扰、耐核辐射等方面采取措施。在地(水)面和水下实施侦察与监视,更要随时做好反侦察与监视的准备。

(二)隐身技术将得到广泛运用

隐身技术以其重要的军事价值,早已引起世界各国的高度重视,并把其作为优先发展的高技术加以研究,加之反隐身技术发展提出的挑战,促使隐身技术进一步向深度和广度发展。未来隐身技术的发展趋势是:

(1)隐身技术领域将不断扩展。能在各种侦察探测系统面前均具有很好的隐身性能是隐身技术发展要追求的目标,因此,一方面,继续发展目前的隐身武器所主要采用的反雷达探测和反红外探测隐身技术。如针对反隐身技术的发展,雷达等探测系统的工作波段在向毫米波、亚毫米波、红外、激光和米波波段扩展的情况,研究扩展隐身波段。另一方面,积极向反电磁、反可见光、反声波探测隐身技术领域扩展。此外,还在寻找更多更新的技术途径。例如,将仿生学的研究用于隐身技术。人们发现海鸥与燕八哥的体积相近,但海鸥的雷达散射截面积却比燕八哥大200倍;蜜蜂的体积小于麻雀,但它的雷达散射截面积反而比麻雀大16倍。

（2）隐身材料技术将有进一步发展。隐身技术的发展使隐身材料的研究进入一个新的阶段。一是隐身材料向反雷达探测和反红外探测相兼容的方向发展。要求未来的隐身材料必须具有宽频带特性,既能对付雷达系统,又能对付红外探测器。二是雷达吸波材料向超细粉末、纳米材料方向发展。人们发现超细粉末、纳米材料可能是良好的雷达吸波材料,目前一些国家正在对其吸波机理进行深入的研究。这类材料的优点是重量轻、透气性能好,但制造技术要求高,价格昂贵。

（3）注重各种隐身技术的综合运用。现代侦察探测系统应用了多种探测技术,这就决定了隐身技术是一项多学科的综合性技术。要想使目标达到理想的隐身效果,必须综合应用各种隐身技术。实验表明,为降低飞行器的雷达散射截面积,采用隐身外形设计可降低 5 ~ 8dB,利用吸波材料可降低 7 ~ 10dB,其他措施（如阻抗加载、天线隐身等）可降低 4 ~ 6dB,综合起来,可获得降低约 20dB 的隐身效果。

（4）武器装备将更广泛地采用隐身技术。根据现代战争的要求,隐身技术的发展与应用现已由隐身飞行器开始扩展到研制地面坦克和火炮、水面舰艇、水下潜艇等各种武器装备,并都取得了一定的进展,一些国家还在研究具有隐身性能的机场、机库、士兵、侦察系统、通信系统和雷达等。未来将会出现更多的隐身和具有部分隐身性能的武器装备和设施。

（5）降低隐身武器装备的成本。由于目前采用隐身技术的成本很高,如吸波结构材料和吸波涂料的价格非常昂贵,导致隐身武器装备的造价不菲。例如,F－117A 隐身战斗机单价达 1.1 亿美元,B－2 隐身轰炸机单价已超过 5 亿美元。因此,如何在技术上取得突破,降低隐身武器装备的成本,是今后隐身技术发展的重要方面。

（三）电子对抗将更加激烈

现代电子战装备发展的技术基础是超高速集成电路、微波集成电路、人工智能、人工神经网络、并行处理技术、光纤数据总线、高级程序语言和隐身技术等高新技术成果。电子对抗将面临宽频带、高精度、低截获概率、多模式复合、多信号格式、多技术体制的电子威胁,并要面对全高度、全纵深、全方位的作战空域,必须具有快速应变的作战能力。其发展趋势主要表现在以下几个方面:

（1）电子对抗的电磁频谱范围将从射频段向全频段发展。

雷达侦察技术向扩展频段、提高测向/测频精度、增强信号处理能力方面发展。根据国外现役及在研的电子侦察设备预测,21 世纪初电子电磁斗争频谱将从射频段向全频段发展。

（2）电子对抗的手段将从传统的单一手段向综合一体化方向发展。

高技术综合战场是以高技术电子兵器的综合应用为特征，它将导致未来的军事对抗和电子对抗的内容、模式和概念发生深刻变化。未来电子对抗中，空地、空海一体和陆、海、空、天、电一体的多维立体战要求多功能的电子战系统。据有关对美军未来电子战装备发展趋势分析认为：①单平台电子战手段——侦察/干扰/摧毁一体化；②单平台上的电子战装备与雷达、导航、通信等电子战设备和系统的综合一体化；③多平台电子战设备的综合。法国 THOMSON—CSF 公司研制了 EWC31 雷达对抗与通信对抗的综合电子战系统；英国 MARCONI 公司研制了多平台由软件驱动的 EWCS 综合电子战系统，电子战指挥控制系统在战场上与 C^3I 的 C^2 发生交联，并由单平台的综合管理向多平台的综合管理发展。

（3）电子对抗的重点将向 C^4ISR 一体化系统和反精确制导武器方向发展。

电子对抗的对象是较广泛的，其中主要目标是指挥、控制、通信以及情报系统、防空（指挥）雷达系统、武器制导（指挥）系统等。这些系统中最重要的是 C^4ISR 系统。C^4ISR 系统是国家和军队威慑力量的重要组成部分，是现代化军队的神经中枢。C^4ISR 系统一旦遭到破坏，后果不堪设想。

精确制导武器具有极高的命中率和作战效能，在历次局部战争中都发挥了重要作用，在海湾战争中，其对要害目标的打击精度和杀伤威力非同凡响，使其成为海湾战争的三大支柱之一；科索沃战争以及"9·11 事件"后对阿富汗的军事打击中，精确制导武器同样是美军的制胜法宝。精确制导武器的命中率取决于它的制导系统，由电磁波、红外或激光传感器来引导，因此，对付它的最有效手段就是电子对抗，尤其是综合电子对抗系统。可以预见，精确制导武器势必成为信息化条件下战争中广泛应用的主要杀伤性武器系统，一批围绕制导与反制导斗争的新的电子对抗装备或系统，将成为电子对抗技术发展的重要内容。

（4）电子对抗的领域将不断拓展，新样式不断出现。

在高新技术的推动下，电子对抗装备将不断更新，电子对抗领域将不断拓展。

① 计算机病毒战将成为电子战的新领域。

② 定向能武器可望成为电子战的又一"拳头"。

③ 电磁脉冲弹可能成为电子设备的新"克星"。

④ 网络战将成为信息争夺的重要平台。

（四）精确制导武器将日臻完善

随着探测技术、高速信号处理技术和控制技术等高新技术的发展，未来精确制导武器将广泛采用先进的毫米波、红外成像、全球卫星导航定位系统等单一或复合制导技术，命中精度将进一步提高，并逐步向多功能、自主化、灵巧化、轻小型和智能化方向发展，精确制导武器将得到不断的提高。从目前的状况来看，未来精确制

导武器的发展主要呈现以下几种趋势:

(1)导弹的智能化程度和命中精度将有进一步提高。所谓智能化,也就是具有分析问题、处理问题的能力,即能使精确制导武器具有人脑的一些判断、决策功能。未来战争的战场环境越来越复杂,精确制导武器要在极短的时间内将目标摧毁,仅仅依靠人工引导已不可能,必须使制导武器具有某种人工智能,判断和首先攻击对己方威胁最大的目标,并且能对攻击效果及时进行毁伤评估。当导弹具有了智能化后,就使得自主攻击成为简单的问题。自主攻击主要是指导弹在机动、飞行过程中具有抗干扰、躲避诱饵、进行自主识别、判断和攻击的能力。随着各种精确制导武器继续提高和完善末制导技术,新一代精确制导武器将广泛采用先进的制导技术,可以选择目标最脆弱的部位达到命中即杀伤的效果,精度将从现在的10米量级提高到1米量级。

(2)提高导弹的抗干扰能力和全天候作战能力。现代战争是信息化的战争,在实战中精确制导武器所处的电磁环境很复杂,敌方总会千方百计地破坏精确制导武器的正常工作条件,这就要求制导系统在现代电子对抗条件下有很强的抗干扰能力。首先,采用被动寻的制导系统。由于被动寻的制导系统本身不辐射电磁波,而是利用目标的辐射波,敌方较难发现,具有一定的攻击隐蔽性,因此各类被动寻的制导系统如电视、红外、微波被动寻的将广泛应用。其次,对主动寻的系统采取措施来提高攻击的隐蔽性。由于主动寻的系统必须向目标辐射电磁波,因而比较容易被敌方侦察到并采取相应的干扰措施,所以主动寻的系统抗干扰的能力格外重要。再有,采用新的制导方式,如毫米波雷达制导、GPS制导等。毫米波雷达具有频带宽、天线口径小、增益高、波束窄、分辨率高的特点。因此,毫米波制导将大大提高制导精度(2~3米)。

从目前装备的精确制导武器来看,大都受天候、气象和烟幕的影响,为改变这一状况,世界竞相提高精确制导武器的全天候作战能力,以适应未来战场需要。

(3)提高导弹的隐身性能和突防能力。隐身技术是一种可降低飞机、导弹等目标的可探测特征,使其不易被敌方各种探测设备发现的综合性技术。包括雷达、红外、可见光和声学等隐身技术,其中应用最广泛的是雷达隐身。隐身的意义在于能够发现常规目标的距离上,发现不了采用隐身技术的同类目标。

提高突防能力的措施主要有以下几点:①采用隐身技术。未来,巡航导弹将通过综合利用雷达、红外和声学等隐身技术,使导弹的雷达反射截面、红外信号特征和噪声进一步减小,防御系统进行探测和跟踪更加困难。②提高飞行速度。提高导弹的飞行速度,也可以使突防能力大大提高,因为速度高,在射程相同时,飞行时间就更短,其发现、跟踪和拦截的概率就更小。如果再采用机动变轨等措施,将大大增强其突防能力。

(4)将向轻小型化方向发展。轻小型化是指采用新型材料、新工艺、微型化、固体化、多功能化的部件。用复合材料和轻型铝合金,可大大减轻导弹的重量,用快速凝固的新工艺可筛选出更高性能的合金。弹道和炸弹的轻小型化和微型化,可以提高效率,并降低拦截的概率。多功能和轻小型化的实现,将使精确制导武器的费用显著下降,成为负担得起的高技术武器。

(5)提高精确制导武器系统的模块化和标准化程度。模块化是针对制导技术的结构而言,它不但使导弹能迅速地适应不同目标,而且减少了后勤支援设备,便于维护和技术改进。目前,用于导弹武器系统的模块,已有结构模块、助推模块、惯性制导及其他制导模块、控制模块、导引头模块、有效载荷模块、引信模块等。今后,用于导弹武器系统的模块化将越来越多,越来越广。

标准化是指制导技术采用标准化元件、组件,计算机用标准化程序语言,以减少备件种类、简化设备,并增加它们的互换性。如"爱国者"地对空导弹系统的相控阵雷达的数/模组件、A/D 转换器和电源、存储器等,均采用了标准组件,其电子备件仅用了 239 种标准组件,与"霍克"地对空导弹相比较,备件减少了 90%。

(6)提高导弹的通用性和系列化。制导技术的通用化将向两个方面发展:一方面是指一种导弹稍加改动或更换某些组件便能多用。另一方面是指某项技术通用,使各种制导技术间横向渗透,互相补充。如战略导弹的惯性制导技术、垂直发射技术等将更多地用于各种战术导弹,而战术导弹的一些特有技术也将更多地用到战略导弹中。系列化通常指一种用途的由低级向高级发展的系列,或用一种大致相同的构思研制的多用途导弹系列。系列化的优点是便于技术继承、提高和性能改进,并缩短新型号导弹的研制生产周期,提高效费比。

(五)航天技术将逐步成熟

航天技术对大国政治、军事、经济、科技的竞争具有战略性的影响,因此航天技术的发展必然受到世界形势发展的影响。其发展趋势主要是:

(1)民用航天活动及合作将加强。当今世界国家间的竞争主要是综合国力的竞争。在综合国力的竞争中,高技术的作用力正在上升。航天技术作为高技术之一,其开发和利用对国民经济的拉动作用越来越强,从而成为很多国家开发航天技术日益强大的动力。在发展和开发过程中,利用航天技术监测、管理、服务好地球,实现人类共同家园的可持续发展日益成为共识。因而,民用航天活动及合作将加强,如深空探测的日益推进,中国和欧盟共同推进的地球双星探测计划等。

(2)卫星应用将产生更大的效益。今后应用的卫星,技术水平越来越高,用途越来越多,功能越来越完善,寿命越来越长,其投入产出比将越来越高,人类将更能长期准确地观风测雨,更快地传递信息,更加精确地预报灾害,更加清楚地查明地球的资源,人类的生产和生活活动也将更加方便和快捷,卫星应用将产生更大的效益。

(3)永久性载人空间站和空间基地建设将受到重视。美国、西欧、日本和加拿大正在与俄罗斯联合研制国际空间站。还将研制由一个大型空间站、设在站上的拖运器和必要的服务设施组成的空间基地,使航天技术发展和太空资源的开发、利用的面貌焕然一新。

(4)航天技术在军事领域发挥的作用将继续增强。众所周知,利用航天技术在军事领域所发挥的航天侦察、监视、通信、导航等功能,是近几十年来多次军事行动中获胜方成功的重要原因。科学技术是第一生产力,在某种意义上说也是第一战斗力。航天技术在未来的军事斗争中所发挥的作用将只会增强,而不会削弱。只有制天,才能制空、制海,这也是俄、美建立天军的重要原因。未来战争中,航天技术在军事领域的应用,除了继续承担其传统的信息支援功能外,将直接作为一种攻击利器,对地基和空基目标实施攻击,从而使未来作战对抗更加激烈,更加扣人心弦,更加惊天动地。

(六)军队指挥控制技术将进一步发展

随着信息技术的迅猛发展及其在军事领域的广泛运用,军队指挥控制技术在信息化条件下战争中的地位和作用更加突出,更加受到各国军方的高度重视,由此呈现出新的发展特点和发展趋势。

(1)功能综合化。长期以来,包括美国在内的世界各国军队的 C^3I 系统,受认识水平、经济和技术条件等因素的制约,走的都是"烟囱式"的发展道路。各军种、各部门自主开发、分散建设,缺乏统一领导、统一规划和统一标准,从而造成已建系统相互独立,在横向上难以实现互连、互通和互操作的问题。

(2)系统一体化。一体化是未来军队指挥控制系统的重要发展趋势,也是指导军队指挥控制系统建设的重要原则。海湾战争的一个重要启示是:现代战场上取胜的关键不仅在于拥有技术先进的武器装备和投送系统,而且还在于是否具有在战场上将这些武器装备有效地加以控制和使用的一体化能力。

(3)业务太空化。美军认为,"外层空间提供了一个难以超越的制高点",占领了这个制高点,就"意味着美军掌握了绝对的优势"。俄军认为,空中与空间已成为一个不可分割的整体,掌握制天权是掌握制空权、制海权的重要基础。可以预测,制天权的争夺将成为未来战争的又一个制高点,空间系统建设将成为军队指挥控制发展的重要内容。高技术条件下作战对空间系统的依赖性越来越大,突出表现在军队指挥控制业务的卫星化发展趋势。可以说,卫星几乎支援着每一次军事行动,直接影响着作战的进程和结局,已成为指挥、控制、通信和情报一体化不可或缺的重要组成部分。也正是有卫星,才促进了联合 C^4I 系统以及陆、海、空各军种 C^4I 系统的一体化,才使 C^4I 系统和作战系统的综合一体化得以实现。

(4)战场数字化。所谓战场数字化,就是用数字式通信和信息系统把战场上各军兵种部队、各种武器平台直到单兵连接起来,准确及时地向他们提供所需的各种信息,实现信息交流和信息共享。其最终目的是保证己方军队在各级冲突的全过程中获取和利用信息的能力大大高于敌方,以取得信息优势,战胜敌人。由此可见,战场数字化包括 C^4I 系统的数字化、武器系统的数字化和单兵装备的数字化。其中 C^4I 系统的数字化是战场数字化的基础,整个战场的数字化必须首先通过 C^4I 的数字化才能实现。因此,数字化成为 20 世纪 90 年代以来军队指挥控制建设的重要内容。

(5)信息安全化。随着军队指挥控制技术对信息技术依赖性的增强以及信息战的出现,使军队指挥控制系统的信息安全受到严重威胁,其安全和保密问题已引起各国的高度重视。

(6)武器智能化。随着超大规模集成电路、超级计算机(特别是超级微型机和神经网络计算机)和传感器技术的发展,武器智能化将成为未来战场的一个非常突出的特点,各种各样的智能化武器将逐渐取代传统意义上的武器,成为战场上的主角。与其他武器装备相比,智能化武器可以"有意识"地寻找、辨别需要打击的目标,具有图像处理的能力,是一种"会思考"的武器系统。随着时间的推移,各种具有实战能力的智能化武器已经开始出现,如用于防化侦察的智能机器人、智能扫雷坦克、人工智能弹药、智能导弹、智能地雷等。智能化武器装备的出现给军队指挥控制的发展开拓了一个新的领域。随着武器装备的智能化,军队编制将更加精干,军队员额将逐步减少。智能化武器装备一旦投入战斗,传统的直接参与的作战方式将被改变,作战人员将从战火纷飞的前线退至远距离之外的安全地带,使用遥控装置去指挥智能化武器完成作战任务。高新科技广泛应用于军事领域,使智能化武器装备向更接近于智能的方向迈进,在未来战场上,智能化武器装备会越来越多,性能会越来越好。

三、应用型军事高技术对现代作战的影响

(一)侦察立体化

所谓侦察立体化,通俗地讲,就是"眼观六路,耳听八方"。在传统战争中,由于受科技与装备发展水平的限制,"眼观六路观不远,耳听八方听不全"。在信息化条件下战争中,情况发生了本质的变化。从大洋深处到茫茫太空,布满了天罗地网式的侦察监视系统:水下的声纳,能够偷偷寻找军舰和潜艇的踪迹;地面的传感器,能够警惕地注视人员与车辆的动静;空中的侦察飞机,能够同时监视高空、低空、地面、海上的各种活动目标,如一架 E-3A 预警机,当飞行高度为 9 千米时,可以探测到 500~650 千米远的高空目标、300~400 千米远的低空目标、270 千米远的巡航导弹,在无明显背景杂波条件下,可分辨出时速为 1.8 千米的海上目标,甚至可辨认出潜艇的潜望镜和通气孔;天上的间谍卫星,"站得高,看得远",其侦察效果更加显著,比如同样一架视角为 20°的照相机,装在 3 千米高的侦察机上,一张照片可以拍摄 1 平方千米的地面面积;如果放在 300 千米高的侦察卫星上,一幅照

片囊括的范围可达1万平方千米,二者相差近1万倍。如果把侦察卫星放在地球同步轨道上,一颗卫星就能同时看到太平洋两岸,监视地球表面42%的面积。不仅如此,航天侦察还有着许多其他侦察手段无可比拟的优点,它不怕地面火力的威胁,不受地形条件的限制,加上卫星在轨道上是无动力飞行,即只靠地球引力和初始速度就能不停地运行,无须再提供另外的能源,再加上日益发达的空间遥感技术帮忙,凡是暴露在光天化日之下的目标,都难以逃过卫星的眼睛。

(二) 打击精确化

衡量武器装备的优劣,打击力是第一要素。传统武器装备片面追求唯大、唯多和大规模杀伤破坏,其能量的释放缺乏有效控制。高技术武器装备,强调在"精巧"二字上做文章。所谓的"精",就是要能够"攻其一点,不及其余",尽量避免不必要的附带毁伤。根据推算,就杀伤破坏效果而论,定位精度每提高1倍,相当于增加了3颗弹,增加了7倍当量;定位精度每提高2倍,相当于增加了8颗弹,增加了26倍当量。提高武器控制精度所产生的效果,与此相仿。在求"精"的同时,借助高技术的帮助,也开始在"巧"字上下功夫。比如,对于人,是打死好还是打伤好;对于物,是打碎好还是打废好。随着时代的发展,人们已经开始重新审视这个古老而又崭新的话题。美国人认为,要想最有效地削弱敌人的战斗力,致死不如致伤,致伤不如使其失能。这里讲的"失能",既可以指武器,也可以指人员。这样做,效费比更高,副作用更小,后遗症更大。

(三) 反应高速化

虽然历来"兵贵神速",但因为受技术条件的限制,传统武器装备常常"欲速不达"。现代武器装备由于充分利用了信息技术的成果,真正做到了机动快、反应快、打击快、转移快。在部队机动速度大大加快的同时,现代武器从发现目标到攻击目标的反应时间也大为缩短。当前,计算机控制的火控系统,能在96秒内操纵4门火炮摧毁35个分离的目标,而在15年前,摧毁这些目标需要2个小时;1个空中突击旅(由1900名士兵和84架直升机组成)的战斗力,相当于拥有1万名士兵和500辆坦克的装甲师。在信息化条件下战争中,"被发现就意味着被命中",有些目标在炮击开始10~15秒后就可能隐蔽起来,因此要求发射准备时间和反应时间要尽量缩短。由于微电子技术和计算机技术的发展,使得从定位定向、跟踪目标、计算射击诸元、气象修正、调整火炮方向和高低,直到补偿倾斜等,都正在或即将实现自动化,从而使火炮到达阵地后做好射击准备的时间缩短为60秒钟,同时还提高了精度;而从发现目标到发射炮弹的反应时间也相应减少到5~8秒。

(四) 防护综合化

"保存自己,消灭敌人"是一切战争的共同原则。由于现代侦察、监视和探测手段具有全方位、全频谱、全天候、全时辰的特点,进攻一方如果不能有效地保护自己,就可能出现"发难者先遭难"的结局。现在,当一架战斗机在重要地区300米以上高度飞行时,可能受到 800~900 部雷达的照射,其中可能有 300~400 部雷达以 600~700 个不同频率的波束进行搜索,有 30~40 部雷达跟踪飞机。如果再加上光电探测设备的威胁,战场电磁环境必将更加复杂。这对飞机、导弹等进攻性武器是一个严峻的挑战。在这种情况下,防护的地位显得特别重要。对于武器装备处于相对劣势的一方而言,搞好防护和伪装隐蔽,直接关系到胜败与存亡。

(五)控制智能化

现代技术特别是高技术的发展,使武器装备的射程、威力、精度都几乎达到了各自的极限。交战双方的差别,在很大程度上取决于它们对武器控制和部队指挥的水平上。而要想驾驭信息战(或者如托夫勒所说的"第三次浪潮战争"),单靠人脑已经不够了,必须借助于计算机来帮忙。

除了指挥控制技术以外,随着计算机技术、虚拟现实技术等的发展与应用,今后武器装备的研制试验甚至武器装备本身,也都在出现智能化的趋势。以往搞核武器试验,兴师动众,劳民伤财;现在,不用核材料,不用真爆炸,借助仿真技术就能提高核武器的性能。过去人们常说,"枪炮不长眼",靠高技术武装起来的枪炮,不但长"眼睛",而且长"心眼",可以做到"打了不用管"。这种动向,值得密切关注。

第三节　应用型军事高技术介绍

一、现代侦察监视技术

(一)侦察监视技术的基础

1. 侦察监视技术的定义

侦察是军队为获取军事斗争特别是战争所需敌方或有关战区的情况(包括人员、武器装备、地形地物及作战结果等)而采取的措施,是实施正确指挥、取得作战胜利的重要保障。侦察监视技术是指发现、识别、监视、跟踪目标并对目标进行定位所采用的技术。

侦察其直接目的是探测目标的特征信息,主要是根据目标特征信息来发现和识别目标。

发现目标,主要是根据目标与背景之间的反差或者目标与周围背景环境的不连续征兆,将潜在的目标提取出来。

识别目标,就是确定所发现目标的真假和区分真目标的类型(所发现的目标可能是真目标,也可能是假目标;真目标中有敌友之分、有种类之分,这些都必须通过侦察加以识别和区分)。

监视目标,就是严密监视目标的动静。

跟踪目标,就是对目标连续不断的监视,对已发现识别的特定目标尤其是运动目标就应进行连续不断的监视。

定位目标,就是按照一定的精度探测确定出目标的位置,包括目标的方位、高度和距离。

2. 侦察监视技术的侦察原理

从理论上讲,自然界中的任何实物目标及其产生的现象总会有一定的特征,并与其所处的背景有差异。目标与背景之间的任何差异,都可直接由人的感观或借助一些技术手段加以识别。这就是目标可以被探测到的基本依据。

如:一辆在战场上行进的坦克,首先它有自己特有的轮廓和外形;工作时发动机要发出声响并产生热辐射;行进时履带在地面上要留下痕迹,并对地面产生震动和压力;此外,它是金属材料制成的,对电磁波有很强的反射作用,而且对电磁场也很敏感,等等。这些都是坦克本身所具有的物理特征,因此它很容易被各种声、光、电、磁、热、力等侦察器材所发现。

现代侦察监视系统的工作过程是:目标及其背景的特征信息,直接或以波的形式(声波、电磁波等)通过介质(空气、海水、大地)向外传输,被侦察器材接收后,经加工处理送显示记录设备,经分析、判读来获取情报。

特征信息就是指目标所产生的声、光、电、磁、热、力等信息。战场目标最主要、最直接以及最便于遥感方式探测的特征信息是目标本身发射和反射的各种波(如声波、电磁波等),其中主要形式是电磁波。

3. 侦察基础知识——电磁波及其特性

1)大气窗口

侦察器材通常远离目标,所以目标发射和反射的电磁波需通过大气传输到侦察器材。而不同波长的电磁波,在大气中的传输能力是不一样的。由于大气中的水汽、CO_2、臭氧等气体分子以及悬浮微粒、尘埃等物质对不同波段的电磁波有不同程度的吸收作用(选择吸收),结果有些波段的电磁波被削弱,甚至完全消失,有些波段的电磁波则被吸收较少。而侦察器材在大多数情况只能有效探测那些被大气吸收较少的电磁波波段。

由于那些被大气吸收较少的电磁波波段能够顺利地通过大气传输到侦察器材,就好像在大气中开了一些窗口,因此,我们把那些被大气吸收较少的电磁波波段形象地称为"大气窗口"。"大气窗口"实际上是一些电磁波波段。目前已知的大气窗口有5个:

0.3~1.3微米的大气窗口:包括部分近紫外线、全部可见光、部分近红外线,是目标的反射光谱,该窗口是目前侦察领域应用最为广泛的一个窗口。光学侦察器材广泛使用该窗口。

1.4~2.5微米的大气窗口:属于近红外波段,也是目标的反射光谱,但该窗口不能为常用胶卷所感光,虽然目前已制造出对近红区敏感的红外胶卷,但由于常温下物体的近红外辐射很弱,在夜间使用时,需用强光源照射目标,该窗口很少使用。

上述两个窗口受水汽的影响较大。

3～5微米的大气窗口:属于中红外波段,既是目标的反射光谱,也是目标的辐射光谱。自然环境温度下,物体在这个波段热辐射比较强,使用价值比较高,但在白天,由于太阳辐射也较强,从而使得物体在这个波段的热辐射相对而言也较弱,因此该窗口只是有时得以应用。

8～14微米的大气窗口:属于中远红外波段,是目标本身的热辐射波段。由于自然环境温度下物体热辐射能量主要分布在这个波段上,从而为传输地球环境信息提供了优良条件,所以该窗口目前利用也较广泛。

大于1.5厘米的大气窗口:属于微波波段,是微波雷达应用最为广泛的窗口。

可见,电磁波的频谱虽宽,但并非所有波段均能利用。侦察器材只能选用大气窗口中的电磁波段进行工作。另外,大气不仅对电磁波有吸收作用,还有散射作用,而且不同波长的电磁波受大气的散射作用也不同,波长越短,因大气散射而损失的能量就越多。如:红外线比可见光的波长短,其散射损失的能量就比可见光少,所以红外线在大气中的传输能力比可见光强,云层对可见光是不透明的,而对红外线透过率就大些;微波的波长更长,因散射而损失的能量就更少,不论晴天、阴天均能透过大气,所以微波雷达能进行全天候侦察。

2)侦察器材

侦察器材是侦察系统的核心,它依靠遥感器或传感器接收来自目标的电磁辐射,直接或经加工、处理后送给显示器。

目前各类侦察器材主要应用三个波段。

可见光侦察器材:如望远镜、照相机、电视摄像机、微光夜视仪等。

红外侦察器材:如红外相机、主动红外夜视仪、热像仪等。

微波侦察器材:主要为雷达。

4. 侦察监视技术的分类

现代侦察技术有多种分类方法,按所保障的军事目的可分为战略侦察、战役侦察和战术侦察;按侦察装备所在空间(侦察设备的运载工具及其使用的范围)可分为地(水)面侦察、地(水)下侦察、空中侦察和航天侦察;按照侦察活动的方式分为武装侦察、谍报侦察和技术侦察;按照不同兵种的任务范围分为炮兵侦察、装甲兵侦察、工程兵侦察、防化兵侦察和防空兵侦察等;按照实现探测和识别的技术原理(侦察系统获取信息的途径)可分为光电侦察、电子侦察、声学侦察等;按照侦察监视所采取的手段分为观察、窃听、搜索、捕俘、火力侦察、照相侦察、雷达侦察、无线电侦察、调查询问和搜集文件资料等。

(二)现代侦察监视技术

按照实现探测和识别的技术原理(侦察系统获取信息的途径)可分为光电侦

察、电子侦察、声学侦察等。

1. 光电侦察

光电侦察主要包括可见光侦察、夜视侦察、激光侦察、电视侦察等。光电侦察的特点是多为被动工作,能显示清晰的目标形象,图像信息可供直接观察、电视显示,记录在录像带上、胶片上,也可通过战场信息系统进行远距离传输。光电侦察可完成目标探测、识别、辨认、瞄准、跟踪、测距、定位和火力效果观察等。

(1)可见光侦察。是根据目标在可见光波段的物理特征,使用不经过光/电转换的光学仪器设备来进行侦察。可见光波段的光学仪器,主要用于搜索地面、海上和空中目标,侦察敌人的活动,校正射击等。军事用的可见光侦察器材主要有各种光学观察器材,如望远镜、炮队镜、潜望镜、经纬仪、指挥观察仪、测距仪、照相机等。可见光侦察器材与其他侦察器材相比具有结构简单、使用方便、观察结果可靠、容易迅速确定目标位置等特点。发展趋势:提高可靠性、维修性、环境适应性,减轻重量,操作方法简单,与其他手段结合,开辟新的侦察领域。

(2)夜视侦察。主要包括微光夜视技术和红外夜视技术两大类。

① 微光夜视技术。是在月光、星光、大气微光的低照度条件下提供远距离被动观察和识别目标的工具,它利用像增强器把目标图像的亮度增强,供人观察。主要用于夜间战场搜索、监视、观察武器瞄准和头盔夜视。微光夜视仪的特点是工作隐蔽,图像清晰,重量轻,体积小,价格便宜。微光夜视仪既可装备在车辆上,也可安装在头盔上和使用手持式。

20 世纪 60 年代,美军利用第一代微光夜视仪在直升机上与机枪配用,封锁了胡志明小道。1982 年,英阿马岛战争中,英军在夜幕掩护下用第二代微光夜视仪向阿军发起进攻,迅速占领马岛,创造了现代战争中依靠夜视装备优势取胜的范例。

② 红外夜视侦察。红外波长范围 0.76~1000 微米电磁波。分为:近红外(0.76~3 微米);中红外(3~6 微米);远红外(6~25 微米);极远红外(25~1000微米)。

红外夜视侦察是把强度不同的红外线转换成人眼看得见的图像或数据来探测目标。使用的装备主要分为:

成像红外探测器:红外照相机、红外夜视仪、热成像夜视仪;

不成像红外探测器:预警卫星、红外传感器。

红外夜视主要在近红外和中远红外范围,是利用目标反射红外的特性,通过仪器将目标从背景中显现出来的侦察方式。根据获取目标反射方式的不同,又分为主动式和被动式两种。

主动式近红外侦察是利用红外探照向目标发射红外线,红外夜视仪接收反射回来的红外信号后,经过放大处理将目标的红外图像显示在显示器上。其弱点是易被敌红外探测器发现,此类装备目前大部分已经淘汰。

被动式红外侦察是不使用探测光源,利用目标反射近红外线的成像,可根据目标与背景反射近红外线的能力差别,将目标从背景中剥离出来,从而发现目标。

(3)激光侦察。主要包括激光测距和目标指示。装备主要是激光测距机和目标指示器。

激光测距机与观瞄设备使用,能精确测出目标距离。激光测距机主要由激光发射机与激光接收机组成。20世纪70年代初装备以绿宝石激光器为基础的第一代激光测距机。80年代以后装备以 YND 激光器为基础的第二代激光测距机。目前正在研制人眼安全的第三代激光测距机。手持激光测距机测量距离为90~9990米,精度5米。

激光目标指示器是为激光制导炸弹、激光制导炮弹、激光制导导弹指示目标。可装在飞机上或由地面前沿侦察兵携带。

(4)电视侦察。电视侦察技术是使用电视装备实施侦察的技术。电视侦察装备由摄像机和监视器组成,包括可见光电视、微光电视和红外电视。

摄像机可安置在阵地前沿,也可由直升机、车辆或单兵携带,深入敌方摄取图像,然后经远距离传输到指挥所显示。电视侦察的主要特点是:对目标显示形象直观,清晰度好,图像易于存储、处理和传输。外军地面战场侦察电视在昼间对车辆的发现距离达35千米,识别距离为25千米。

(5)多光谱侦察。是一种把目标发射和反射的各种波长的电磁波划分成若干窄的波段(波谱带),在同一时间分别用不同波段的设备对目标进行照相或扫描的手段。其特点是多通道、窄带宽、信息量大、准确度高,但造价较高。

多光谱的电磁波段范围:可见光(波长0.38~0.78微米);红外辐射(波长0.78微米~1毫米);紫外波段(波长0.01~0.38微米)。

① 根据工作方式和设备的种类的不同,多光谱侦察可分为多光谱照相、多光谱扫描、多光谱电视摄像。

多光谱照相:是在可见光照相基础上向红外和紫外扩展的技术,可以同时获得同一目标的不同光谱带的像片。具体有3种技术途径:

多相机型多光谱照相,利用2台以上的照相机同时拍摄同一目标,各台相机分别在不同的光谱波段工作。

多镜头型多光谱照相,用1台照相机配备2个以上的镜头,在同一张胶片上同时分别记录2个以上光谱波段的影像。

单镜头多胶片型多光谱照相机,采用光束分离技术,把单镜头接收到的光通过不同波段的反射镜分离成若干波段的光,例如,蓝、绿、红、红外,分别进入各自的胶片记录。目前感光胶片的光谱响应能力有限,一般在0.35~0.9米,至多1.35米波段范围。

多光谱扫描:是利用光学—机械扫描方式接收地面目标景物反射和发射的电磁波,并将它们分成若干波段(通道)同时进行探测。

工作原理是:景物进入镜头的光束通过扫描反射镜射入分光系统,不同波长的分光片让某波段的光通过,而反射其余波段的光,被反射的光波通过三棱镜分光进一步分为多个波段,然后进行处理和记录。

多光谱扫描仪比多光谱照相机的工作波段范围更宽,可从紫外一直延伸到远红外,可以把波段分得很窄、很多。

多光谱电视摄像:是在多光谱照相和多光谱扫描的基础上,集成电视摄像管而成的产物,其可以在显像管上实时显示图像,获取的侦察信息量更大、更准确,可以监测的范围也更为广阔。

② 多光谱探测的优点:用黑白胶卷和红外胶卷对同一目标拍照,可获得不同色调和清晰度的照片,便于更准确和详细地分辨目标;利用红外胶卷拍照可以揭露绿色伪装;利用紫外照相可以揭露雪地的白色伪装。

2. 电子侦察

主要包括无线电通信侦察和雷达侦察。

1) 无线电通信侦察

无线电通信侦察是使用无线电收信器材,截收和破译敌方无线电通信信号,查明敌方无线电通信设备的装置、使用情况及其战术技术性能,以判明敌人编制、部署、指挥关系和行动企图,为制定电子对抗作战计划,实施通信干扰和引导火力摧毁提供依据的侦察行动。

(1) 无线电通信侦听。主要是运用电波传播、信号及联络三个规律来实施侦察,它能够在不知道敌方通信地点、通信制度、工作频率、调制方式、记录方法等情况下,实施并完成无线电通信侦听任务。

无线电通信侦听设备主要是无线电接收机。通过对敌方无线电通信的侦察,可以截获其通信内容,窃取机密情报;可以掌握其技术参数,为实施通信干扰提供数据;可以通过敌方无线电台的所在位置,来了解其部队的部署和调动情况。

(2) 无线电通信测向。是指利用无线电定向接收设备(又称无线电测向仪)来确定正在工作的无线电发射台方位的工作过程。

定位是在测向的基础上实现的,利用同一发射台的两个以上测向结果(示向度),通过图上交绘来确定电台位置。一般人工交绘的速度较慢,需 1~2 分钟。而用计算机控制的自动化测向定位装锗,在有地图背景的荧光屏上自动交绘定位只需要 30 秒钟。随着无线电通信对抗技术的提高,要准确地测定敌台的位置,需采用多台侦察测向机在不同的角度对敌台进行交叉测向定位。

(3) 无线电信号截获和识别。无线电信号截获是获取情报的基础。通过使用宽频率范围、高灵敏度和较强接收能力的侦察接收机,采用多个波段、多工作种类、多解调方式,截获对方无线电微弱信号。

　　(4) 无线电窃听。是通过窃听对方传输的信号获得情报信息的侦察方式。分为无线窃听和电话窃听。

　　无线窃听指使用工作频率范围在几十兆赫到几百兆赫之间的超短波无线窃听器进行窃听的方法。无线窃听器把话筒监收到的声音,以无线电波的形式辐射出去,在有效距离内用无线电接收机接收,传播距离主要取决于发射机的功率。一般而言,发射机的功率越大,传播距离越远。无线窃听器大多数发射功率只有几毫瓦至几十毫瓦,传播的有效距离从几十米到几百米。

　　电话窃听是窃听技术应用的一个重要方面。通常有两种方法:①将装有微型无线电台的窃听器安装在电话机的话筒里或话筒附近,将用户讲话的声音原原本本地变成无线电波向室外发射出去;二是在电话线路上打主意。一是在电线上接上引线,直接用电话窃听;二是把窃听器制成隔电子(瓷瓶)的样子,里面装有变压耦合器型的感应窃听器、超短波发信机和蓄电池,表面有太阳能电池,当线路通话时,窃听感应器把信号感应下来,通过调频发信机,把信号发向安设在 1000 米外的转信电台,再由转信电台发送;三是用远距离感应式窃听器窃听,能窃听几十千米远处的载波电话,也能窃听几百米远的明线电话。

　　2) 雷达侦察

　　雷达是英文"Radar"的译音,原意为"无线电探测和测距",依靠发射电磁波去探测目标。雷达侦察是利用物体对无线电波的反射特性来发现目标和测定目标状态(距离、高度、方位角和运动速度)的一种侦察手段。雷达侦察具有探测距离远、测定目标速度快、精度高、能全天候使用等特点,在战场上应用十分广泛,成为现代战争的一种重要侦察手段。

　　雷达的工作方式通常分为两类,一类发射的雷达波是连续的,称为连续波雷达;另一类发射的雷达波是间歇的,称为脉冲雷达。目前广泛应用的是脉冲雷达。

　　脉冲雷达主要由天线、收发转换开关、发射机、接收机、定时器、显示器、伺服系统、电源等部分组成。发射机产生强功率高频振荡脉冲。具有方向性的天线,将这种高频振荡转变成束状的电磁波(简称波束),以光速在空间传播。电磁波在传播过程中遇到目标时,目标受到激励而产生二次辐射,二次辐射中的一小部分电磁波返回雷达,为天线所收集,称为回波信号。接收机将回波信号放大和变换后,送到显示器上显示,从而探测到目标的存在。雷达同时还可以测定目标的方位和速度。

　　雷达侦察主要有地面侦察、空中侦察、海上侦察、太空侦察等。又可分为远程侦察和野战侦察两种。还可分为雷达侦察和雷达对抗侦察。

　　雷达侦察设备分为:

　　警戒预警雷达:对空情报、对海警戒、机载预警、超视距雷达、弹道导弹预警雷达。

武器控制雷达：炮瞄、导弹制导、机载截击、机载轰炸、末制导、弹道导弹跟踪雷达。

战场侦察雷达：战场侦察、炮位侦察校射、活动目标侦察校射、地形显示雷达。

航行保障雷达：航行、航海、地形跟随与地物回避、着陆雷达。

3. 声学侦察

主要包括空气声波侦察和水下声纳侦察。

（1）空气声波侦察。主要是利用声测装备通过接收声波来确定声源位置，可用于探测正在射击的敌炮兵武器和正在飞行的直升机的位置。声测装备不受视线限制，可以侦察出山坡、树林等遮蔽物后面的声源，不受能见度限制，不受电磁干扰，具有全天候被动工作的特点，探测精度达到测程的 1%，可同时测量 50 多个目标。

（2）水下声纳侦察。水下侦察监视技术是利用水下侦察设备来探测水下各种目标的侦察方法。水下侦察设备主要指水声探测设备，是利用声波的水下传播，通过电声转换进行水下探测的设备。水声探测设备主要有声纳、水下噪声测量仪、声线轨迹仪、声纳测试仪、弹道轨迹测试仪、水下准直定位测试仪、声速仪、波浪仪等，主要设备装备在潜艇、水面舰艇、反潜飞机和海岸防潜警戒系统中，构成一个强有力的水下侦察网，用于搜索、测定、识别和跟踪水中目标，进行水声对抗、水下战术通信、导航和武器制导等。

声纳是利用水声传播特性对水中目标进行传感探测的技术设备，主要利用水声传播特性对水中目标进行传感探测发现目标。用于搜索、测定、识别和跟踪潜艇及其他水中目标，进行水声对抗、水下战术通信、导航和武器制导，保障舰艇、反潜飞机的战术机动和水中武器的使用等。

声纳按工作原理可分为主动式声纳和被动式声纳两种。

① 被动式声纳。又称噪声声纳，当水中、水面目标（潜艇、鱼雷、水面舰艇等）在航行时，其推进器和其他机械运转产生的噪声通过海水介质传播到声纳换能器基阵时，基阵将声波转换成电信号传送给接收机，经放大处理传送到显示控制台进行显示和提供听测定向。

② 主动式声纳。又称回声声纳，主动声纳通过发射声波并接收返回的声波，可以探测静止无声的目标，并能测出其方位和距离。但主动发射声波信号容易被敌方侦听而暴露自己，且探测距离短。

声纳种类繁多，还可以根据使用对象的不同分为水面舰艇声纳、潜艇声纳、航空声纳、便携声纳（潜水员声纳）和海岸声纳等。

4. 传感器侦察

传感器侦察技术是将光电侦察技术、电子侦察技术与声学侦察技术综合而成的侦察技术，目前已经成为信息技术的四大组成之一，用的最多的是地面传感器技术。

地面传感器侦察技术是指能对地面目标运动所引起的电磁、磁、声、地面振动和红外辐射等物理量的变化进行探测,并转换成电信号的侦察方法。地面传感器通常由探测器、信号处理电路、发射机和电源四部分组成,工作过程是:通过飞机将传感器投放于作战地区,传感器将投放区域内的运动目标所产生的地面振动波、声响、红外辐射、电磁或磁能等被测量,由探测器接收并转换成电信号,再由信号处理电路放大和处理,送入发射机进行调制后发射出去。由于其受地形地物限制小,可布放在战场侦察雷达、光学器材、夜视器材的"视线"达不到的山地或丛林地区。利用中继器转发信号及遥控指令,还可对敌深远纵深地区进行侦察与监视。

（三）现代侦察监视平台

侦察监视平台是用于搜集各种军事情报信息,供军事指挥员及时了解战场态势的军事情报信息获取设备和系统的统称,是 C^4ISRK 系统的重要组成部分。

侦察监视装备由平台分布在外层空间、空中、地面、海上的各种侦察监视设备和系统组成,如侦察卫星、预警卫星、预警飞机、侦察飞机、电子侦察船、雷达、声纳等。

为了更好地发挥侦察监视设备的作用,侦察监视设备和系统通常都装载于运载工具。按运载平台可分为星载、机载、浮空载、舰载、潜水器载、机器人载、车载和地面固定侦察站等。其中机载又可以分为固定翼飞机载、无人机载和直升机载等。按运载平台运行方式又可以分为机动型、轨道型、投放型和固定型等。

1. 空间侦察监视平台

空间侦察是利用航天器上的光电遥感器或无线电接收机等侦察设备,从运行轨道上对目标实施侦察、监视或跟踪,以获取侦察情报。利用航天器从空间进行侦察有侦察范围大、面积广,飞行速度快,可定期或连续地监视感兴趣的地区,侦察效果好及侦察合法化等特点。目前使用最广泛的平台是侦察卫星。

侦察卫星是用于搜集和获取军事情报的人造地球卫星,是军用卫星中数量最多、应用最广泛的一类卫星。侦察卫星主要利用星载的侦察设备收集目标辐射、反射或发射出的电磁波信号,用胶卷、磁带记录存储于返回舱内,在地面回收;或者用无线电传输方式实时或延时传到地面接收站,接收到的信号经过光学、电子设备和计算机等处理加工后,从中提取有价值的情报。侦察卫星根据任务和侦察设备不同,一般分为成像侦察卫星、电子侦察卫星、海洋监视卫星、预警卫星和核探测卫星等。

侦察卫星侦察所使用的侦察设备主要有照相机、电视摄像机、多光谱扫描仪、红外遥感器和合成孔径雷达等。

（1）照相卫星。使用可见光照相能够获得最佳的地面分辨率,照片直观,易于判读;红外照相可以揭露一部分伪装;多光谱照相便于识别更多的目标;微波照相不受天候影响,可昼夜工作,并具有一定的穿透地表层及森林、冰块的能力。在近期几场局部战争特别是海湾战争、伊拉克战争中,上述各种照相侦察卫星发挥了重要的作用。照相卫星的分辨率已经达到 0.1 米。

(2) 电子侦察卫星。装有侦察接收机和磁带记录器,当卫星飞经敌方上空时,将各种频率的无线电波信号记录在磁带上,在卫星飞经本国地球站上空时,再回放磁带,以快速通信方式将信息传回。

其任务有两个:①侦察敌方雷达的位置、使用频率等性能参数,为战略轰炸机、弹道导弹的突防和实施电子干扰提供数据;②探测敌方军用电台和发信设施的位置,以便于窃听和破坏。

(3) 导弹预警卫星。主要任务是监视地面弹道导弹的发射情况,对洲际弹道导弹可取得 25 分钟的预警时间,对潜射导弹可取得 15 分钟的预警时间。

(4) 海洋监视卫星。主要用来对海上舰船和潜艇进行探测、跟踪、定位,识别,并监视其行动,以获取军事情报,包括电子侦察型和雷达型两种。

2. 空中侦察监视平台

空中侦察是指用航空器在环绕地球的大气层空间,对敌方目标实施侦察监视,以获取侦察情报的活动。

现代空中侦察平台包括各种飞机、直升机和浮空器。在这些航空器上通常装有各种侦察设备,利用机上的光电遥感器或无线电接收机等侦察设备接收并记录各种目标的电磁辐射经加工处理后,从中提取有价值的情报信息。

航空侦察平台按任务和侦察装备、器材的不同,其分类方法不同。按任务可分为战略航空侦察和战术航空侦察;按侦察方式可分为目视侦察、成像侦察和电子侦察;按侦察装备可分为飞机、飞艇、气球和旋翼升空器等。

(1) 有人驾驶侦察机。是航空侦察的主力。它可以携带可见光航空相机、红外航空相机、侧视成像雷达、电视摄像机、电子侦察设备等。有人驾驶侦察机反应灵活,机动性好,能及时、准确地完成对战场情况侦察,能为各级指挥员提供作战指挥所需的大面积、远纵深的情报,并能直接引导突击兵力摧毁目标。有人驾驶侦察机通常分为两类:一类是专门设计的侦察机,另一类是由各型飞机改装的侦察机,包括由运输机和轰炸机改装的战略侦察机及由战斗机和战斗轰炸机改装的战术侦察机。其中:

① 高空战略侦察机,比较典型的有美国的 SR－71、RC－135、OV－10A、U－2、"曙光女神"高超声速战略侦察机、EP－3 等。

② 战术侦察机,比较典型的有美国的 F－16C、EA－18G"咆哮者"等。

③ 预警机,是空中预警和控制系统飞机的简称,是为了适应低空防御的需要而产生的,是空中侦察与监视系统的一个重要组成部分。

在平时,预警机可用来进行空中执勤,监视敌方行动。在战时,预警机不仅可以加大预警的距离,使截击机的拦截线大大向外延伸,而且可以把各参战部队紧密地联成一个整体,统一控制战区内所有的防空武器,有效地指挥三军作战。

(2)战场侦察直升机。用直升机进行战场侦察有其独特的优势,能在狭小的场地(如林中空地、市内广场、舰艇甲板等)上起降,能紧靠指挥员及司令部驻扎,便于根据他们的需要进行侦察;能在很低的高度(距地面 10~16 米,距海面 1 米)上实施侦察,且飞行速度不大,有利于对地面进行更细致、更准确的观察,从而提高了所获情报的可靠性;能够悬停于空中,便于对敌整个战术纵深内的活动目标进行跟踪。用直升机进行空中侦察的主要方法有:目视观察、航空摄影和借助无线电电子器材(电视设备、红外设备、雷达设备及无线电技术侦察设备)进行侦察。在收集敌方情报的体系中,特别是在收集战场情报及敌战术防御纵深情报的体系中,用直升机实施侦察最为便当。目前较为典型的有日本 OH-1 武装侦察直升机、美国OH-58 武装侦察直升机、OH-6 武装侦察直升机、OH-2 武装侦察直升机。

(3)无人驾驶侦察机。无人驾驶侦察机是 20 世纪 60 年代初发展起来的。无人驾驶侦察机比有人驾驶侦察机具有更多的优点:①成本低;②可用性高,能用以完成危险性比较大、不宜使用有人驾驶侦察机的侦察任务;③体积小,发动机功率低,红外辐射少,不易被发现和击落,可减少飞行员的伤亡;④机动灵活,可用卡车运到没有机场的地方起飞,也可装进运输机空运至前线发射。无人驾驶侦察机能携带可见光照相机、电视摄像机、前视红外遥感器及侧视雷达等。可见光照相机可进行高空及低空摄影,电视摄像机能及时把侦察图像传送回地面站,侧视雷达能在距敌一定距离进行侦察,可全天候使用。但无人驾驶侦察机维护困难,操作复杂,地面与飞机的通信、控制线路以及飞机向地面传送侦察数据的线路易受到电波的干扰和地形的影响,所以,它只能与有人驾驶侦察机互为补充而不能取代。

3. 海上侦察监视平台

海上侦察监视平台是指装备侦察设备的船只。目前主要的军用舰艇都安装有部分侦察监视设备,如雷达、电子对抗、光学跟踪等设备,有的执行反潜任务的舰只还装备有声纳。但作为专门用于电子技术侦察的勤务舰船是电子侦察船。其主要任务是:接收并记录对方无线电通信、雷达和武器控制系统等电子设备所发射的电磁信号,查明这些电子设备的技术参数和战术性能;查明对方无线电台、雷达站和声纳站的位置和配系,并判断其指挥关系;侦听无线电信号,以获取军事情报;对海上活动的舰船及编队进行跟踪监视等。装备有各种频段的无线电侦察接收机、雷达侦察接收机、测向仪及多种接收天线等;有的还有声纳、光学侦察器材和电子干扰设备。比较典型的有苏联的"滨海"侦察船,日本"响"级海洋监视船,美国的"胜利"级海洋监视船。

4. 陆上侦察监视平台

陆上侦察监视平台主要包括侦察车辆、地面侦察雷达、单兵侦察装备、地面传感器等。

（1）侦察车辆。包括专用侦察车辆和装备有侦察设备的车辆。目前，许多战斗车辆上都装备有观察设备，有的还装备有专用侦察设备，如雷达、夜视仪等。专用的侦察车辆根据执行侦察任务的不同，分为专业侦察车和综合侦察车，专业侦察车如雷达侦察车、无线电侦察车、工程侦察车、防化侦察车等，综合侦察车上通常装备几种侦察设备，可以执行战场多种侦察任务，如装甲侦察车有美国的活动目标侦察雷达、FISTV炮兵侦察车、德国的"山猫"侦察车等。

（2）地面侦察雷达。分为固定式和机动式两类。

固定式的主要分为地面远程侦察监视雷达、预警雷达等，如美军装备的相控阵雷达。

机动式的是指由人员、车辆携带或运行的雷达，可分单兵使用雷达、车载雷达和炮位侦察雷达、对空警戒雷达和目标侦察雷达等。

（3）单兵侦察装备。是指由单兵携带并使用的侦察装备，通常包括头盔式观察装置、枪械观察装置等。美军单兵可以利用自身携带的侦察装备观察战场并实施战术行动。

（4）地面传感器。目前地面传感器主要向微型化、多功能化方向发展。美军研制的"灵巧尘埃"地面传感器，每个"宏尘埃"（Macro mote）重25克、体积16立方厘米，由主板（微处理器无线电台、存储器）、传感器板（双轴磁强计和电源组成）。以后，每个"微尘埃"（Micro mote）将做到长小于5毫米，体积不大于1立方毫米，成本约1美元。

（四）现代侦察监视技术对作战行动的影响

（1）扩大了作战空间。随着现代侦察监视技术的发展，使得现代侦察技术装备可以覆盖整个战场并能在全球范围内进行全纵深、大面积的侦察和监视。

（2）改善了信息的获取手段。现代侦察技术的发展，使得在现代战争中获取情报的侦察方式发生了深刻的变革。过去的战场侦察主要是靠侦察兵用肉眼或望远镜进行侦察，而现代战争中的情报侦察则广泛使用各种先进的光、电、磁侦察设备，可在地面、海上、空中、太空的各种侦察平台上，对敌方的军事设施、军队部署、武器装备配置、部队的行动等进行侦察和分析，迅速获取各种情报，为制定作战计划和作战行动提供依据。使用现代侦察手段，可以深入敌后方，全面详细地了解掌握战场情况，从而达到"知己知彼，百战不殆"的目的。

（3）增强了作战指挥的时效性。现代战场复杂多变，实时获得高质量的情报信息越来越重要。现代侦察监视技术特别是卫星、遥感技术应用于军事领域后，不仅使得军队获取信息的范围显著增大，而且速度和准确率也大大提高。

目前，在地球上空的各类探测器和通信卫星多达千余颗，这些卫星上均装有最新科技成果的高技术仪器，大大缩短了各种指令的传递时间。

（4）促进了反侦察技术的发展。侦察技术在战场上的运用,促进了反侦察技术的发展。

随着卫星、遥感等新技术在军事的应用,使战场"透明度"越来越大,部队隐蔽行动更加困难,战役战斗的突然性越来越难以达成。

为了提高战场目标的生存能力,达成战役战斗的突然性,必须研究出有效的伪装材料和方法,大力发展隐身技术和反卫星武器,这不但促进了伪装技术的发展,而且导致了新型的隐身技术和反卫星武器的产生和发展。

（五）侦察监视技术的发展趋势

情报是军事指挥和作战的基础,为确保获取可靠的情报,各国军队都高度重视发展侦察监视新技术。如美国在 1996 年 5 月公布的国防部"国防技术领域计划"中,将侦察监视技术置于重要的地位。美国提出的发展目标是研制高性能、低成本的探测装备,以保证美军在以下几个方面的作战优势,即全天候、全时辰监视,精确地瞄准和毁伤评估,探测和跟踪难以发现的目标,如巡航导弹、反舰导弹、弹道导弹、潜艇和隐身飞机等,以及可靠的目标识别等。从国际上侦察监视技术发展的现状分析,现代侦察监视技术的主要发展趋势为:

（1）发展各种新型的侦察监视装备。至今,世界主要的军事大国或强国,都在研究开发诸如新型相控阵雷达、能识别固定目标和活动目标的三维成像合成孔径雷达、超视距雷达、第三代灵巧型焦平面阵列热像仪、第四代激光雷达等更新型的侦察监视装备或系统。

（2）优化系统的结构。目前,探测系统硬件的发展方向:①侦察监视系统组网立体化,分别组成地面侦察监视系统及海洋、空间、空中侦察监视系统;②硬件配置一体化,使预警、侦察系统与指挥、火力打击系统集成为一个有机体。如美国的 E－8C 飞机为主体的"联合监视与目标攻击雷达系统",舰载"宙斯盾"指挥控制系统等,目前已经装备的 EA－18"咆哮者"电子战飞机实际上就是这样一个系统。

（3）强化侦察监视系统功能:①探测手段向多样化发展;②探测功能与对抗功能并重。

（4）重视发展航天、航空和无人化、微型化侦察平台:①外军高度重视发展航空和航天侦察平台;②研制新型的空中侦察机,并发展新型无人机;③研制用于侦察监视的微型飞行器。

二、伪装和隐身技术

（一）伪装和隐身技术概述

随着电子信息技术高速发展及其在军事领域中的广泛应用,战场军事侦察的技术手段已经实现了高技术化。精确制导武器的广泛应用,意味着战场目标"发现即可命中",这就促使了反侦察技术的发展。现代战争中,伪装和隐身技术作为高技术反侦察手段已成为战场重要组成部分。

1. 什么是伪装与隐身技术

伪装技术是为了隐蔽自己和欺骗、迷惑敌人所采取各种隐真示假的技术措施，是军队战斗保障的一项重要内容。

隐身技术又称隐形技术或低可探测技术，是改变武器装备等目标的可探测信息特征，使敌方探测系统不易发现或发现距离缩短的综合性技术。

隐身技术是传统伪装技术的一种应用和延伸，是现代内装式伪装的典型代表。

军事伪装和隐身技术有很强的综合性，所涉及的学科包括光学、电学、声学、热学、化学、植物学、仿生学、流体力学、材料学等。针对高技术侦察的特点，现代伪装技术主要是为减少目标和背景在光学、热红外、无线电波等方面的反射或辐射能量差异而采取的各种工程技术措施。

2. 现代伪装的分类

伪装按其在作战中的运用范围，可分为战略伪装、战役伪装和战术伪装。战场目标的隐身技术属于战术伪装。

按伪装所对付的高技术侦察器材的工作频谱范围，可分为防光学探测伪装、防热红外探测伪装、防雷达侦察伪装和防声测伪装。

目前，各种隐身兵器是以防雷达侦察为主，兼顾到对付可见光侦察。

3. 伪装与隐身技术的发展

伪装自古就为兵家所重视。《孙子兵法》中就指出："兵者，诡道也。故能而示之不能，用而示之不用，近而示之远，远而示之近。"这是关于在战争中如何运用伪装的最早论述。

在古代战争中，曾有许多实施伪装的成功战例。如我国春秋时期的平阴之战、战国时期的即墨之战。

到了近现代，伪装得到进一步的广泛运用，成为保障军队作战必不可少的战斗措施。在第二次世界大战的诺曼底登陆战中、朝鲜战争、第四次中东战争、马岛战争、海湾战争、科索沃战争等高技术战争中，伪装在新的技术基础上得到广泛运用，所采用的隐蔽、佯动、设置假目标、施放烟幕和兵器隐身等技术措施，发挥了很大作用。

现代隐身技术首先应用于航空领域，在 20 世纪 30 年代初，随着无线电技术特别是雷达的问世，最早的"隐身"材料也出现了，如荷兰科学家研制的雷达用吸波材料，以及日本人开发的铁氧体材 – 硅钢片。

第二次世界大战期间，美国及纳粹德国，开始研制新型吸波材料，并在飞机和舰艇上使用，使敌方雷达的探测距离大大缩短。

20 世纪 50 年代，为了获取情报而又能隐蔽飞行，美军在侦察飞机上涂上了吸波材料，以减弱电磁波反射强度。以后，又采用了更先进的隐身吸波涂层，使其防雷达探测性能有很大提高。在越南战争中,美军还使用了一种采用红外特征减弱措施的武装直升机,从而大幅度降低了苏制红外制导地空导弹的命中率。

随着高技术侦察器材的广泛运用,隐身技术的发展进入了一个新的发展阶段。以美国为首的发达国家竞相开展隐身技术的开发研制工作。到 20 世纪 80 年代,美国的多种隐身作战飞机开始装备部队,并在局部战争中发挥了令人瞠目的巨大作用。

(二) 伪装技术

1. 伪装的基本原理

伪装是与敌侦察作斗争的基本手段。侦察的目的是要探测和识别各种军事目标,而伪装则是尽量保护这些军事目标的暴露征候,使其不被对方的侦察所发现。

伪装的基本原理:

防光学侦察的原理是消除和降低目标与背景之间的色彩及亮度上的差别,达到伪装目的。

防红外侦察的原理是消除和降低目标与背景之间的反射红外线的差别,达到伪装目的。

防雷达侦察的原理是消除和降低目标与背景之间的反射雷达波的差别,达到伪装目的。

2. 现代伪装方法

现代伪装技术主要有遮蔽、融合、示假、规避四种。

(1) 遮蔽技术。又称遮蔽隐真技术,是把真目标遮蔽起来,不让敌发现和识别的技术。遮蔽技术在高技术局部战争中是反侦察和对付精确制导武器最有效的方法之一。

遮蔽技术可分为两种:

① 迷彩伪装遮蔽:用涂料、染料和其他材料改变目标和背景的颜色、图案所实施的伪装。

②人工遮障:又叫人工遮蔽,是利用各种制式伪装器材对目标进行伪装的一种方法。人工遮障通常由遮障面和支撑构件组成。支撑构件由竹木或金属支架、控制绳等组成。按其用途和外形不同分为伪装网遮障和烟雾遮障。

(2) 融合技术。指减小和消除目标与背景的差别,使目标融合于背景中的技术。例如,单个士兵可用油彩涂抹皮肤的暴露部位,在钢盔和衣服上披上麻皮,抹上涂料和编插新鲜植物,以求得与周围背景近似或相融合。

融合技术主要分为:

① 防光学侦察融合技术。该技术的实质就是要降低或消除目标与背景的对比度,其途径是将传感器所要接收目标信号的强度降低或使背景的信号强度增强,以便使目标和背景的反射或辐射强度相接近。

② 防雷达侦察融合技术,有如下几种方法:采用角反射器;运用龙伯透镜反射

器;采用偶极子反射体。

③ 防红外侦察融合技术。通过适当的方式把热红外目标乔装打扮,使其与背景具有相似的表面特征,也就是使伪装后的红外目标与背景的反射特性、热辐射特性和表面结构相一致,使热红外目标完全融合在背景当中的技术。如在海湾战争中,伊拉克采用烟火剂燃烧发出红外辐射的诱饵弹,来模拟飞机、舰艇、坦克、战斗车辆等红外目标。红外诱饵弹发出的红外辐射,能以假乱真,吸引、迷惑、干扰敌人的红外侦察和红外寻的制导导弹,造成削弱或破坏这些装备的工作效能和使导弹攻击失误,从而使真目标免遭攻击。

(3)示假技术。在海湾战争中,伊拉克用塑料、硬纸板、木板和铝板制造的大量假飞机、假火炮、假导弹和假坦克等目标,涂上与真目标一致的涂料,并在内部安装了与真目标反射频率相一致的频率发射器,达到真假难辨,使多国部队"很快将伊拉克摧毁"的速战速决战略计划化为泡影。

高技术条件下的示假技术主要有光、声、热、电模拟示假技术。它是利用侦察器材只识别各种"源"的弱点,用"源"模拟各种目标在特定的背景上所产生的暴露征候,以达到蒙蔽和欺骗侦察器材的目的。

(4)规避技术。虽然现代侦察技术能多谱段、全方位、全天候、高分辨地收集情报,但并未达到"天网恢恢,疏而不漏"的境界。可以根据侦察的盲点,来对目标进行规避,方法有:

① 掌握侦察卫星的运动规律,利用不良天气或敌侦察卫星的过境时间,使军队行动避开敌卫星的侦察;

② 选择合理的行动路线,能有效地对付雷达等侦察。

3. 现代伪装器材

目前各国装备部队的伪装器材一般都是配套的遮蔽伪装器材,包括遮障面和支撑系统。其中遮障面(伪装网、伪装盖布)是进行遮障伪装的主体,可单独使用。针对现代侦察技术和手段,世界各国所使用的遮障面都具有防可见光、红外线和雷达侦察的综合性能。其中美军伪装装备在性能上较为优越。

我军现装备的人工遮障制式器材有成套遮障、各种伪装网、角反射器等。

外军列装的气溶胶即烟幕伪装器材有40多种,包括发烟手榴弹、发烟火箭、发烟炮弹、发烟炸弹、烟幕施放器、飞机布撒器和航空发烟器等。

(三)隐身技术

隐身技术的出现已使伪装技术由消极被动变为积极主动,不仅可以由于"隐真"而保存自己,也可以因"示假"而迷惑对方。

1. 隐身技术途径

1)隐身外形技术

外形是目标暴露的主要特征,现代兵器对外表形状处理得如何,将直接影响到防可见光和雷达侦察效果。目前对武器装备的外形设计是以防雷达侦察为主,兼顾对付可见光侦察。

(1)反雷达探测隐身外形技术。目标的雷达反射截面积与雷达探测距离的4次方成正比,它直接决定着雷达的探测能力。因此,要想缩短雷达的探测距离,防雷达探测的外形设计也必须把减小雷达反射截面积作为武器系统隐身的重要措施。在外形设计时,避免出现任何边缘、棱角、尖端、缺口等垂直相交的面,将这部位设计成锐缘或弯曲缘,以抑制强天线型反射和谐振反射。

(2)反可见光探测隐身外形技术。在可见光侦察条件下,目标的可见性除与目标和背景间的颜色差别、目标和背景间的距离、照明条件、大气透明状况等一系列因素有关外,目标的可见尺寸越小越难辨认,目标的外表形状越不规则,则外形轮廓也越不清楚。因此,隐身兵器的外形设计,必须考虑到尽量减小目标的外形尺寸。

2)隐身结构技术

兵器结构的隐身,是以整体结构和局部结构为对象,探索其组合规律和合理形式,达到减小目标暴露特征的目的。现代兵器的结构非常复杂,反光、声、电、热、磁探测的隐身结构技术则与之相匹配发展。

反雷达隐身结构技术主要包括:合理设计发动机进气和排气系统;减小辐射源数量,尽量消除外露突起部分;采用遮挡结构;为缩小兵器尺寸,采用高密度燃油及适应这种燃油的发动机等。

反红外隐身结构技术主要是通过改造红外辐射源来抑制目标的红外辐射。其技术措施包括:采用散发热量较小的发动机;改进发动机结构,改进发动机喷管的设计;采用闭合环路冷却的环境控制系统,用以降低载荷设备的工作温度等。

反电子隐身结构技术包括:减少无线电设备;采用低截获概率技术改进的电子设备;减小电缆的电磁辐射;避免电子设备天线的被动反射等。

反可见光隐身结构技术内容包括:控制目标的亮度和颜色;控制目标发动机喷口的火焰和烟迹信号;控制目标照明和信标灯火;控制目标运动构件的闪光信号等。

反声波隐身结构技术主要包括:改进发动机和辅助机的设计;采用减振和隔声装置;减小螺旋桨运动对介质的扰动噪声;合理进行目标整体设计等。

3)隐身材料技术

在兵器隐身化的发展过程中,隐身材料占有极为重要的地位。它是隐身兵器不可缺少的物质基础,隐身材料技术是隐身技术中的关键技术。

(1)吸波、透波材料。当目标体或其蒙皮采用吸波、透波材料制造时,则照射其上的雷达波,会有部分被吸收,或被透过,从而减小雷达回波强度,达到目标隐身目的。

（2）吸热、隔热材料。吸热材料是指那些热容量较大或能将热能转换成其他能量的材料。用于隐身兵器的吸热材料,由于热容量大、升高温度所需吸收的热量就较多,目标向外辐射红外线就少;材料又能将部分热量转换成其他形式的能量,使目标向外辐射红外的强度减弱。

（3）吸声、阻尼声材料。声音来源于物体的振动。为了降低被声纳等探测设备发现的可能性,提高其隐蔽性,兵器在设计、制造时都必须采用高性能的吸声、阻尼声材料。

2. 隐身兵器

隐身兵器是把隐身技术应用于武器装备上而形成的新式武器,它可以是对原来不具隐身能力的武器装备的改进,也可以是新设计、研制的武器。

（1）隐身飞机,是研制最早、发展最快、隐身技术含量最高的隐身兵器。它的发展经历了利用单一技术对飞机进行局部隐身和运用综合技术对飞机进行全面隐身两个阶段。已研制成功的隐身飞机主要有美国 SR－71"黑鸟"隐身战略侦察机、美国 F－117A"夜鹰"隐身战斗轰炸机(2008 年 3 月 11 日退役)、美国 B1－B"枪骑兵"隐身战略轰炸机、美国 B－2"幽灵"隐身战略轰炸机、美国 F－22"猛禽"先进战术战斗机、美国 F－35"闪电Ⅱ"联合攻击战斗机、美国 A－12"复仇者"海军舰载隐身攻击机等。

（2）隐身导弹。目前国外巡航导弹的外形隐身技术已从初级发展到中高级,隐身巡航导弹由经海湾实战考核的"战斧"发展到已在装备的 AGM－29,当前正在发展新的隐身巡航导弹 APTGD 和超声速巡航导弹 SCM。

（3）隐身舰船。隐身舰船的概念是近年来提出的。也是由于各种侦察系统、红外寻的反舰导弹、新一代鱼雷和水雷迅速发展,要求降低舰船可探测概率的结果。

隐身舰艇采用的隐身措施主要有:为减少雷达反射截面,改进舰体及上层建筑形状,使用吸波、透波材料,采用尾流隐蔽技术,千方百计地降低噪声辐射,抑制红外辐射,控制电磁特征。

近年来,研制比较成熟的有:法国海军现役的"拉斐特"级护卫舰,瑞典海军"斯米盖"水面效应隐身实验艇、"维斯比"级轻型隐身护卫舰,英国的 23 型护卫舰,美国的"阿利·伯克"级导弹驱逐舰等。

（四）伪装隐身技术对作战的影响

1. 伪装技术对作战的影响

（1）伪装是造成敌人获取错误情报的重要方法。敌对双方的作战企图和行动是建立在所获取情报基础上的。尽管现代光电侦察技术具有全天候、实时化、高分辨率和准确的定位识别能力,但由于伪装技术的运用,能使敌人造成错觉,以致获取错误情报。

（2）伪装是提高作战部队生存能力的重要措施。战场上,作战双方都将面临如何保存自己的问题。通过伪装,既可增加敌人侦察的困难,使其不易发现真目标,又可诱骗敌人实施攻击,分散敌人火力;可使敌人真假难辨,无所适从,从而减少敌武器的命中率和杀伤率,提高部队生存能力。

(3)伪装使作战任务和作战方法发生了变化。从提高部队的打击能力和提高部队的生存能力出发,未来战场将有更多的部队担负战略伪装任务,伪装也将成为战场所有部队的任务之一。伪装技术的发展,将使人们重新认识近战、夜战和步兵的作用,高技术条件下作战缺少伪装技术必将失去战场的主动权。

2. 隐身兵器对作战的影响

(1)隐身飞机的使用,增大了对空防御难度。部分隐身飞机和隐身导弹的研制成功并用于战场,使空袭武器的结构发生了变化。随着其他隐身飞行器的不断出现,空袭武器装备将发生根本性的飞跃,这必定给反空袭作战带来很大的困难。普通预警系统将失去预警功能,无法实施有效的对空防御。隐身飞机由于其目标信息特征小,一般的雷达系统无法发现,使得已有的防空兵器无法发挥作用。

(2)地面隐身兵器的出现,使战场生存能力明显提高。地面兵器隐身性能的提高,将极大地增强其隐蔽性和防护力。如研制中的新一代坦克和其他装甲车辆,广泛地采用了隐身材料、外形设计、结构设计和部件设计技术,使目标的暴露特征信息明显降低。

(3)指挥系统面临生存威胁。现代战争是诸兵种协同作战,对指挥系统的依赖极大,交战双方都把打击对方的指挥系统作为打击的重点目标和首要任务。而武器系统的隐身攻击能力提高,使得指挥系统面临生存威胁。

(4)使电子对抗、侦察和反侦察的斗争更加剧烈。大量用于战场的隐身兵器,由于采用电子对抗隐身技术,将使电子对抗的均势被打破,伪装由消极的反侦察向积极的反侦察方向发展。这必将刺激电子支援技术和侦察技术的发展,从而形成更高层次的电子对抗和侦察反侦察的斗争。

三、电子对抗技术

(一)电子对抗的定义

电子对抗是指敌对双方利用电子设备、武器、器材所进行的电磁斗争。它是一方为削弱、破坏敌方电子设备(系统)的使用效能,保护己方电子设备(系统)正常发挥效能,而利用电磁能和定向能来控制电磁频谱或用电磁频谱攻击敌方的电子设备、器材的作战行动。

(二)电子对抗的主要内容、形式和基本类型

1. 电子对抗的主要内容

电子对抗的主要内容有无线电通信对抗、雷达对抗、光电(红外、激光)对抗、水声对抗等。

（1）无线电通信对抗,简称通信对抗。通信的目的是传递信息。在语言通信中的信息是语言,以差错率(误码、误比特率)衡量。在数字通信中的信息是数据,将原始数据如语言、文字、图像等变成数字通信脉冲编码信号实现信息交换的方式,称为数字通信。无线电通信把信息从发射端传送到接收端,通信系统的质量以有效性、可靠性、抗干扰性指标衡量。通信对抗是为削弱、破坏敌方无线电通信设备的使用效能,保护己方无线电通信设备正常发挥效能而采取的各种措施和行动的统称。其基本内容包括通信对抗侦察、通信干扰和通信电子防御等。

（2）雷达对抗。雷达是发射探测脉冲并接收被照射目标的回波来发现、测定目标的空间位置并可对目标进行跟踪的设备。雷达对抗是与敌方雷达和雷达制导导弹系统及火控系统作斗争的各种战术和措施的总称。它是利用专门的电子设备或器材,与敌方雷达设备作斗争,以阻止敌方雷达获得电磁信息,减弱和破坏敌武器系统的效能和威力,同时保护己方雷达等电子设备及武器系统在敌干扰条件下仍能发挥效能和威力。其中,进攻性对抗措施主要包括雷达的侦察、干扰、伪装、欺骗和摧毁。

（3）光电对抗。包括光电侦察与反侦察、光电干扰与反干扰、光电制导与反制导、光电隐身与反隐身、光电摧毁与反摧毁等。

光电对抗的主要设备有激光测距机、激光雷达、红外侦察、电视跟踪等十几个方面数百种型号的技术装备。光电对抗侦察主要是截获敌方的光电辐射信号、测量技术参数、分析识别辐射源类型,判断威胁性质、获取战术技术情报等。

（4）水声对抗。亦称声纳对抗。为削弱、破坏敌方水声设备和声制导武器的使用效能,保护己方水声设备和声制导武器正常发挥效能而采用的各种措施与行动的统称。

2. 电子对抗的主要形式

电子对抗的主要形式有电子侦察与反侦察、电子干扰与反干扰、摧毁与反摧毁。

（1）电子侦察。电子对抗侦察就是搜集、分析敌方电子设备的电磁辐射信号,以获取其技术参数、位置以及类型、用途等情报的侦察,是电子对抗的组成部分,组织实施电子对抗的前提条件。

①获取对象:主要是敌方电子设备的技术参数,如无线电通信设备的工作频率、调制方式、信号特征;雷达的频率、脉冲宽度、脉冲重复频率、天线扫描方式、波束形状等。通过对技术参数的分析,可以确定电子设备的用途、类型。运用交会法或其他方法测定电子设备的位置。综合分析电子设备的类型、用途、位置、数量、工作规律和变动情况,还可获得敌军的编成、部署,武器系统的配备,以及行动企图等军事情报。

②分类与任务:通常分为预先侦察和直接侦察。

预先侦察:是对敌方电子设备进行长期或定期侦察,经过综合分析,获得敌电子设备的全面情报,判断其技术水平和发展动向,从而为制定电子对抗计划,研究电子对抗战术技术对策,发展电子对抗装备提供依据,并为直接侦察提供预先情报。

直接侦察:是在战役、战斗前夕及战役、战斗过程中,对战场电磁环境进行实时分析、识别,主要用来判断敌方目标威胁程度,及时向其运载兵器(飞机、舰船、坦克等)告警,以便采取机动、规避等措施;引导干扰机在频率和方向上对准目标,选择干扰样式,检验干扰效果;为电子防御提供干扰源辐射特性等情报;为摧毁辐射源指示目标位置等。

电子对抗侦察,特别是预先侦察,通常应与其他军事侦察结合进行。

③工具与实施:根据不同的侦察任务使用不同的侦察工具实施。预先侦察多由电子侦察卫星、电子侦察飞机、电子侦察船、地面电子侦察站和投掷式电子侦察设备实施。电子侦察卫星速度快,效率高,不受国界限制,能在短时间内对敌全境的电子设备进行普查。电子侦察飞机机动性好,搜索范围广,但受飞行时间的限制,多用于对敌局部地区进行详查。电子侦察船续航时间长,活动范围大,在航行中或锚泊时,可对敌方沿海地区、作战海域、岛屿、舰船上的电子设备进行侦察。地面电子侦察站平时多部署在边境地区,战时部署在主要作战方向上,由于受地形条件限制,侦察范围较小,但可长期监视某一地区。投掷式电子侦察设备可用飞机、气球投放到敌方重要目标附近,所获情报可通过卫星、飞机中转发回。直接侦察则多由装载在作战飞机、舰艇、坦克等兵器上的侦察设备,以及与电子干扰设备组成电子对抗系统的侦察设备实施。

④ 电子对抗侦察的特点:侦察距离远,范围广,获取信息多;情报及时、准确;组织实施隐蔽、保密;无论平时战时都可不间断进行等。但当敌方电子设备不工作或实施静默时,就无法获取情报。随着电磁信号环境日益复杂和电子防御措施的发展,对信号的分选、识别也更加困难。

⑤ 电子对抗侦察的发展趋势:研制宽频带、高灵敏度、高截获概率、能适应复杂信号环境的侦察设备;提高对辐射源定位的精度,以满足火力摧毁的要求;进一步研究电子对抗侦察战术和提高电子对抗侦察部队、分队的快速反应能力。

(2) 反侦察,电子防护的一个重要组成部分。之所以如此,是因为电子攻击通常要以电子侦察作为辅助支持,特别是希望电子攻击能发挥最大效能时更是如此。为了对某一部雷达实行干扰,需要利用侦察接收机测定雷达的工作频率和脉冲重复周期,以及雷达所处的方位,从而控制干扰机在这个频率和方向上集中功率,取得最佳干扰效果。所以如果雷达采取某种防护技术,例如,低截获概率雷达技术,让敌方难以发现雷达的存在,那么就起到了保护自己的作用。

① 巧妙伪装。现代伪装技术是通过巧妙的伪装来隐真示假,蒙蔽敌方的侦

察。1991年海湾战争中,以美国为首的多国部队为了制造在科威特东南部实施主攻的假象,以仿真坦克、仿真火炮与电子欺骗相结合的手段在这一地区"部署"了一支"师规模"的部队,而主力部队则向西转移了200多千米后才发起了真正的主攻。

在科索沃战争中,为了有效对抗美军的侦察,南联盟在空袭前便利用山地、丛林等有利地形将防空导弹、火炮、装甲车辆等目标藏入山谷或丛林,而将一些准备淘汰的飞机和经过精心伪装的假目标暴露在明处来吸引敌人的火力。

② 动静结合。现代侦察手段受距离、天候等因素的影响,对移动目标的侦察效果不是十分理想,这也为实施反侦察提供了一条"捷径"。

在科索沃战争中,北约军队空袭的攻击程序一般是目标侦察、数据输入、实景对照、实施攻击,这一过程至少需要几个小时的时间。因此,在抗击北空袭中,南联盟军队充分利用了这个间隙,灵活机动地将导弹、火炮、装甲车辆等便于移动的目标随时进行转移,当北约飞机或导弹抵达目标空域时,北约卫星和侦察飞机原先发现的目标已不知去向,使得不少飞机不得不携弹返回。

③ 避实击虚。现代战争封锁或切断敌方情报来源最有效的措施就是对敌方侦察部队和装备实施主动攻击或干扰,以攻代防。

在科索沃战争中,为了及时侦获敌机来袭情报,又要避免己方雷达遭受远程打击兵器和反辐射导弹袭击,南联盟军队的雷达通常采用及时预警、分段接力的手法,即使用远程雷达和近程雷达对敌机目标进行分时分段接力搜索,侦获目标后立即关机。在打击火力上,南军采用地面火炮和防空导弹结合,构成了较为严密的火力配置,给敌人造成相当大的损失。

④ 真假并用。战争防御一方可以主动向敌侦察系统发送大量的虚假信息和无用信息,以达到削弱敌方侦察能力的目的。此外,大量真假混杂的信息能够干扰敌方的处理进程,还有可能诱使敌人得出不一致甚至是完全相反的判断。

在海湾战争中,以美国为首的多国联军在作战中便发现由于情报处理环节过于繁琐、各国情报系统互不兼容等因素,使情报效益大打折扣。美国中央情报局和国防情报局甚至一度对萨达姆入侵科威特的真实意图和进行战争的决心都无法得出一致的意见。

同样,在科索沃战争中,北约盟军在情报处理上依然存在这方面的问题。盟军的通信情报体制和装备存在诸多差异,造成盟军内部情报交流困难;此外,由于盟军情报来源广泛、缺少统一归口,多次出现各部门提供的情报相互矛盾、无法统一的情况。

(3)电子干扰,是使敌方电子设备和系统丧失或降低效能所采取的电波扰乱措施,是电子对抗的组成部分。目的是削弱或破坏敌方使用各种电子设备和系统遂行战场侦察、作战指挥、通信联络和兵器控制与制导的能力,为隐蔽己方企图和提高己方飞机、舰艇的生存能力创造有利条件。

① 电子干扰的分类：通常按产生的方法、作用的物理性质和作用的对象进行分类。

按产生的方法，电子干扰一般分为有源电子干扰和无源电子干扰两类。

有源电子干扰是用专门的干扰发射机发射或转发某种形式的电磁波，使敌方电子设备和系统工作受到扰乱或破坏。发射的干扰信号载频、功率和调制方式（干扰样式）是根据欲干扰的电子设备的类型、工作频率和技术体制等确定的。

无源电子干扰是用本身不发射电磁波的箔条、反射器或电波吸收体等器材，反射或吸收敌方电子设备发射的电波，使其效能受到削弱或破坏。这类干扰，主要用于干扰雷达、激光测距装置等以接收反射电波来工作的电子设备。

按干扰的作用性质，电子干扰可分为压制性电子干扰和欺骗性电子干扰。

压制性电子干扰是指造成电子设备的接收系统过载、饱和或难于获取有用信号的干扰。

欺骗性电子干扰是以与有用信号相同或相似并含有假信息的信号，使电子设备或操纵人员真假难辨，造成错误的识别和判断的干扰。

按干扰的对象，电子干扰可分为无线电通信干扰、无线电导航干扰、雷达干扰、无线电遥控干扰、无线电遥测干扰、红外干扰、激光干扰等。一些国家还将对声纳等水声电子设备的干扰也列入电子干扰的范围。

② 电子干扰的实施：通常是按统一的电子对抗计划，同部队战斗行动协调地进行。由于陆、海、空军的作战特点不同，它们对电子干扰的战术应用也不完全相同。在航空兵突防作战中，一般有远距支援电子干扰、近距支援电子干扰、随行电子干扰和自卫电子干扰四种基本战术。

远距支援电子干扰：用电子干扰飞机（见电子对抗飞机）在作战地域（敌地面防空武器有效射程）以外，对目标附近的主要电子设备和系统施放大功率综合电子干扰，掩护攻击机群的战斗行动。

近距支援电子干扰：电子干扰飞机作为攻击机编队的先导机随编队一起突防，并在距目标的一定距离上盘旋飞行，施放电子干扰，掩护攻击飞机遂行作战任务。

随行电子干扰：电子干扰飞机在突防和作战过程中，在编队中施放电子干扰，掩护攻击机群作战。

自卫电子干扰：作战飞机自身携带电子干扰设备和器材，在执行任务中施放电子干扰，保护自身安全。水面舰艇、潜艇作战，偏重于自卫电子干扰。地面部队作战，不论是进攻还是防御，都强调合理配置电子干扰群，干扰压制敌方通信指挥系统。

（4）反干扰。为削弱或消除敌方电子干扰对己方电子设备使用效能的影响而采取的措施，简称反干扰，亦称抗干扰。

① 反电子干扰种类。按电子设备的种类主要分为雷达反干扰、无线电通信反干扰、引信反干扰、导航设备反干扰、光电设备反干扰。从作战使用上通常分为技术反干扰和战术反干扰两大类。技术反干扰主要是提高电子设备本身在干扰条件下的工作能力,即在电子设备的发射机、天线、接收机、信号处理系统中采取的反干扰措施。反干扰技术措施很多,按其作用可分为防止接收机过载、提高信号强度和抑制(鉴别)干扰等几个方面。防止接收机过载,是使电子设备的接收机在受到强干扰时也不发生饱和或阻塞现象,以便采取其他信息处理方法检测出有用信号。主要措施有自动增益控制、灵敏度时间控制、对数接收技术和各种恒虚警处理技术等。提高信号强度的主要措施有:提高电子设备的发射功率和天线增益,采用"烧穿"技术和功率合成技术,延长信号积累时间和采用脉冲压缩技术等。抑制(鉴别)干扰是利用有用信号与干扰信号在载频、方向、时间、波形、极化、多普勒效应等方面的差别来实现,主要措施有:采用新的频段,快速随机地跳变频率或同时使用几个频率工作,以避开干扰或降低进入电子设备接收机的干扰功率密度,如扩展频谱通信、捷变频技术等;降低天线旁瓣电平,采用旁瓣消隐技术,以减少电子设备受干扰的角度范围;改变信号极化,使之与干扰的极化不同以抑制干扰;利用运动目标信号中的多普勒频移抑制无源干扰;采用复杂的信号形式和最佳接收机,在电子设备中采用各种反干扰电路和采取新的抗干扰技术体制等。有些国家还致力于发展自适应抗干扰技术,能随干扰的变化而自动选择最佳反干扰措施,减轻干扰的危害。

② 反电子干扰的实施。电子设备门类众多,设备所遂行的任务多种多样,且所受到的干扰样式复杂多变,不同设备不同任务所要求具备的反干扰能力差别很大,所采取的反干扰措施也千差万别。反干扰技术措施的针对性比较强,通常一种反干扰措施只能有效地对抗某一种干扰。由于每种反干扰技术都将对电子设备提出更高的性能要求,而一些反干扰技术在使用时也还存在着兼容问题,要使反干扰达到最佳效果将会使电子设备变得极其复杂而昂贵。考虑到电子设备的可靠性、价格和操作使用等问题,反干扰技术措施不可能无限制地堆砌。因此,单部电子设备的反干扰能力是有限的。在实际作战中,电子设备是军队指挥系统或武器系统的一部分。在评估反干扰效果时,往往不局限于单部电子设备的效能,而是以这些系统能否在敌方电子干扰条件下完成作战任务为标准。为此,在单一电子设备反干扰技术措施的基础上,采取一些战术措施来保障作战任务的完成,是反干扰的重要方面。反干扰的战术措施主要是调整电子设备的配置、组网工作和综合运用等。即将不同体制、各种频段的雷达配置成网,以发挥网的整体抗干扰能力;综合应用多种探测和通信手段,如有源探测和无源探测相结合,红外寻的、激光制导和雷达制导相结合,有线电通信、运动通信和无线电通信相结合等;设置隐蔽台站(网)、预备路由和复式设备并适时启用;利用干扰信号对干扰源进行跟踪寻的、定位,可

能时用火力将其摧毁。在现代电子对抗中,人的作用仍然是重要的,对电子设备的操作人员加强在电子干扰条件下的操作训练,提高操作技术水平,也是行之有效的反干扰措施。

(5)摧毁。电子摧毁是在电子侦察的基础上,利用反辐射武器直接毁伤敌方电子设备的手段,如反辐射导弹,又称反雷达导弹,是指利用敌方雷达的电磁辐射进行导引,从而摧毁敌方雷达及其载体的导弹。在电子对抗中,它是对雷达硬杀伤最有效的武器。现役的空地反辐射导弹,通常用于攻击选定的目标。发射前要对目标进行侦察,测定其坐标和辐射参数。发射后,导引头不断接收目标的电磁信号并形成控制信号,传给执行机构,使导弹自动导向目标。在攻击过程中,如被攻击的雷达关机,导弹的记忆装置能继续控制导弹飞向目标。比如美国的 AGM - 45 "百舌鸟"空地反辐射导弹、AGM - 78"标准"机载反辐射导弹、AGM - 88"哈姆"高速反辐射导弹等三代类型。

(6)反摧毁。电子反摧毁就是利用战术或技术保护自己及友邻雷达免遭导弹攻击的技术。20 世纪 80 年代以来,各种反辐射导弹大量装备部队,在局部战争中广泛应用,并与电子干扰配合形成软硬一体化作战。反辐射摧毁技术的核心是对辐射源精确定位与导引技术。在导引头性能上,采用超宽带器件和低噪声器件,使之可在 0.8 ~ 20 吉赫范围工作,能在远距离从天线副瓣进行攻击。在导引头中加装记忆部件或捷联式惯性导航设备,即使被攻击的电子设备关机,仍能继续导向目标。采用微波集成技术、信号处理技术和可重编程技术,提高了导引头的处理、存储、识别、记忆功能,增强了通用性和在复杂电磁环境中攻击目标的能力。巡航式反辐射导弹可在敌区上空盘旋,截获到敌方威胁信号后,迅速转入攻击状态。如敌关机,则利用其记忆功能完成攻击;或者恢复到巡航状态,等待目标暴露,再行攻击。

3. 电子对抗的基本类型

电子对抗分为电子进攻、电子防御、电子支援措施。

(1)电子进攻。是一种电子对抗手段,是电子战的积极进攻手段,主要用于阻止敌方有效地利用电子频谱,使敌方不能有效地获取、传输和利用电子信息,影响、延缓或破坏其指挥决策过程和精确制导武器的应用。电子进攻包括进攻性电子战和自卫性电子战两部分,进攻性电子战是应用支援电子干扰、反辐射武器和定向能武器攻击敌方的防御体系,以保证己方的安全。

电子进攻武器系统是以电子干扰和电子摧毁一体化设计的电子战系统,其发展,一是提高自身的打击性能,另一方面是实现与其他作战武器的紧密结合。两者的实现均以电子进攻系统的智能化为基础,只有实现了电子进攻系统的智能化,才能真正实现电子进攻与电子侦察和电子防护系统的一体化,电子"软杀伤"与电子"硬摧毁"的一体化,以及电子战武器与其他作战兵器的一体化。电子进攻武器系统在未来战争中的主要表现形式有以下几种:电磁压制武器、反辐射摧毁武器、高效率微波武器、激光武器、强电磁脉冲武器、次声波武器、C⁴ISR 信息处理系统、网络攻击等。

（2）电子防御。为了保护己方电子设备免受敌方侦察、干扰、定位和摧毁所采取的各种电子技术措施。这些措施可归纳为:①扩展频谱技术:利用扩频技术对自己的电子设备进行波形设计。调制的结果产生宽带低功率密度的伪噪声发射波形,它不易被敌方电子对抗侦察系统识别,只有通过对本机产生的复制信号进行相关处理,才能解调输出。②自适应天线技术:自适应地控制天线方向图,使其主波瓣指向所需信号,而将方向图的零值点对准各干扰源方向。③电子防御还有一些其他新的体制,如双基地雷达体制等。

各种抗干扰能力强的电子设备已广泛装备部队使用,如频率捷变雷达、脉冲多普勒雷达、战术相控阵雷达、跳频通信电台等。部分地解决了捷变频与动目标显示的兼容问题,多基地雷达的关键技术已经突破,战术导弹广泛采用复合制导技术。此外,还有自适应跳频技术、超低副瓣天线和副瓣对消技术、多参数捷变技术以及反辐射导弹诱饵技术等。自适应跳频技术就是把自动频谱分析处理技术与跳频通信技术结合,不但可快速跳频,使对方难于侦察和干扰,还能根据频谱分析的结果,跳到无干扰的频率上。采用超低副瓣天线技术,地面雷达天线的副瓣电平已可降到 −35 分贝以下,机载雷达已可达到 −50 分贝以下,再加上副瓣对消技术,大大提高了反侦察、反干扰能力。多参数捷变技术使得对方的信号处理难于获得有用信息。随着反辐射摧毁技术的产生,发展了对抗反辐射武器的告警技术和诱饵技术,并研制出有源告警设备和有源假目标(诱饵)。这些专用设备配置在大型电子装备附近,当有反辐射武器来袭时,该设备发出警告和自动关闭被防护的电子装备发射机,告警距离可达 40 ~ 50 千米,以便采取防护措施或快速转移。诱饵性的有源假目标是在发现有反辐射武器来袭时,及时开机,发射与被防护的电子装备相同的信号,其辐射电平强于天线副瓣电平,以便吸引来袭导弹,使其脱靶。

（3）电子支援措施。又称电子对抗侦察,是用高灵敏度的探测系统搜索和截获敌方电磁辐射信号或声纳信号,经过分析、定位和识别获取敌方电子设备的技术参数和位置等情报,为实施电子干扰、电子防御和摧毁辐射源提供支援。

警戒接收系统是一种功能有限的电子对抗侦察系统。它在不太宽的频谱范围内搜索信号,并在运载器受到特定的雷达波照射且信号强度超过预定的电平阈值时告警。飞机、舰艇、坦克和车辆等各种运载器都可以携带警戒接收系统。

电子侦察卫星能进行全球性电子侦察。它具有覆盖面积大、侦察距离远的优点。当卫星飞到敌方照射区时,卫星上的定向探测系统在全频段上收集电磁辐射信号,经预处理后作短期存储。当卫星转回己方照射区时,卫星上的遥测系统快速地将存储数据发回地面;地面及时分析,提取特征信号,确定敌方电子设备的技术参数。卫星飞经每个照射区的时间是准确已知的,根据探测系统接收到信号的时间可以推算出地面电子设备的位置。

(二)电子对抗在现代战争中的地位

(1)是贯穿高技术战争始终的重要战线。由于电子技术在军事领域的广泛渗透,电磁优势的争夺已成为作战双方激烈争夺的又一焦点,这就在客观上构成了两条不同的战线,一条是运用硬杀伤武器直接杀伤对方有生力量的有形战线;另一条则是使用电子技术和设备,以夺取制电磁权为目的的无形战线。随着高技术战争形态的不断变化,电子对抗手段被称为与火力、机动力并列的"第三打击力量",电子对抗已经成为了一条越来越重要的战线。

(2)是信息战的主体和夺取信息优势的重要手段。信息战是在电子对抗的基础上发展起来的,从本质上说,信息战与电子对抗都是为了破坏对方的信息获取、信息传递、信息处理和信息利用。只有通过电子对抗的实施夺取电磁优势进而掌握信息优势,才能达成信息战的目的。在信息化的战场上,信息化武器的火力攻击由电磁频谱控制,军队的指挥控制系统高度电子化,70%的情报信息依赖于电子设备获得,所以,电子对抗是信息战的主体,是夺取信息控制权和使用权,达成信息战目的的重要手段。

(3)是战斗力构成要素的力量"倍增器"。由于指挥控制系统及武器系统对电子设备的高度依赖,打击和破坏对方的电子系统,就可以成倍地削弱敌武器系统的威力,有效地降低对方的整体作战能力;而采取有效措施保证己方电子设备的正常工作,就能保证己方作战能力的正常发挥,对战斗力起到倍增作用。这一点,已经被中东战争、海湾战争、科索沃战争以及"9·11"事件后的反恐战争所证实。据统计,带自卫电子对抗设备的轰炸机,生存率可达70%~95%,反之则不超过25%;作战飞机带电子对抗设备出击时的生存率为97%,反之不超过70%;水面舰艇不装电子对抗设备,被导弹击中的概率约为加装电子对抗设备的20倍。可见,电子对抗确实对高技术战争中的战斗力形成发挥着重要作用。

(三)电子对抗的主要作用

(1)获取重要军事情报。未来战争是信息时代的战争。利用电子对抗的装备和手段,查明敌电子设备的工作性能、技术参数、类别、数量和配置位置等,判断其兵力部署和行动企图,是赢得战争胜利的关键。

(2)削弱敌方作战效能。未来高技术战争中,电子对抗技术将越来越先进,电子对抗领域将越来越广阔,电子对抗的作用将越来越重要。不掌握制电磁权、制信息权,自身作战兵力兵器的作战效能就无法正常发挥,就很难掌握整个战场的主动权。

(3)掩护突防和攻击。雷达作为预警和兵器制导装备,已成为防御体系的"哨兵"和"千里眼"。它们能对空、对海实施警戒,及早发现来袭敌机、导弹、舰艇,可对火器实施射击控制和导弹的制导等。

（4）保卫重要军事目标。在重要城镇、桥梁、机场、工厂和军事要地等目标附近，设置有力的雷达干扰设备或采用欺骗手段，能有效干扰敌轰炸机瞄准雷达和导弹的制导系统，使飞机投弹不准，导弹失控，减少被击中的几率，达到保卫重要目标的目的。电子侦察按对象可分为雷达侦察、通信侦察和光电侦察。根据世界电子对抗技术装备的发展情况，我军重点是发展"一星、一弹、三机、五大系统"。

"一星"，即电子对抗卫星。首先是发展电子侦察卫星，它可以日夜不停地窃听、收集对方整个无线电范围内的无线电信号，还可以对雷达及其他无线电辐射源进行侦察、跟踪和定位。

"一弹"，即反辐射导弹。现在的电子对抗是向软硬杀伤相结合的方向发展，所以，必须发展反辐射导弹，对敌方的辐射源进行直接的火力摧毁，彻底破坏它的电子设备，同时让它的雷达操作人员产生很强的恐惧心理，产生威慑作用。

"三机"，即电子对抗飞机、电子对抗直升机、电子对抗无人机。升空后的电子对抗装备发挥的效能是地面的几十倍到上百倍。而要升空，就必须要发展专用的电子对抗飞机。另外，陆、海、空军航空兵作战时，必须要有电子对抗飞机来提供电磁支援，进行远距离支援干扰和随队掩护。

"五大系统"，就是电子侦察情报系统、地面综合电子对抗系统、机载自卫电子对抗系统、舰载电子对抗系统和精确定位与辅助攻击系统。

电子侦察情报系统，主要用于对对方的无线电通信、雷达、导航、遥控、光电信号等进行收集、综合分析、处理和建立电子对抗数据库，为战时战场指挥员作战役战术决策使用，也为电子干扰和反辐射导弹提供技术参数。

地面综合电子对抗系统，主要包括对雷达进行地对空的侦察干扰以及地对地的侦察干扰，还要对通信进行侦察、测向、干扰以及对光电设备进行对抗。也就是装备一体化，能完成多种功能，做到一机多用。

机载自卫电子对抗系统，这是供现役的各种作战飞机作自卫用的（包括歼击机、轰炸机、强击机、武器直升机等），它能对敌人空中或地面的炮瞄、制导、导弹寻的雷达和激光制导导弹实施自动告警、施放电子干扰并投放箔条、红外诱饵弹，以破坏敌雷达和导弹的跟踪和攻击，保护自身的安全。

舰载电子对抗系统，是供大、中、小型水面舰艇作自卫用的，以防备水面舰艇免遭反舰导弹的攻击。反舰导弹对水面舰艇威胁最大，它飞行高度低、飞行速度快、攻击精度高，其他武器很难对付它，但是用有源、无源电子干扰手段却能对抗它，能让导弹偏离方向或击中假目标，从而保护自己。

精确定位与辅助攻击系统，主要用于对辐射源进行测向、定位，然后引导像反辐射导弹这样的硬武器对其进行火力摧毁。

四、精确制导技术

(一) 精确制导技术概述

20 世纪以来,科学技术发展突飞猛进,由此带动了武器装备发展的巨大飞跃。特别是近 50 年来,世界武库中出现了一类崭新的装备——精确制导武器。它的精度远非传统武器所能比拟,已成为现代局部战争中的兵器之星,而精确制导武器进行精确攻击是通过精确制导技术来实现的。

1. 精确制导技术的含义

制导是指按一定的规律对制导武器进行导引和控制,并调整其运动轨迹直至以允许误差命中目标。

精确制导武器的制导是由制导系统来完成的,制导系统通常由导引系统和控制系统组成。导引系统一般包括探测设备和计算变换设备。其功能是测量制导武器与目标的相对位置和速度,计算出实际飞行弹道与理论弹道的偏差,给出消除偏差的指令。控制系统通常由敏感设备、综合设备、放大变换装置和执行机构(伺服机构)组成。其功能是根据导引系统给出的制导指令和制导武器的姿态参数形成综合控制信号,再由执行机构调整控制导武器的运动或姿态直至其命中目标。

导引系统既可全部安装在弹上,也可分别装在弹上及弹外制导站(地面、舰船、飞机甚至卫星)上。控制系统则必须安装在弹上。现役精确制导武器的制导系统由相对独立而又密切相关的导引系统和控制系统构成,但导引、控制设备和功能一体化的制导系统不久即将实现。

精确制导技术的基本含义是:以高性能光电探测为基础,采用目标识别、成像跟踪、相关跟踪等新方法,控制和导引武器准确地命中目标的技术。

制导武器从发射到命中目标,都必须沿着一条飞行路线或轨道飞行。现有制导武器理想的飞行轨道可归纳为五种,即比例导航轨道、直线轨道、瞄准线轨道、巡航轨道和弹道式轨道。

2. 精确制导技术分类

精确制导技术主要有寻的制导、遥控制导、惯性制导、地形匹配与景象匹配制导、全球定位系统(GPS)制导和复合制导。

(1) 寻的制导,又称"自动寻的"或"自动导引"。利用弹上导引装置接收目标辐射或反射的能量(无线电波、红外线、激光等)形成导引信号,控制导弹飞向目标的制导。

其原理是弹上导引装置测取目标和导弹的相对位置及其运动参数,由弹上计算装置按选定的导引方法,给出导引信号,送入导弹控制系统伺服机构,操纵导弹飞向目标。

按产生目标信息能源的初始位置,可分为主动寻的制导、半主动寻的制导和被动寻的制导。按感受的能量(波长)可分为(微波)雷达寻的制导、红外寻的制导、毫米波寻的制导、电视寻的制导和激光寻的制导等类型。

寻的制导的导引精度不受导弹飞行距离的影响,但制导的作用距离较近,且易受敌方干扰。常用于短程导弹制导及中远程导弹的末制导。但是它的精度高,是实现精确打击的关键。武器能否击中目标,主要由末制导的精度来决定。

① 主动寻的制导,是利用弹上导引装置向目标发射能量(无线电波或激光等),并接收目标反射回来的能量,形成导引信号,控制导弹飞向目标的制导。

根据反射能量的信息,测取目标和导弹的相对位置及其运动参数,由弹上计算装置按选定的导引方法,给出导引信号,送入控制系统伺服机构,操纵导弹飞向目标。由于自己能发现目标,所以在探测目标的同时,也就是把自己暴露给敌人。这种方式制导的导弹隐蔽性差,容易被拦截。

主动寻的制导能完全独立工作,不需目标或导引站提供能量。但制导作用距离受到弹上发射机功率的限制,弹上导引装置复杂,常用作复合制导的末制导。

② 半主动寻的制导,是利用弹外导引站向目标发射能量(无线电波或激光等),并接收目标反射回来的能量,形成导引信号,控制导弹飞向目标的制导。

根据反射能量的信息,测取目标和导弹的相对位置及其运动参数,由弹上计算装置按选定的导引方法,给出导引信号,送入控制系统伺服机构,操纵导弹飞向目标。

这种制导的初始照射能源设备在弹外,弹上设备简单,发射机体积重量限制较小,可使发射机功率更大,天线方向性更强,故导引距离加大。缺点是需要弹外照射设备连续不断地工作,其机动性受到限制。如俄罗斯 SA – 6 地空导弹、法国 AS – 30L 空地导弹寻的头和美国 M712"铜斑蛇"制导炮弹寻的头。

③ 被动寻的制导,是弹上导引装置接收目标辐射的能量(无线电波和红外线等),形成导引信号,控制导弹飞向目标的制导。

根据目标辐射的能量信息,测取目标和导弹的相对位置及其运动参数,由弹上计算装置按选定的导引方法,给出导引信号,送入自动驾驶仪,操纵导弹飞向目标。

这种制导的弹上设备简单,本身不需向目标发射能量,故隐蔽性好,抗干扰性强。但需要依靠目标辐射能量才能工作,故制导的可靠性受到影响。反辐射导弹都采用这种方式,它常以雷达天线作为攻击的目标,遇有关机干扰与雷达频率变化就不能攻击目标了,如美国 AGM – 88"哈姆"高速反辐射导弹(反雷达导弹)、美国 AIM – 9L"响尾蛇"空空导弹。

在寻的制导中,最常用的有雷达寻的、电视寻的、红外寻的等。寻的导引装置通常安装在导弹头部,故称"寻的头",俗称"导引头"。

(2) 遥控制导,由弹外导引站发送指令或波束,弹上导引装置形成导引信号,控制导弹飞向目标的制导。

遥控设备由弹上导引装置和弹外导引站组成。导引站可以设在地面、舰船或飞机上,导弹上导引设备较简单。导引站时刻跟踪目标,随时测取目标运动参数,故常用于攻击活动目标。一般遥控作用距离较远,但导引精度随导弹飞行距离的增加而降低,而且易受干扰。

属于遥控制导的有指令制导和波束制导等。

① 指令制导,由弹外导引站发送指令,控制导弹飞行目标的制导。可分为有线指令制导、无线电指令制导和光学指令制导。

指令制导设备由弹上导引装置和弹外导引站组成。导引站测出导弹和目标的运动参数,根据选定的导引方法,计算出弹道校正量,以指令形式发送给导弹;弹上导引装置接收指令并转换成导引信号,控制导弹飞向目标。

目前应用较多的是雷达指令制导。由目标跟踪雷达和导弹跟踪雷达分别对目标和导弹的运动参数进行观测,并将这些参数送入计算机,根据选定的导引方法给出控制指令,通过发送设备发送给导弹,弹上接收设备形成导引信号,控制导弹飞向目标。

雷达指令制导作用距离远,弹上设备简单,在中远程地对空导弹上得到广泛应用。但导引精度随导弹飞行距离的增加而降低,且易受干扰。

而电视指令制导是利用弹上电视摄像机获取目标信息,由导引站产生指令控制导弹飞向目标的制导。其摄像机装在导弹头部,摄取目标和背景的图像,通过无线电发送到导引站,在电视荧光屏上显示出目标图像。由目标图像在荧光屏上的位置可反映目标和导弹的相对位置。若图像偏离荧光屏中央,由偏差量在计算装置中形成导引指令,发送给导弹,在弹上产生导引信号,操纵导弹向目标飞行,直至命中目标。

电视指令制导的优点是能清楚识别目标和选择目标。导引精度不受导弹飞行距离的影响。缺点是受气象条件的影响较大,且易受干扰。如,美国 AGM – 53A "秃鹰"空地导弹,头部装有电视摄像机,摄取的目标与背景图像通过发射机用微波传送给制导站,制导站形成指令再发送给导弹,引导其命中目标。俄罗斯 SA – 8 全天候近程低空地空导弹,采用雷达或光学跟踪和无线电指令制导,射程为 1.5 ~ 12 千米,射高为 45 ~ 6100 米。

② 波束制导,又称"驾束制导"。由弹外导引站发射波束照射目标,弹上导引装置控制导弹沿波束中心线飞向目标的制导。可分为雷达波束制导和激光波束制导。

雷达波束制导是利用导引站发射雷达波束照射目标,弹上导引装置控制导弹沿波束中心线(等信号线)飞向目标的制导。可分为单波束制导和双波束制导。

这种制导的弹上导引设备简单,可在一个波束中间导引几发导弹攻击同一目标。缺点是导引精度随飞行距离增加而降低,且抗干扰性和隐蔽性都差,导引站机动受到限制。

激光波束制导是利用导引站发射激光束照射目标,弹上导引装置控制导弹沿波束中心线飞向目标的制导。

激光波束制导设备由弹上导引装置和弹外导引站组成。导引站用激光照射器产生波束,照射和跟踪目标。激光照射器由激光器和目标瞄准跟踪装置组成。在激光波束中飞行的导弹,尾部装有4个"+"字形配置的激光接收器。当导弹在激光波束中心线飞行时,4个接收器接收到的能量相同,导引装置不形成导引信号。当导弹偏离激光中心线时,4个接收器接收到的能量不一样,从而测定出导弹与激光束中心线的偏差,由导引装置形成导引信号,控制导弹飞回激光波束中心,直至命中目标。激光炸弹与采用激光制导的空对地导弹都采用这种制导方式。其激光波束发散角小,方向性好,故隐蔽性好,抗干扰性强,精度高,且导引精度随导弹飞行距离变化的影响较小。但激光波束易被吸收和散射,易受空间环境(烟尘污染等)和气象条件(云、雾、雨、雪等)的影响。这也是在科索沃战争中,激光制导炸弹用量不大的原因之一。

③ 有线指令制导,通过导线将导引信号(指令)传输给导弹,操纵导弹飞向目标的制导。利用目视或红外测角仪跟踪目标,当导弹偏离瞄准线时,则操纵控制盒,给出与偏离的大小方向相应的控制指令,由导线传输到弹上,操纵导弹飞回瞄准线,直至命中目标。

这种制导的主要优点是设备简单,抗干扰性强。但只适用于攻击低速机动性差的目标。射程受导线限制,一般只有几千米,常用于反坦克导弹。不过,目前国际合作研制的"独眼巨人"多用途导弹射程为50千米,也采用了有线制导体制。

(3) 惯性制导,利用惯性测量设备测量导弹运动参数的制导技术。惯性制导系统全部安装在弹上,主要有陀螺仪、加速度表、制导计算机和控制系统。采用此类制导技术的中、远程导弹,一般用于攻击固定目标,因此制导程序和初始条件是预先输入弹载计算机的。导弹飞行过程中,计算机根据惯性测量装置测得的数据和初始条件给出制导指令,弹上控制系统根据指令导引导弹飞向目标。

根据惯性测量仪表在弹上的安装方式,可分为平台式惯性制导和捷联式惯性制导两种。前者将陀螺仪和加速度表组合安装在平台上,后者将加速度表与陀螺仪组合直接安装在弹体上,利用计算机代替平台的作用,为加速度测量提供一个在空间稳定不变的测量基准,通过坐标变换给出制导指令,控制导弹飞行。捷联式惯性制导系统具有体积小、重量轻、成本低、可靠性高等优点。但要求弹载计算机的容量大、运算速度快、抗冲击振动性能好。苏联的SS-12导弹(射程700~800千米,CEP值900米),采用捷联式惯性制导,美国的"民兵-Ⅲ"洲际导弹则采用平台式惯性制导(射程13000千米,CEP值450米)

惯性制导是一种自主制导技术,它不需要弹外设备的配合,也不需要外界提供目标的直接信息,仅靠弹上设备独立工作,不与外界发生关系,因此抗干扰性强、隐蔽性好、不受气象条件的影响。

惯性制导的主要缺点是制导精度随飞行时间(距离)的增加而降低,因此工作时间较长的惯性制导系统,常采用其他制导方式来修正其积累的误差,这样就构成复合制导。

(4)地形匹配与景象匹配制导。地形匹配制导又称地图匹配制导。其工作原理是:在导弹发射区与目标区之间选择若干特征明显的标志区,通过遥测、遥感手段按其地面坐标点标高数据绘制成数字地图(称为高程数字模型地图),预先存入弹载计算机内。导弹飞临这些地区时,弹载的雷达高度表和气压高度表测出地面相对高度和海拔高度数据,计算机将其同预存数字地图进行比较,算出修正弹道偏差的指令,弹上控制系统执行指令,控制导弹飞向目标。

绘制数字地图可采用不同手段,从而有雷达图像匹配制导、可见光电视图像匹配制导、激光雷达图像匹配制导和红外热成像匹配制导等方式。地形(图)匹配制导精度与射程无关,也不受气候条件影响。

景象匹配制导又称数字景象匹配区域相关制导或区域相关制导。其工作原理与地形匹配制导相似,是利用弹载"景象匹配区域相关器"获取目标区域景物图像数字地图(称为灰度数字模型(地图)),将其与预存的参考图像(灰度数字地图)进行相关处理,从而确定导弹相对于目标的位置。数字式景象匹配区域相关器,一般由成像传感器、图像处理装置、数字相关器和计算机等组成。景物图像的获得可由不同工作波长的设备完成,从而有雷达区域相关、微波辐射计区域相关、光学区域相关、电视摄像区域相关、红外成像区域相关等类型的数字地图。

地形(图)匹配与景象匹配(或相关处理)的含义是将导弹飞行时测出的数字序列,同预存的数字序列进行比较:若一致,则匹配,说明导弹按预定弹道飞行;若不一致,则不匹配,弹载计算机便自动地计算出实际航迹与预定航迹的偏差,并发出指令调整导弹姿态。这样,导弹就像长了眼睛似地迂回起伏、翻山越岭,准确地飞向预定目标。数字地图(模型)就成为导弹的"向导"。

地形匹配制导与惯性制导配合,可大大减小惯性制导的误差。例如:美国AGM-86B空射巡航导弹采用惯性+地形匹配复合制导,最大射程2500千米,命中精度CEP仅为30米。景象匹配区域相关末制导与惯性制导等配合,可用于提高远程导弹的末制导精度。

(5)全球定位系统(GPS)制导。美国为满足各军种导航需要,于1987年开始发展导航星全球定位系统,全称是 NAVSTAR Global Positioning System,简称 GPS 全球定位系统。其中 NAVSTAR 又是 Navigational System Using Time and Ranging(利用时间和测距进行导航的系统)一词的缩写,中文译为"导航星",GPS 即为上述 Global Positioning System 三个英文词的首母,中文译为"全球定位系统"。

GPS系统由空间设备、地面控制设备及用户设备三部分组成。空间设备由24颗导航卫星(其中21颗工作卫星,3颗备用卫星)构成;地面控制设备由5个地面监控站、3个上行数据发送站和1个主控站构成;用户设备为各种GPS接收机(导航接收机)。全部系统已于1993年完成并正式使用。最初研制目的是为海上舰船、空中飞机、地面车辆等提供全天候、连续、实时、高精度的三维位置、速度和精确的时间信息,现已扩展为精确制导武器复合制导的一种手段。其工作原理是利用弹上安装的GPS接收机接收4颗以上导航卫星播发的信号来修正导弹的飞行路线,提高制导精度。目前已报道的GPS空间位置精度为16米,时间精度为1微秒。出于保密考虑,美国现开通的GPS服务分为两个等级,即标准定位服务(SPS)和精密定位服务(PPS),只有后者才能实时获取精确的GPS数据。精确制导武器利用GPS系统可以大大提高制导精度。例如,美国BGM-109C"战斧"巡航导弹已改装为"BlockⅢ"型,其主要改进是加装一个GPS接收机和天线系统,据说可使CEP值由9米降为3米。

安装GPS接收机还可取消地形匹配制导,缩短制定攻击计划所需时间,或攻击非预定目标。

GPS制导和惯性制导都属导航制导方式。美国陆军战术导弹ATACMS、"联合防区外发射武器"(JSOW)、"联合直接攻击弹药"(JDAM)等都将采用GPS复合制导系统。

(6)复合制导。导弹从发射到命中目标一般要经历三个飞行阶段:初始段、中段和末段。若在其中某段或某几段采用一种以上制导方式,即称为复合制导或组合制导。

复合制导是一种取长补短的办法。但在"一体化"、减少重量和体积、系统可靠性、大容量高速度计算机等方面有很高的要求,成本也较高。

根据复合方式不同,可分为串联复合制导和并联复合制导。串联复合制导是在飞行弹道不同阶段采用不同制导方式。在制导方式转换时,应保证弹道的平滑过渡。并联复合制导是在同一飞行阶段,同时或交替采用几种不同的制导,以便适应各种环境,提高制导精度。

(二) 精确制导技术在军事上的应用

精确制导技术在军事上的应用主要体现在精确制导武器上。

精确制导武器,就是指采用精确制导技术,直接命中概率在50%以上的武器。精确制导武器有两大基本特征:①采用了精确制导技术。所谓制导技术,就是控制和导引技术。②直接命中概率高。实际上,并不是所有的精确制导武器都能够直接击中目标。在有些情况下,"直接命中"是指武器战斗部爆炸后形成的破片命中目标并将它击毁。防空导弹通常就是这种情况,目标进入它的战斗部杀伤区时,引信能迅速引爆战斗部,依靠战斗部破片击毁目标。

1. 精确制导武器的发展历程

精确制导武器是以微电子技术、计算机技术、光/电转换技术为核心,以自动控制技术为基础发展起来的高新技术,它的发展历程主要经过三个阶段:起步阶段、飞速发展阶段、智能化阶段。

制导武器早在第二次世界大战中就已出现,只是因为技术不成熟,命中精度不够高,在战争中的影响不大。20世纪50年代中期,随着小型火箭发动机和制导技术的改进,不仅出现了各种制导武器,精度也有了很大提高。1956年阿以战争中,法制SS10有线制导反坦克导弹已经可以对付轻装甲的老式坦克。1962年9月9日,我国地空导弹部队用"萨姆"-2防空导弹击落了在2万米高空进行侦察的美国U-2侦察机。

60年代中期,电子技术的飞跃为精确制导技术的发展奠定了基础,红外和雷达等制导技术在武器装备上的广泛应用,极大地提高了武器的命中精度,从这一时期起,各种导弹开始大量装备军队。进入70年代以后,微电子、计算机技术的快速发展为精确制导武器的飞速发展提供了新的技术基础。在越南战争、中东战争等几场局部战争中,精确制导武器又显示出了很高的作战效能,引起了各国军队的高度关注,加快了武器系统制导化和精确化的研制和发展。

从1991年海湾战争开始,精确制导武器更是大显身手,充当了战场的主角。多国部队使用了大约20多种精确制导武器,如"战斧"巡航导弹、"爱国者"防空导弹、"斯拉姆"空对地导弹、"哈姆"反辐射导弹、"海尔法"反坦克导弹、"响尾蛇"和"麻雀"空空导弹及激光制导炸弹等,并在战争中显示了超常的作战能力,但其使用量仅占总弹药量的9%左右;1999年科索沃战争中,精确制导炸弹占了全部投弹量的35%;阿富汗战争中,精确制导炸弹占了全部投弹量的56%。同样,1999年第二次车臣战争中,俄军吸取了第一次车臣战争血的教训,在战场上大量运用空中优势和各类精确制导武器,对目标进行了高精度、远距离的精确打击,使战场局面陡转。在2003年伊拉克战争中,美英联军在空袭中使用的精确制导武器占总弹药量的68%。今天,人们已经看到,精确制导武器在战争中使用比例的大幅度上升已成为时代的必然。

2. 精确制导武器的主要特点

(1)高精度。精确制导武器的直接命中概率是普通弹命中概率的几十至上百倍。

"战斧"巡航导弹,射程为2500千米,但精度可达30米;激光制导炸弹和制导炮弹的理论命中误差仅为1米。比如轰炸目标:第二次世界大战时期,B-17轰炸机投弹误差是1000米左右;越南战争中,F-105D投弹误差为100米左右;而海湾战争中,F-117投掷激光制导炸弹误差仅为1~2米。

(2)高效能。精确制导武器的价格交换比可以达到1比几十到几百,甚至更

264

大。比如:1 枚"陶"－2 型反坦克导弹的造价虽然达 1 万美元,但用它击毁 1 辆 M－1 型坦克的造价却为 244 万美元,其价格交换比达到了 1:244。在马岛海战中,阿根廷用一枚价格 20 万美元的"飞鱼"导弹击沉造价为两亿美元的"谢菲尔德"号导弹驱逐舰,价格交换比达到 1:1000;英国的一枚"虎鱼"鱼雷(价值 90 万美元)击沉阿根廷"贝尔格拉诺将军"号巡洋舰(价值 8500 万美元),价格交换比为 1:95。海湾战争中,多国部队飞机发射 71 枚"麻雀"空空导弹击落伊拉克固定翼飞机 24 架,价格交换比为 1:29;用 22 枚"响尾蛇"空空导弹击落伊拉克 9 架固定翼飞机,价格交换比为 1:94。

(3) 高技术。其关键技术是微电子技术和光电技术。微电子技术的发展,使制导系统可以小型化,在炮弹的弹头上也能装自寻的系统;而计算机微型化,给在 20 世纪 60 年代基本上快被淘汰的巡航导弹带来了新的活力,使其精度可达 30 米。同时探测技术和高速信号处理技术也为制导精度和抗电子干扰提供了条件。

(4) 射程远。可以把普通武器与精确制导武器的射程进行一下比较:

普通的地面压制火炮:大中口径火炮射程一般为 20～30 千米,最远在 40 千米左右;而地地导弹的射程近的为几百千米,远的可达上万千米。比如苏制 SS－18 导弹,射程为 12000 千米。

普通的防空武器——高炮的有效射高通常为几千米至 1 万米左右;而"爱国者"、S－300 等防空导弹,最大高度可达 24000 千米和 27000 千米。

在第二次世界大战时,飞机进行空战,主要是使用航炮,它的有效射程仅为几百米至几千米。而现代战争中,飞机进行空战主要使用的武器是空空导弹,它的射程可以达到几千米、几十千米甚至一二百千米。

再比如用于打坦克的直瞄火炮:它的有效射程一般是 2～3 千米;而反坦克导弹最大射程可达 10 千米左右。

(5) 威力大。比如一枚战术常规导弹,如果携带的是 1 吨重的战斗装药,则相当于 18 门火炮齐射 10 发的威力;而一个千吨级的小型核弹威力相当于 10 个炮兵团 540 门火炮 1 次齐射 10 发。

3. 精确制导武器分类

精确制导武器包括导弹和精确制导弹药两大类。

(1) 导弹。依靠自身的动力装置推进,由制导系统导引、控制其飞行路线并导向目标的武器,称为导弹。导弹是精确制导武器中类别最多,研制、生产和装备、使用数量最大的一类。

导弹可从多种角度分类,它们各从某一方面反映出其性能、用途和特征。

① 按导弹发射点和目标位置分类,主要有地对地导弹、地对空导弹、空对地导弹和空对空导弹。随着高技术的发展,有可能出现以天基作战平台为发射点和攻击目标的精确制导武器(如反卫星武器、卫星反导弹武器、天基拦截器等)。

② 按导弹的射程分类，主要可分为：近距离（短程）导弹，射程小于 100 千米，如美国"陶"－2B 反坦克导弹（3～3.75 千米）；近程导弹，射程 100～1000 千米，如俄罗斯 SS－1C（"飞毛腿"－B）地地战术弹道导弹，射程 50～300 千米；中程导弹，射程 1000～3000 千米，如美国"潘兴"－Ⅱ地地战术弹道导弹，射程 740～1800 千米；远程导弹，射程 3000～8000，如法国 M－4 固体潜地弹道导弹，射程 4000～6000 千米；洲际导弹，射程＞8000 千米，如美国"民兵"－Ⅲ洲际弹道导弹，射程 9800～13000 千米。

③ 按作战使命分类，可分为完成战略任务的和完成战术任务的两类。这两类又都有进攻和防御两种使命，因此又分为战略进攻型导弹、战略防御型导弹和战术进攻型导弹、战术防御型导弹四类。

④ 按攻击的目标分类。导弹按攻击目标分类和命名在使用上十分方便。例如，反坦克导弹、反舰导弹、反雷达（反辐射）导弹、反导弹导弹、防空导弹等。但精确制导武器发展趋势之一是通用化（多功能化），例如，"战斧"巡航导弹使用不同战斗部时既可反舰，又可攻击陆上装甲目标和非装甲目标；美国和瑞士共同研制的"阿达茨"（Adats）导弹，既可对付低空飞机、直升机、遥控飞行器，又可攻击坦克及地面装甲目标。因此，这种分类法有明显的局限性。

⑤ 其他分类。按导弹的弹道特征，可分为飞航式（巡航）导弹（如"战斧"巡航导弹）和弹道式导弹（如"民兵"－Ⅲ洲际战略导弹）；按制导系统（方式）也可对导弹分类（命名），如 AIM－7E"麻雀"半主动雷达寻的导弹，AIM－9L"响尾蛇"被动红外寻的制导导弹等。

（2）精确制导弹药，可分为末制导弹药和末敏弹药两类。前者主要有制导炮弹、制导炸（航）弹、制导地雷等，后者主要是一些反装甲子弹药。

导弹与精确制导弹药的主要区别在于，前者依靠自身的动力系统和导引、控制系统飞向目标，后者自身无动力装置，其弹道的初始段、中段需借助火炮、飞机投掷。

末制导弹药有寻的器和控制系统，在其弹道末段能根据目标和弹药本身的位置自行修正或改变弹道，直至命中目标。

末敏弹药不能自动跟踪目标，也不能改变飞行弹道，只能在被撒布的范围内利用其自身的探测器（寻的器）探测和攻击目标。末敏弹药探测范围一般仅为末制导弹药探测范围的 1/10 左右。

（三）精确制导武器的现状及发展趋势

20 世纪 50 年代以后，精确制导武器发展十分迅速。从总体上讲，精确制导武器多数已发展到第三代，个别品种已发展到第四代。

1. 巡航导弹（又称飞航式导弹）

世界上第一枚巡航导弹是纳粹德国在第二次世界大战中研制成功的 V－1 型

导弹。第二次世界大战后，美、苏、英、瑞士等国，在20世纪50年代相继研制成功第一代巡航导弹，如"天星狮"、"沙道克"等；70年代诞生了以"战斧"巡航导弹为代表的第二代巡航导弹。目前世界上先进的战略巡航导弹有美AGM-86B、俄AS-15等。

1991年的海湾战争，就是以1枚"战斧"巡航导弹击中伊拉克的通信指挥大楼而拉开战幕的。海湾战争，也是美国第一次使用"战斧"巡航导弹，共发射288枚，第一天就发射100多枚，其中，首次突击使用了52枚，命中率高达98％，初次显示了远程精确制导武器的威力。

1995年9月10日，为打击波黑塞族机场，美国海军夜间从"诺曼底"号巡洋舰上发射13枚"战斧"blockⅢ型巡航导弹，也全部命中了目标。

2. 防空导弹（包括地空和舰空导弹）

地空导弹：最早研制的也是纳粹德国，在第二次世界大战期间研制的"龙胆草"、"莱因女儿"等，但未投入实战。现在有14个国家研制了100多种防空导弹，迄今已发展到第4代。防空导弹按射高可以分为4种，较先进的分别为：

① 高空：美"爱国者"、俄S-300等；

② 中空：美"霍克"、俄SA-6、法SA-90等；

③ 中低空：美"小榭树"、"复仇者"，俄SA-13，英"长剑"、"星条"，法德"罗兰"等；

④ 便携：美"红眼睛"、"毒刺"，俄SA-7、SA-18，英"吹管"、"标枪"，法"西北风"，瑞典的"RBS-70"等。

舰空导弹：美"宙斯盾"、"标准"，英"海标枪"、"海狼"，法"海响尾蛇"等。

在阿富汗战争后期，阿富汗使用美制"毒刺"防空导弹，击落苏联飞机近300架。第四次中东战争中阿拉伯国家使用苏制SA-6导弹击落了以色列飞机47架；而以色列发射22枚美制"霍克"地空导弹竟打掉阿拉伯25架飞机，可以说是创下了一个奇迹。

3. 反坦克导弹

反坦克导弹被称为坦克的"克星"。

法国1955年研制成功SS-10，成为第一个装备反坦克导弹的国家。迄今反坦克导弹已发展到第三代，共有30多个型号，总数量突破200万枚大关。目前性能较好的第二代反坦克导弹成为许多国家主要的反坦克武器。如美"龙式"、"陶式"，法SS-12，俄AT-4、AT-5，德法共同研制的"米兰"、"霍特"、"小羚羊"，日"超马特"，瑞典"比尔"（RBS-56）、"卡尔库斯塔夫"等。

第三代"打出去不用管"的反坦克导弹现在正在发展，它可以对付20世纪90年代的多种装甲目标。如美"海尔法"，法"阿拉克"，俄AT-6（螺旋）、AT-7（混血儿或萨克斯管）、"短号"，法德英"崔格特"等。美、瑞士共同研制的"阿达茨"既可对付低空飞机，又可打坦克。

第四次中东战争中,以色列损失坦克 800 辆,有 80% 是被反坦克导弹击毁的。其中,190 装甲旅的 120 辆 M－60 坦克,全部被埃军的反坦克导弹击毁。最后的 85 辆在与反坦克导弹的对阵中仅仅 3 分钟就全部化为焦铁。

在海湾战争 100 小时的地面战斗中,多国部队使用反坦克导弹共击毁伊军前线部署的 4000 辆坦克中的 3000 辆、2870 辆装甲车中的 1900 辆和 3110 门火炮中的 2100 门。其中美军一个"阿帕奇"武装直升机营的 36 架直升机曾一举击毁伊拉克共和国卫队一个坦克纵队的 84 辆坦克和装甲车辆、4 个防空系统、8 门火炮和 38 辆轮式车辆。

4. 空空导弹

空空导弹被誉为现代空战的"杀手锏",迄今世界各国已研制成 60 种左右,已经发展到第 4 代。

空空导弹在发展过程中命中概率提高较快,20 世纪 50 年代仅为 10% ,60 年代为 30% ,70 年代达到 50% ,80 年代提高到 88% ,到了 90 年代已经达到了 95% 。

空空导弹分为拦射导弹和格斗导弹:

(1) 拦射导弹是指射程在 20 千米以上的,又可以分为远程拦射和中程拦射。远程拦射导弹,射程在 100 千米以上,如美国的"不死鸟"(AIM－54C)空空导弹,射程可以达到 150 千米;中程拦射导弹的射程为 20～100,如美国的"麻雀",俄 AA－7、AA－10、AA－12,英"空中闪光"。

(2) 格斗导弹是指射程在 20 千米以内的,如美国"响尾蛇"的 12 种型号,英德 AIM－132 先进近距空空导弹,俄 AA－8、AA－11,法"玛特拉"(R.530),以色列"怪蛇"(声称是世界上第一种"瞄准即可击中"空空导弹)。

在第四次中东战争中,以色列空军使用空空导弹击落叙利亚等国飞机 220 架,占击落总数的 60% ,命中率为 50% 。

在 1982 年的黎巴嫩空战中,叙利亚两天损失战斗机 81 架,其中 94% 是被以色列空军使用空空导弹击落的,而以色列的飞机则无一损伤。

在海湾战争,多国部队使用空空导弹,击落伊拉克固定翼飞机 35 架、直升机 4 架,占击落伊飞机总数的 95% 。

5. 反舰导弹

迄今已研制 50 余种,世界上有 70 多个国家装备。

反舰导弹最主要的是舰舰导弹和空舰导弹(另外还有少量的岸舰和潜舰导弹)。

舰舰导弹:最早是苏联在 20 世纪 50 年代针对西方国家海上优势研制的 SS－N－1 型。

空舰导弹,最早是德国在 1943 年 7 月就研制成功的 HS－293A－1 空舰导弹。

1967 年 10 月 21 日第三次中东战争中,埃及用"蚊子"级导弹艇发射苏制"冥河"式第一代反舰导弹,一举击沉了以色列"艾拉特"号驱逐舰,创下小艇击沉大舰的范例,也引起西方国家的警觉,促使其加快研制步伐,先后研制出的有法国"飞鱼"、美国的"鱼叉(捕鲸叉)"、以色列的"迦伯列"等。20世纪80年代各国又发展第二代舰舰导弹,如法国和德国共同研制的"安斯"、美国的"先进反舰导弹"、英国的"海鹰"、意大利的"奥托马特"、俄罗斯的AS-17近程超声速空舰导弹等。

1973年10月进行的第四次中东战争,双方损失的59艘军舰,全部是被导弹击沉的。

在马岛海战中,阿根廷发射法制"飞鱼"导弹,击沉了英国的"谢菲尔德"号驱逐舰、"大西洋运送者"号运输船,击伤了"考文垂"号驱逐舰。

6. 反辐射导弹

又称反雷达导弹。迄今已发展到第三代。

世界上第一种反辐射导弹是美国研制的"百舌鸟"空地导弹,它在越战中有突出的战绩。1968年美国又研制成功了"标准"第二代反辐射导弹,70年代中后期反辐射导弹发展到第三代,如美国的"哈姆"、"默虹",俄罗斯的AS-12,英国的"阿拉姆",法国的"阿玛特"等。

海湾战争中,机载的"哈姆"和"阿拉姆"反辐射导弹,充当了空袭的先锋,为摧毁伊军预警雷达和火控雷达发挥了十分突出的作用。

7. 空地导弹

空地导弹分为战略和战术两类,共90余种,现已发展到第三代,如美国的"斯拉姆"远程空地导弹、"小牛"空地导弹、AGM-130防区外空地导弹,俄AS-13(kh-59M)中程空地导弹,以色列"突眼"1中程防区外对陆攻击导弹。

海湾战争中,美国两架飞机从"肯尼迪"号航母上起飞,奉命去轰炸伊拉克一座水电站。A-6E攻击机飞到距目标100千米处发射了一枚"斯拉姆"导弹,这枚导弹由A-7E控制,命中水电站的保护外层,炸开了一个直径近10米的洞;2分钟后,A-6E又发射第二枚导弹,这枚导弹竟然从第一枚导弹炸开的洞中飞进去,彻底摧毁了水电站的内部设施,令人叫绝。

8. 制导炸弹(灵巧炸弹)

世界上最早的制导炸弹是德国20世纪30年代末40年代初研制成功的HS-293,第二次世界大战中取得一定战绩。20世纪60年代相继出现了电视、红外、雷达波束制导的炸弹。1965年美国研制成功"宝石路"激光制导炸弹,并于1967年用于越南战场,首次使用就取得了惊人的战果:美国为了轰炸河内附近的一座清化大桥,曾出动600多架次飞机,投下数千吨普通炸弹,损失飞机18架,仍未能将桥炸毁;改用刚刚研制成功的"宝石路"激光制导炸弹后,仅出动了12架次飞机,而且无一损伤,就炸毁了该桥。据统计,美国在越战中共投下制导炸弹约2万5千颗,摧毁坚固目标1800个。在海湾战争中,多国部队共投下制导炸弹10300枚,命中概率高达90%。至今,制导炸弹已发展到第三代。

9. 制导炮弹

制导炮弹是利用自身制导装置,发射后能在弹道末段实施控制、引导的炮弹。主要对付坦克、装甲车辆、舰艇等目标。制导炮弹主要有三种类型:

(1)激光制导炮弹,如美国"铜斑蛇"制导炮弹。

(2)毫米波制导炮弹,如法国研制的"灰背隼"81迫击炮弹,美国的"萨达姆"系统。

(3)红外制导炮弹,如瑞典的"斯特勒克斯"制导炮弹。

精确制导武器的发展趋势是:

(1)向"智能化"发展,提高命中精度;

(2)向"远程化"发展,增大武器射程;

(3)向"隐型化"发展,提高突防能力;

(4)向"模块化"发展,提高通用性能。

(四)精确制导武器对作战的影响

精确制导武器是社会经济、科学技术和先进的生产工艺发展到一定阶段的产物。通过近些年来的局部战争,尤其是1991年的海湾战争和1999年的科索沃战争,人们已经清楚地认识到精确制导武器在战争中所起的作用越来越重要,并必将对未来高技术、现代化战争产生深刻的影响。

1. 精确制导武器提高了作战效能

(1)以小的投入,换取巨大的战果。在海湾战争中,多国部队向伊拉克发射的精确制导弹药只占发射弹药总量的7%,却摧毁了80%的重要目标。可以预见,在未来的作战中,一枚常规型的精确制导武器摧毁一架飞机、一辆重型坦克、一艘军舰或一座高价值的军事目标将完全成为现实。

(2)人员伤亡的数量将急剧减少。由于精确制导武器的使用不依赖"人海战术",而是建立在远程打击的基础上,一般不会出现短兵相接的局面,而出现的将是机器对机器的局面。因此,持较先进技术一方的战勤人员的伤亡必将大大减少。例如,海湾战争中,美军只阵亡146人,阵亡人数之少是过去任何一场战争所无法比拟的。

2. 精确制导武器使用作战方法发生深刻变化

(1)旷日持久的局部战争将被速战速决取代。精确制导武器最本质的作战特点是快速、敏捷、高效,也就是说精确制导武器具有速战速胜的能力。假如一方以1000辆坦克迎敌(规模已经不算小),但另一方只要用相应数量的反坦克导弹,在数小时内就可以把整个坦克群全部摧毁。因此,一场远程大规模作战行动的胜负在很短的时间内就能成为定局。

(2)传统重型兵器的领先地位受到有力挑战。飞机、坦克、大炮和军舰等重型常规兵器历来素有"天之骄子""战场之王""战争之神"和"海上铁龙"之称。时至今日,在精确制导武器面前,"四大金刚"显得有些软弱、笨重和力不从心。

(3)使突袭性的跨国界作战变得轻而易举。精确制导武器具有准确的远程作战能力,牵连损伤有限,作战持续时间短,军事行动的国际影响度相对降低,使得某些大国敢于"说出手时就出手"。

3. 精确制导武器在改变军事力量对比中将起重要作用

(1)精确制导武器与电子战配合使用可改变军事力量的传统对比。精确制导武器的出现,使电子战由软杀伤发展为软杀伤与硬摧毁相结合的崭新阶段。海湾战争中,精确制导武器就承担了"电子战杀手"的角色。事实表明,拥有先进的精确制导武器和电子战实力的一方,可以战胜传统武器在数量上占优势,但制导武器落后、又无电子战实力的一方。

(2)精确制导武器可以改变传统军事力量的平衡。当敌对双方的传统军事力量旗鼓相当时,拥有或相对拥有更多精确制导武器实力的一方将在军事上占优势。

(3)精确制导武器促成了常规的威慑力量。核武器同放射性武器、化学武器、生物武器一样都是大规模杀伤性武器。由于这种武器大范围的杀伤与破坏作用,使用后能使敌人蒙受巨大损失,并造成强烈的心理和精神影响,所以是一种很好的用来恐吓、威胁敌对一方的武器。但由于世界上一切爱好和平的人民和国家的共同努力,已打破了超级大国的核垄断,使得超级大国不得不寻求新的威慑力量。由于精确制导武器在作战中的突出表现和种种优点,特别是对点目标和攻击力不亚于小型核弹,而且牵连损伤较小,所以超级大国把眼光逐渐聚焦到了精确制导武器上,把它视为当代新的具有威胁性的武器。通过近年来的局部战争,可以看到这种融有高技术的精确制导武器,它的常规威慑力量的可利用性已大大高于核威慑力量。

(五)精确制导武器的对抗措施

对付精确制导武器打击的招法有:躲藏、欺骗、干扰、摧毁。

(1)躲藏,主要是借用各种方法让对方看不见。在敌人侦察之时可以躲藏到树林里、山洞中,可以在自身涂抹一些吸波(光)材料,消除目标的特征。

(2)欺骗,就是以假乱真,让敌人上当受骗。手段之一是制造假目标,手段之二是伪装,手段之三是隐真示假。

(3)干扰,就是将某种"力"(能量)直接作用于敌人的探测设备上,使之无法正常工作,得不到真正有用的信息和指令,而盲目飞行或胡乱轰炸。方法一是消极干扰,如施放金属箔条、布设角反射器等,把对方发出来的"力",即各种光源、波束反射回去,在其雷达上产生大量的雪花,分不清真假。方法二是积极干扰。针对敌人雷达工作的频段,利用电子干扰设备,在相应频段上发射强烈的电磁波,压制敌方的电子设备,使其让无法工作。

（4）摧毁,这是积极的对抗,一是摧毁敌人精确制导武器的发射系统;二是摧毁其侦察、指挥控制系统;三是拦截已发射的精确制导武器。

五、航天技术

（一）航天技术概述

1. 航天技术的基本概念与分类

航天技术（Space Technology）又称空间技术。是一项探索、开发和利用太空以及地球以外天体的综合性工程技术,是一个国家现代技术综合发展水平的重要标志。

航天技术是现代科学技术的结晶,它以基础科学和技术科学为基础,汇集了力学、热力学、材料学、医学、电子技术、光电技术、自动控制、喷气推进、计算机、真空技术、低温技术、半导体技术、制造工艺学等许多工程技术的新成就。这些科学技术在航天应用中互相交叉和渗透,产生了一些新学科,使航天科学技术形成了完整的体系。航天技术不断提出的新要求,又促进了科学技术的进步。

通常可以划分为航天运载器技术、航天器技术和航天测控技术三大部分。

（1）航天运载器技术,是航天技术的基础。要想把各种航天器送到太空,必须利用运载器的推力克服地球引力和空气阻力。常用的运载器是运载火箭。

运载火箭主要由动力系统、控制系统、箭体和仪器、仪表系统组成。为了使航天器获得飞出地球所需的速度,靠单级运载火箭的推力目前难以达到。为此,人们发展了多级运载火箭。多级运载火箭是由几个能独立工作的火箭沿轴向串联组成。

（2）航天器技术。航天器是在太空沿一定轨道运行并执行一定任务的飞行器,亦称空间飞行器。航天器分为无人航天器和载人航天器两大类。

无人航天器按是否环绕地球运行又分为人造地球卫星和空间探测器等,其中人造地球卫星按用途分为:①科学卫星,用于探测和研究;②应用卫星,直接为国民经济和军事服务;③技术试验卫星,用于技术试验和应用卫星试验。空间探测器按探测目标分为月球探测器、行星（金星,火星,水星,土星等）探测器和星际探测器。

载人航天器按飞行和工作方式分为载人飞船、空间站和航天飞机等。其中载人飞船可分为卫星式载人飞船、登月式载人飞船和行星际载人飞船等;空间站可分为单一式空间站和组合式空间站。

（3）航天测控技术,是对飞行中的运载火箭及航天器进行跟踪测量、监视和控制的技术。为了保证火箭正常飞行和航天器在轨道上正常工作,除了火箭和航天器上载有测控设备外,还必须在地面建立测控（包括通信）系统。地面测控系统由分布全球各地的测控台、站及测量船组成。航天测控系统主要包括光学跟踪测量系统、无线电跟踪测量系统、遥测系统、实时数据处理系统、遥控系统、通信系统等。

2. 航天器飞行的基本条件

航天器(亦称空间飞行器、太空飞行器),是在绕地球轨道或外层空间按受控飞行路线运行的载人的飞行器,包括发射航天飞行器的火箭、人造卫星、空间探测器、宇宙飞船、航天飞机和各种空间站。其运转必须具备一定的条件:①速度条件;②高度条件。

(1)速度条件。万有引力定律和三大运动定律告诉我们:当一个物体围绕地球做匀速圆周运动时,必然产生向外的惯性离心力。如果离心力刚好等于向心力(即重力),这个物体将沿圆轨道绕地球运行而不掉回地面。在这种情况下,这个物体的速度称为环绕速度,大约等于7.9千米/秒,这就是通常所说的第一宇宙速度。当速度达到11.2千米/秒时,物体将挣脱地球的引力场,而变成绕太阳运转的人造卫星,这时的速度为第二宇宙速度(亦称脱离速度)。如果物体运动的速度再增加到16.7千米/秒,这时太阳的引力也拉不住它了,而成为银河系的一个人造天体,这时的速度称为第三宇宙速度。

1972年3月2日,美国发射的"先驱者"10号探测器,经过14年的漫长旅行于1986年越过太阳系边缘,实现了飞向太阳系外宇宙空间的目标。在这之后,美国的"旅行者"2号人造卫星在考察了木星、土星及其卫星后,携带着12种科学仪器和"地球之音"——人类向外星人的问候语和反映地球人类文明的照片,也飞出了太阳系,期望着地外文明能够发现我们。当然,按照这个速度去旅行,即使是飞到离太阳系最近的一颗恒星"半人马座2星"也需10万年。所以,要实现恒星之间航行,就必须以接近光速,即30万千米/秒的速度航行,这就需要运载技术来一个革命性的飞跃。

(2)高度条件。航天技术中所说的"天",指的是空气空间以外的整个空间,简称外层空间、空间或者太空。一般把在地球周围稠密大气层以内的飞行活动(例如飞机、气球的飞行)称为航空;把在稠密大气层以外、太阳系以内的飞行活动(例如人造卫星、载人飞船的飞行)称为航天,或星际航行;而把太阳系以外的飞行活动称为航宇。

大气层分成很多层,越靠近地球,空气密度越高,90%大气质量在30千米以下,30千米以上逐渐稀薄了。随着高度的增加,空气密度急剧下降,在距地面100千米的高度上,空气密度为海平面的一百万分之一;在120千米高度上,空气密度为海平面的几千万分之一;在200千米高度上,空气密度只有海平面的五亿分之一。美国1959年曾发射了一颗卫星,距地球最低点是69英里,这颗卫星发射的很成功,由于卫星以7.9千米/秒的速度飞行会受到很大的阻力,所以必须把卫星的轨道选在稠密大气层以外。这是由于受到空气阻力的影响,它没有真正脱离无阻力飞行的环境,所以就掉下来了。严格说必须把卫星运行轨道选择在120千米以上的空间,它才不会掉下来。

1960 年第 53 届巴塞罗那国际航空联合大会决议规定,"地球表面 100 千米以上空间为航天空间,为国际公共领域,100 千米以下空间为航空空间领域。"联合国外空委员会认为,目前还不可能提出确切和持久的科学标准,来划分外层空间和空气空间的界限。近年来,趋向于以人造卫星离地面的最低高度(100~110 千米)作为外层空间的最低界限,因此卫星通常都在离地面 120 千米以上的空间飞行。

(二)航天技术发展的六大关键技术

一般来说,国际上评价一个国家的航天技术实力通常是用所谓的"六大关"来衡量。

这六大技术难关就是"上天关、地球同步关、太阳同步关、一箭多星关、返回关和载人航天关"。这六大技术难关不仅是人类航天技术发展的重大课题,更重要的是衡量一个国家航天技术综合实力的重要指标。因为,每一个难关的克服,都标志着人类航天技术的一次质的飞跃。

(1)上天关。突破上天关,就是离开地球进入太空。地球上物体要进入太空就必须克服地球引力和空气阻力的影响。最初,人们就想到了利用火箭高速喷出的高温高压气体,推动火箭进入太空。中国明代的万户是世界上"试图用火箭作为交通工具的第一人"。他先将椅子与两个大风筝联结在一起,再在椅子上安装了 47 支当时最大的火箭,然后坐在上面进行了"首次火箭飞行尝试"。虽然在当时的条件下没有成功,但这种构思却具有划时代的意义。正因为如此,美国人在登上月球后,把月球上最大的一座环形山命名为"万户山"。而真正现代意义上的实用型火箭是第二次世界大战期间,由纳粹德国火箭专家冯·布劳恩制造的 V-2 火箭,它奠定了现代运载火箭技术的基础。在它的基础上,苏联、美国以及其他国家才大规模地展开了运载火箭技术的研究。到目前为止,突破"上天关",能够独立研制和发射运载火箭的国家有 10 个,依次是苏联、美国、法国、日本、中国、英国、印度、以色列、朝鲜和巴西。

第二种上天的方法是用航天飞机发射。即将航天器装在航天飞机的货舱中,在航天飞机进入轨道后再发射卫星。美国已经成功地进行了利用航天飞机发射卫星。

除此之外,美国还在研制用飞机发射火箭上天的方法。1990 年 4 月,美国首次进行了试验,并获得了成功。近年,美国又成功地进行了一次相关试验,用 B-52 大型运输机将三级"飞马"火箭带到万米高空,然后抛下火箭,火箭点火起飞,将一枚试验卫星送入了太空。

(2)地球同步关。即发射地球同步轨道卫星。地球同步轨道是卫星绕地球运行的周期和方向与地球自转周期和方向相同的卫星轨道,即卫星绕地球运行一周的时间是 23 小时 56 分 04 秒。它的主要特点突出表现在三个方面:①轨道高度高。一般距地球表面 35786 千米左右。②卫星定点难。比如静止卫星,这种卫星相对于地球来讲是静止的。既然卫星相对地球是静止的，那么在发射过程中必须根据需要进行精确定位。③用途特殊。地球同步轨道一般用于发射通信、广播电视等卫星。

（3）太阳同步关。即发射太阳同步轨道卫星。太阳同步轨道是轨道平面绕地轴旋转的方向和周期与地球绕太阳公转的方向和周期相同的卫星轨道。也就是说太阳同步轨道平面自转一周的时间是 365 天。太阳同步轨道卫星有三个特点：①轨道高度较低。轨道高度一般距地球表面 500～1000 千米。②对地面观察的太阳光照条件相同。太阳同步轨道卫星每天都以同一地方时、同一运行方向、同一光照条件，经过地球同一纬度地面目标上空。③用途不同。太阳步同轨道一般用于气象、侦察和地球资源卫星。目前全世界只有中国、美国和俄罗斯掌握了发射太阳同步卫星技术。

（4）一箭多星关。即用一枚火箭同时发射两颗以上的卫星。它最大的特点是：节约发射成本。最大的难点是航天遥测和遥控必须万无一失。只有遥测技术可靠才能准确地掌握火箭的位置和卫星的姿态。只有遥控技术先进才能准确地下达相关指令，引导火箭入轨，实施星箭分离，在不同的轨道上施放不同的卫星。我国早在 1981 年，就用一枚火箭成功地发射了三颗卫星。

（5）返回关。即使在太空运行的航天器从太空重新回到地面的航天技术。返回从技术的角度上讲要比发射难得多，难点主要体现在三个方面：离轨、再入和着陆。据测算，卫星在返回地面过程中，如果速度误差为 5 米/秒，卫星落地点就要偏离 70 千米；如果角度误差 0.1°，卫星落地点就要偏离 300 千米。到目前为止，在掌握回收技术的三个国家中，中国的回收成功率是最高的：我国从 1975 年 11 月 26 日回收成功第一颗卫星起，共发射 20 次，回收成功 19 次，成功率达 95%。另外，卫星返回技术成熟也为突破"载人航天关"奠定了技术基础。

（6）载人航天关。载人航天除了具备返回式卫星所有的技术条件之外，还必须克服三大宇宙环境对人体的影响，并且要构建一个确保航天员的生命安全的空间生命保障系统。三大宇宙环境是超重、失重和低重力环境。超重现象在飞船发射和返回时都会产生，直接影响是改变人的血液循环系统的正常工作，严重地可以使航天员产生暂时晕厥、休克甚至是死亡。失重环境与超重环境正好相反，它是使航天员的前庭功能产生紊乱，突出的表现是失去方向感。低重力环境的直接影响是导致宇航员机体功能蜕化，造成肌肉松弛和无力。长期在空间站工作的宇航员返回地球后，就连扔一只火柴盒的力气都没有，心肺功能不能适应地面环境，必须通过长达一两年的长期训练才能逐步适应地面生活环境。构建一个空间生命保障系统，就是要按照地面的环境在太空建立一个小的"地球世界"，保障航天员在太空的生理需要。所以载人航天是航天领域六大技术难关中最难的一关。目前，能够进行载人航天的只有俄罗斯、美国和中国。

（三）军事航天技术

军事航天技术，是把航天技术应用于军事领域，为军事目的进入太空和开发利用太空的一门综合性工程技术。

军事航天系统大致可分为 4 类：军事航天运输系统、军事载人航天系统、军事卫星系统和航天作战系统。

1. 军事航天运输系统

把航天器、航天员或物资等有效载荷从地面运送到预定轨道或也能把有效载荷带回地面的运输工具。目前可利用的军事航天运输系统主要是一次性运载火箭。

目前常用的运载火箭按其所用的推进剂来分，可分为固体火箭、液体火箭和固液混合型火箭三种类型。如我国的"长征"三号运载火箭是一种三级液体火箭；"长征"一号运载火箭则是一种固液混合型的三级火箭，其第一级、第二级是液体火箭，第三级是固体火箭；美国的"飞马座"运载火箭则是一种三级固体火箭。

按级数来分，运载火箭可以分为单级火箭、多级火箭。其中多级火箭按级与级之间的连接形式，分为串联型、并联型、串并联混合型三种。串联型火箭级与级之间的连接分离机构简单，其上面级的火箭发动机在高空点火。并联型火箭的连接分离机构较串联型复杂，其核芯级第一级火箭与助推火箭在地面同时点火。苏联发射世界上第一颗人造地球卫星的卫星号运载火箭，就是在中间芯级火箭的周围捆绑了 4 支助推器。助推器与芯级火箭在地面一起点火，燃料用完后关机抛离。我国的长征二号 E 运载火箭则是一枚串并联混合型火箭，其第一级火箭周围捆绑了 4 枚助推器，在第一级火箭上面又串联了一枚第二级火箭。

主要的运载火箭有美国的"大力神"系列、"宇宙神"系列、"德尔塔"系列、"土星"系列运载火箭；俄罗斯的"东方号"系列、"质子号"系列运载火箭；苏联的"能源号"运载火箭、"天顶号"系列运载火箭；欧洲太空局的"阿里安"系列运载火箭；日本的 H 系列运载火箭；印度的"极轨"卫星火箭；中国的"长征"一至"长征"五系列运载火箭等。

与传统投送方式相比，航天运输系统具有无可比拟的优势：

（1）投送速度极快，利用空天飞机投送，能对全球范围发生的地区冲突迅速做出反应；

（2）具有侦察监视与预警功能，对导弹发射进行预警，它具有很强的的灵活机动性和综合侦察能力；

（3）可作为战时空间预备指挥所，进行战略预置，一旦战时需要，可直接承担起作战指挥任务；

（4）既是投送平台，进入空中后又能成为作战平台。

另外，由于进入轨道后是在遥远的太空，使得航天运输系统具有抗打击和抗干扰等得天独厚的优势,一般部署在陆、海、空等领域的常规武器装备只能对其望洋兴叹。

2. 军事载人航天系统

军事载人航天系统,是当今衡量一个国家综合实力的重要标志,更是人类未来发展的新疆域。

航天飞机是一种有人驾驶可重复使用的航天器,它既能像火箭一样垂直起飞,像太空飞船一样在轨道上运行,又能像飞机一样水平着陆。美国研制过5种型号的航天飞机:"哥伦比亚"号、"挑战者"号、"发现"号、"亚特兰蒂斯"号和"奋进"号。

载人飞船(太空飞船、航天飞船、宇宙飞船)是一种能保障航天员在外层空间生活和工作以执行航天任务并返回地面的航天器。它可以独立进行航天活动,也可用作往返于地面和空间站之间的"渡船",由轨道舱、返回舱和动力舱组成。轨道舱在飞船的前端,并将与太空站对接,返回时将留在轨道上继续工作;动力舱在飞船的尾部,装有液体燃料,用以调整飞船的飞行姿态;进入轨道后,动力舱外面的太阳能电池板将打开,并为飞船提供动力,返回时动力舱将与飞船脱离,成为太空垃圾;返回舱是宇航员的主要工作场所,舱内装有各种仪表和部分实验装置,它将最终把宇航员带回地球。离开地球时,整个飞船是密封在运载火箭里的,当最后一级火箭把飞船送入预定轨道后,火箭前端的整流罩打开,飞船与火箭分离。沿地心轨道飞行的航天飞船称为卫星式飞船,是一次性使用航天飞船;飞往其他天体的航天飞船称为星际飞船或远征飞船。运送人员的航天飞船称为载人飞船,运送物资、设备的航天飞船称为货运飞船。如我国的"神舟"系列飞船、俄罗斯(苏联)"联盟"号系列飞船、美国1969年5月18日发射的探月"阿波罗"10号飞船及"水星"号载人飞船、"双子星座"飞船、"猎户座"飞船等。

空间站是指运行在外层空间的人造太空舱,广义上为航天器的一种。和载人飞船相比,空间站并不一定会搭载着航天员发射升空,也不一定会具备推进和着陆用的设备,但空间站有适合人类长时间居住的设计,可以作为宇航员在太空停留和工作的场所。空间站能提供地面实验设施所不能提供的低重力、宇宙空间环境等条件,主要被用于各种科学研究(尤其是研究长期滞留宇宙对人体的影响)。目前人类的全部空间站都是建造在地球卫星轨道上的,为了对空间站进行人员和物资的补给和输送,需要其他航天器的配合。主要有我国的"天宫"一号小型试验性空间站(2011年至今);苏联建造的"礼炮系列"空间站(1971—1986年);美国的"天空实验室"空间站(1973—1974年);苏联/俄罗斯的"和平号"空间站(1986—2000年);美国、欧空局、日本、俄罗斯、加拿大共同建设的国际空间站(2000年至今)。

3. 军事卫星系统

军事卫星指的是用于各种军事目的的人造地球卫星。军事卫星按用途一般可以分为侦察卫星、军用通信卫星、军用导航卫星、军用测地卫星、军用气象卫星和截击卫星。

（1）侦察卫星：利用各种遥感器或无线电接收机等侦察设备收集地面、海洋或空中目标的信息，获取军事情报。根据执行任务和侦察设备的不同，分为照相侦察卫星、海洋监视卫星、电子侦察卫星和预警卫星。

（2）通信卫星：利用卫星作为中继站，实现地球上各点之间的军事通信。军事卫星通信除具有一般卫星通信所具有的通信距离远、容量大、质量高、覆盖区域广、经济效益高等优点以外，还具有保密性好、抗干扰性强、生存力强等优点。军事卫星通信按用途可分为战略通信和战术通信，前者是为保障统帅部及其派出机构对全军或重要战略方向实施作战指挥而提供的通信联络，后者是为保障军队遂行战斗任务而提供的地区性通信以及军用飞机、舰船和车辆乃至单人背负或手持终端的移动通信。

（3）导航卫星：利用卫星为地面、海洋、空中和空间用户进行导航定位。卫星导航能做到高精度、全天候、覆盖全球。卫星导航技术已经广泛用于海上舰艇、空中飞机和陆上车辆、坦克、火炮以及单兵的定位与导航，还可为飞机投弹、导弹发射、卫星遥感侦察和航天器空中交会等提供导航支援。

（4）测地卫星：卫星测地是以卫星为基准点精确测定地面点的坐标，确定地球形状和地球引力场分布，用于测定地球上任何地点的坐标和地形图，测定打击目标的坐标。测地卫星的主要优点是：①提拱了在全球范围内进行大地联测的全球统一地心坐标系；②人造卫星轨道运动反映了地球引力场的各种摄动，通过长期观测就可精确测定地球引力场参数；③用卫星进行大地联测，基线可以长达数千千米，两点间不受视距限制，因此控制点位的定位精度比常规大地测量网的精度高一个数量级；④测地卫星还可用来测量平均海平面高度的变化，研究地壳运动和大陆漂移，并能预测地震和海啸等。

（5）气象卫星：按照军事上的需要，用卫星观测获得气象资料和预报天气形势。军事气象卫星可搜集全球的或特定地区上空的气象信息，为各军种、兵种和战区提供气象资料，包括弹道导弹飞行沿线的气象情况。由于轨道的不同，可分为两大类：①极轨气象卫星。飞行高度为 600～1500 千米，卫星的轨道平面和太阳始终保持相对固定的交角，这样的卫星每天在固定时间内经过同一地区 2 次，因而每隔 12 小时就可获得一份全球的气象资料。②同步气象卫星。运行高度约 35800 千米，其轨道平面与地球的赤道平面相重合。从地球上看，卫星静止在赤道某个经度的上空。一颗同步卫星的观测范围为 100 个经度跨距，从南纬 50°到北纬 50°，100个纬度跨距，因而 5 颗这样的卫星就可形成覆盖全球中、低纬度地区的观测网。

（6）截击卫星：是携带攻击武器的卫星，采用自身爆炸、发射激光和火箭等方法摧毁空间目标，用于拦截、攻击、破坏、摧毁敌方在轨卫星或使其丧失工作能力。

它和空间观测网、地面发射－监控系统组成反卫星武器系统。这个系统在接到命令后，将截击卫星发射到预定轨道上，根据目标卫星的运行轨道，起动变轨发动机，做变轨机动去接近目标卫星，采用椭圆轨道法、圆轨道法或急升轨道法，用导弹、激光武器、高能粒子束武器、自身爆炸和碰撞等杀伤手段将其摧毁，或用无线电干扰方法使其电路中断，失去工作能力。

4. 航天作战系统

航天作战是指利用各种类型的反卫星武器攻击、摧毁敌方的航天器，或利用航天器上载有的定向能武器、动能武器攻击、摧毁敌方陆地、海洋与空中的目标，如航天器、飞机、洲际导弹、地面指挥与通信设施、导弹基地与航天器发射设施等。利用载人航天器上的机械臂、机器人或航天员直接擒获、破坏敌方的军用航天器，也属航天作战的范畴。航天作战武器技术尚处于初期研究和试验阶段，距实战使用还有相当距离。主要包括反卫星武器、军用空天飞机、天基反导武器等。反卫星武器是专门用于攻击航天器的武器。军用空天飞机是一种既能跨大气层飞行，又能进入轨道飞行，并可执行专门军事任务的可重复使用的航天器。天基反导武器是设置在空间用于拦截弹道导弹的武器。

已实现的航天作战试验，是利用动能反卫星导弹接近并摧毁了目标卫星。为了配合天对天攻击型的航天战争，必要时也可以发射以地面为基地的作战兵器，拦截和破坏敌人的目标。尤其是使用地面定向能武器配合航天作战，将使地对天攻击型航天战争具有重要意义。

（四）军事航天技术对现代战争的影响

军事航天技术对现代战争的影响是很深远的，太空已成为军事争夺最激烈的场所，军事航天系统在局部战争中得到了逐步应用，并显示了极大的潜力。当今，一些发达国家正在以大空间概念设计国民经济未来发展的蓝图，把航天技术产业作为未来发展的一个战略重点，认为它是发展各类高新技术产业的领头技术，能带动一大批高新技术产业和其他基础产业的发展，推动和促进新工艺、新材料、新能源等技术的进步，航天技术对国民经济的发展将起到"加速器"和"倍增器"的作用。航天技术作为引领人类 21 世纪科技潮流的最具影响的科学技术之一，必将会从武器装备、作战手段、作战空间、作战方式乃至作战思想等诸多方面，对现代战争产生全局性、根本性的影响。主要体现在以下几个方面。

（1）增强了现代战场的"透明度"。《孙子兵法》云："知己知彼，百战不殆"。西方著名军事家克劳塞维茨说："在战场上，指挥员最想知道的就是山的后面是什么？"由此我们可以看出：了解对方情况、掌握战场态势，自有战争以来就一直是困扰指挥员的重大难题。夜视技术的出现和发展，现代战场已经没有白昼和黑夜，但你看到的还是山的这边。正是由于军用侦察卫星的加入，从而为全方向、多维立体的监视战场动态，掌握战场情况创造了条件。例如：车臣非法武装头目杜达耶夫，为了躲避俄军追捕可谓是费尽心机。但是由于一时疏忽，使用卫星电话的时间稍微长了几秒钟，就让电子侦察卫星逮个正着，两枚导弹从天而降，让卫星电话送掉了性命。因为军事侦察卫星的广泛应用，使得现代战场的透明度大为增强，从而使得指挥员可以随时随地地知道"山的后面是什么"。

（2）提高了武器装备的作战效能。美军在总结分析海湾战争时认为：胜利的取得在很大程度上得益于军事高技术的广泛运用。海湾战争中，一架运用卫星导航的 F－117 飞机出动一次投掷一枚用 GPS 制导的炸弹的效果，相当于第二次世界大战中 B－17 轰炸机出动 4500 架次投弹 9000 枚的效果。而卫星导航和 GPS 制导，就是军事航天技术在现代战场上的具体运用。由此不难得出结论：现代武器装备的作战效能，在军事航天技术的参与、支持和配合下，已经增强并还将继续增强。

（3）增强了现代战场的指挥控制能力。军事航天技术增强战场指挥控制能力，实质上就是通信卫星的广泛运用，从战略战术两个层次上构建了覆盖全球和整个作战地区的卫星通信网，真正实现了横向联通三军、纵向直呼单兵的现代指挥通信网。2003 年 1 月 26 日，我国成功研制并发射了"中星"22 号通信卫星。这颗卫星主要就是为飞机、船只、车辆等机动中的物体建立相互之间的移动通信。从对现代战争影响的角度来讲，它的成功发射，彻底解决了长期以来困扰我军的运动中通信难题，为构建三军一体、独立自主，实时准确、保密不间断的指挥通信创造了条件。从更深层次的意义来看，它对于我军实现跨越式发展，加速向信息化转型具有重要的意义。因为，信息化建设的基础就是信息的获取和利用，而信息利用的前提是信息的传输。军事通信卫星则为实时、保密、准确、不间断的信息传输提供了广阔的舞台。军事航天技术对于增强现代战场指挥控制能力有着重要的影响。

（4）扩展了军事斗争的新领域。战争的发展曾经历了由陆地到海上，再到空中的发展变化过程。这是人类活动发展的历史必然，也是战争发展的一般规律。早在人类航天事业起步之初，太空就出现了军事斗争的身影。但真正把太空作为军事斗争新领域进行理性归纳的是《美国政策声明》。《美国政策声明》是 20 世纪80 年代美国一批极力主张"星球大战"的人草拟的，它对太空权利的主张与美国前总统肯尼迪对于宇宙的主张不谋而合。这份政策声明的核心思想是两个方面：①美国要不失时机地抢占太空这一新的处女地；②要用军事手段争夺和保卫美国在太空的统治权，这种统治权就是制天权。为了更进一步地说明什么是制天权，美军在 1998 年 8 月颁布的空军条令第 2－3 号中进行了具体的明确。它将制天权定义为一种手段，目的是夺取和保持太空优势，以确保己方部队使用太空环境并阻止敌人使用太空环境。在这样的一种情形下，以美国、俄罗斯为代表的航天大国正在紧锣密鼓地备战太空。至此，一个崭新的军种——"天军"就越来越清晰地展现在我们的面前。美国在打造天军方面已远远地走在了世界的最前列。美军专门成立了太空作战中心，研究太空作战的方式、方法和手段；成立了武器学校的空间分校，专门用来培养航空航天部队人员;成立了第一个用于太空攻击的第527太空攻击中队。到目前为止,美军已经形成三级太空战指挥和作战组织机构,拥有1个航天师及近百名军事宇航员和太空战人员,初步具备了进行太空作战的能力。俄罗斯是组建"天军"最早的国家。早在苏联时代的1967年,就组建了一支专门用于太空作战的新的兵种"导弹–太空防御兵"。俄罗斯在继承苏联太空力量的基础上,根据外层空间军事斗争的新形势,于1992年8月组建了直属国防部的航天部队,在此基础上于2002的6月1日组建了一个新的独立兵种——航天兵。围绕着"制天权"的争夺,新一轮的太空军事斗争已经露出了端倪。也正因为如此,太空已成为21世纪全球军事斗争的焦点,外层空间已经成为军事对抗的新战场。

(5)催生了新的作战样式——太空战。早在20世纪六七十年代,就已经出现了太空战的萌芽。1961年夏季,苏美两国在解决"柏林危机"中上演了一场"太空情报战"。苏联为提高在解决危机中的主导权,宣称已拥有400枚洲际弹道导弹。美国为了弄清真相,掌握底数,于同年7月7日发射了"萨莫斯"–2号照相侦察卫星,经侦察发现苏联其实只有14枚洲际弹道导弹,戳穿了赫鲁晓夫虚张声势的恐吓,美国利用军事侦察卫星在这场核讹诈中反败为胜。20世纪90年代爆发的海湾战争,被热衷于太空战的人认为是初级阶段太空战典型战例。在海湾战争中,美军动用了它几乎所有的军用通信卫星系统,还征用了部分在轨商业卫星,构成了航天侦察监视、航天通信、航天导航定位和航天气象服务四大系统,为海湾地区的作战行动提供了全面的支援和保障。尽管目前对支援保障算不算太空战尚存在争议,但美国军方许多人认为:海湾战争中的太空支援保障战是初级阶段太空战的典型战例。在可以预见的不久的将来,以太空为基地的天基武器系统将直接参加军事角逐,从而拉开完全意义上的太空战序幕。到那时,参战士兵将乘坐空天飞机在非常短的时间内到达世界各个战区;反卫星航天器与各种应用卫星将在太空激烈碰撞;天基武器系统从太空发射高能激光束把正在空中飞行的导弹扯成碎片。太空反导战、太空反卫星战、太空信息战、太空平台战、航天地面基地攻击战等新型的太空作战样式,将会逐一展现在我们的面前。太空战也必将和信息战、网络战、电子战一样,引领世界新军事变革的潮流和方向。在未来战争中,谁控制了太空,谁就控制了地球;谁在太空处于优势,谁就掌握了战争的主动权。

(五)我国航天技术发展概况

我国是一个底子薄、人口多、工业基础差的发展中国家,因而在航天事业发展的不同年代,始终根据国家经济基础和技术能力,选择有限目标,采取循序渐进、逐步发展和壮大的策略。我们首先发展了进入空间的能力,随后发展了空间应用的能力,在国家经济实力壮大之后,开始发展载人航天的能力。现在我们正在发展深空探测的能力。经过50多年的发展,逐步形成了比较完善的航天工业基础能力和配套能力。实践证明,我们走过的道路是一条符合中国国情的正确之路。

1. 进入空间的能力

开展航天活动的首要条件就是要拥有进入空间的能力。因此，中国航天事业的早期活动集中在火箭技术的开发研制上。1970 年，我们在中程导弹的基础上，研制了首枚液体运载火箭"长征" 1 号，成功发射了中国第一颗人造卫星，为中国开展航天活动奠定了基础。

在以后的 40 多年中，"长征"火箭突破了多项关键技术，运载能力和可靠性不断提高。1981 年，实现了一箭三星发射；1984 年突破了低温发动机技术，成功地将通信卫星送入地球静止轨道；20 世纪 80 年代末，掌握了运载火箭捆绑技术，1990 年"长征" 2 号 6 捆绑火箭首发成功，为中国的大型运载火箭进入国际商业发射市场打下了基础。

2007 年 7 月初，"长征"火箭完成第 101 次发射，标志着"长征"运载火箭已形成了谱系，具备了 9.5 吨的近地轨道、5.5 吨的地球同步转移轨道运载能力，可以满足发射低、中、高不同轨道各类有效载荷的需要。

2014 年 12 月 7 日，"长征"四号乙型火箭成功完成了我国"长征"火箭的第 200 次发射，将"中巴资源"一号 04 星送入预定轨道。

2015 年 6 月 26 日 14 时 22 分，"高分"八号卫星在我国太原卫星发射中心成功发射升空，这是"长征"系列运载火箭的第 205 次飞行。

2015 年 6 月中国航天科技集团公司一院在天津成功完成"长征"五号乙火箭整流罩第二次分离试验。

2. 空间应用的能力

当火箭技术取得了重要突破之后，我国正式启动了卫星研制计划，中国首颗人造卫星——"东方红" 1 号于 1970 年 4 月发射成功。此后，我国在通信、遥感、导航定位和科学实验卫星四个领域，逐步形成了广播通信卫星、返回式卫星、气象卫星、地球资源卫星、海洋卫星、导航卫星、科学实验卫星等 7 个卫星系列：①返回式遥感卫星系列。这一系列包括三种不同类型的近地轨道返回式卫星，为使卫星安全返回地面，中国科学家攻克了变轨、防热、减速和回收等技术难关，并基本形成了返回式卫星公用平台。自我国首次成功发射回收了返回式遥感卫星至今，已发射了 23 颗返回式卫星，成功回收 22 颗，回收成功率居世界之首。②"东方红"通信广播卫星系列。此系列包括四种不同类型的静止轨道通信卫星，即"东方红"二号、"东方红"二号甲试验通信卫星和"东方红"三号通信广播卫星，截至 2013 年上半年，共有 6 颗采用"东方红"四号卫星平台的民/商用通信卫星在轨，它们共携带了 348 台转发器，覆盖亚洲、非洲中西部及南部、南美洲，覆盖全球约 58% 的陆地面积和 80% 的人口。2015 年 6 月，由中国航天科技集团公司五院通信卫星事业部抓总研制的"东方红"五号卫星平台正式获得国家国防科工局和财政部立项批复，这标志着"东方红"五号平台的研制工作正式进入工程实施阶段。这一系列卫星至今为通信、广播、水利、交通、教育等部门提供了各种服务。③"风云"气象卫星系列。该系列包括"风云"一号太阳同步轨道气象卫星、"风云"二号地球静止轨道气象卫星和"风云"三号近极地太阳同步轨道气象卫星,太阳同步轨道气象卫星又称极轨气象卫星。设计中的"风云"四号为第二代静止轨道气象卫星,2015年6月中国航天科技集团公司八院812所卫星总装中心顺利完成"风云"四号卫星太阳翼展开试验,卫星转入热控改装阶段。"风云"系列卫星在中国天气预报和气象研究方面发挥了重要作用。④"实践"科学探测与技术试验卫星系列。这一系列形成时间较长,1971年3月发射"实践"一号。2010年6月15日9时39分,我国在酒泉卫星发射中心用"长征"二号丁运载火箭成功将"实践"十二号卫星送入太空。2014年8月9日,"实践"二十号遥感卫星由"长征"四号丙火箭在酒泉卫星发射中心成功发射。⑤"资源"地球资源卫星系列。1999年10月,中国和巴西联合研制的"资源"一号卫星发射成功,2000年9月中国自行研制的"资源"二号卫星发射成功。2012年1月9日11时17分,"资源"三号卫星在太原卫星发射中心由"长征"四号乙运载火箭成功发射升空。2013年12月9日11时26分,我国在太原卫星发射中心用"长征"四号乙运载火箭发射中国与巴西合作研制的"资源"一号03星、"资源"四号卫星,火箭飞行过程中发生故障,卫星未能进入预定轨道。⑥"北斗"导航定位卫星系列。2000年10月和12月,中国两次成功发射"北斗"导航试验卫星,2003年又发射了一颗备份卫星,完成了"北斗"卫星导航试验系统的组建。2007年发射一颗中地球轨道卫星,进行了大量试验。2009年起,后续卫星持续发射,并在2011年开始对中国和周边地区提供测试服务,2012年12月25日第十六颗"北斗"导航卫星顺利入轨,完成了对亚太大部分地区的覆盖并正式提供卫星导航服务,实现了该项目三步走战略的前两步。根据计划,"北斗"卫星导航系统将在2020年完成,届时将实现全球的卫星导航功能。"北斗"卫星导航系统由空间段、地面段和用户段三部分组成,可在全球范围内全天候、全天时为各类用户提供高精度、高可靠定位、导航、授时服务,并具短报文通信能力,已经初步具备区域导航、定位和授时能力,定位精度10米,测速精度0.2米/秒,授时精度10纳秒。⑦"海洋"卫星系列。"海洋"卫星主要用于海洋水色色素的探测,为海洋生物的资源开放利用、海洋污染监测与防治、海岸带资源开发、海洋科学研究等领域服务。2002年5月和2007年4月,中国海洋水色卫星"海洋"一号A和"海洋"一号B分别成功发射。2011年8月在太原卫星发射中心用"长征"四号乙运载火箭,将中国第一颗海洋动力环境监测卫星"海洋"二号成功送入太空。2012年9月,国家海洋局国家卫星海洋应用中心表示2020年前,将发射8颗"海洋"系列卫星,形成对国家全部管辖海域乃至全球海洋水色环境和动力环境遥感监测的能力,同时加强对黄岩岛、钓鱼岛以及西沙、中沙和南沙群岛全部岛屿附近海域的监测。

3. 载人航天的能力

中国在 2003 年依靠自己的力量,把航天员送入太空轨道。实际上,早在 20 世纪 80 年代末我们就开始对载人航天计划开展论证。1992 年,在中国的经济改革不断取得成效,综合国力得到大幅提高,并且已经掌握大型运载火箭和航天器返回技术的条件下,中国政府做出了实施载人航天工程的重大决策。

1999—2002 年,先后成功发射了 4 艘无人试验飞船,2003 年 10 月,中国航天员杨利伟乘坐"神舟"五号飞船圆满完成首次载人飞行,标志着中国独立掌握了载人航天技术。

2005 年 10 月,航天员费俊龙、聂海胜乘坐"神舟"六号实现了 2 人 5 天、航天员直接参与空间科学实验活动的新跨越。

2008 年 9 月 25 日,我国第三艘载人飞船"神舟"七号成功发射,三名航天员翟志刚、刘伯明、景海鹏顺利升空。27 日,翟志刚身着我国研制的"飞天"舱外航天服,在身着俄罗斯"海鹰"舱外航天服的刘伯明的辅助下,进行了 19 分 35 秒的出舱活动。中国随之成为世界上第三个掌握空间出舱活动技术的国家。

2011 年 9 月 29 日 21 时 16 分,中国无人太空实验舱"天宫"一号由酒泉卫星发射中心改进后的"长征"二号 FT1 火箭成功发射送入低地球轨道,在相继实现航天员上天、太空行走之后,为建设探索太空的前哨——永久载人空间站迈出关键一步。11 月 1 日 5 时 58 分,我国自行研制的"神舟"八号飞船,在酒泉卫星发射中心发射升空,583 秒后成功进入预定轨道。在随后的飞行过程中,"神舟"八号飞船与在轨运行的"天宫"一号目标飞行器进行交会对接,实施我国首次空间无人交会对接试验。

2012 年 6 月 16 日 18 时 37 分,"神舟"九号飞船在酒泉卫星发射中心发射升空。18 日约 11 时转入自主控制飞行,14 时左右与"天宫"一号实施自动交会对接,这是中国实施的首次载人空间交会对接,宇航员景海鹏、刘旺和我国首位女航天员刘洋组成飞行乘组,并于 2012 年 6 月 29 日 10 点 00 分安全返回。

"神舟"十号飞船在酒泉卫星发射中心"921 工位",于 2013 年 6 月 11 日 17 时 38 分 02.666 秒发射,由"长征"二号 F 改进型运载火箭(遥十)"神箭"成功发射。在轨飞行十五天左右,加上发射与返回,其中停留"天宫"一号 12 天,搭载聂海胜、张晓光、王亚平三位航天员。6 月 13 日与"天宫"一号进行对接。6 月 20 日上午 10 点 04 分到 10 点 55 分,女航天员王亚平在"天宫"一号上为青少年授课,成为中国首位"太空教师"。6 月 26 日回归地球。

与俄美飞船不同,我们的飞船采用了三舱一段结构、两对太阳电池翼构型、升力控制返回和圆顶降落伞回收方案,具有很高的智能化水平,可为 3 名航天员提供舒适的环境,不仅可人货合运,还可一船多用。飞船轨道舱兼具生活舱和留轨试验舱的功能,可驻留轨道数月开展空间科学探测和技术试验,为突破空间交会对接奠定基础。

4. 深空探测的能力

在拥有了运载火箭、卫星和载人航天的关键技术后,2004 年,中国正式开展月球探测工程,并命名为"嫦娥工程"。"嫦娥工程"分为"无人月球探测""载人登月"和"建立月球基地"三个阶段。2007 年 10 月 24 日 18 时 05 分,"嫦娥"一号成功发射升空,在圆满完成各项使命后,于 2009 年按预定计划受控撞月。2010 年 10 月 1 日 18 时 57 分 59 秒"嫦娥"二号顺利发射,也圆满并超额完成各项既定任务。2013 年 12 月 2 日 1 时 30 分 00.344 秒,"嫦娥"三号从西昌卫星发射中心成功发射。14 日 21 时 11 分 18.695 秒,"嫦娥"三号在月球表面的虹湾区域成功实施软着陆,降落相机传回图像。15 日凌晨,"嫦娥"三号搭载的"玉兔"号月球探测器成功与"嫦娥"三号进行器件分离。15 日晚,"嫦娥"三号着陆器和巡视器"玉兔"号月球车进行互成像实验,"两器"顺利互拍,"嫦娥"三号任务取得圆满成功。"嫦娥"三号是中国探月工程"绕、落、回"三步走的第二步,我国有望在 2020 年前实现月球无人采样返回,为下一步载人探月奠定基础。

5. 逐步完善形成了航天工业基础能力

1956 年 3 月国务院制定《一九五六年至一九六七年科学技术发展远景规划纲要(草案)》开始,经过 60 多年发展,中国航天事业已经具备了较强的设计能力、先进的加工制造能力、完备的测试和试验能力、可靠的发射能力和有效的测控管理能力,形成了相对完整的航天工业体系。

六、指挥控制技术

(一)指挥控制技术概念

1. 指挥控制技术定义

军队指挥控制,是指在军队指挥体系中建立和运用指挥控制系统,辅助指挥员和指挥机关实现科学、高效的指挥控制与管理的活动。其目的是提高军队的组织指挥和管理效能,最大限度地发挥军队的整体作战能力。

军队指挥控制技术,是指在军队指挥系统中,综合运用以信息技术为核心的现代科学技术及军事理论,实现军事信息收集、传递、处理自动化,以实现高效的指挥、领导与管理,保障军队发挥最大效能的技术。

首先,它是一种"活动",反映了指挥方式的变化;其次,它是军事技术发展的必然结果,并随着社会生产力的发展、科学技术的进步、战争形态的演进和军事理论的创新而不断发展;再次,它是军事理论和信息技术在军事领域的运用和反映,是一个将军事理论和现代信息技术应用于军队指挥领域的过程。

2. 指挥控制技术相关的常用术语

在指挥控制技术的发展过程中,其常用术语的变化反映了其发展进程。其发展大致经历了初创、全面发展和成熟三个阶段,即从 C^2—C^3—C^3I—C^4I—C^4ISR –

C^4ISRK。

C^2：Command + Control，是最初的指挥控制技术。C^2的出现意义重大，标志着人类的指挥手段开始进入到全新的自动控制方式。20世纪50年代，人们开始应用新出现的电子计算机技术处理军队指挥中一些大量繁琐的工作来减轻人的负担。1953年，美国开始研制防空控制指挥系统，并于1958年率先建成了世界上第一个半自动防空指挥控制系统——"赛其"，首次将地面警戒雷达、通信设备、电子计算机和显示器连接起来，但这个系统仅仅在某些环节上应用计算机取代了繁重的手工作业。几乎同时，苏联也建成了类似的"天空"一号半自动化本土防空系统。

C^3：C^2 + Communication。20世纪60年代，随着远程武器特别是战略导弹和战略轰炸机的大量装备以及通信技术的发展，通信在系统中的作用越来越重要，这样就在C^2的基础上突出了通信的作用（Communication），C^2系统被扩充为C^3系统。

C^3I：C^3 + Intelligence。20世纪70年代，美国首次把"情报"作为指挥控制系统不可缺少的因素，这样又出现了C^3I系统，并在较长时期内成为指挥控制系统的代名词。

C^4I：C^3I + Computer。虽然在C^2、C^3、C^3I中都使用了计算机，但计算机一直处于辅助地位。随着软件技术的发展，并且计算机不断的小型化、微型化，计算机的地位一下上升到关键设施的核心地位。为了突出这一点，在20世纪80年代初，指挥控制系统又从C^3I发展到C^4I（指挥、控制、通信、情报、计算机，即C^3I加上Computer）。

C^4ISR：C^4I + Surveillance and Reconnaissance。20世纪90年代中期，美国根据海湾战争的经验，进一步认识到掌握战场态势的重要性，提出"战场感知"的概念，即利用各种侦察监视手段，全面了解战区的地理环境、地形特点、气象情况，实时掌握敌我友三方兵力部署和武器系统配置情况及其动向，为作战行动提供可靠的依据。C^4I技术体系的内涵又进一步扩大，新融入了"侦察与监视"，变成了C^4ISR。美军1997财政年度正式提出开发一体化的C^4ISR。科索沃战争是第一次大规模实战运用全球一体化的C^4ISR指挥控制系统。

C^4ISRK：C^4ISR + KILL。进入21世纪，随着军队信息化水平的不断提高，C^4ISR与武器平台、弹药等作战系统的融合不断加深，同时信息系统的对抗手段也不断增多，使C^4ISR系统不仅仅是保障性的指挥控制手段，而且逐渐具有杀伤进攻的作战能力，因此，C^4ISR系统又将新增杀伤手段，从而变成了C^4ISRK系统，指挥控制系统又添了新成员。美国预计到2030年建成C^4ISRK系统。

从本质上讲，以上各种术语代表的意思是相似的，例如，C^2也离不开通信和情报、计算机。术语上的差别反映的是不同阶段系统建设的重点思路。随着指挥控制内涵的扩展，必将需要更多的要素集成到一起。为了避免这一麻烦，美国人现在有一种倾向，即将诸要素综合起来，称之为"国防信息基础设施"。

（二）军队指挥控制技术的组成与功能

通常,根据使用目的与作用的不同,军队指挥控制技术可以分为不同的种类。比如,按照大的层次,可以分为战略指挥控制技术、战役指挥控制技术、战术指挥控制技术以及作战平台信息化附加技术等;按照军种区分,可以分为陆军指挥控制技术、海军指挥控制技术、空军指挥控制技术以及第二炮兵指挥控制技术,等等。但是,不管是什么样的指挥控制技术,哪个层次的指挥控制技术,如果从指挥控制技术的信息流程角度看,或是从它的基本功能上看,其基本组成都是一样的,即都是由信息收集分系统、信息传输分系统、信息处理分系统、信息显示分系统、决策监控分系统和执行分系统等组成。在海湾战争以及伊拉克战争中,美国的“爱国者”导弹与伊拉克的“飞毛腿”导弹进行了针锋相对的对抗,实际上,美国的“爱国者”导弹之所以能够成功地对“飞毛腿”导弹进行拦截,它所依托的,就是一个完整的指挥控制系统,或者说,“爱国者”导弹对“飞毛腿”导弹拦截的过程,也就是指挥控制系统运作的一个完整过程。

（三）军队指挥控制技术的地位与作用

（1）军队指挥控制技术是国防威慑力量的重要组成部分。世界各国通过对现代高技术局部战争经验教训的总结,清醒地认识到,先进的武器装备必须要有先进的指挥手段与其相匹配才能发挥其效能。这是因为,无论是核威慑、化学武器威慑,还是常规威慑,如果没有先进的指挥手段作依托,它们的作用就会发挥不出来,就形成了不了实际的战斗力。而这个先进的指挥手段,就是军队指挥控制技术。

（2）军队指挥控制技术是军队战斗力的“倍增器”。现代战场,单一武器的作用逐渐减弱,体系与体系的对抗已成为未来高技术战场的重要特点。只有通过军队指挥控制系统,各个作战要素、各类作战资源和各种武器系统才能连接成一个有机整体;只有通过军队指挥控制系统,指挥员才能对众多作战力量实施有效的指挥控制,才能对众多作战要素和作战资源实现最佳配置和最佳组合,充分发挥作战体系的整体效能,实现既达成作战目的又获得最佳作战效益的双重目的;只有通过军队指挥控制系统,才能使作战行动更有效,使有限的作战力量得到倍增。

（3）军队指挥控制技术是高技术战争作战指挥的必备手段。军队指挥控制技术不仅可以使指挥员对来袭的敌方各种空中目标实现从探测预警、情报侦察、监视捕捉、敌我识别、跟踪制导、电子对抗,直到命中目标全过程的自动控制,而且可以使指挥员在远离战场的情况下实时、形象、直观地掌握战场态势和有关情况,指挥协调作战行动,掌握控制远程精确打击武器系统,在某种程度上实现了“运筹于帷幄之中,决胜于千里之外”,大大扩展了指挥活动的范围。

（4）军队指挥控制技术是未来信息战的重要组成部分。应当说,信息战是未来战争中的一种非常重要的作战样式。随着各种信息技术武器装备和系统在军事斗争中的广泛运用,信息对抗手段越来越多,范围越来越大,信息优势在现代战争中的重要作用也越发显现出来,信息战也就应运而生。军事领域信息战的焦点是军事信息的占有权、控制权和使用权,其作战对象是对方的军事和民用信息系统。其最终目的在于达成信息优势,使己方指挥控制机构所获取的信息比对方更加完整、准确、及时、可靠。

(四)军队指挥控制技术对作战行动的影响

1. 对作战指挥的影响

使指挥机关的组织结构发生变革。使指挥机关的指挥人员从繁忙的手工操作中解脱出来,精简指挥人员,提高指挥效率。使指挥工作方式发生变革。各级指挥员可以随时利用各种现代化设备了解上级意图,收集各种战场信息,分析判断情况,优选可行方案,定下决心,下达命令和指示以及向上级汇报命令的执行情况等,较之以往的手工操作,这无疑是指挥工作方式的一种变革,使指挥决策更加科学化。运用自动化指挥系统进行指挥决策,指挥员除了能充分发挥主观能动性外,还可以最大限度地利用自动化系统的"智能"功能,对预定作战方案进行可行性验证,从中优选出最佳方案,从而做出正确决策,使战场调控更趋完善。指挥员一方面可以根据这些反馈信息对战场的兵力部署做出及时的调整,控制战场态势朝着对己方有利的方向发展,使战场上的兵力损失降到最低;另一方面,指挥员还可以依据这些信息,运用各种战场调控手段,控制战场节奏。

2. 对军队机动能力的影响

军队指挥系统的应用,为军队机动能力的提高创造了有利条件。先进的装甲车辆、飞机、舰船上大都装有精确定位的导航设备,不论是在战区内实施机动,还是在其他地域执行任务;不论是一般的地、海、空域,还是在复杂的区域,都可以通过这些先进的设备了解和确定自己的精确位置、运动速度和时间等。

3. 对武器效能的影响

现代的武器系统,从观察、搜索目标到确定攻击方案、实施攻击,均可由计算机自动控制完成。它不仅反应速度快,而且杀伤效果好、精度高。

4. 对作战保障的影响

军队指挥系统的应用对作战保障的影响主要体现在信息保障和后勤保障两个方面。

(1)信息保障。现代战争是信息化战争。现代战争的信息保障特点是立体化、全球覆盖的侦察与监视,全方位、大纵深的预警,多样化、抗干扰的信息传输,高效率、全时空的信息处理手段。战场信息已成为影响整个战争全局的巨大战略资源,对这种资源的掌握与利用的能力和水平,已成为战争胜负的关键。

(2)后勤保障。后勤保障如何做到既满足作战需要,又尽量减少战场过多储备,这是一大难题。而指挥系统的应用和发展为解决这一难题开辟了新的有效途径。通过系统对作战的模拟和仿真试验,可以科学地预测不同规模作战的各种物资消耗量,制定后勤保障需求方案,有计划地组织生产、采购、运输和储备,使后勤保障在宏观上日趋科学化。同时,随着指挥系统的不断完善和发展,也使得后勤补给系统的管理日趋自动化。

(五) 军队指挥控制技术的发展趋势

(1) 一体化将成为未来指挥系统的主要方向。军队指挥系统的本质特征是综合集成,只有将各子系统各要素综合集成为一体,实现指挥系统与武器系统的有机融合和系统的互通兼容与资源共享,才能最大限度地发挥军队指挥系统的整体效能。

(2) 军队指挥系统的实战性将得到进一步增强。主要表现为:保障联合作战指挥能力将不断提高,快速反应能力、机动能力和战场适应能力、复杂电磁环境下的系统生存能力将不断增强。

(3) 军队指挥系统在技术上将向综合化、智能化方向发展。随着信息技术、航天技术、新材料技术、新能源技术等高新技术不断在军队指挥系统中得到应用,随着思维科学、决策科学的进一步发展,军队指挥系统的综合性和智能化水平将进入一个更高的发展阶段。

第五章 信息化战争

第一节 信息化战争概述

伴随人类社会从工业时代进入信息时代,信息化战争这种新的战争形态正阔步向我们走来,并由此引发了一场世界新军事变革。

一、信息化战争的基本概念

(一) 信息化战争的定义

何谓信息化战争?目前,中外学者对此有几种不同的说法。例如,美国社会预测学家托夫勒从人类社会文明演进的角度,将信息化战争称为"第三次浪潮战争";俄罗斯著名军事理论家斯里普琴科从战争所使用的武器装备发展的角度,将信息化战争称为"第六代战争",即"非接触战争"。自 20 世纪 80 年代以来,人类社会开始由工业时代向信息时代迈进,战争形态随着军事领域的深刻变革也在发生重大变化。因此,我们说,信息化战争是人类社会进入信息时代的必然产物,是运用信息、信息系统和信息化武器装备进行的战争,是信息时代战争的基本形态。

信息化战争是一种充分利用信息资源并依赖于信息的战争形态,是指在信息技术高度发展以及信息时代核威慑条件下,交战双方以信息化军队为主要作战力量,在陆、海、空、天、电等全维空间展开的多军兵种一体化的战争,依托网络化信息系统,大量地运用具有信息技术、新材料技术、新能源技术、生物技术、航天技术、海洋技术等当代高新技术水平的常规的武器装备,并采取相应的作战方法,在局部地区进行的,目的、手段、规模均较有限的战争。

(二) 信息化战争历史演变简介

人类自进入阶级社会以来,战争连绵不断。据国外有的专家运用电子计算机计算,从公元前 3200 年到公元 1964 年的 5164 年间,世界上共发生战争 14513 起,只有 329 年是和平的。还有人调查统计,从第二次世界大战结束以来,世界上爆发局部性战争和武装冲突达 300 多次。

在漫长的战争历史舞台上,出现过多种战争形态。从战争所使用的兵器性质来区分战争形态,可以分为使用冷兵器的战争和使用热兵器的战争。

冷兵器的战争形态在历史上持续了几千年,那时的战争全靠用铁器打造的刀枪剑戟互相厮杀。显然,当时的战争舞台上冷兵器唱着主角。

火药的发明并应用于军事,使人类战争逐渐跨入热兵器时代。尤其是在近200多年的战争中,机械制作的枪、炮、坦克、飞机、舰艇等投入战场,战争又完全变了一个样子。"硝烟弥漫""枪林弹雨""炮声隆隆""战鹰呼啸""铁马轰鸣",摩托化、机械化作战,"闪击战""空地一体战""陆海空联合作战"等等,就是一个时期战争情景的写照。显然,这一个时期,战争舞台上的主角是热兵器。

农业时代的手工业生产方式,决定了战争能量的释放形式主要是依靠人的体能,战争所使用的武器主要是冷兵器,因此,这一时代的战争被称为冷兵器战争。在漫长的农业时代,社会所利用的主要资源是物质资源,社会所创造的工具是人力工具。由于科学技术水平低下,生产力发展缓慢,因此,人力工具只能通过人力来驱动,靠人去操纵,人们也只能使用手工制作的青铜和铁质的刀枪剑戟以及弓箭、战车等冷兵器进行战争。这一时代,有限的物质条件和效率低下的人力生产工具,以及自给自足的分散式农业生产和作坊式的手工业,使得社会的运行和战争形态的演变十分缓慢,从有历史记载算起,大约经历了4000年。

工业时代的机器大工业生产方式,决定了热能成为战争的能量释放形式,战争所使用的武器为机械化武器,因此,这一时代的战争被称为机械化战争。从17世纪上半叶开始,伴随着蒸气机的发明和电力、化学等工业的产生,人类社会进入工业时代。人们对能量和物资资源的利用、对动力生产工具的使用,导致了社会生产方式的机器化、电气化和大规模化。机器大工业生产方式的出现,使人们能够大量运用火炮、坦克、飞机和舰船等机械化武器装备从事战争,战争的能量释放形式从体能为主转变为热能和核热能。第二次世界大战是机械化战争的鼎盛时期,战争中大量使用了机械化装备。美国在第二次世界大战中拥有坦克86500辆,飞机296100架;英国拥有坦克25100辆,飞机102600架;德国拥有坦克65100辆,飞机104000架。其中,美国和德国的坦克数量分别是第一次世界大战的86倍和650倍;美国的飞机是第一次世界大战的21倍。诺曼底登陆战役中,仅盟军的舰船数量就达到9000余艘,飞机14000余架;美军在第二次世界大战中拥有的航空母舰数量最多时达到100余艘。苏德战争后期,苏军在斯大林的统帅和朱可夫的指挥下,连续组织实施的三个超大规模方面军群战役,更是将机械化战争战役发展到了极致。白俄罗斯战役将德军逐出苏联国土。战役中,苏德参战总兵力260余万人,火炮40500门,坦克5390辆,飞机约5000架。苏军进攻地带正面宽700～1000千米,纵深达550～600千米。维斯瓦河—奥得河战役将战线推到德国境内。战役中,双方参战总兵力260万人,火炮38500余门,坦克7600多辆,飞机约5100架。苏军在480千米的正面上,向前推进了500～600千米。柏林战役直取第三帝国首府。战役中,双方参战总兵力高达350余万人,火炮52400多门,坦克6750辆,作战飞机10800架。进攻正面400千米,战役纵深达220千米。

由此可见,战争物质基础发生的根本性变化,必然推动和要求战争形态发生革命性的变革,使工业时代的战争呈现出空间广阔、规模宏大、人数众多、进程缓慢、消耗和损失巨大的特征。从冷兵器战争演进到机械化战争,完成这场军事变革的进程持续了300余年。

20世纪中叶以来,由于科学技术的飞速发展和生产力水平的大幅度提高,以计算机技术和信息技术为龙头的高新技术群不断涌现,人类开始进入了信息时代。随着信息技术在军事领域的广泛运用,大量信息化武器装备投入战场,为新一轮战争形态的变革提供了物质基础。1992年,美国人坎彭主编了《第一次信息战争》一书,将海湾战争称作世界战争史上的第一次信息战争。之后爆发的科索沃战争、阿富汗战争,进一步展现了信息化战争的基本特征。在科学技术和战争实践的推动下,一场迄今为止人类军事史上波及范围最广、变化最为深刻、发展最为迅速的军事变革正在世界范围内蓬勃兴起;一个以使用信息化装备和信息武器为主导、战争能量释放基本方式发生根本性变化的信息化战争,展现在世人面前。

近期发生的局部战争是信息化战争产生的实践基础。20世纪90年代以来先后发生的海湾战争、"沙漠之狐"行动、科索沃战争、阿富汗战争以及伊拉克战争,是人类战争史上具有划时代意义、承前启后的重要战争。它们既是工业时代机械化战争的延续,更是孕育信息化战争雏形的"母体"。这几场局部战争几乎都使用了全新的武器和全新的战法,每场战争都给人们以耳目一新的感觉。人们越来越强烈地感悟到,战争形态正在发生深刻变化,机械化战争形态正向信息化战争形态转变,信息化战争已处于萌芽阶段。

近几场局部战争的实践,对人们研究、认识信息化战争有着巨大的启示作用。

(1)先进的战场信息系统和现代输送工具的有机结合,为信息化战争的兵力投送和后勤保障提供了保证。海湾战争中的"沙漠盾牌"行动中,美军建立和完善了以计算机为核心的包括"联合保障系统"在内的战场信息系统,从海上和空中向作战地区投送作战部队50余万人、1100多万吨物资装备。

(2)拉开战争序幕并贯穿战争全过程的信息作战,成为夺取战争胜利的重要手段。以电子战为主要作战行动的信息作战,能够使敌方威力巨大的武器系统变成"瞎子""瘫子"和"聋子"。

(3)空袭作战不仅是决定战争胜负的重要阶段,而且在条件具备的情况下,可能会直接达成战略目的。在海湾战争中,38天的空袭行动是以美国为首的多国部队取得战争胜利的决定性阶段,4天的地面作战只是战争的尾声。"沙漠之狐"行动、科索沃战争以及阿富汗战争,则主要是通过空袭作战达成战争目的的。

(4)非线式、非接触的远程精确作战,将是信息化战争的基本作战样式。战争中,信息攻击、远程精确打击、陆海空天电一体化作战成为主要的作战行动。传统的地面线式作战、梯次攻击、层层剥皮的作战方式被完全摒弃,"零死亡率"的战争成为人们追求的目标。

人类社会和战争历史的发展表明,社会的经济形态是战争形态的母体,有什么样的经济形态,就会孕育出什么样的战争形态,这是不以人的意志为转移的客观规律。信息化战争是信息时代的必然产物。

(三)信息化战争产生的时代背景

信息化战争出现,不是一个偶然现象,是在一定历史背景和社会基础条件下产生的。

1. 信息技术革命孕育出信息时代

人类生存与发展离不开信息。人类为了适应生产生活的需要,不断改进着信息收集、储存、传播的方式和手段。最早,人类在相互交往中创造了以人体范围为主的各种信息收集、表达和传递方式,如耳听、目视、口呼、鼻闻和以身体感觉事物,用动作、表情、声音来表达信息。进而人类学会用结绳记事来存储信息。数千年的农业时代,人类在完善语言的基础上,创造了文字,写于甲骨、竹简和丝绢之上。纸张和印刷术的发明,书报、车船、驿站、信鸽等的出现和应用,使信息的收集、存储和传播有了新的进步。但是,这些都算不上真正的信息技术革命。真正的信息技术革命是开始于电报、电话、雷达、望远镜等的发明和应用,使人类真正装备了"顺风耳"和"千里眼",从根本上扩展和延伸了人的感官功能。

第一次信息技术革命不仅促进了工业社会的繁荣,而且为人类步入信息社会提供了阶梯。1835 年,美国人莫尔斯发明了电讯机,接着于 1837 年编制了电讯号码,进行了通信试验。19 世纪五六十年代,英吉利海峡、大西洋、地中海铺设了海底电缆,英法之间、美欧之间可以进行有线电讯传递。1876 年,美国人贝尔发明了电话。1880 年美国成立贝尔电话公司。1885 年,欧洲普及了电话。1892 年,美国建立了自动电话局。1906 年,无线电的三极真空管出世,使建立广播电台成为可能。1910 年,美国建成世界上第一座无线电广播电台。

第二次信息技术革命是以微电子技术为基础,以电子计算机技术为核心,包括遥感技术、激光技术、航天技术等有关技术的综合。这次信息技术革命开拓了新时代,使人类从工业社会迈向了信息社会。首先,电子计算机的发明和应用开辟了一个运用机器代替人类脑力劳动,扩展人类智能的崭新时代,为当代信息技术革命奠定了重要基础。世界上最先公开的第一台电子计算机诞生于 1946 年。这台计算机占地 1600 平方米,重达 30 吨,每秒能进行 5000 次加法和 360 次乘法的运算。从第一台电子计算机诞生至今,计算机的技术水平、运算速度、实际功能、普及程度都发生了翻天覆地的变化。1996 年,美国和韩国已研制出长不足 170 毫米、宽不足100 毫米、厚不到 30 毫米、重量只有 340 克、存储容量却为 4 兆比特的计算机。正由于计算机的迅猛发展和变革,使其成为现代社会的重要支柱。其次,现代通信技术的发展、通信技术与计算机技术的结合更把当代信息技术革命推向新的高度。由于电信与计算机结合,通信系统走向数字化,即将声音、图像、文字等信息经数据处理和传输设备,调制为"二进制"代码语言,形成一连串的数字在导线中高速传输,到达终端后,经过调解,又将数字还原为原先的声音、图像、文字。通信数字化,清晰、快速、实用,成本低廉。光纤通信、卫星通信技术、电子邮政与计算机信箱、视频数据系统——这一系列通信技术革命,再加上遥感技术、红外技术、自动化技术等,迅速改变着人们的生产和生活。

如同冶金技术革命将人类带进农业时代,蒸汽技术革命将人类带入工业时代,信息技术革命将人类带进了信息时代。

2. 信息时代催生信息化战争

战争是人类进入阶级社会之后的产物。战争已经伴随人类社会好几千年。在信息时代之前的许多战争不能称为信息化战争,因为当时没有信息化战争的技术和基础。但是战争又经常是从科学技术最新成就中利用得最多和最快的一个领域。所以,当信息技术孕育信息时代的同时,大量的最新的信息技术革命成果也迅速被引进军事和战争领域,带来了军事信息化。军事信息化又自然成为信息化战争的技术基础。

所谓军事信息技术,即用于军事目的的信息技术,一般包括军用微电子技术、军用传感技术、军用通信技术、军用计算机技术等。

军事信息系统的基础构件是先进的电子、光电子器材。微电子技术的发展在为社会信息化奠定基础的同时,也为军事信息化提供了可靠的保证。以微电子技术为基础的信息技术进入军事领域,直接导致了武器装备的电子化和信息化,极大地提高了武器装备的战斗性能和现代化水平。军事信息技术在极大地推动武器装备电子化、信息化的同时,还导致大量的情报作战、电子作战、网络空间作战装备的出现,导致了以精确制导武器为代表的信息化弹药、以计算机为核心的信息化和隐形化作战平台、以自动化指挥系统为代表的军事信息与控制系统的一大批高新技术装备的诞生。各种遥感、传感装备和器材使战争中获取信息的能力大增。光纤通信、卫星通信提高了战争信息的传递能力。计算机技术、人工智能技术促进了军队指挥的自动化。战场信息高速公路,即战区内由通信情报网络、计算机战场数据库以及各种用户终端等组成综合信息网络,能提供声、图、文信息和共同数据库,并能及时反映部队在战场上运动变化的图像。这种"信息高速公路"在战场上的运用成为信息化战场上的主要干道,信息化战争这种新的战争形态也就逐渐趋于成熟。

3. 信息化战争引领思想观念更新

历史和现实的经验启示我们,科学技术的进步、社会时代的巨大变革,必将促使军事领域发生一场深刻的革命。信息时代的到来、信息化战争的出现,已经和正在引起世界范围的新军事变革。我们必须正视这一变革,研究这一变革,并且不断更新思想观念,使我们的思想紧紧跟上前进的时代,决不要重蹈历史上因循守旧、保守落后而受尽欺凌、吃尽苦头的覆辙。

二、信息化战争基本特征

人们从事战争的工具和手段,是由特定时代的社会经济形态所提供和决定的。恩格斯明确指出:"武器的生产是以整个生产为基础,因而是以'经济力量',以'经济情况',以暴力所拥有的物质资料为基础的。"美国的未来学家托夫勒说:"人们发动战争的方式,正反映了他们的生产方式。"

信息化战争中,战争能量从传统的体能、化学能、电能、电磁能、机械能、核能等物理能量转变为智能。智能是信息化战争中的主导能量,它通过对其他物理能量的控制而产生效能。

(1) 战争目的有限,战争与和平界限模糊。

在农业时代和工业时代,战争的根本动因是政治斗争掩盖下的经济利益之争,战争往往以占领或收复领土和获得资源而告结束。在信息时代,经济利益仍然是导致战争的重要原因。此外,随着各国之间、国际国内各种经济力量和各派政治力量之间的联系与交往增多,各个国家、民族、社团之间由政治、外交、文化等方面引发的冲突会有增无减,致使民族、宗教矛盾上升,国际性恐怖活动、暴力行动、走私贩毒更加猖獗。这些相互交织、错综复杂的矛盾与冲突,将是导致战争的主要原因。

另一方面,信息时代与农业时代和工业时代相比,战争的目的将更加有限。通常情况下将不再追求攻城掠地、占领敌国全部歼灭敌军、使敌方彻底屈服等"终极目标",而是适可而止,在取得对抗主导权,获得一定的经济利益,提高国际地位,或达成惩罚、教训、报复敌国的目的后就停止战争。这主要是因为,在经济全球化和政治多极化的信息时代,如果追求过高的战争目标,在征服对方的同时也必然会极大地削弱自己,这样即使赢得了战争的胜利,也会在战后国际竞争中丧失优势和主动地位;战争的可视化使全世界都能看到战场上的情况,这也使战争指导者不得不对战争规模和目的严加限制;信息化武器装备既具有高效性,又具有很强的可控性,也为达成战争有限的政治目的提供了更为有效的手段。

信息化战争的作战行动在性质上可分为软打击和硬打击两类。软打击就是以信息和信息系统为武器的信息攻击行动。硬打击就是信息调控下的火力战行动。信息化战争往往是以信息攻击为先导,然后再进行火力战。由于信息攻击的目标既可能是军事信息系统,也可能是国家信息基础设施,而且很难判断这种攻击究竟是一场战争的前奏,还是一般的黑客、病毒等信息攻击行动。如果是敌国有组织的信息进攻,并且随之实施火力攻击,那就是一场战争的开始;否则就是和平状态下的个人攻击行为。

(2) 对抗手段多样,战争主体多元化。

在农业时代和工业时代,战争主要表现为敌对双方的军事力量在有形战场上的厮杀与较量。进入信息时代,社会信息化、网络化以及武器装备信息化的实现,为战争提供了多样化的对抗手段,战争将表现为敌对双方军民一体多元化的战争主体在有形和无形战场上同时进行的整体综合对抗与较量。因此,进行战争将不再是军队的专利,非国家主体、非政府组织、跨国公司、恐怖集团和"信息勇士"都能在信息空间实施或帮助实施信息作战行动。

（3）技术基础成熟,武器装备高度信息化。

科学技术在军事领域的运用,特别是物化为战争"手臂",是引起战争形态发生深刻变革的根本原因。工业时代的战争,是以机械化武器装备为物质基础所进行的战争;信息时代的战争,是以信息化武器装备系统为物质基础所进行的战争。而信息化的武器装备系统,是以计算机技术为核心、以信息技术为基础的一体化的武器装备系统,其构成主要包括信息攻防武器系统、单兵数字化装备和指挥控制系统(即 C^4ISR)。

当今世界,衡量一支军队的现代化水平,主要是看它的武器装备的信息化程度。如美国陆军装备的信息化已达53%,海、空军的信息化装备高达70%以上。

（4）作战节奏快,战争持续时间短。

时间是战争的基本要素。在农业时代的冷兵器战争中,主要采用语言、书信、锣鼓、旌旗、号角、烽火等方式来传递军事信息,信息传递速度非常缓慢;使用弓箭和刀枪剑戟等冷兵器进行作战,作战效能非常低,需要经过长期作战才能达成战争目的,战争必然呈现出旷日持久的特点。在工业时代的机械化战争中,由于采用了有线通信和无线通信等现代通信技术手段,信息传递的速度大大加快;同时,坦克、飞机、大炮、导弹、军舰、原子弹等热兵器和热核兵器的使用,极大地提高了作战效能,所以能够在比较短的时间内达成战争目的,因此,战争持续时间相对较短。在信息时代的信息化战争中,数字信息技术广泛应用于侦察、通信和指挥控制,实现了军事信息的实时获取、传递、处理和运用,使得信息流动的速度空前加快。在网络化的战场上,发现目标、做出决策、下达命令和实施作战行动等环节几乎是实时同步进行的,因此能够在极短的时间内完成作战行动,作战行动的周期大大缩短。此外,由于广泛使用信息化武器弹药和作战平台实施精确作战,极大地提高了对目标的毁伤效能,能达成迅速作战目的。这样一来,整个战争活动就被压缩在很短的时间内进行。

随着计算机、电子通信、卫星技术和信息化武器装备的发展,信息化战争的作战节奏和作战速度将比机械化战争大大提高,持续时间明显缩短,呈现出迅疾短促的特征。

（5）作战空间加大,战争空间全维一体化。

随着科学技术和武器装备的发展,作战空间逐渐呈现出日益拓展的趋向。由于飞机的问世和航空技术的发展,作战空间发生了第一次革命性变化,由陆、海平面战场发展为陆、海、空三维一体的立体战场;20 世纪 80 年代以来,随着航天技术特别是以计算机技术为核心的信息技术在战争中的应用，战场空间随之发生了新的变化，不仅从陆、海、空三维物理空间扩展到了外层空间，而且一种新的作战空间——信息空间正在悄然形成。

作战空间是指作战活动所涉及的空间范围，也是战争的基本要素。农业时代的冷兵器战争是在陆地或者海洋上的两维空间内进行的平面作战，战场范围只有数平方千米至数十平方千米。工业时代的机械化战争是在陆地、海洋、空中和电磁四维空间内进行的立体作战，战场范围在水平方向扩展到数十平方千米甚至数十万平方千米；在垂直方向上从数百米的地下（水下）扩展到 3 万米左右的高空。此外，无形的电磁空间也成为战场而且是敌对双方激烈争夺的制高点。信息时代的信息化战争则是在陆地、海洋、空中、太空、电磁、网络、心理等多维空间内进行的一体化作战。陆、海、空、天等有形的物理空间与电磁、网络和心理等无形的信息空间相互交融，共同构成信息化战争全维一体化的立体战场空间。在这种全维一体化的立体战场空间中，太空、电磁、网络和心理空间属于高维空间，而陆地、海洋和大气层空间属于低维空间。由于高维空间对低维空间具有强烈的制约作用，所以在信息化战争中，敌对双方对于太空和信息等高维空间的争夺将异常激烈，双方都力图通过夺取并保持高维空间的控制权，来影响和控制低维空间的作战行动，从而赢得整个战争的主动权，夺取战争的最后胜利。

（6）作战行动联合一体化，非接触作战成为主要行动样式。

战争行动是战争中敌对双方攻防对抗活动的统称。在农业时代的冷兵器战争中，由于使用的是原始的冷兵器，军队的组织结构比较简单，作战力量由步兵、车兵和骑兵等兵种构成，作战行动基本上是交战双方在陆地和海上进行兵对兵、将对将的面对面逐对厮杀。在工业时代的机械化战争中，随着热兵器和热核兵器的发展，军队的组织结构发生了革命性的变化，作战力量由陆军、海军和空军的各兵种部队构成，作战行动表现为诸军兵种在陆、海、空立体战场上独立或协同作战。在信息时代的信息化战争中，信息化武器装备的广泛使用，将促使军队的组织结构在现在的基础上再次革命性的变革，作战力量将由陆军、海军、空军和天军以及全民信息战力量构成，作战行动将表现为信息化军队和全民信息战力量在陆、海、空、天和信息空间展开的多维一体化的联合作战。

三、信息化战争的基础知识

（一）信息的含义及其特征

究竟什么是信息，它有些什么特征？这是认识和了解信息化战争必须要弄清的关键问题。

1. 从历史资料和故事看信息

有了人类就有信息。"信息"一词在我国使用较早，在唐代诗词中就出现过

"信息"字样，从中可以体味"信息"一词的含义。

李清照《上枢密韩肖胄诗》："不乞随珠与和璧，只乞乡关新信息。"此处信息被当作消息用。诗人认为"乡关新信息"比随珠、和璧更为宝贵，其意与杜甫"家书抵万金"如出一辙。

周密《木兰花慢·西湖十景》："觅梅花信息，拥吟袖，暮鞭寒。"此处信息被当作一种迹象。诗人"觅梅花信息"，把花色花香也当作信息，比起用声音和文字传播消息来，其含义宽泛多了。

李中《暮春怀故人诗》："梦断美人沉信息，目穿长路倚楼台。"此处信息被当作一种印象。诗人在梦中还惦念"美人沉信息"，是把人的思维活动当作信息，超越了视觉、听觉、嗅觉、触觉的范畴，进入更为宏博的意识领域。

从上所举，我国古人就已经知道信息的重要，认为信息是可以寻觅的、获取的，信息还可以存储积累。

在国外，关于信息的解释也很多。信息论的奠基人申农认为："信息是用来消除随机不定性的东西。"控制论的创始人维纳认为："信息是人与外部世界互相交换的内容的名称。"

我国有专家认为："信息就是事物存在的方式或运动的状态以及这种方式、状态的直接或间接的表述。"

2. 信息与消息、情报的区别

目前关于信息的解释不下几十种，其中最直接的解释认为：信息就是消息，就是情报。

《辞源》中将信息解释为消息。这种解释有一定的道理。比如，美军逮捕了伊拉克前总统萨达姆，这是一条重要消息，也是一个重要信息。这条消息（信息）在美国、在伊拉克、在世界各地都引起了巨大反响，世界各地的广播、电视、报刊争相传播这一消息（信息）。在这里，消息和信息可以看成是一回事。

但是把信息和消息完全等同起来也不确切。有的消息所含信息量很少，而有的消息所含信息量很多。如美军的一架"黑鹰"直升机在伊拉克坠毁，这只是一个消息，谈到一个事件，仅此而已。而日本向伊拉克派兵，这条消息不光谈到这件事，还包含了许多信息：日本欲借伊拉克重建，进一步突破军事发展束缚；日本开始摒弃"专守防卫"战略，把军事触角伸向海外；日本自卫队正在摆脱自卫限制，开始向正常军队演变；等等。

还有的把信息理解为情报。不可否认，情报确实是信息的重要内容。比如萨达姆隐藏在其故乡提克里特附近的一个农庄里，这是一条重要情报，也是一个重要信息。驻伊美军正是凭借这条重要情报（信息），才活捉了萨达姆。

但是更多的信息并不是情报。比如，驻伊美军有许多招募的士兵"自由离职"，开了小差，这对美军来说，是信息，而不是情报。信息显然要比情报涵盖的内容更广大、更丰富。

3. 信息的基本特征

培根有句名言："知识就是力量。"在信息时代可以说：信息就是力量。由此有人干脆提出：信息就是知识。这样的释义似乎比消息说、情报说更加贴切，但不全面。应该说，知识是信息的一部分，不是信息的全部。比如，海湾战争中，"爱国者"导弹击中"飞毛腿"导弹，这是信息，也是知识，使人们了解到由于军事科技的进步，导弹可以拦截导弹。而如萨达姆被捕后被囚禁在一个秘密地方，这是信息，但并不是知识。

信息的含义较知识更为宽泛。语言、文字、符号、数据、图像、电磁波、音响、光电、人的表情和动作等，乃至宇宙万物的动态、人类的思维都可以用来表达信息。信息和物质、能源并列为世界的三大要素。信息有时是有形的，更多的时候是无形的，但从某种意义上说，这些看似无形的信息是比物质和能源更为重要的资源和财富。这是因为信息具有以下四大特征。

（1）信息具有客观性。信息是物质和意识的客观反映，信息的客观性，其来源依赖于物质与意识。没有物质和意识的存在与运动，信息就成为无源之水、无本之木。客观物质增加，人们意识活跃，就扩大了信源，增加了信息量。信息是客观存在的反映。凡是信息都是真实的。

（2）信息具有存储性。信息来源于物质和意识，但信息可以脱离物质和意识独立存在，可以存储起来，如用纸张、软盘、壁画、石刻等记录存储起来，可以复制和重现，可以摸索、提取、交换、传递、显示、利用等。

（3）信息具有共享性。信息作为物质和意识的客观反映，如同空气一样，人人可以享用。比如天气预报、地震预报，通过电视、电报、电话等各种媒体的传播，这些信息大家都可以了解和利用。在信息高速公路上，加入网络的用户都可以在公路上传播和提取信息。当然在战场上有许多信息是不能敌我共享的，这就要加密，就要伪装，就要干扰，让敌人真假难辨，增加敌方对信息共享的难度。

（4）信息具有可控性。信息的可控性主要表现在：①可以扩充；②可以压缩；③可以处理。当今世界，信息的扩充速度快得惊人。在海湾战争中，美军90天所进行的通信量比在欧洲40年还要多，但实际上美军所需要的总是其中一小部分，这就要进行压缩处理，择其有用者而取之。处理的方法很多，如分类、归纳、删除、修改等。

正是由于信息具有客观性、存储性、共享性、可控性等特征，它可以被获取、识别、处理、转换、传递、储存、搜索、利用、控制，并可以转化为能量创造价值，还可以使物质和能源得到合理配置，发挥最佳效能，从而使社会经济得到发展。在战争中，它可以使参战者做到情况明了、通信顺畅、决心正确、协同一致，充分发挥兵力兵器的最大效能和整体威力去赢得胜利。

信息是信息化战争的基础。在信息化战争中,信息的"知"和"传"较之以往任何战争都显得更为重要,战争形态和战场环境都发生了深刻的变化,从有形的地理空间扩展到无形的信息空间。我们必须与时俱进,感知、研究、认识、掌握信息化战争的规律,驾驭信息化战争,赢得信息化战争的胜利。

（二）军事信息技术

古人云,工欲善其事,必先利其器。前人曰,有什么武器打什么仗;今人说,有什么技术才有什么武器。

冷兵器战争依靠冶金技术的发明;机械化战争依靠蒸汽、机械、电力、火药以及原子能等一系列技术的支撑;同样,信息化战争依靠军事信息技术的不断革命。要认识信息化战争,就必须了解和认识军事信息技术。

1. 海湾战争中的导弹命中导弹

以下从具体实例来看看军事信息技术在战争中的作用。

1991年1月21日,1枚改进型的"飞毛腿"B式地对地战术导弹从伊拉克中部地区发射升空,进入攻击沙特首都利雅得的飞行弹道。16秒钟以后,1枚运行在300千米高空的美国BCD导弹预警卫星发现了它,并紧急报警,实时将"飞毛腿"导弹的飞行参数向地面站传送。设在澳大利亚的美国空间基地和设在美国本土的美国航空航天司令部同时接收到这一信息,经过地面站计算之后,迅速将"飞毛腿"导弹的飞行弹道和弹着点参数发往在沙特的"爱国者"导弹发射阵地。阵地指挥控制中心立刻命令"爱国者"导弹以38°倾角升空拦截,果然将此枚"飞毛腿"导弹击落。

这是海湾战争中震惊世界的导弹打导弹的战场奇观。茫茫长空,"子弹"竟然命中"子弹",令人不可思议。虽然,战后美国为了宣传的需要,夸大了"爱国者"导弹的作战效果,但上述战例却是真实可信的。从导弹起飞到预警卫星发现、到传递信息到地面站,地面站经过计算机发出指令、又传送到"爱国者"导弹发射阵地,"爱国者"导弹升空作战,整个复杂的信息传递运转过程自始至终时间不到1分钟。如果没有高度发展的信息技术,没有先进的军队指挥控制系统,在这样短的时间内,完成这样复杂的作战程序,是不可能想象的。

2. 军事信息技术在新的战争形态中具体表现

军事信息技术的大量使用是信息化战争区别于其他战争最基本的特征。军事信息技术是在战争中扩展军队获取、传递和利用信息功能的技术,主要是军事传感技术、军事通信技术和军事计算机技术。

（1）军事传感技术是延长和增强人的感官功能的技术,主要是解决信息的大量获取问题。当前军事传感技术十分发达,主要有各种侦察卫星、雷达、侦察机、无人侦察机、窃听器、地面传感器、海上侦察船、声纳、夜视器材等。在战争中,应用了航天侦察、红外遥感和热成像、导弹预警、雷达探测、夜视、海洋监视等技术的大量设备构成了外层空间、空中、地面、海上、水下立体的全方位的信息遥感控制系统。尤其是各种侦察卫星的使用使战场空前透明。在伊拉克战争中,美英联军使用了各种侦察卫星,如电子侦察卫星、照相侦察卫星、大地测量卫星、气象卫星、预警卫星等,获得的信息量占全部情报的90%。

（2）军事通信技术是神经传递功能扩展的技术,主要是解决信息的迅速传递问题。从20世纪80年代以来几场局部战争看,通信技术突飞猛进,通信卫星、光导纤维、数据、图像、传真通信以及正在发展的智能化通信构成了当今战场的多样化、高速度的信息传递体系。一对架空明线能传送24路电话,同轴电缆可以传送1万路电话,而一对光导纤维可同时传送上百万路电话。通畅的信息传输网络使得许多环节做到了实时或近时指挥。

（3）军事计算机技术是增强人的部分思维功能的技术,主要是解决信息的及时处理和利用问题。大量信息的获取与传送造成信息泛滥。在信息的浩瀚海洋里,如何整理归类,分析筛选,去伪存真,综合推断,决策处置,都需要借助于计算机的计算、记忆、检索、推理和部分思维功能。目前计算机的运行速度已超过10亿次/秒,1秒钟可完成1个人需要几个月才能完成的运算。计算机正在向智能化、网络化发展,已在战争中发挥很大作用。

当然,传感、通信、计算机是相互联系、不可分割的。传感获取信息,通信传送信息,计算机处理和利用信息,三者相得益彰,汇成了信息技术的基本内容。与信息技术有关的技术有微电子技术、新材料技术、新能源技术和人工智能技术,还有航天技术、海洋工程技术、机器人技术、生物工程技术等。

3. 军事信息技术成就新的战争指挥形态

战争离不开指挥。一部战争史从某种意义上来说就是一部指挥手段不断改进的历史。农业时代,体能军队时期,作战指挥靠的是令旗、号角、锣鼓、烟火等。工业时代战争,特别是两次世界大战广泛使用了无线、有线电报和电话等工具以及侦察机、雷达、无线电侦听器、光学观测器等设备。随着信息技术的飞速发展,人类逐步跨入信息社会,军队由机械化迈向信息化,指挥自动化系统应运而生。

指挥自动化系统,是指在军事指挥体系中,采用电子计算机为核心的技术与指挥人员相结合,对部队和武器实施指挥与控制的人机系统。20世纪50年代指挥自动化被称为指挥与控制系统。20世纪60年代,随着通信技术的发展,在系统中加上通信,形成了指挥、控制与通信系统。1977年,美国首次把情报作为指挥自动化不可缺少的因素,形成指挥、控制、通信与情报系统。后来,由于计算机在系统中的地位和作用日益增强,指挥自动化又加上计算机,变成指挥、控制、通信、计算机和情报系统。近年来不断发生的局部战争使人们进一步认识到掌握战场态势的重要性,提出战场感知的概念,因此又进一步演变为包括监视与侦察的指挥、控制、通信、计算机与情报、监视、侦察系统,即现在的指挥自动化系统。

一个完整的指挥自动化系统应包括以下几个分系统：

"神经中枢"——指挥系统。指挥系统综合运用现代科学和军事理论，实现作战信息收集、传递、处理的自动化和决策方法的科学化，以保障对部队的高效指挥，其技术设备主要有处理平台、通信设备、应用软件和数据库等。

"手脚"——控制系统。控制系统是用来收集与显示情报、资料，发出命令、指示工具，主要有提供作战指挥用的直观图形、图像的显示设备，控制键钮、通信器材及其他附属设备等。

"神经脉络"——通信系统。通信系统通常包括由专用电子计算机控制的若干自动化交换中心以及若干固定或机动的野战通信枢纽。手段包括有线载波、海底电缆、光纤以及长波、短波、微波、散射和卫星通信等。

"大脑"——计算机系统。电子计算机是构成指挥自动化系统的技术基础，是指挥系统中各种设备的核心。指挥自动化系统的计算机要求容量大、功能多、速度快，特别是要有好的软件，并形成计算机网络。

"耳目"——情报、监视、侦察系统。情报系统完成情报收集、处理、传递和显示功能。主要设备有光学、电子、红外侦察器材和侦察飞机、侦察卫星以及雷达等。监视与侦察系统的作用是全面了解战区的地理环境、地形特点、气象情况，实时掌握敌友兵力部署及武器装备配置及其动向。

军队指挥自动化系统是微电子技术、计算机技术、通信技术、各种传感技术等电子技术高度发达的产物。有了高度发达的现代侦察监视设备，才能及时获得情报；有了高度发达的现代通信设备，才能及时传递信息；有了具有很强存储能力、高速运转能力、一定逻辑判断能力的计算机，才能分析和处理各种信息，形成行动方案，实施指挥控制。指挥自动化系统可以说集高科技之大成。

军队指挥自动化系统以它突出的情报获取能力、信息传输能力、分析判断能力、决策处置能力和组织协调能力，在军队现代化建设和高技术战争中的地位和作用日益突出。

在进入信息化时代的战场上，军队力量各要素之间的密切协调和各种武器装备的使用，越来越明显地表现出对信息的依赖。信息优势已成为影响战争结局的重要因素。建立有效的指挥自动化系统，正是掌握信息优势的关键。

在现代战场上，单一武器的决胜作用逐渐弱化，体系与体系的对抗已成为高技术战争的重要特点。武器系统特别是高技术武器系统，只有通过指挥自动化，才能成为配合密切、运转灵活的打击力量，从而发挥最大效能。

海湾战争中，以美军为首的多国部队，正是凭借高效、灵便、可靠的指挥系统，实现了对伊军全方位、立体化、全天候的侦察监视；并通过指挥自动化系统，协调了多个国家、众多型号的飞机、导弹、大炮、坦克，对伊拉克进行打击，使武器效能得到充分发挥。相反，伊军由于指挥手段落后，在作战中受到多国部队猛烈攻击，造成通信中断、情报失灵、雷达迷盲、制导失控，使全军指挥基本处于瘫痪状态，处处被动挨打，最终导致失败。

面对新世纪军事斗争形势，总结几次局部战争中指挥自动化的经验，一些国家正不断改进和完善指挥自动化系统。可以预见，随着科学技术的发展，军队指挥自动化系统将越来越完善，并在未来战争中发挥关键性的作用。

（三）信息武器简介

1．导弹扑向通话中的手机

车臣共和国总统杜达耶夫决定脱离俄罗斯联邦而宣布独立，引起俄政府极大不满。当莫斯科用和平方式解除车臣危机失败以后，俄安全会议决定"采取一切宪法措施，解决非法武装集团的武器，并消灭他们"。

1995 年 2 月 19 日，俄军攻占杜达耶夫总统府。杜达耶夫带着他的亲属和私人卫队逃到车臣南部地区打游击，还扬言："将把争取独立的斗争推进到俄罗斯境内，一旦车臣敢死队进入俄罗斯各城市内，无辜的人们将受到伤害，并采取恐怖活动炸莫斯科。"

"擒贼先擒王"。俄军开始搜捕杜达耶夫。他们知道活捉他比较困难，就决心干掉他。

经过一段时间跟踪和监视，俄军发现杜达耶夫喜欢用卫星电话与外界联系。他们开始密切监视车臣南部地区——杜达耶夫游击队活动地区，决定一发现杜达耶夫手机的电磁信号，确定方位，立即出动飞机用导弹袭击杜达耶夫。

杜达耶夫的朋友也想到这一点，提醒过杜达耶夫，但杜达耶夫不予理会。

一天晚上，杜达耶夫和"自由"电台通完电话，没有发现俄军飞机，认为这次俄军不会发现，就又放心地给驻在莫斯科的战争调解人博罗沃伊拨电话。电话拨通了。他们刚讲了几句话，突然他身后传来一阵气浪。冲击波一下子把杜达耶夫的妻子掀倒在地，紧接着是震耳欲聋的爆炸声和飞机隆隆的轰鸣声……

原来俄军在杜达耶夫向"自由"电台通话时就已发现了他。为了确保准确无误，并以防打草惊蛇，他们没有立即行动，只是密切监视着信号。不一会儿，电磁信号消失。俄军十分灰心。正在他们失望之时，电磁信号突然又出现了，还是刚才的那种电磁信号。俄军毫不犹豫地让飞机起飞。飞机带着激光制导导弹向电磁信号发射地点飞去。两枚导弹一齐射向杜达耶夫。

杜达耶夫被埋在土里。等人们把他从土里挖出时，他的整个身体看上去很完整，只是原本戴着的船形帽被炸飞了，衣袖被炸坏了，烧焦了一些头发和胡子，脑后有一个很大的伤口，大约三指宽。人们急忙把他放上汽车，向村里飞驰。杜达耶夫的妻子为减轻他的痛苦，把他的头放在自己的膝盖上，还不时安慰他。进了村子地下室，杜达耶夫的妻子才发现杜达耶夫在受伤的一刹那就已经死了，只是他的身躯冷却得比较慢，使人们误以为他只是受了重伤。

杜达耶夫之死生动地证明了软硬结合的信息化兵器的非凡本领与巨大威力。

2. 信息技术与兵器的结合

信息武器装备是信息化战争的主体。

什么是信息武器装备? 概括地说,就是用信息技术武装起来的武器装备。同一种兵器,有没有信息技术或信息化程度高低不同,其作战效能是大不相同的。比如,一般炮弹、炸弹发射出去就管不住它了,所以要打掉一个目标,往往要花费大量的弹药。地毯式轰炸、大量的钢铁倾泻,成了热兵器战争的一大特征。而用信息技术武装的导弹发射前、发射后都受信息的制约,在选择目标、方向、距离、爆炸方式上都受信息主导。它吸收信息快、打击距离远、命中精度高,有的还有隐身、抗干扰和自动寻的功能,作战效果成倍增长。在越南战争中,美军为了炸毁河内附近的清化铁路、公路大桥,曾出动 600 多架飞机,投下 2000 多枚炸弹,大桥依然畅通。可是当美军使用激光制导炸弹后,一次出动飞机 12 架,投放炸弹 10 余枚,就把大桥摧毁。

信息武器和一般武器装备一样,有矛就有盾,有进攻就有防御,有侦察就有反侦察,有干扰就有反干扰,有摧毁就有反摧毁。还是在越南战争中,开始越军使用萨姆－2 导弹,每 10 枚就可以击落美军 1 架飞机,可是当美军采用反雷达导弹和电子干扰措施之后,越军击落 1 架美军飞机竟然平均要发射 66 枚导弹。

信息武器伴随着信息技术的进步,在进攻与防御、干扰与反干扰的斗争中不断发展着。如今,信息武器已经发展成为非常庞大、涵盖面非常广泛的武器系统,大体上可划分为两大类。

1) 软杀伤型信息武器

(1) 以计算机病毒为代表的形形色色的计算机网络攻击型信息武器。由于计算机网络已成为信息社会的基础,成为现代军队的神经中枢,网络已成为新的作战空间。只要精通计算机网络技术,并拥有一台入网计算机和网络设备,就能够投入和参与网络作战。科索沃战争中,南联盟的"黑客"就用"电子轰炸"使北约军队计算机系统一度无法工作。所以从这个意义来说,入网计算机和网络设备都可以成为网络战的武器。

(2) 电子战武器,包括电子干扰与反干扰设备、电子侦察与反电子侦察设备、电子摧毁与反摧毁设备,如雷达干扰机、反辐射导弹、电子诱骗装置、诱饵系统、金属箔条、专用电子战飞机等。

(3) 广播、电视、报刊、传单以及计算机网络等被用于摧毁对方军队作战意志的心理战的舆论工具,它们也可以说是一种软杀伤武器。

2) 硬杀伤型信息武器

(1) 精确制导武器及其信息系统。没有信息技术,就没有制导武器,更不会有精确制导武器。如今精确制导武器品种繁多,包括弹道导弹、巡航导弹、精确制导炸弹、制导水雷、鱼雷、地雷等。

（2）各种信息化的作战平台，包括飞机、舰艇、坦克、火炮、直升机、无人机等。

（3）尤其需要指出的是，伴随信息技术的发展，武器系统几乎都离不开芯片和软件。从电子作战到精确作战的武器，从电子信息空间到物理空间作战的武器，无不是基于芯片和软件、基于信息和知识的武器。芯片和软件采用与否，成为高技术兵器的主要标志。信息技术确实成为硬杀伤武器效力的倍增器，而且这个倍增不是一倍两倍、三倍五倍，而是数十倍甚至数百倍地增加。

3．"千里眼"与"顺风耳"

（1）密布太空的"天眼"。随着人造地球卫星的上天，人类开始了对太空资源的开发利用，其中最具实用价值的便是太空侦察，因为它站得很高，看得更远，所以现代战争已经越来越离不开太空了。太空侦察监视装备主要包括各种类型的军用卫星，如照相侦察卫星、电子侦察卫星、雷达侦察卫星、导弹预警卫星、海洋监视卫星等。目前军事大国的战略情报已经有80%来自太空的侦察监视装备。

（2）人造北极星——GPS。GPS是美国的全球定位系统，广泛用于行军作战、飞机预警、飞机轰炸、飞机截敌作战等军事行动中。海湾战争中，以美国为首的多国部队使用了大量的GPS接收机，以满足部队行军作战和各种武器系统导航定位的需要。当时，担负GPS生产任务的麦哲伦公司紧急生产了2500部GPS接收机，于1991年1月初交付美军、英军和沙特部队使用。在地面战争中，正是靠着GPS系统，美军成千上万人的部队和大量的武器装备才能在夜间穿过沙漠，出其不意地出现在伊拉克军队的侧翼，达成了作战的突然性。

（3）战场上空的"鹰眼"。同空间侦察相比，空中侦察具有灵活、机动、准确和针对性强的特点。它既是获取战术情报的基本手段，也是获取战略情报的得力助手。现代空中侦察监视平台有各种飞机、飞艇、漂浮气球、系留气球和旋翼升空器等，其中主要是飞机。飞机上通常装有可见光照相机、多光谱照相机、激光扫描相机、红外扫描装置、电视摄像机、合成孔径雷达、机载预警雷达、无线电接收机及其他侦察设备。

（4）天上指挥所——预警机。预警机是"空中预警和控制系统飞机"的简称。它具有低空性能好、监视范围大（方圆400~500千米）、生存能力强、指挥控制能力强和灵活机动等特点，能够集预警、指挥、控制、通信等功能于一体，起到活动的空中雷达站和空中指挥中心的作用。近几十年来，仅美国、英国、俄罗斯三国就先后生产了20多种600余架预警机。预警机可以把参战部队联成一个紧密的整体，统一控制战区内所有的防空武器，有效地指挥三军作战。

（5）雷达克星——反辐射武器。战场信息系统的正常工作是以接收或辐射电磁信号为重要特征的，因此战场上就出现了一类专门攻击电磁辐射源的武器装备——电磁摧毁装备，主要包括各种类型的反辐射导弹、反辐射无人机等。只要敌方的信息系统,如预警机、雷达系统一工作,就会立即被反辐射武器发现并被准确定位,直至被彻底摧毁。还有一些新型的电磁摧毁装备,包括电磁脉冲弹、碳纤维石墨弹等也开始陆续进入战场,并将发挥越来越大的作用。

(6)武器的"大脑"——火控系统。火控系统是武器装备的"大脑"。随着现代武器系统大量应用现代信息技术成果,使得武器装备的目标探测跟踪能力、系统反应能力、指挥控制能力大大提高,对于提高火力系统的威力有着重要作用。火控系统主要指能够提高武器系统发现目标、快速反应、精确控制能力的各类分系统的总和。典型代表包括美国海军的"宙斯盾"系统、法国"幻影"2000火控雷达等。

四、信息化战争条件下战争样式

(一)在战争形态上,将突破传统战争的界限

(1)战争目的发生变化。

(2)战争行动边缘化。按照传统的战争概念,"战争是流血的政治"。但在未来信息化时代,战争则可能成为不流血或少流血的政治。

(3)战争层次趋同化。在未来信息化战争中,传统战争层次的划分将基本失去意义。

(二)作战效能上,将把常规作战效能推到极限

战争发展的历史,从某种意义上说就是作战效能不断提升的历史。核武器的出现,使热兵器作战效能的发展走到了极限。人类对武器作战效能的追求,反而使得具有最大杀伤威力的核武器无法在实战中运用。然而,人类并没有放弃对武器作战效能的追求,大量信息化武器和新概念武器的发明、制造和运用,将使未来信息化战争具有亚核战争的威力。

未来信息化战争的常规作战效能将是建立在军事工程革命、军事探测革命、军事通信革命和军事智能革命已经完成或基本完成的基础之上的。在这四大军事技术革命中,军事工程革命的起步最早。军事工程革命已经使传统武器装备跨越空间的距离和速度达到惊人的程度。航天飞机已经能够在地球与太空之间自由穿梭。

军事探测革命将使得侦察、探测的空域、时域和频域范围大大扩展,使对作战行动的感知、定位、预警、制导和评估达到几乎实时和精确的极限。军事探测系统将遍布太空、空中、地面(海面)和深海。一颗侦察卫星就可以覆盖地球面积的50%,对地面物体的分辨率将达到厘米级,对导弹的发现时间将缩短到几十秒钟甚至十几秒钟。

军事通信革命将实现军事信息的无缝链接和实时传输,使各指挥机构和部队、各侦察和作战平台之间达到在探测、侦察、跟踪、火控和指挥方面的信息畅通,真正实现实时指挥和控制。

军事智能革命将真正实现作战指挥活动和作战行动的自动化和智能化。智能化指挥系统将使指挥控制活动的准确性和时效性大幅度提高,作战平台将集发现、跟踪、识别和自主发射为一体,智能化弹药将具有更加强大的自动寻的和"发射后不管"功能,远程打击的精度将达到米级,大量高度智能化的机器人将投放战场。

在未来信息化战争中,高度信息化的武器装备虽然不具备核武器那种大规模、大范围的杀伤和破坏作用,但它所拥有的精确摧毁能力、系统集成能力、战场控制能力和高效达成战略目的的能力是核武器所无法相比的。从这个意义上说,信息化战争不但具备了亚核战争的威力,而且将使它的实用价值和作战效能超过核战争。

(三) 在武器使用上,大量使用新概念武器

随着科学技术的进一步发展,大量新概念武器会不断出现并应用于战争。这些新概念武器具有与其他武器完全不同的杀伤和破坏机理。它不以大规模杀伤对方人员的生命为目标,而是通过使对方的作战人员和武器装备丧失作战功能,或通过改变敌国的生态和自然环境来达成战争目的。

新概念武器中具有大面积破坏与毁伤效果的主要有次声波武器、电磁脉冲武器、激光武器和气象武器等。次声波武器具有洲际传送能力,并且可以穿透10多米厚的钢筋混凝土,其作用范围极广。在高空施放的电磁脉冲弹可以在瞬间使大范围的电子设备丧失功能。激光武器可以切割敌对国上空的一块臭氧层,引发大面积的温室效应。气象武器可造成大面积的洪涝灾害、地震和火山爆发等。新概念武器的发展前景广阔,其大规模的运用将使未来的信息化战争具有亚核战争的效果。

(四) 军队向小型化、一体化和智能化方向发展

军队是进行战争的主要力量,它的组织结构和编制体制是随着军事技术、武器装备和作战理论的发展而不断发展的。自从世界上出现战争以来,军队的组织结构和编制体制经历了从简单到复杂,从粗放到精密的发展过程,也就是从农业时代由步兵、车兵、骑兵和水兵发展到现在的陆、海、空三军合成化军队。在人类社会由工业时代向信息时代发展的过程中,伴随着信息技术发展和军事变革的步伐,军队将向小型化、一体化和智能化方向发展。

(1) 军队的规模将加速小型化。在冷兵器战争和机械化战争中,由于受到武器装备和军队作战能力的限制,一般都要经过长时间和大规模的作战,才能达成战争目的。在未来信息化战争中,信息化武器装备的广泛使用将极大地提高军队的作战能力,小规模的高度一体化和智能化的军队就能完成过去由数量庞大的军队才能完成的战略任务。所以,未来的信息化军队在组织体制上将向两个方面发展。一方面,军队的总体规模将大幅度缩小。目前,世界各主要军事强国都在压缩军队规模,以提高军队质量和信息化水平。美国军队已从 20 世纪 90 年代初期的 200

万减少到现在的 138 万左右,俄罗斯军队也从原来的 280 万减少到现在的 70 万左右。另一方面,作战部队的建制规模将更加小型灵巧。传统的方面军、集团军、军等战略和战役军团将被按照作战职能编成的小型作战群,或者能够同时在陆、海、空、天等多维空间遂行作战任务的一体化小型作战联合体所取代。

(2)军队的编成将高度一体化。进入信息时代,军队编成将根据系统集成的思想,建立"超联合"的一体化作战部队。即打破传统的军种体制,按照侦察监视、指挥控制、精确打击和支援保障四大作战职能,建成由探测预警子系统、指挥控制子系统、精确打击与作战子系统和支援保障子系统组成的一体化作战系统。按照这个思路构建起来的信息化军队,将使各种作战力量真正实现相互融合,从而能够实施真正意义上"超联合"的一体化作战。

(3)军队的指挥和作战手段将高度智能化。进入信息时代,由于信息技术在军事领域的全面渗透和应用,军事指挥和作战手段将实现高度智能化。计算机是实现作战指挥智能化的基础。随着计算机技术的发展,未来计算机的功能将由运算数据、存储信息、传递和执行命令转向进行思维和推理;由代替和延伸人手的功能转向代替和延伸人脑的功能。从而为作战指挥控制提供更加先进的智能化手段,使作战指挥与控制真正进入自动化、智能化手段。以计算机及其网络为核心的 C^4ISR 系统将真正实现侦察监视、情报收集、通信联络和指挥控制的无缝链接,构成作战指挥与控制的信息高速公路,使指挥员能够近实时地感知战场情况,定下决心,协调、控制部队和武器装备的作战和打击行动。在作战手段方面,智能化的武器系统和平台将大量装备军队并应用于战场。具有自动寻的功能的智能化弹药将得到更加广泛的运用;无人驾驶的智能化坦克、飞机、舰船和航天器将规模化投入战场;类型不同、功能各异的机器人也将在战场上得到广泛运用。从而使未来的信息化军队拥有以多种智能化作战手段在全维空间进行作战的能力。

五、信息化战争的发展趋势

近期几场高技术局部战争特别是伊拉克战争,虽然离完整意义上的信息化战争还有很大差距,但世界新军事变革诸多成果在这些战争中的广泛运用,精确战、火力战、控制战、全维战、系统战和心理战等的频频登场,预示着信息化战争正大步向我们走来,并显现出不同以往的发展趋向。

(一)"全维一体"的信息环境将成为信息化战争的主要战场

随着现代科学技术的迅猛发展,以微电子技术为核心的信息网络将充斥战场各个领域,使指挥控制、情报侦察、预警探测、通信联络等联为一体,实现了各类信息资源在不同时空的全维共享、实时交换;使指挥人员、作战人员和作战保障人员联为一体,实现了各种作战要素在不同系统环境下的联体互动。伊拉克战争中,美军依靠其强大的技术支撑,调用了各类间谍、侦察、导航、通信卫星 100 多颗,组成了以空间基站为主体的"太空信息网";出动了 E - 3、E - 8 预警机和 RC - 135"铆钉"、"全球鹰"、"捕食者"等各型侦察机,组成了以空中移动信息平台为主干的"动态链接网";派遣大批特种情报人员潜入伊境内,构成了能实现精确定位的"地面间谍网";通过遍布全球的军事基地和战争综合资源,构成了能实现精确作战保障的"全球资产信息网",并建立了与之相配套的各种信息接收、分析、处理、传输等一系列信息平台,从而构建了"全维一体"的信息化战场环境,大大提高了美军的指挥控制、辅助决策和作战保障能力。

可以预见,信息技术的不断发展和战争形态的日趋信息化,必然推动战场环境向"全维一体"的方向发展,并将成为未来信息化战争展示新的作战理论、作战样式、武器装备和指挥手段的大舞台。

(二)"高度智能"的信息化武器装备将成为信息化战争的主要工具

先进的武器系统作为战争的工具,最能体现不同时代科学技术的发展水平。人类战争形态的演变史表明,武器系统已成为决定战争形态演变的一个基础性要素。人类社会由工业社会向信息社会发展过程中,以信息技术为核心的高新技术成果不断地向军事领域渗透,并迅速物化为各类武器装备,使信息化设备、装置在武器系统中所占的比重逐步提高。据统计,美军在近几年的武器采办中,信息化装备的比重在飞机上已达到35%,舰艇为40%,导弹为45%,卫星为65%,指挥控制系统为80%。这种"嵌入式"的信息化变革,使美军的信息化程度大大提高。伊拉克战争中,美军为充分展示和试验其武器系统性能,出动了 F - 117 隐身战斗轰炸机、B - 2 远程战略轰炸机等信息化作战平台,发射和投掷了 750 余枚巡航导弹和 2.4 万枚炸弹,其中80%以上为精确制导炸弹。而越南战争、海湾战争、科索沃战争和阿富汗战争的精确制导武器使用率仅分别为 0.2%、8%、35%和60%。

军队信息化进程的不断发展,使信息与火力有机结合,形成了信息主导武器系统,自动化指挥系统、精确制导武器、隐身武器、新概念武器、机器人武器等"高度智能"化的武器系统,必将成为未来战争的主导。

(三)"系统集成"的数字化部队将成为信息化战争的主体力量

技术上的优势和创新的作战理论,只有通过军队的组织体制、系统集成和力量整合,才能最终转化为军事上的优势。因此,面对信息时代的挑战,世界各主要国家都不断地寻求建设一支以满足未来信息化战争需要,具有很强信息作战能力的"数字化"部队。20 世纪末,美国陆军就开始了"21 世纪特遣部队"即"数字化部队"建设。1998 年 6 月,美陆军正式推出了第一支以"信息时代"的武器和技术装备起来的"21 世纪数字化师"——第 4 机械化步兵师。俄军也计划在未来组建一支集各军兵种作战能力于一身的"多用途机动部队"。法、英、德、以、日、韩等国家在加强本国部队建设的同时,也纷纷加快部队数字化、信息化建设。美军试验表明,利用数字通信技术和计算机网络,集侦察探测、火力打击及防护的武器系统与支援保障装备于一体的数字化师,较之普通步兵师的作战能力要高出 3 倍。

未来信息化战争在全维一体的空间展开,这种全维一体的空间结构决定了未来部队的组织结构必然是一种"系统的系统"或"系统的集成",其实质就是要通过各种作战力量的整合和集成,实现未来部队的全维数字化和功能合成化,并将成为未来信息化战争的主体。

(四)"扁平网状"的指挥体系将成为信息化战争的神经中枢

新军事变革大潮涌来,以信息时代的作战特点为需求,创新作战指挥体制,建立新型的作战指挥结构,已成为一种必然趋势。以自动化指挥系统为基础,实现指挥手段自动化、综合化、智能化和作战指挥系统网络化、互通化、兼容化的"扁平网状"作战指挥体系,正在世界各国军队中悄然兴起。该体系纵短横宽,改变了过去机械化部队纵长横窄的树状结构,指挥层次少,网络节点多,保密性、安全性强;节点与节点、战斗单元与战斗单元之间联系紧密,指挥协同方便;各种系统高度集成,信息交换迅速,指挥效率不断提高,更加适应未来信息化战场实时性、系统性的作战要求。伊拉克战争中,美军吸取了海湾战争的经验教训,建立了以美中央总部为基础的联军作战指挥机构,由美军中央总部司令统一实施指挥,下设陆、海、空军以及海军陆战队、特种作战 5 个司令部。同时,依托自动化指挥系统,辐射"四个中枢"——美国国家指挥中心、联军最高司令部联合作战指挥中心、兵种司令部联合作战指挥中心、空中预警机,实现了战略、战役、战术"三级联网"。这种网络横向一体化的指挥体系,不仅使平行单位之间可以直接沟通,而且每个系统节点、各种武器平台甚至于每个战斗单元之间都可以进行网络连接,达成了信息优化、资源共享、联合互动的目的,实现了信息交换实时化,信息采集、传递、处理、存储和使用横向一体化,确保了战争指挥高效、灵敏、合成。

未来信息化战争中,"扁平网状"指挥体系的高效性和适应性,决定了其必将在非接触、非对称、非线性战场中,成为联结各战斗要素和作战单元实施一体化联合作战的指挥中枢。

(五)"广泛多元"的信息威慑将成为信息化战争的重要手段

从近期几场局部战争和世界军事强国建军备战的实践看,伴随着军队的信息化建设,信息威慑已继核威慑之后成为战争的主要威慑手段。与机械化战争相比,信息化战争目的的实现,往往不再是通过大量杀伤敌方有生力量来获取军事优势,取得战争胜利,而是通过更加积极的信息作战行动,瘫痪对方的信息系统和网络,动摇其抵抗决心,迫使其放弃敌对行动,从而达到遏制对方或使对方屈服。战争中,这种"威慑与震撼"通常是具有强大信息技术优势的一方,对处于劣势的一方采取的一种信息心理战。它是以信息作为武器,通过全球化的媒介系统,以摧毁敌人意志为主要目的而采取的作战行动,主要包括情报战、宣传战、心理战、外交战、网络战等,这在伊拉克战争中已得到了充分体现。

可以预见,未来信息威慑将围绕国家信息安全,广泛存在于战争的各个方面、各个层次、各个机件,它既是综合国力的全面较量,又是谋略艺术的充分体现;既是系统与系统的较量,也是单元与单元的对抗;既是在有形战场上的较量,又是在无形领域的抗争,并将随着信息技术的不断发展,逐渐成为未来信息化战争一种基本和主要的作战手段。

六、如何看待信息时代下的新军事变革

(一) 信息化战争是新军事变革的直接动因

自 20 世纪 90 年代以来,世界军事领域兴起了一场新的深刻变革,被称为新军事变革。这场变革主要有两个原因。

(1) 国际安全形势的演变。随着冷战的结束,两极格局解体,爆发世界大战的可能性不断消退,但局部战争时有起伏,全球安全形势出现了"大战不打,小战不断"的新局面。而传统的以应付大战为重心的军事体系不得不顺应冷战后的新形势和新趋势,进行历史性的重大调整。

(2) 随着以信息技术为核心的高新技术的迅猛发展,对武器装备的发展、军事思想和战争形态的变化以及军队建设及军队编制体制的调整均产生了重大而深远的影响。这场军事变革实质是信息化革命在军事领域的反映。

1991 年的海湾战争是信息化战争的"处女作"。以美军为首的多国部队以精确的打击、很低的伤亡率以及战争中新呈现出的智能和高科技程度,改变了很多人的战争观念。

海湾战争成为许多国家下决心进行军事变革的直接动因。人们从这次战争中看到,军队不进行改革,在未来战争中就只有被动挨打。

正是在海湾战争之后,各国先后制定了各自的跨世纪军队发展战略和新军事变革计划,如美国的《2010 年联合构想》《2020 年联合构想》,俄罗斯的《2005 年前军事建设构想》,英国的《陆军数字化总纲》等。

继海湾战争之后,又先后爆发了科索沃战争、阿富汗战争以及 2003 年的伊拉克战争。这些战争的信息化程度一次比一次高。以武器装备而言,海湾战争中,美军信息化武器装备只占其装备总量的 8%,科索沃战争中则上升到 35%,阿富汗战争中达 56%,伊拉克战争中则达到 70%。

战争信息化程度一场更比一场高,促使着新军事变革步伐一年更比一年快。据一些专家认为,世界新军事变革已经历了 3 个阶段:冷战结束后至 20 世纪 90 年代中期为第一阶段,主要表现为军事观念的转变,即从传统的冷战思维转向冷战后思维;20 世纪 90 年代中期至 20 世纪末为第二阶段,即战略更新阶段,各主要国家纷纷针对新的安全态势,根据高新技术在军事领域产生的作用,竞相对自己的军事战略、军事理论、建军方略、军备方针等进行跨世纪的全面更新;第三阶段始于 21

世纪初,主要表现在体系调整上。这一阶段世界军事变革的重心有 3 个转化:①从军事战略的更新转向军制体系的调整;②从高新技术的研发应用转向军备体系的调整;③从军事理论的研究转向实战体系的调整。

(二)把机械化军队改造成信息化军队

新军事变革的核心是信息化,就是把适于打赢机械化战争的军队改造成适于打赢信息化战争的信息化军队。建设信息化军队的内容就是新军事变革的内容。

军队的信息化就是使部队对战场态势的感知能力成倍增强,能让指挥者在适当时间和空间里,部署适当规模和适当类型的作战部队,令其以适当的方式实施高度一体化的联合作战。

军事变革内容主要表现在以下一些方面。

(1)发展信息化武器装备体系。信息化装备是指信息技术含量高,信息技术对其性能的提高及对其使用、操纵、指挥起主导作用,具有信息探测、传输、处理、控制、制导、对抗等功能的作战装备和保障装备,主要有信息化弹药、信息化作战平台、军用智能机器人系统、单兵数字化装备以及综合电子信息系统、指挥自动化系统。目前,西方国家武器装备系统主体已经实现信息化。例如,美陆军的信息化装备已达 50%,美海、空军的信息化装备已达 70%。广大发展中国家武器装备大部分或绝大部分仍然处于机械化、半机械化状态,但它们已不同程度地开始走上装备信息化的发展道路。

(2)创新作战理论。这是新军事变革重要内容之一。军事理论创新的实质是,把以机械化战争理论和机械化军队建设理论为核心的工业时代的军事理论,发展成为以信息化战争理论和以信息化军队建设理论为核心的信息时代的军事理论。当前,世界各国开始掀起新的军事理论的创新热。仅在作战理论方面,出现了非接触作战、非线式作战、非对称作战、信息战、空间战、精确战、导航战等。在军队建设方面,提出了"建设事业型军队""全面适用""远近结合""信息主导""系统集成""虚拟实战"等。

(3)培养新型军事人才。信息化战争对军事人员提出了更高的要求。建设信息化军队要求军事人员有更高的素质,特别是知识、思维和智力素质。为了造就新型军事人才,一是改革兵役制度,变征兵制为志愿兵制,把优秀人才留在部队;二是提高征兵质量,严格征兵条件;三是加强院校教育和部队训练;四是加大依托国民教育体系培养军事人才力度。

(4)建立信息化军队的组织体制。这是新军事变革的主要内容。其实质是把机械化军队的组织体制逐步改造成信息化军队的组织体制,使信息这一构成战斗力的主导要素能在军队内部和战场上快速、顺畅、有序地流动,以适应打赢信息化战争的要求。目前,世界各国军事组织体制变革总的趋势,一是变纵长形、多层级"树"状领导指挥体制,为外形扁平、横向联通、纵横一体的"网"状领导指挥体制;

二是大幅压缩陆军规模,逐步实现部队编制的小型化、轻型化、多能化;三是组建信息战攻防部(分)队,如专门负责实施信息战的航空部队、"黑客部队"、"反黑客部队"、计算机应急反应分队和计算机网络防护分队等。

改革军事组织体制,压缩陆军,组建新兵种已成为当前各国新军事变革的一大景观。如美国在 2003 年伊拉克战争结束,即酝酿把陆军 10 个作战师改造成为规模较小、易于快速部署的作战部队,每个师由 1.5 ~ 2 万人的规模改为 5000 人的"战斗队"。法国对陆军体制也进行了大刀阔斧的改革,撤销军、师两级建制,成立作战部队司令部和后勤部队司令部两大作战指挥机构。

(三) 大力推进中国特色军事变革

面对世界新军事变革的大潮,中国特色军事变革也在加速展开。我国必须紧紧抓住今后 20 年的战略机遇期,决不能丧失这一宝贵的战略机遇期。我们永远不能忘记历史上丧失军事变革机遇期的惨痛教训。

七、信息化战争对我国的国防建设的新要求

信息化战争的到来,加剧了世界各国战略力量对比的不平衡性,增大了发展中国家战略选择的难度,特别是对我国国防建设与发展提出了严峻挑战。对此,我们必须立足当前,着眼未来,从发展的角度搞好国防和军队的信息化建设,以求在未来信息化战争中立于不败之地。

1. 国防建设要适应军队信息化建设的发展

机械化战争的制胜理念是消耗敌人、摧毁敌人,大量歼灭敌人的有生力量,而信息化战争的制胜理念是控制敌人、瘫痪敌人,通过破击敌人作战体系,达到巧战而屈人之兵的目的;机械化战争中,以万炮轰鸣的火力倾泻为主要打击手段,而在信息化战争中,实施精确打击为首要选择。国防建设是军队打赢信息化战争的重要基础。因此,我们在考虑国防建设和经济建设时,从宏观规划到人力、物力和财才的动员,从经济基础建设到国防工程、交通信息、医疗卫生等建设都必须和打赢信息化战争通盘考虑、规划和建设。

战争形态的发展变化,给我们带来的挑战首先是观念上的影响和冲击,强烈要求我们必须适应这种不可抗拒的变化,树立与打赢信息化战争相适应的观念,为国防现代化提供有效的建设理念和指导方法。应对信息化战争形态带来的挑战,只有确立与打赢信息化战争相适应的思维方式,强化信息制胜意识,用源于实践高于实践的先进理论指导实践,用创新的观念谋取国防和军队建设的发展,才能使国防建设适应军队的信息化建设。

2. 大力加强国家信息基础建设

在信息时代,国家的信息基础建设是国家战略能力的重要组成部分。国家战略能力,是指一个国家在需要进行战争或应对突发事件时,所能调动的各种力量的

总称。

完善的国防信息基础设施是国防信息化的基础,如果没有快速、准确和高效的国防信息基础设施,就不可能真正实现国防和军队的信息化。加强国防信息基础设施建设,要促使传统的军事通信网向一体化指挥控制平台过渡,逐步实现综合、智能的国防信息网络。支持各级指挥员在任何时间、任何地点获取作战指挥信息,为满足信息战争需求提供支撑和保障。

国家的信息基础建设是军队信息化建设的基石,是打赢中未来信息化战争的重要支撑。因此,必须把加强国家的信息基础建设作为应对信息化战争的首要举措。当前,我国信息基础设施建设,虽然已获得了长足发展,但与发达国家相比,在许多方面我国仍存在差距。因此,必须下大力加强我国的信息基础建设,努力提升我国的国家战略能力。

信息基础建设的重点应主要放在三个方面:①努力发展以微电子技术、计算机技术和通信技术为主体的信息技术,这是一个国家信息基础建设的基础;②加快国家大型网络系统建设;③大力开发各种软件技术。目前我国软件技术的研制、开发能力远远落后于发达国家,与一些发展中国家相比也不占优势。此外,国家信息安全的防护,在相当程度上是由先进的软件技术来保障的。因此,应加大研制和开发软件技术的资金、技术和人力投入,使我国在软件技术上跻身于世界先进行列。因此,必须把加强国家信息基础建设作为应对信息化战争的首要措施。

3. 努力培养造就信息化人才队伍

人才是强国兴军之本,决定未来信息化战争胜负的是高素质国防和军队信息化人才。人才队伍建设的当务之急,是培养掌握信息化技术和装备的专业人才,懂信息化作战指挥、会打信息化战争的军事人才。这就既需要培养和造就大批信息化人才,又要创造一切条件使用好信息化人才。

(1)培养造就大批信息化人才。当前,要重点抓好指挥军官队伍、参谋队伍、科学家队伍、技术专家队伍和士官队伍建设。要把信息科技知识作为培养"五支队伍"人才知识结构的核心内容。具体来说,就是指挥军官队伍应能熟练运用信息化装备,指挥部队信息化建设和信息化作战;参谋队伍要能够为信息化军队建设和信息条件下的作战出谋划策;科学家队伍应站在科技前沿,创新信息条件下的装备发展理论,组织谋划信息技术装备的发展;技术专家队伍应随时架构指挥与应用间的技术桥梁,及时解决信息化部队作战和训练中的技术难题;士官队伍则应熟练掌握、灵活运用信息化武器装备,形成一个用信息知识武装起来的,既精通本职、又全面发展的高素质人才队伍。一方面,要依托地方进行信息化人才的双向培养;另一方面,军事院校教学中要加大高新技术知识的比例,提高部队信息化条件下的训练水平,创造良好的信息化环境和信息化文化氛围。

(2)创造一切条件使用好信息化人才。首先要创造尊重知识、尊重人才的良好环境,特别是要爱护、珍惜那些有志于献身国防的信息化人才。要建立一整套激励机制,多做拴心留人的工作,多做暖人心的工作,切实使信息化人才有光荣感、使命感和成就感、归宿感。其次是要不拘一格选人才。要善于看主流、看本质,多看人才的长处,多补人才的短处。要敢于用超常的做法重用高素质的信息化人才,把高素质干部放在重要的岗位上百炼成钢;要在确保思想好的前提下,既重学历,更重素质和能力。要尽快使信息化人才的知识能力转化成实际操作能力和作战能力。

4. 加速推进国防和军队信息化建设的进程

我国在加强军队机械化建设的同时,必须乘国家加快经济和社会信息化发展之势,跨越式加快国防和军队信息化建设。如果按部就班地在完成机械化建设后再进行信息化建设,就会坐失良机,无法赶上西方发达国家和军队建设的步伐。推进国防和军队信息化建设的进程,必须解决好以下两个问题:

(1) 要树立信息主导的思想。观念是行动的先导,一是确立信息化军队建设中的主导地位,全面推进国防和军队的信息化建设。二是"系统集成观"。要用大系统的观念来筹划军队建设。在"作战力量"建设上,强调加强作战空间预警、C^4ISR 和精确使用作战武器;在战场准备上,要求建立数字化战场;在部队建设上,要求建立数字化部队;在装备建设上,要求积极推行"横向技术一体化"。三是"虚拟实践观"。虚拟现实技术的发展,为人们"虚拟实践"提供了可能。人们可以面向未来,创造一种"人工合成环境",在实验室里"导演"战争,主动适应未来。

(2) 要实现我军信息化建设的跨越式发展。国防和军队的信息化建设是一个十分复杂的系统工程。我国信息化建设要抓住三个重点:①要大力发展信息化武器装备。我军一方面要致力发展信息化武器装备;另一方面要在信息化弹药、信息化作战平台、专用信息战武器三个方面取得突破性进展,这样才能缩小与发达国家的"时代差"。②要大力推进数字化部队建设。在建设思路上要突出我军的特色,走出一条投入少、周期短、效益好的发展路子。③要大力加强数字化战场建设。数字化部队和数字化战场是信息化战争的两大支柱,有了数字化战场数字化部队才有可靠的依托。我军数字化战场建设,应充分运用空间基础数据建设成果,将导航定位、天基立体测绘和时间基准、地球心坐标系统相统一,建设成能够覆盖整体作战空间的多维信息获取系统,形成平战结合、诸军一体的战场信息系统,推进我军的国防和信息化建设。

第二节 信息化战争的作战样式

一、情报战

在信息化战争中,情报战是一种十分重要的作战样式。因为从本质上来说,信息化战争的核心就是围绕信息的获取权、控制权和使用权的争夺与对抗。其中信息获取权的争夺与对抗既是整个信息争夺与对抗的重要组成部分,也是它的先导。不能有效地获取信息,不能有效地掌握信息获取权,就谈不到掌握对信息的控制权和使用权。因此,要了解信息化战争,必须认真研究和了解当今的情报战。

(一) 情报与战争

"知己知彼,百战不殆",这是我国古代大军事家孙武的一句名言。它无可辩驳地说明,情报战早就伴随着战争的产生而产生了。

在滑铁卢战役中打败拿破仑的英国统帅惠灵顿公爵有一句名言:"高地的那一侧到底是什么呢? 我终生在猜测。"

斯大林曾提出:"要研究敌情,改善军队的耳目——侦察工作。要记着,没有侦察工作便不能准确地打击敌人。"

毛泽东军事思想的精髓是实事求是,就是要调查研究。毛泽东说:"指挥员的正确部署来源于周到的和必要的侦察,和对于各种侦察材料连贯起来的思索。"

可见,中外的军事家都把情报工作摆在稳操胜券的首要位置。为了获得军事情报,中外历史上都演绎过许许多多曲折动人的故事。

第二次世界大战前,法国花费大量人力物力修筑了马其诺防线。德国派一名女间谍化装成难民潜入马其诺防线司令部,窃取了该防线的地图。德国发现法军大部分兵力摆在马其诺防线之上,于是便用机械化部队,避开马其诺防线置于无用之地。法军的抵抗陷于被动,国土很快被德军占领。

我国战争史上情报侦察的成功事例更是不胜枚举。我国历史上最早的情报活动记载于《左传》书中,讲的是夏王启的重孙子名叫少康的人曾经派亲信女艾到对手浇那里从事间谍活动,刺探对方内幕情况,然后率军消灭了浇的势力,进而打回国都夏邑,恢复了王位和夏朝的统治。历史上称这一事件为"少康中兴"。据商朝故都殷墟出土的甲骨文记载,商朝人打仗也频频派间谍到敌方探听虚实,其手段主要是现场观察,所以甲骨文中描写间谍多是"窥"和"望"。电影《永不消逝的电波》《渡江侦察记》《奇袭威虎山》描写了我军侦察员深入敌后获取重要军事情报的故事。而《鸡毛信》则描写了少年海娃机智地把军事情报藏在羊尾巴之中,巧妙骗过日军、把情报送达我军事机关的故事。

(二) 现代情报战的特点

现代科学技术的发展,特别是以信息技术为核心的高新技术的飞速发展和广泛应用,使情报战真正进入争夺激烈、对抗多样、范围广泛的现代情报战时代。情报战在许多方面发生了质的飞跃。

(1) 情报队伍更加壮大。过去,军队情报人员主要是侦察兵、特工队,一个师才有一个侦察连,一个军才设立一个侦察处或侦察科。而现在,军队情报人员大大增加,已经形成了规模巨大的"方面军"。比如海湾战争中,当"沙漠盾牌"行动进人尾声时,在海湾地区的美军陆军就拥有了 3 个电子情报旅、9 个电子情报营和 3 个电子情报连,共计 1.5 万人,占在海湾地区的美军陆军总人数的 4.1%。在海湾地区的美军空军拥有 8 个专业电子战中(分)队、专用电子战飞机 80 架,占在海湾地区的美军空军作战飞机的 7.3%,另外还有兼负电子侦察任务的飞机 13 架。在海湾地区的美军海军和海军陆战队共拥有 7 个专业电子战飞机中队、专用电子战飞机 29 架,占在海湾地区的美军海军和海军陆战队作战飞机的 4.5%,另外还有兼负电子侦察任务的飞机 52 架。此外,在海湾地区的美军还有太空侦察卫星、高空侦察机、地面雷达、水下声纳以及海上侦察船。所有这一切构成了极其强大的情报网。

(2)情报手段更加多样。现代情报手段形形色色,从陆地侦察到太空侦察,无所不有。例如,1973 年,埃军强渡苏伊士运河,使以军几乎陷入绝望境地。在这生死存亡紧急时刻,以军利用美国"大鸟"侦察卫星,发现在埃军第 2 军、第 3 军结合部有薄弱环节,存在 10 千米的间隙。以色列立即派出一支部队,从埃两军间实施穿插,抄了埃军的后路,并摧毁了埃军用防空导弹筑造的"空中屏障",从而一举扭转了败局。从中可以看出,现代高技术情报手段对战争的胜负具有重要的意义。

(3)情报内容更加丰富。过去军事侦察内容仅涉及当面敌情。如今侦察内容不仅包括地面、地下、海上、水下、天空甚至太空。1982 年,以色列对叙利亚贝卡谷地导弹阵地发起攻击。以军首先使用装有电视摄像机的无人侦察机,并不断地把电视图像实时传给地中海上空的电子战飞机和预警机进行分析处理,全面掌握了叙军导弹阵地的地面情况。接着,以军又使用携带电子设备的无人机作诱饵,致使叙军侦察雷达、制导雷达、炮瞄雷达纷纷开机,暴露了隐蔽在地下的电子设备位置。以军还以此获得了叙军雷达的工作频率。掌握了这多方面的情报之后,以军仅用 6 分钟就摧毁了叙军 19 个导弹阵地。

(4)情报传递更加快速。过去,靠人传递情报,一条情报送达目的地,往往需要几小时、几天甚至几个月的时间,而现在由于采用先进的电子传递手段,时间大大缩短,甚至可以实行情报实时传输,同时还可以收到声音和影像,在千里之外也如同身临其境。

(5)情报地位更加重要。过去,情报工作在战争中只处于辅助地位。在现代战争中,谁掌握的信息快、多、准,谁就能把握战争的主动权,因此情报工作在战争中已上升到主导地位。

(三)未来情报战展望

科学技术的发展和手段的更新始终是作战样式发展演变的重要动力。现代科学技术的一些新的突破为情报战提供了更加先进和有效的手段和工具。

被人们称为 21 世纪关键技术之一的纳米技术的突破为现代情报战提供了一些前所未闻的新手段和新工具。如只有苍蝇和蜜蜂大小的微型间谍飞行器,可以自主飞到目标上空或附在目标之上,利用所载的微型探测装置实施侦察监视;无法分辨的"间谍草",内装各种灵敏的电子侦察仪器、照相机和感应器,具有像人眼一样的"视力",可以探测出数百米外坦克等目标运动时的震动和声音,并将情报准确传回总部。

据报道,美国国防部高级研究计划局正在进行的八大领域的战略研究中头几项就与情报作战有关。

(1)发现、精确识别、跟踪和摧毁地面难辨目标技术。尽管在伊拉克和阿富汗战争中美军在这一领域已表现出一流实力,但美军方认为有必要进一步提高发现和及时打击隐蔽和移动目标的能力。计划局正在开发一种三维高清晰成像激光雷达,以类似小孩玩拼图游戏的方式将从树缝或伪装物缝隙中获得的多角度图像拼成三维图像,使得作战指挥者无论是白天还是晚上都能"透视"隐蔽的敌方目标。

(2)城市行动倍增系统。目标是建立联网的目标识别、快速信息传输和精确打击系统,使得美军在危险的城市巷战中能以尽量少的兵力投入达到最大的打击效果,减少美军和平民伤亡。正在从事的一个研究项目的构想是,帮助美军在进入某个建筑物之前精确了解建筑内部布局,并确定是否有敌方士兵躲藏其中。

(3)地下目标定位和识别技术。为了有效识别敌方深藏于地下的指挥系统、弹道导弹及大规模杀伤性武器生产线等目标,研究人员正在运用地震学、声学、光电和无线电等技术开发各种传感器,以帮助美军作战指挥人员了解地下目标的用途、建筑结构及薄弱环节,并帮助他们事后评估打击效果。

显然,这些新型情报战手段和工具的出现、使用将使信息化战争的面貌发生彻底的改变。

二、电子战

(一)电子战的概念

电子战就是电磁频谱的斗争。其作战方式主要表现为:利用电子装备与器材,侦察与反侦察,干扰与反干扰,摧毁与反摧毁。目的在于削弱、破坏敌方电子设备的使用效能和保护己方电子设备正常发挥效能。

电子战是伴随电子设备发生发展起来的。开始,电子战仅限于无线电报中的电子对抗。后来发明了雷达,有了军事上的"千里眼"。作战的敌对一方就千方百计地想蒙住另一方的"千里眼",于是就有了雷达对抗。第二次世界大战中,英美联军在施行诺曼底登陆战役中,首先用火力摧毁了德军的大批雷达,然后制造了假司令部、假司令、假军舰,散布假情报,运用电子欺骗的办法,声东击西,让希特勒的德国军队错误地判断英美联军将在加莱地区登陆,使诺曼底兵力空虚。英美联军以较小的代价赢得了登陆战役的胜利。英国首相丘吉尔在总结第二次世界大战经验谈到电子战时,十分感慨地说:"如果没有这种魔法战争,我们就会失败,直到灭亡。"

第二次世界大战之后,雷达技术得到迅速发展,雷达的探测距离、跟踪精度、分辨能力都有了进一步的提高,飞机、导弹、卫星、舰艇、火炮都装备了先进的雷达。人们针对雷达制导系统的作用又研制出了各种欺骗干扰的装备和器材,还研制出了专门对付雷达的反辐射导弹,还有专门用于电子对抗的电子战飞机。20世纪60年代,越南战争初期,越军平均发射2~3枚地对空导弹就能击落1架美军飞机。1966年之后,美军在飞机上安装了雷达报警接收机,布署了"百舌鸟"反辐射导弹,还使用了杂波干扰。到了1971年,越军平均发射70~80枚导弹才能击落1架美国飞机。在第四次中东战争中,由于埃及加强了武器系统抗干扰措施,开战后的第一个星期,使以色列飞机损失了78架。后来以色列又加强了电子干扰,飞机的损失大大减少。在贝卡谷地的作战是一次典型的电子战。这次战斗开始,以色列派一些无人机到了导弹阵地上空飞行。无人机经过了特殊伪装并装有防空设备。这种无人机本身反射面积很小,雷达回波反射信号比较弱,但加装了一些角反射器一类的装置,使得反射面积增大,信号增强。叙利亚误认为大型飞机来攻击,于是开动制导雷达,无人机就把导弹系统的一些参数,如频率参数测到了,同时把叙利亚的导弹阵地位置也侦察到了。以色列第一步先取得信息,第二步就发动攻击。攻击时,最高一层是预警飞机,作为空中指挥;第二层是F-15,作为护航;最底层是F-16攻击地面目标。以军攻击前首先派无人机引诱导弹阵地开机。导弹阵地开机后,以色列发射反辐射导弹。就这样,以色列一举摧毁了叙利亚19个导弹阵地和几十架作战飞机。

(二)电子战的作战样式

1991年的海湾战争之后,人们总结这场战争的特点是:陆、海、空、天、电,五维一体。电子战过去一直是战场上的配角,海湾战争中竟然与陆战、海战、空战、天战平起平坐,成为第五维战场。可见电子战在战争中的地位已经大大升格了。电子战荣升战争主角主要表现在以下3个方面。

(1)电子侦察成为战场信息获取的主力军。"兵马未动,电子先行"。在海湾战争爆发前的5个月,美国就起用了70多颗军用卫星,其中有部署在高、中、低轨道上的20多个侦察卫星,昼夜不停,对伊拉克军队的重要军事设施、雷达、通信、导航和导弹系统,实行了不间断的电子侦察,为多国部队飞机、雷达告警,为电子干扰和发射反雷达导弹提供了依据。据有关资料介绍,现代战争中所需的军事情报65%以上是通过电子侦察获取的。

(2)电子"轰炸"成为战场火力进攻的尖兵。早在1990年年底,以美国为首的多国部队就制定了一个代号"白雪"的电子战行动计划。1991年1月17日,大规模空袭开始前5小时,多国部队利用地面电子干扰设备对伊拉克军队的指挥、控制和通信系统进行了强烈的干扰，出动了大批电子战飞机，对伊拉克军队的防空雷达、通信系统施行了压制性大功率干扰，为空袭飞机的突防和攻击提供支援干扰，使伊拉克军队雷达迷茫、通信中断、制导失灵，处于被动挨打的境地。除了上述"软杀伤"以外，美军还出动了大批反雷达飞机，发射大批反雷达导弹，摧毁伊拉克还在工作中的雷达，还迫使伊一些雷达赶快关机。威力巨大的电子轰炸为多国部队的空袭开辟了胜利的道路。

（3）电子防护成为战场信息防护的狙击手。海湾战争中伊拉克曾经从国外花重金购买了大量有关自己国家情况的卫星照片，根据这些照片采用伪装器材对重要目标加以伪装。伊拉克设置了数千个由合成材料制成的假目标，涂上金属涂料，并装上热源，使多国部队的电子侦察受到了干扰，分不清真假，白白地投入了不少兵力兵器对这些目标进行轰击。结果伊拉克的"飞毛腿"导弹和一些兵器得以隐藏和保全下来。

海湾战争的实践表明，电子战在信息化战争中具有十分重要的地位和作用。海湾战争作为首次信息化战争，电子战既充当了战争的"先行官"，又作为战争的主力军，贯穿于战争的始终，成为真正的关键角色。国外有军事家说："20 世纪是'空战时代'，21 世纪将是电磁时代。"有的说："如果发生第三次世界大战，获胜的必将是最善用控制和运用电磁频谱的一方。"还有的认为："夺取电子优势比第二次世界大战中夺取制空权还重要。"日本人把电子战能力与火力、机动力并列为"第三打击能力"。

（三）电子战的发展趋势

电子战已经走过了 100 多年的历史，留下了一串串耀眼夺目的光辉。它从一开始的战争辅助手段，一跃成为现代战争的主角，引起世界各国军事家的高度重视。随着科学技术的飞速发展，武器装备的电子化程度必然越来越高，电子战的技术装备越来越走向尖端。21 世纪的电子战将更加激烈。获得制电磁权的一方将依靠强大的电子优势在极短的时间内以强大的电磁干扰造成敌方指挥失灵、电子制导武器失控、技术兵器失去功能以至整个战争机器瘫痪，从而为随后采取的兵力火力打击提供"昏睡中的目标"。由于电子战的地位和作用日益增大，世界各国在研究电子战武器装备上都舍得花大量的人力、物力和财力。电子战设备的发展已经被列为和导弹、核武器发展同样重要的程度。而且各国都认为没有电子设备，导弹和核武器同样发挥不了作用。

21 世纪电子战场利用的频谱将向全频谱扩展。随着电子技术的发展，电子对抗的范围在频谱上已大大超过以往只限于射频范围的概念，迅速向两端扩展，也就是向低端的声频和高端的光频扩展，使电子对抗既有射频对抗又有光学对抗、声学对抗。目前，军事电子技术所利用的频谱已经覆盖了从低频、短波、微波、毫米波、红外、可见光等全部频谱。

21世纪的电子战将重点发展网络对抗、计算机病毒武器。传统的电子对抗技术也将不断向高新方向发展。无源干扰技术如箔条、干扰丝等,是廉价有效、易行的干扰技术,将被继续采用。新技术新材料的发展使干扰箔条和干扰丝在材料上不断更新,从而更具威力。目前,用镀铝、镀锌、镀银的玻璃丝、涤纶丝、尼龙丝线代替以前的锡、锌、铝等箔条,可以增加空中滞留的时间,增强干扰效果。新发现的复合箔条将微波、毫米波反射型材料和红外全溶胶涤料结合起来形成可干扰红外、可见光、微波等宽频带干扰物。干扰箔条从结构上设计出了干扰球、金属体和干扰绳等新型的类型干扰物,可对雷达、红外和微光进行复合干扰。

21世纪的电子战装备将向系统化、系列化、软硬武器一体化,告警、侦察、干扰一体化,标准化和"模块化"方向发展。因此,21世纪的电子战必将异常激烈,异常复杂。谁能够赢得制电磁权,谁就将在未来战争中稳操胜券,这已为各国军事家们所公认。

三、网络战

1946年2月14日是人类历史上重要的一天,一台名叫埃尼克的电子计算机悄悄降临人世。当时,它并不引人注目,但它开辟了人类科学技术的新纪元,预示人类社会将进入一个崭新的新时代——信息时代。

在电子计算机出现23年后,网络又降临人间。1969年美国国防计划署建立了作为实验网络的阿帕网。阿帕网迅速膨胀,最终形成了一个把不同局域网和广域网连接起来的互联网。这就是因特网。如今,因特网已广泛应用于医疗、交通、金融、贸易、军事等各个领域。网络在"网"住我们日常生活的同时,也渗透到战场的各个角落,为战争实施"整容术",彻底改变了战争的模式,催生出一种全新的作战形式——网络战。

(一)网络战概念

所谓网络战就是以计算机和计算机网络为主要目标,以先进的信息技术为基本手段,在整个网络进行各类信息攻防行动。网络战通常包括网络攻击和网络防御两个部分。

在20世纪90年代初的海湾战争前,美国中情局获悉伊拉克从法国购买了供防空系统使用的新型打印机,准备通过约旦首都安曼偷运到巴格达。美方即派特工在安曼机场用一块固化病毒芯片与打印机中的同类芯片作了调包。美军在发起战略空袭前,用遥控手段激活病毒,使其从打印机窜入主机,造成伊拉克防空指挥系统程序混乱、工作失灵,致使整个防空系统中的预警和自动化指挥系统瘫痪,为美军的空袭创造了有利的态势。这是网络战手段第一次运用于实战。可以说这是网络战的雏形。

20世纪90年代末的科索沃战争,网络战手段有了新的发展。来自世界各地的网络"黑客"运用 PING 命令,向北约信息系统发送 E－mail,输入"蠕虫""梅莉莎""疯牛"等各种病毒。英国广播公司网站曾收到 7000 多封来自世界各地的 E－mail 炸弹,其中 80% 反对北约空袭。美海军陆战队所有作战单元的电子邮件系统均受到计算机病毒破坏,美国白宫网站曾经一整天无法工作,"尼米兹"号航空母舰的指挥控制系统也曾被迫停止运行 3 小时。难以防范的 E－mail 炸弹攻击迫使北约不得不频频进行计算机系统升级,改变通信线路,采取开发阻止恶意电子邮件的过滤器、关闭超文本传输协议等应急措施。美国国防部副部长哈默将其称为全球"第一次网络战争"。

(二) 网络攻击

计算机网络攻击是指利用敌方计算机网络的缺陷,窃取、修改、伪造或破坏信息以及降低、破坏网络使用效能而采取的各种措施和行动。网络攻击手段很多,主要包括:

(1) 拒绝服务攻击,是至今"黑客"实施攻击的主要手段,也是网络战的基本战法。其基本原理是向敌方网络服务器发送大量无用的、要求回复的信息,消耗其网络带宽或系统资源,导致敌方网络或系统不胜负荷以至于瘫痪,进而停止提供正常的网络服务。事实上,依靠单台计算机要达到瘫痪敌方网络的目的是比较困难的,因为通过一台计算机发送的信息毕竟是有限的,难以耗尽敌方的网络带宽或系统资源。因此,为了增加攻击的成功率,实际攻击中大多采用分布式拒绝服务攻击,也就是协调多台计算机同时对目标计算机网络实施拒绝服务攻击。

(2) 入侵攻击。拒绝服务攻击比较容易实施,但只会干扰计算机系统的正常运行,使其停止对外提供的服务,对计算机系统本身不会造成损坏,受攻击后只要重新启动机器即可正常工作。为了破坏敌方的计算机系统、窃取情报,就必须入侵到计算机系统中,并获得该计算机的最高控制权限,这时对该计算机就可像对自己的计算机一样进行操作。入侵者利用计算机系统的安全隐患,非法进入本地或远程主机系统,获得一定的权限,进而窃取信息、删除文件、埋伏后门甚至导致目标计算机网络瘫痪,这种入侵行为的难度相对较高。如何入侵敌方计算机系统呢? 一种办法是身份窃取,另一种办法是利用计算机系统及其应用程序的漏洞。在计算机系统中,用户的身份是由用户名及其口令标志的,身份窃取攻击就是通过窃取系统的有效用户名,并猜测其口令,进而可以用合法的身份进入系统,获得对系统的控制权。

(3) 病毒攻击。侵入敌方计算机系统后,除了直接进行破坏系统、删除文件等操作外,攻击者一般会在系统中施放病毒,埋设后门,以便长期控制计算机系统或对整个网络系统造成更大的破坏。因此可以说,计算机病毒和有害代码是网络攻击的利器。计算机病毒一般是指专门破坏计算机正常工作的特殊程序。它隐藏在计算机资源中,在一定的条件下,能够自我复制、传播和侵入到其他程序中去,并篡

322

改正常运行的程序,损害这些程序的有效功能。这是狭义的观点。伴随着网络技术的发展,出现了"木马"、"蠕虫"、逻辑炸弹等有害代码,从广义的观点它们也属于计算机病毒的范畴。

(4)邮件攻击。传统的邮件炸弹只是简单地向被攻击者的电子邮箱内扔去大量的垃圾邮件,从而充满邮箱,大量地占用了系统的可用空间和资源,使机器暂时无法正常工作。由于每个邮件信箱的容量都是有限的,当庞大的邮件垃圾到达信箱的时候,就会把信箱挤爆,把正常的邮件冲掉。同时,由于它占用了大量的网络资源,常常导致网络堵塞,使大量的用户不能正常工作。由于邮件在网络上的传输是透明的,可能会经过不同的网络路由,并由途经网络上的路由器和邮件服务器存储转发,最终才能到达目的计算机,因此对基于这种运行机制的邮件系统还可实施多种攻击。

(三) 网络防御

"黑客"和病毒是目前网络安全的两大杀手。"黑客"和病毒技术日益发展,使网络安全面临越来越大的威胁。"黑客"入侵和病毒肆虐犹如高悬在互联网上的两把"达摩克利斯剑",随时可能落下。唯一的选择是面对现实,积极研究防范手段和对敌实施网络反击的方法,防"黑"杀毒。

1. 打造防"黑"的坚盾

"黑客"是通过入侵网络、肆意窃取篡改计算机数据,来破坏网络世界的正常秩序的。因此,防范"黑客"入侵网络,应该从以下几方面入手。

(1)保证物理安全。要想绝对安全就要进行物理隔绝。对计算机进行物理隔绝是阻止未经授权的用户进入计算机系统的最可靠方法。

(2)采取访问控制。访问控制是网络安全防范和保护的主要策略,其主要任务是保证网络资源不被非法使用和非常访问。

(3)构造防火墙。防火墙是近期发展起来的一种保护计算机网络安全的技术性措施。它是一个用以阻止网络中的"黑客"访问某个机构网络的屏障,也可称之为控制进出两个方向通信的门槛。

(4)进行信息加密。信息加密的目的是保护网内的数据、文件、口令和控制信息,保护网上传输的数据。密码技术是网络安全的核心。

(5)设置入侵检测和预警。入侵检测是用来检测计算机网络上的异常活动,确定这些活动是敌意的还是未经批准的,并作出适当的反应。

(6)发展未来新兴的网络安全技术。例如,综合的网络入侵检测与反应技术、多类型的访问控制下认证技术、可信的面向对象包裹软件、可信的代理软件技术、全光网络技术、量子密码技术等研究,将为下一代有可能根本改变系统的信息防护能力打下良好基础。网络安全是一个全方位的复杂的系统工程,技术创新是研究网络技术安全技术、开发网络安全产品的根本途径。

2. 打造杀毒的利剑

病毒是滋生在计算机系统中的毒瘤，如今已达到空前的危害程度。目前防治计算机病毒的主要策略是：

（1）先期预警，逐级排查。采用实时监视技术，及时跟踪计算机及网络系统的运行状态，发现病毒及时分析并进行查杀，将其消灭于萌芽状态。

（2）举一反三，斩草除根。对计算机病毒的病例分析要采取应对策略，根据病毒类型和运行机理，对症下药，果断清除。

（3）截脉断流，严防扩散。一旦发现病毒，应迅速采取逐级割断、分段排查等措施，及时切断染毒网段，防止病毒的蔓延和扩散，并清除染毒设备。

（4）以人为本，多管齐下。人是病毒的制造者，要关注计算机及网络从业人员的思想动态，充分利用各种防毒措施，构筑病毒防护的道道栅栏。

现代文明的发展也许可能让枪炮退出历史舞台，但战争的阴影不会消散。未来战争很可能出现新的样式，包括在无形的电磁空间中通过键盘的敲击来演绎。对此，我们必须做好充分准备。

四、精确战

军事打击精确化，即精确作战，是信息化战争与传统战争形态的一个重大区别，是信息化战争的一个重大特点。它是在信息的支持下运用精确制导武器、对敌方实施精确打击的一种作战。

（一）精确战的出现

古往今来，对敌方实施精确性打击，直击敌之要穴，迅速制敌于死命，历来是军事家们的追求。即使在冷兵器战争中，精确打击，攻敌要害，也一直是将士们追求的目标。

进入热兵器时代之后，战士们打枪、放炮、投弹，也都力求精确地命中目标。但是，在当时科学技术条件下，枪、炮瞄准和射击的精度基本上靠人自身的感觉器官和操作技能，来提高人对武器的掌握运用水平，精确作战是十分有限的。于是为了达到军事打击的效果，只好借助于火力的密度和强度，射击强调组织"火网"，轰炸就出现了"地毯式"、大覆盖面。人类拼命发展大规模杀伤性武器，轰炸机越造越大，载弹量越来越多，炸弹、炮弹越来越重，威力越来越猛。这时军事打击完全是一种"粗放型"的。

伴随信息技术的发展及其在军事上的应用，精确作战悄悄走上战争舞台。以微电子、光电子、计算机、自动控制技术为代表的信息技术迅速进步，促使精确制导武器迅猛发展。精确作战从理想逐步变成现实。精确制导武器出现并应用于战场，改变了传统的以大规模杀伤破坏来达到军事目的战争样式。1981年6月7日，以色列空军出动6架F-15和8架F-16战斗机，长途奔袭，悄然飞抵伊拉克首都巴格达东郊 20 千米的伊拉克原子反应堆基地上空。领队长机首先发射两枚电视制导炸弹,精确穿透混凝土结构的圆形屋顶后爆炸;后续飞机鱼贯俯冲,将炸弹扔进被炸开的缺口中。仅仅两分钟,伊拉克历时 5 年、耗资 4 亿多美元建造的"乌西拉克"核反应堆顷刻变为废墟。1991 年的海湾战争中,精确制导武器更显示出巨大的威力和明显的作战效果。以美国为首的多国部队在对伊拉克实施空袭作战中,占 7% 的精确制导武器摧毁的目标却占伊拉克被摧毁目标总数的 80%。美军 F-117 隐身战斗轰炸机在轰炸巴格达通信大楼时,甚至将一枚激光制导炸弹从大楼的通风孔中投入从而把大楼摧毁,使伊军整个指挥体系陷于瘫痪。

(二) 精确战的实现

精确作战改变了传统战争中大规模的破坏、摧毁甚至消灭对方,变为精确的控制化的打击。从战略层次到战役层次、战术层次,人们都力求以最少量、最优化的破坏性打击达到最大的作战效益,而且这种破坏性打击的程度也力求是可控制的。

精确作战之所以变为现实,一是科技和兵器的发展提供了这种可能,二是信息时代社会文明的高度发展有这种客观需要。

(1) 要实施精确作战,首先要有精确的侦察。信息技术的发展使战场上精确地侦察获取信息成为可能。人们不仅有陆地、海上、水下、空中等侦察手段,而且可以在空间进行电子侦察、成像侦察、导弹预警、海洋监视;不仅白天能够侦察,夜间也可以侦察;不仅对地面暴露目标进行侦察,而且可以对地下和隐藏目标进行侦察。

(2) 要实施精确作战,还必须及时准确地把战场获取的信息传递给各级指挥员。因为战场情况瞬息万变,时过则境迁,侦察到的目标如果转移,要做到精确作战也是不可能的。信息技术正好解决了战场信息及时准确传递的问题。

(3) 要实施精确作战,还必须对战场上各类目标做到精确定位。由于信息技术的应用及航天技术的发展,人们采用天基导航定位系统使全球精确定位变为现实。

(4) 要实施精确作战,还必须有精确高效的精确控制。离开精确的指挥控制,任何先进的武器既不能发挥个体作战能力,更不能发挥总体作战能力。自动化指挥系统的发展和应用为精确指挥控制提供了物质保证。

(5) 要实施精确作战,还必须有精确制导武器。精确制导武器是精确作战的主角。有了精确制导,各类导弹包括有制导功能的各种炮弹、炸弹、鱼雷、水雷、地雷等才能精确地命中目标。

此外,信息技术的发展还使作战效果的评估更加精确,这也是精确作战得以实施的重要保证。

总之,没有高度发展的信息技术和信息化兵器,精确作战是不可想象的。

当然,精确作战这种样式之所以被采用,还因为它是信息时代的客观要求。信息时代是社会文明高度发达的时代,是人类社会关系高度密切的时代。这就要求作战也力求以最小的资源投入获得最大效益,力求以最小的破坏达成最大的效果。从政治上说,精确作战有利于在国际社会舆论上争取支持或减少强烈反对。从军事上说,精确作战更加机动灵活,机动性强,可以更加迅速达成作战目的,可以在敌方意想不到的时间和地点,以意想不到的隐蔽方式,发动远距离、短时间、高强度的突击和精确毁伤,然后迅速脱离战斗,免遭报复,把自己的损失减少到最低限度。从经济上来说,精确作战可以大大减少战争的物质消耗,附带性毁伤也可大幅度下降。

(三)精确战的特点

任何事物都是矛盾的对立统一。精确作战有"矛"也有"盾"。敌对双方在精确与反精确方面互相斗智斗谋。

精确作战的前提是精确侦察,反精确作战的重要手段就是千方百计地反侦察。

现代侦察手段主要有可见光侦察、红外侦察、激光侦察、雷达探测、电子侦察等。为了对付这些侦察手段,被侦察方就运用吸波材料、角反射器、等离子体、气溶胶、烟幕等,来消除或减少目标的电磁、红外特征,或使敌电子侦察手段产生错觉。在科索沃战争中,为对付北约机载雷达的探测,南联盟军队因陋就简,利用折叠的波纹铁做角反射器,误导前来攻击的飞机、导弹,在即将遭受北约空袭的机场上,燃烧破旧轮胎,利用热气和烟幕等无源干扰手段迷惑、干扰巡航导弹和激光制导炸弹,使它们偏离要打击的目标;大量投放红外诱饵,使敌导弹脱靶;采取吸波涂料覆盖、烟幕遮障等手段,对付北约雷达和光电制导的精确制导武器。

实战已经证明,对付敌方侦察主要是隐真示假。一是隐真。隐蔽目标,降低目标的显著形态或改变其外形,使目标在一定距离上不被敌人发现或让敌人难以分辨。二是示假。即设置假目标、组织佯动、造成各种假象,使敌人产生错觉,吸引敌人注意力。信息化战争中,反情报侦察、探测最好的办法不是"无形",而是"假形"。"无形",敌人发现不了任何目标会更加仔细地进行战场观察和侦察,而"假形"的目标一旦进入敌人侦察、探测视野,就会吸引敌人的注意,以致受骗上当。海湾战争中,伊拉克战前从国外进口几十万平方米性能先进的反雷达、反红外侦察伪装网,还进口了许多制式假目标,包括假飞机、假坦克、假导弹、假装甲车、假发射装置,并装有模拟真目标热辐射特征的小型无线电发射器,发射出与真目标相同的电子信号。这一手段真的骗住了多国部队的侦察和探测。尽管多国部队自以为空袭伊军和装备战果累累,但伊军的大部分武器装备仍然较好地保存了下来。

五、心理战

在战争中利用精神与心理因素来实现战争目的,历史非常久远。早在2500多年前,我国伟大军事家孙武就提出了"三军可夺气,将军可夺心"的著名论断。在两次世界大战中,心理作战已成为战争中不可缺少的组成部分,并发挥着极其特殊的作用。

（一）心理战的特点

（1）心理战是针对人的理智和情感的作战。心理战是针对人的理智、精神和情感而不是人的肉体，着眼于精神上、心理上的征服而不是物质上的消灭。它不是直接用军事手段从肉体上消灭敌人，而是利用人在对抗环境中的心理变化规律，通过大量的信息传递，瓦解敌人士气，削弱其抵抗意志，使其放弃抵抗、逃避战斗乃至缴械投降，从而不战而胜或战而胜之。

（2）心理作战是以特定的信息及其媒体为武器进行的作战。心理作战离不开物质基础，而且在一定条件下还要大量使用一些设备，甚至不排除使用少量暴力型武器。但是，心理作战的主要武器是一种由心理作战实施者经过精心炮制、旨在对心理作战对象的思想和行为发生影响作用的攻击性信息。

（二）心理战的形式

心理作战所使用特制的信息武器，既可能是心平气和的劝说和诱导，也可能是赤裸裸的威胁和恐吓；既可能是理智上的点拨、正义性的召唤、情感上的感化，也可能是挑拨离间、制造摩擦、造谣欺骗、蛊惑人心；既可能是暗示性的，也可能是公开的和强制性的；既可能是带有倾向性的以语言、文字、图像、图形方式进行的宣传，也可能是一首为对方所熟悉的、无须加任何解释的软绵绵的情歌或思乡曲……其最基本的手段集中表现为宣传、武力威胁和斗智斗谋，从而形成宣传心理战、武装心理作战和谋略心理作战。

（1）心理宣传。宣传作为心理作战中最基本、最重要的手段，为各国高度重视。我军历来高度重视宣传特别是对敌宣传的研究与运用，并在长期的对敌斗争中积累了丰富的经验，形成了主管部门筹划、上下结合、群策群力的对敌宣传系统。

（2）心理欺诈。施谋斗智是心理作战最常用的手段。历史上的心理作战在这方面有许多极为生动的战例。在第二次世界大战后期，盟军在诺曼底实施登陆作战。上至丘吉尔首相，下至作战计划的每一个参与者，都作出了极其出色的表演，致使纳粹德国近百万人的大军远离诺曼底滩头，保证了盟军在诺曼底登陆一举成功。

（3）心理威慑。武装心理作战中最常用的方法可分为威慑、恐吓、震撼、袭扰等，但是归结到一点就是心理威慑。在军事领域，威慑从来是心理作战的重要手段。当然，威慑的信息是由国家实力提供的。雄厚的综合国力、强大的军事压力、有利的战略态势、优势的武器装备以及坚定的战斗意志等是构成威慑和遏制敌人行动的基石，也是心理作战产生效应的重要基础。

（三）心理战的途径

信息时代的技术特征不仅使心理作战有了强大的物质技术基础，使心理作战手段和作战空间等发生新的变化，而且心理作战在新技术的支持下产生新的心理作战方法。

（1）传统宣传心理作战方法将不断翻新。传统的宣传形式主要是散发传单、喊话、广播。在信息化战争的心理作战中,这些传统的宣传方法不仅不会被淘汰,而且将焕发出新的活力。首先传单的制作将从根本上摆脱以往的制作状态,从信息的收集、处理、编排直至最后完成,整个过程都将完全处于自动化与智能化状态,快中求好、好中求美的特点尤为突出。其次传单的面貌新。传单的面貌不仅将会焕然一新,更重要的是,以纸张为信息载体、以文字为信息媒体的传统局面将被打破。信息化战争心理作战的传单世界里,将大量出现多媒体和光盘等信息技术产品。

（2）电视宣传将是心理作战的最佳途径。说及电视宣传在战争中的宣传作用,人们自然会想到2003年发生的伊拉克战争。在这场美国发动的所谓反恐战争中,各种新闻媒体发挥了重要作用,而电视又在其中扮演了主角。为了广泛宣传这场战争,美国破天荒地邀请世界各国媒体记者随军采访,当然这种报道不可能是公正的,对美国有利的它让你报道,对美国不利的它绝不让你报道。结果世界大多数媒体关于这场战争的报道就不自觉地站在了美国人的立场上。而更多的国家的电视媒体为了"抢新闻",干脆直接采用了美国人制作的电视镜头,使人们只能用美国人的眼光来了解这场本来颇有争议的战争。从技术上讲,随着微电子技术、光电子技术、计算机技术、电视技术(包括先进的个人接收技术)和空间技术的高速发展及其之间的相互融合,未来的电视宣传将具有更强大的生命力。

（3）计算机网络空间将是宣传心理作战的新领域。信息时代的发展为人类社会创造了许多前所未有的奇迹。计算机网络的出现和发展就是最大的奇迹之一。网络空间形式生动直观活泼,具有灵活的交互方式,能及时获取反馈信息,无时间限制,无地域限制,更改方便。利用网络系统,可窃取对方宣传机密,改变或破坏对方有关宣传的信息和数据库;利用网络系统,可进行"信息绑架"或"信息讹诈";利用网络系统,结合虚拟现实技术,可进行网络宣传心理作战。这一切都会促使未来信息化战争中的网络空间心理作战更加精彩纷呈,也更加激烈异常。

第三节　信息化条件下的战争案例

一、海湾战争简介

海湾战争,是以美国为首的多国部队于1991年1月17日—2月28日在联合国安理会授权下,为恢复科威特领土完整而对伊拉克进行的局部战争,同时也是人类战争史上现代化程度最高、使用新式武器最多、投入军费最多的一场战争。

海湾战争主要战斗包括历时42天的空袭;在伊拉克、科威特和沙特阿拉伯边境地带展开的历时 100 小时的陆战。多国部队以较小的代价取得决定性胜利,重创伊拉克军队。伊拉克最终接受联合国 660 号决议,并从科威特撤军。

海湾战争是美军自越南战争后主导参加的第一场大规模局部战争。在战争中,美军首次将大量高科技武器投入实战,展示了压倒性的制空、制电磁优势。通过海湾战争,美国进一步强化了美军在波斯湾地区的军事存在。

海湾战争对冷战后国际新秩序的建立产生了深刻影响,同时,它所展示的现代高科技条件下作战的新情况和新特点,对军事战略、战役战术和军队建设等问题带来了众多启示。

(一) 双方兵力

1. 反伊联盟

多国部队人数为 69 万人;坦克 3700 辆,其中美国 2000 辆;装甲车 5600 辆;作战飞机 1740 架,包括了美国 F－117A 隐身战斗机 59 架,B－52 轰炸机 40 架;战舰 247 艘,航空母舰 9 艘(美国的"萨拉托加"号、"肯尼迪"号、"中途岛"号、"罗斯福"号、"突击者"号、"美国"号,法国的"克里孟梭"号、"福煦"号和英国的"皇家方舟"号)。

2. 伊拉克

恢复和新建 24 个师,使军队总兵力达到 77 个师、120 万人。同时加强了科威特战区的兵力部署,按三道防线共部署 42 个师,约 54 万人,坦克 4280 辆、火炮2800 门、装甲输送车 2800 辆。

(二) 战争结果

以美国为首的多国部队以较小的代价取得决定性胜利,重创伊拉克军队。伊拉克最终接受联合国 660 号决议,并从科威特撤军。

1. 伤亡数字

伊军伤亡人数大约 10 万人(其中 2 万人死亡),8.6 万人被俘,损失飞机 324架,坦克 3847 辆,装甲车 1450 辆,火炮 2917 门,舰艇 143 艘,直接经济损失达 2000亿美元。

多国部队方面伤亡 4232 人,其中美军阵亡 148 人,战斗受伤 458 人,非战斗死亡 138 人,非战斗受伤 2978 人。其他多国部队阵亡 192 人,受伤 318 人。美军损失飞机 56 架(多国部队共 68 架)、坦克 35 辆、舰艇 2 艘。

2. 开支

美国国会计算的美国的战争开支为 611 亿美元。其他有人估计为 710 亿美元。世界各地其他国家共支付了约 530 亿美元:科威特、沙特阿拉伯和其他海湾国家支付 360 亿美元,德国和日本支付 160 亿美元。约 25% 的沙特阿拉伯的支付是以对部队提供服务、补给和运输的方式支付的。

美军的开支在所有盟军中只占 74%,因此全球的总支出肯定还要高。比如英国支付了 41 亿战争费用。

（三）战争特点

1. 作战模式

海湾战争改变了传统的作战模式，对第二次世界大战以来形成的传统战争观念产生了强烈的震撼。其最大特点为，这是一次高科技战争。以美国为首的多国部队普遍使用各种先进技术。

（1）电子战对战争进程和结果产生重要影响，以美国为首的多国部队的电磁优势将成为战争中的新制高点。

（2）空中力量发挥了决定性作用。海湾战争开创了以空中力量为主体赢得战争的先例，在空袭中，由于大量精确制导武器的使用，提高了空袭的准确性，又使平民伤亡降低到最小程度。

（3）作战空域空前扩大，战场向大纵深、高度立体化方向发展，不存在明显的前方和后方。

（4）高技术武器大大提高了作战能力，使作战行动向高速度、全天候、全时域发展。

2. 空中作战

在海湾战争中，空中作战已经作为一种独立的作战样式而出现。在历时 42 天的空中作战中，以美军为首的多国部队出动了各种用途的飞机，分别执行空袭、侦察、电子战、护航、加油、运输、观察等任务，对伊军的指挥中心、防空体系、重兵集团等进行了全方位、全天候的空袭，完成了战略空袭、夺取战区制空权、消弱伊军地面部队和支援地面作战等 4 个阶段的任务，对战争进程起到了决定性作用。

3. 机动作战

在海湾战争中，以美军为首的多国部队首先从地面和空中对敌实施双重包围，通过地面部队的高速推进和空中兵力投送，在敌后方形成积极活动的正面，直接攻击敌主力部队。这种以机动作战为主的战法，目标明确，行动坚决，更快地推动了战役进程的发展。

4. 远程火力战

（1）以美军为首的多国部队，充分发挥高技术兵器远距离精确打击的性能，主要进行远距离火力战。例如，"阿帕奇"武装直升机通常都是在伊军地面防空火力有效射程之外发射反坦克导弹，摧毁伊军坦克、装甲车；M1A1 坦克也是在敌方火力射程之外开火，摧毁伊军坦克和阵地设施。远程火力战使技术装备优势一方能够先敌发现、先敌开火，同时也大大减少了己方人员的伤亡。

（2）电子战。预警、指挥、控制、通信和情报是现代战争赖以进行的重要手段。在海湾战争中，电子战由于可剥夺敌军在此方面的能力，夺取战场制电磁权，而成为实施"硬杀伤"所不可缺少的一种作战方式。在战争开始前，美军即使用电子作战飞机对伊军电子设备实施强烈干扰,压制伊军的通信和预警雷达系统,保证了空袭行动的突然性。在战争全过程中,美军又针对伊军的指挥、控制、通信和情报系统实施强大的电子战,对伊军电子设备、防空雷达和通信网络等进行"软压制"。结果,使伊军指挥失灵,通信中断,空中搜索与反击能力丧失,处于被动挨打的地位。

(3)夜战。在这次战争中,美军飞机、坦克、步兵战斗车乃至单兵武器都装备有红外夜视装置、激光夜视仪和红外热成像设备等夜视夜瞄器材,这使得美军的武器装备在夜间可以发挥同在白天一样的作战效能,使美军能昼夜不停地连续作战,更有效地打击伊军,更快地推进战役战斗的进程。

(五)战争影响

1. 对美国的影响

海湾战争在一定程度上提高了美国的国际地位,增强了其干预国际事务的能力和信心,也助长了其独霸世界的野心。在海湾战争中,美国通过各种手段迅速建立起强大的反伊联盟,扮演了盟主的角色,表现出其处理国际事务的"领袖"作用;它把苏联撇在一边,无视许多国家和平解决海湾危机的建议和呼声,执意发动战争,充分暴露其支配、领导全球的野心;它仅以死亡286人的代价换来了战争的胜利,使美国在军事上重新恢复了信心,在一定程度上摆脱了多年来一直影响自己的"越南战争综合症",使其干预国际事务的信心大增。海湾战争后,美国制定了"同时打赢两场局部战争"的新的地区防务战略,克林顿上台后更加快了独霸全球的步伐。

海湾战争是冷战后首场大规模的现代化的局部战争。战后美国对全球和地区事务的干涉和介入程度大大提高,如对波黑、索马里、海地等地区事务的干涉,以及实施北约东扩、制裁和武力打击伊拉克、发动科索沃战争等,都是其推行强权政治和新干涉主义的具体步骤,不仅给地区安全带来了不利影响,而且也损害了世界的和平与稳定。

2. 对伊拉克影响

海湾战争给伊拉克造成的直接经济损失约达2000亿美元。在美国对伊拉克的空袭中,重点轰炸了一些石油工业、交通等基础设施和一些重要的军事目标,给日后伊拉克的经济建设带来沉重的打击。军事上,伊拉克军队在海湾战争中整体作战能力损失2/3以上,其中40多个师被摧垮。伤亡人数达8.5万~10万人。伊拉克海军在这次战争中完全被摧毁。

在1991年海湾战争爆发前,伊拉克凭借丰富的石油与天然气资源使其经济发展在中东地区处于中上水平,人均国民生产总值接近4000美元。而海湾战争后,伊拉克国内生产总值仅达到战前的1/3,人均收入降至不足400美元。

美军在伊拉克南部地区投下了约300吨的贫铀炸弹,导致这一地区白血病、恶性肿瘤和其他疑难病症发病率比全国平均水平高 3.6 倍,孕妇流产的比例是过去的 10 倍多。

3. 对世界影响

海湾战争加速了苏联的解体和两极格局的终结,客观上有利于多极化趋势的发展。苏联在海湾危机和战争中的表现说明,它作为两极格局中的一极已名存实亡,昔日的超级大国只能听任事态的发展。从一定程度上讲,美国在海湾战争中既是打伊拉克,也是在打苏联。海湾战争后,苏联最终解体,为两极格局画上了句号。美国在海湾战争中大获全胜,成为冷战后唯一的超级大国,但这并没改变世界基本力量的对比,相反,世界加速向多极化发展。

海湾战争显示出高技术武器的巨大威力,标志着高技术局部战争已经作为现代战争的基本样式登上了世界军事舞台。由于高技术武器的使用,使现代战争的作战思想、作战样式、作战方法、指挥方式、作战部队组织结构以及战争进程与结局等方面都出现了重大变化,对第二次世界大战以来形成的传统战争观念产生强烈震撼,促使在全世界范围内掀起了研究未来新型战争的热潮,从而引发了一场以机械化战争向信息战争转变为基本特征的世界性军事革命。

二、科索沃战争简介

科索沃战争,是一场由科索沃的民族矛盾直接引发,在以美国为首的北约的推动下发生在 20 世纪末的一场重要的高技术局部战争。其持续时间从 1999 年 3 月 24 日至 6 月 10 日,共计 78 天。

科索沃战争以大规模空袭为作战方式,美国为首的北约凭借占绝对优势的空中力量和高技术武器,对南联盟的军事目标和基础设施进行了连续 78 天的轰炸,造成了 1800 人死亡,6000 人受伤,12 条铁路被毁,50 架桥梁被炸,20 所医院被毁,40% 油库和 30% 的广播电视台受到破坏,经济损失总共达 2000 亿美元。科索沃战争是一场背景深刻、影响广泛的现代局部战争,对世纪之交的国际战略格局和军事理论的发展均产生了重要的影响。战争结束后,俄罗斯彻底被挤出了东欧原有势力圈。

(一) 参战双方

1. 北大西洋公约组织

北约 19 个成员国中的 13 国直接参与战争,其余 6 国以提供后勤工作支援前线。战争起始共投入各式飞机 496 架和 15 艘战舰(包括 1 艘航空母舰)。战争过程中,北约曾三次增兵,至战争结束前夕,共有 1153 架飞机和 47 艘战舰(含 3 艘航空母舰)部署战区各地。

2. 南斯拉夫联盟共和国

南联盟的总兵力约 12.5 万人。陆军 10 万人,编成 3 个集团军,装备各型坦克

1270 余辆,装甲车 893 辆,各型火炮 1500 余门。海军 1 万人,装备各型舰艇 81 艘。空军和防空军 1.5 万人,装备作战飞机 238 架,武装直升机 52 架,防空导弹发射装置 100 余部,自行地空导弹 130 枚,肩射防空导弹约 800 枚,高炮 1850 门。

（二）战争结果

1999 年 6 月 10 日,"盟军行动"的空袭正式结束。科索沃战争以塞尔维亚人的失败而告终。

北约 19 个国家中有 13 个国家(美、英、法、德、意、加、荷、挪、比、土、葡、西、丹)直接参加了对南联盟的空中打击,付出了约 130 亿美元的高额战费,总共派遣飞机 1000 多架,舰艇 40 多艘(其中美国约 730 架飞机、24 艘舰艇,北约其他国家约 325 架)。飞机共出动 32000 架次,投弹 13000 吨,使用了大量杀伤性能极强的新式武器,连续 78 天的轰炸造成南联盟 1800 多名平民丧生,6000 多人受伤,近百万人沦为难民,20 多家医院被毁,300 多所学校遭破坏,39% 的广播电视传播线路瘫痪,大批工厂、商店、发电厂被毁,直接经济损失达 2000 多亿美元。

南联盟军民击落了 F – 117A 隐身战斗机在内的 61 架北约飞机,以及无人驾驶飞机 30 架、直升机 7 架、巡航导弹 238 枚。

（三）战争影响

1. 国际战略格局

科索沃战争表明,世界多极化进程面临严峻挑战,但向多极过渡的大趋势并未逆转;大国力量对比严重失衡,但美国恃强独霸仍力不从心;联合国的地位受到严重挑战,但联合国仍是当今世界不可或缺的国际安全机制组织;国际法准则受到美国"新干涉主义"的严重践踏,但认同"人权高于主权"的国家不多;世界和平遇到新的严峻挑战,但和平与发展仍是时代的潮流。

2. 军事理论发展

科索沃战争作战行动呈现战场空间扩大、持续时间压缩、人力密度减小、战略指导直接等新特点;以及突然性、集中火力、精确行动、联合作战等作战原则;要求军队战斗力战场感知力要强、作战指挥效率要高、战场生存力要强、后勤保障能力要强,促进了军事理论的发展。

（四）战争评价

科索沃战争是以美国为首的西方国家利用绝对空中优势,对弱势的南联盟进行打击,武力迫使其就范。其作战样式是一种典型的非接触式交战,交战双方从始至终都没有在战场上近距离交战,这在世界战史上是极为少见的。

在作战过程中,北约主要采用三种战法:①在距离战场上千千米处发射巡航导弹进行攻击;②从美国本土或盟军基地出动隐身轰炸机,在电子干扰机的伴随支援下,深入战区,投射精确制导炸弹;③在掌握战区制空权的前提下,使用有人驾驶作战飞机从防区外发射精确制导武器,攻击预定目标。

依托现代信息技术的支持,北约指挥机构向一线部队下达命令只需3分钟,越级向导弹部队下达命令仅需1分钟,配合由GPS制导的巡航导弹、激光制导炸弹和联合直接攻击弹药,实现了信息与火力一体化,基本做到了"发现即摧毁"。

作为弱势一方的南联盟在战争初期,利用山多洞多、地形复杂的地形优势,在全国修建了许多洞库和地下设施,在北约空袭前就将大部分飞机、坦克、导弹等重装备藏于地下,躲过了大规模空袭,达到保存主战装备和作战部队实力的目的。

虽然南联盟进行了积极的抗击,但却没有有效的反击手段。

三、阿富汗战争简介

2001年阿富汗战争是以美国为首的联军在2001年10月7日起对基地组织和塔利班的一场战争,该战争是美国对"9·11"事件的报复,同时也标志着反恐战争的开始。联军官方指这场战争的目的是逮捕本·拉登等基地组织成员并惩罚塔利班对恐怖分子的支援。2012年5月2日正在对阿富汗进行突击访问的美国总统奥巴马表示,阿富汗战争即将结束。

(一)参战规模

与阿富汗作战的国家主要有美国以及英国、德国、波兰、捷克、斯洛伐克等北约国家,吉尔吉斯斯坦、日本、韩国、菲律宾等国为美军提供了后勤支援并在战后派遣军队驻扎阿富汗(驻阿韩军在2007年发生韩国人质被绑架事件后撤离阿富汗)。

参战部队:

第160SOAR空降特种团;

各国特种部队编成的第3特战群;

第10山地师第2旅第31步兵团;

第10山地师第1旅第87步兵团;

101空降师3旅187步兵团。

(二)战争过程

1. 空袭

早在2001年10月7日,美英已组成联军进入阿富汗境内与当地的北方联盟接触。双方其后达成协议,合作推翻塔利班政权,并在当天晚上进行空袭,攻击塔利班和基地组织多个据点。

美国在首轮空袭中采用了不同种类的武器,据美国军方公布,共动用了50枚导弹、15架战机和25枚炸弹。同时美国还在空袭时投下大量救援物资,据美国声称这是为了赈济空袭中受伤的平民。

2001年11月9日,马扎里沙里夫战役开始。马扎里沙里夫在阿富汗北方是一个大型城市。塔利班在马扎里沙里夫有较强的群众基础存在。美国轰炸机地毯式轰炸塔利班部队的阵地。

2. 攻城南

下午 2 时,北方联盟部队攻下了城市的南部和西部,并且控制了城市的主要军事基地和机场。战斗在 4 个小时后结束。到日落时分,塔利班残余部队向南部和东部撤退。

战斗结束后,大批塔利班支持者被处决,在整个马扎里沙里夫开始出现抢劫。马扎里沙里夫战役后,北方联盟迅速拿下了北方地区的 5 个省份。塔利班在北方地区的势力开始瓦解。

2001 年 11 月 12 日晚塔利班部队在夜色的掩护下逃离喀布尔,11 月 13 日北方联盟部队抵达喀布尔市。市区只有炸弹坑和焚烧过的树叶。一组大约 20 人的强硬阿拉伯武装分子被发现藏身于市内的公园,随后被消灭。

3. "森蚺"行动

第 160SOAR 空降特种团进入山区。美军的卫星照片情报显示塔利班组织士兵在 Gardez 山西面高 2740 米的山脉中出没,特战部队(SOF)称该区为"雷明登屏障",展开"森蚺"行动(Operation Anaconda)。该行动中美军采用了包围战术,首先派兵占领山谷的有利位置及阻止敌军四处逃窜,再陆空合击山谷北端扫荡敌军。整个行动从 2002 年 3 月 3 日到 3 月 19 日结束。

4. 攻城北

喀布尔的陷落标志着塔利班在阿富汗全国的瓦解。在 24 小时内,所有的阿富汗沿伊朗边境各省,包括关键的城市赫拉特,都被北方联盟攻下。当地普什图族指挥官和军阀接管整个阿富汗东北部,包括关键的城市贾拉拉巴德。

近 1000 名塔利班的巴基斯坦志愿者部队死守北方战线。到当年 11 月 16 日,塔利班在阿富汗北部最后一个据点被北方联盟围困。此时,塔利班主力已被迫撤回到阿富汗东南部坎大哈周围地区。

(三)战争结束

2012 年,在美军特种部队击毙基地组织前领导人本·拉登一周年到来之际,奥巴马突访阿富汗,并与阿富汗签署了战略伙伴关系协议。

2012 年 5 月 2 日,正在对阿富汗进行突击访问的美国总统奥巴马在喀布尔郊外的巴格拉姆空军基地表示,战争还没有结束,仍处于艰困时刻,但地平线上的曙光已经出现。在黎明到来前仍处黑暗中的阿富汗,能看到地平线上出现了新一天的曙光。

2014 年 5 月 27 日,美国总统奥巴马宣布,有意在 2014 年年底北约作战部队撤离后在阿富汗部署大约 9800 名美军。

2014 年 12 月 28 日,阿富汗首都喀布尔举行了宣告仪式,驻阿富汗国际维和部队指挥官在仪式上收起部队军旗以示战争结束。美军撤离阿富汗在即,喀布尔遭受的塔利班武装袭击日益增多,但美国官员依然坚称目前的阿富汗比 13 年前好得多。

2014年12月29日,美国总统奥巴马宣布耗时13年之久、逾2000名美国士兵为之牺牲的阿富汗战争正式结束。奥巴马在一份书面声明中正式宣布了这一消息,并称虽然仍有大约1万美军驻扎在阿富汗境内,他们还会面临危险,但美国这场耗时最长的战争已经成为历史。

奥巴马上任时便宣誓要逐步减少投入阿富汗战争的兵力,曾多次表示要撤出驻阿美军,他曾在一次讲话中表示美国驻阿富汗的战斗部队将于2015年1月前撤离。最终他把驻阿美军人数削减至今年的1万名,而此前在阿富汗驻扎的美军人数为15万。

(四)战争伤亡

1.美军

2010年5月28日美军阵亡数字达到1000。据美联社统计,该月已有32名美军士兵丧生于阿富汗。

2011年8月6日,22名美军特种部队官兵所乘坐的"支努干"直升机在阿富汗中部瓦尔达克省赛义德阿巴德地区执行清剿塔利班的军事行动中坠毁,包括机组人员在内,造成38人遇难。

这起坠机事件是战争爆发以来,驻阿富汗国际部队死亡人数最多的单一事件。此前,死亡人数最多的单日为2005年6月28日,当时,16名海豹突击队员和陆军特种兵混乘的一架直升机在阿富汗东部遭地面火力袭击坠毁,16人全部死亡。2011年10月7日是美国发动阿富汗战争10周年纪念日。美国国防部称,美国在阿富汗战争上的花费已达3232亿美元,平均每天战争花费将近1亿美元。五角大楼表示,阿富汗战争至今已消耗了3232亿美元,造成2200名美军死亡。

2.平民

据联合国报告,平民伤亡人数,从2006年的929人,上升至2008年的2000人。

大赦国际调查表明2006年有756名平民死于塔利班的自杀炸弹和路边炸弹并认为"是为了制造恐惧"。

根据联合国驻阿富汗援助团的统计:

2007年阿富汗死于暴力袭击者超过了8000人,其中1523人为平民。死亡平民中630人死于阿富汗政府军和驻阿外国部队的误杀,893人死于塔利班的自杀性爆炸和路边炸弹等袭击事件。其余死者中约6000余人为塔利班等反美武装人员。

2008年死于阿富汗暴力袭击者超过了6000人,其中1988人为平民。死亡平民中828人死于阿富汗政府军警和驻阿外国部队的误杀。1160人死于塔利班制造的暴力袭击。其他死者中绝大部分为塔利班。但当年由北约医疗机构提供的数据指出,死于北约军队袭击的平民为97人,死于塔利班袭击的平民为973人。

根据联合国报道,2009年76%的阿富汗平民伤亡是塔利班造成的。阿富汗人权协会称塔利班对平民的攻击是战争罪行。联军并且声称塔利班故意将平民赶进被定为空袭目标的建筑以给联军制造丑闻。

2012年3月，阿富汗南部发生潘杰瓦伊枪击案，造成16名阿富汗平民死亡。

（五）战争影响

1. 周边国家

由于在阿富汗战争期间，美军指称有基地组织成员越过边境逃往巴基斯坦，一度引起邻近国家的紧张。另外，由于位于阿富汗北部的苏联中亚国家为美军提供协助，一度惹来其他伊斯兰教国家例如黎巴嫩及苏丹等的敌视。

2. 美国

由于阿富汗政府本身的问题，使西方的巨大投入付诸东流，不仅未能把阿社会引向正轨，而且在恐怖势力面前节节败退，控制的国土不断缩小，总统被戏称为喀布尔市长。相反，塔利班势力则从最初的打击中恢复，控制了大部分国土，并转入巴基斯坦北部，大有东山再起之势。

面对这一形势，阿富汗政府几年前就提出与塔利班和解，但美国不同意，战争因此陷入僵持局面。在战争进行了整8年之后，奥巴马为打破僵局，及早脱身，决定增兵对塔利班进行更大规模的军事行动。到阿富汗问题国际会议召开前，美国随后承认塔利班是阿富汗政治结构的组成部分，同意阿富汗政府说服部分武装人员放下武器。但是，阿富汗塔利班却不打算和解。

阿富汗犹如一个黑洞，不仅吞噬了近2000名美国大兵的性命，而且耗费了1万多亿美元。曾在阿工作的前美国海军军官马森认为，阿富汗战争是越战的翻版，美军深陷泥潭，没有获胜希望，因此尽早撤军方为上策。英国《金融时报》日前更是旗帜鲜明地指出："西方在阿富汗已经失败。"

3. 塔利班

2012年入春以来，塔利班袭击已造成近百名北约士兵丧生。以往美国拒绝与塔利班对话，但现在是塔利班拒绝与美国对话。

辱尸、焚经和屠杀平民等丑闻接连发生，使阿富汗反美情绪空前高涨。塔利班打出复仇旗号，借机积极争取民心，"制服枪手"多次袭击北约军人。

（六）战争意义

1. 美国战争目标

美国在阿富汗打的反恐怖战争已近尾声，通常一场战争是否结束，是由战争的主导方，及战争胜利者的意志和战争目标是否实现所决定的。战争目标的制定是由国家最高统帅和最高决策层明确的，也就是这场阿富汗战争应由美国总统布什和他的战争班子确定。9·11事件之后，布什就确定了动用几万美军，消灭奥萨马及其恐怖组织和打击庇护它的塔利班武装这个战争目标。

美国军队已经接近实现这场阿富汗战争的目标。战争目标的实现就意味着战争的结束,消灭了恐怖组织成员,战争就算是结束了。

2. 战争关节点

阿富汗战争没有双方殊死对抗的场面和过程,也没有很明显的战争关节点。

在这场战争中的关节点,是马扎里沙里夫、昆都士及坎大哈三次战斗。从塔利班最初的强硬态度到后来几万人的武装没有打出几场战役来。造成这种结局的原因有这样几点:①美军的空中打击是非常有效的。②几个关节点没有把握好。在马扎里沙里夫、昆都士和坎大哈这几个点的坚守与放弃的问题上,能看出塔利班领导层的犹豫和意见不统一,致使指挥和战斗都乱了章法。比如,一开始塔利班宣称要和美国人打游击战,可是在战争中自己打的却是城市防御战;在坚守几个大城市时,塔利班都说要坚守到底,但往往是战斗还没怎么打,就主动放弃了。

这些都说明,塔利班没有找到与美国这样的对手作战的正确方法,没有意识到在阿富汗这种特殊的地形打城市防御战意味着什么,而塔利班因承受不了美军的轰炸,就逃之夭夭,拱手让给了反塔联盟。

3. 高科技作战方式

当远距离打击时,高科技可以尽显神威;但近距离作战,就使美国尽快结束战争的打算成为空想,正如卡尔扎伊所说美军仍需再驻留“10 到 15 年”。

为彻底铲除恐怖势力,仅仅远距离打击是根本不够的,还必须派遣地面部队进入阿富汗,一个城市、一个村庄地清剿恐怖分子,因此美军必须迅速转入近距离清剿塔利班的阶段。

正当国际社会准备为美军的胜利喝彩时,战争出现了拐点。躲进山区和乡村的塔利班没有被彻底消灭,连美国人竭力想抓获的拉登安然指挥着对多国的恐怖袭击。直到 2011 年 5 月 1 日,美国才在巴基斯坦将本·拉登击毙。

四、伊拉克战争简介

伊拉克战争,是以英美军队为主的联合部队在 2003 年 3 月 20 日对伊拉克发动的军事行动,美国以伊拉克藏有大规模杀伤性武器并暗中支持恐怖分子为由,绕开联合国安理会,单方面对伊拉克实施军事打击。实质上是借反恐时机,以伊拉克拒绝交出子虚乌有的生化武器为借口,趁机清除反美政权的一场战争。由于这次战争实际上是 1990 年海湾战争的继续,所以,这次战争也被称为“第二次海湾战争”。

到 2010 年 8 月美国战斗部队撤出伊拉克为止,历时 7 年多,美方最终没有找到所谓的大规模杀伤性武器,反而找到萨达姆政权早已将其销毁的文件和人证。2011 年 12 月 18 日,美军全部撤出。

由于伊拉克战争使用了大量的美国现代化新式武器,加上美军使用的武器费用非常高昂,这场战争也被称为浪费钱的战争。

（一）战争性质及争议

1. 战争性质

支持战争者认为萨达姆犯下了太多大规模屠杀本国人民的反人类罪行,包括人类历史上首次对自己国民使用化学武器,当天死亡5000平民,伤10000人,还有很多令人发指的酷刑对待自己的人民,以美国为首的多国部队本着人道主义发动了解放伊拉克的战争;反对战争者认为这是一场美国为争夺石油资源而发动的战争,而所谓大规模杀伤性武器的情报是编造的。事实上伊拉克早在两伊战争中就大量使用化学武器,而在此期间美国政府在完全知道这一点的情况下仍然持续支持伊拉克,甚至为伊拉克研发生化武器提供便利;化学武器杀害5000平民事件发生在1988年,该事件也并未影响当时美伊关系的迅速发展。战争爆发前萨达姆政府反复声明伊拉克没有大规模杀伤性武器,声称联合国销毁了所有的相关武器。战争结束后美国经过彻底搜索未发现萨达姆拥有大规模杀伤性武器的任何证据。

2. 战争争议

（1）伊拉克战争是一场有争议的非法战争,它没有得到联合国安理会的授权。

美国政府宣称有49个国家支持该军事行动。但真正参战的国家只有美国、英国、澳大利亚和波兰四国,丹麦政府宣布对伊拉克宣战,并派遣了两艘军舰支援美军。日本等多个国家提供后勤支援。

（2）这场战争遭到俄罗斯、法国、德国、中国、阿拉伯联盟、不结盟运动等多个国家政府和国际组织的批评与谴责。

奥地利等多个国家宣称,对伊拉克的军事行动由于没有得到联合国安理会的授权,已经违反了国际法。埃及籍的联合国前秘书长布特罗斯·加利谴责该军事行动,认为违反了联合国宪章。奥地利、瑞士和伊朗禁止联军战机飞越其领空,土耳其禁止美军通过其领土向伊拉克北部发动进攻,沙特阿拉伯禁止美军导弹通过其领空袭击伊拉克。

（3）全球普遍的反战情绪最终导致了全球反对对伊战争大游行。

联军占领伊拉克初期,由于结束萨达姆的独裁统治,受到伊拉克民众的广泛欢迎。美军进入巴格达时也曾被当地市民夹道欢迎。战后,在美国及各国的帮助下,伊拉克经济得到了一定的恢复,但发展缓慢,失业人口庞大,居民生命安全和日常生活得不到有效保障。

目前针对美英的军事占领而进行的伊拉克游击战正风起云涌。美军阵亡人数于2008年已突破4000人大关,另有3000多人死于事故,大大超过了9·11恐怖袭击的死亡人数;除此之外,伊拉克战争还导致美军50000多人受伤,许多士兵留下终身残疾或心理阴影,导致家庭破裂等悲剧。

（二）战争进程

1. 开始阶段

美英联军从 2003 年 3 月 20 日(伊拉克时间)起向伊拉克发动代号为"斩首"行动和"震慑"行动的大规模空袭和地面攻势。布什在战争打响后向全国发表电视讲话,宣布推翻萨达姆政权的战争开始,强调战争将"速战速决"。在这一阶段,美英联军先后向巴格达、巴士拉、纳杰夫、摩苏尔、基尔库克、乌姆盖斯尔等十余座城市和港口投掷了各类精确制导炸弹 2000 多枚,其中"战斧"巡航导弹 500 枚。与此同时,萨达姆也向全国发表讲话,号召伊人民抗击美国侵略,击败美英联军。

2. 僵持阶段

由于供给线太长和伊拉克方面的抵抗,美英联军"速战速决"的目标未能实现,地面进攻曾一度受阻。伊军在伊中部的卡尔巴拉、希拉、欣迪耶等地与美英联军展开激战。与此同时,每天都有数百名伊拉克人从约旦等国家返回伊拉克,加入与美英联军作战的行列。

3. 转折阶段

美英联军凭借空中优势和机械化部队,兵分几路发起强大攻势,先后攻陷伊南部巴士拉等重要城市和战略要地,并对巴格达形成合围,从而使战事呈现一边倒的态势。2003 年 4 月 8 日,美军从北部和南部两个方向推进到巴格达,并夺取了巴格达东南的拉希德军用机场。美国坦克开进巴格达,占领了萨达姆城。面对美军长驱直入巴格达和提克里特,伊拉克领导人号召军队和人民对美英联军采取"同归于尽"式的袭击行动。在劝说百姓与敌人同归于尽后,其本人与少数亲信为了生存藏匿起来。

4. 收尾阶段

美军 2003 年 4 月 15 日宣布,伊拉克战争的主要军事行动已结束,联军"已控制了伊拉克全境"。据美国官方公布,在伊拉克战争中死亡的美军人数为 262 人,其中 139 人阵亡,123 人死于事故。英军士兵死亡 33 人。战争消耗了美国 230 亿美元。2003 年 3 月美国开打伊拉克战争,迄今共有 4869 名美军阵亡,4403 名美军死于事故。美国总统奥巴马 21 日在白宫宣布,将于 2011 年 12 月 31 日前撤回全部驻伊拉克美军,正式终结持续近 9 年时间的伊拉克战争。

2010 年 8 月,在撤走作战部队之际,奥巴马宣布伊拉克战争结束,但仍将约 5.6 万名美军留在伊拉克。据五角大楼统计,现阶段驻伊美军人数减至 3.9 万人,如果全部撤离,还需把上百万件武器装备处理完毕。

（三）战争结果及影响

1. 战争结果

关于伊拉克战争,似乎是美国胜利了,但是也有人说美国失败了。从军事角度看,美国已经打败了萨达姆,最初的目的达到了,因而美国算是胜利了。但是从战略全局,从政治、军事、经济、社会、道义等综合角度看,美国其实在很大程度上失败了。

2.战争影响

随着伊拉克战争的硝烟逐渐散去,美国"倒萨控伊"的目标似乎已经达到,但是美国政府很快发现,他们有可能被拖入了一场旷日持久的游击战中。从布什总统宣布在伊拉克的大规模军事行动结束到现在,伊拉克的局势并没有如想象的那样趋于稳定,而是越发混乱不堪。越来越复杂的战争形势和巨额的军费开支,让美国政府渐渐感到力不从心,也使全球经济蒙上了一层不确定的阴影。

至今,伊拉克局势仍旧动荡,战争对该地区及世界经济的打击正日益显现。鉴于经济全球化的纽带令世界经济日益相互依赖,此次的伊拉克战争与20世纪90年代初的海湾战争相比,其严重后果必将对正从低谷中艰难走出的世界经济形势产生消极影响。

战争对经济的影响主要体现在国际石油价格居高不下,旅游业和航空业遭受重创,投资者和消费者信心受到打击,美国经济复苏将步履艰难等几个方面。

(四)伊拉克战争的影响

伊拉克战争虽然只是发生在中东地区的一场局部战争,但是作为全球唯一超级大国实施全球战略扩张的一个重大步骤和"先发制人"战略的首次尝试,加之中东地区在全球地缘战略中所占用的特殊地位,这场战争已经和必将继续对世界格局和军事形势,对美国、伊拉克和中国产生巨大而深远的影响。

1.对美国的影响

伊拉克主要的作战行动刚刚结束,就有人说:"伊拉克战争对于美国是一场军事上的胜利,政治上的失利。"毕竟这场战争美国仅仅用了21天就以较小的代价推翻了萨达姆政权,震慑了伊拉克国民和以美国为敌的国家。但是这次的行动并没有获得联合国的准许,也就是美国的一意孤行,这一点令很多国家感到不满,也不利于当今世界的和平。当然,这是一场有利有弊的战争。

(1)负面影响:这次战争使美国的国际形象严重受损。美国无视安理会,破坏国际准则,动辄诉诸武力,这点遭到很多国家反对。这是一种软实力的损伤,这种损伤可能从根本上动摇美国的霸权主义基础。这次战争使得美国和欧盟之间关系出现裂痕。因为很多欧盟国家反对这次的战争。伊拉克战争也导致美国国内的不安,国内反战情绪高涨。毕竟是一个追求和平与发展的世纪,没有谁愿意看到战争的发生,包括美国很多士兵在内。因此这次战争将大大降低美国国民的安全感和对政府的信任,这点对于国内的安定和团结是非常有害的。

(2)好的影响:战争显示了美国强大的军事实力,也向世界展示了其先进的军事武器和装备,对那些反对美国的国家产生了很大的震慑。此次战争美国以极小的投入却换来了极大地胜利,仅仅用了21天就可以推翻一个政府,这一点有利于推行美国的霸权主义。美国的所谓民主得到了推广。美国一直自诩是民主的资本主义国家，因此20世纪时就开始反对社会主义国家以及帮助很多资本主义国家效仿他们的民主。这次"伊拉克战争"，美国又在中东地区开拓其民主范围。这次战争增强了美国控制和影响全球资源的能力。其目标之一就是控制中东地区的石油资源。而伊拉克是著名的石油输出国，这里有着丰富的石油和天然气资源，并且是几个大洲和大洋的重要交通要冲。因此，控制这个地区将会使得美国获得重要的地缘战略利益。

2. 对伊拉克的影响

伊拉克战争使得伊拉克丧失了主权与领土的完整，伊拉克国家动荡不安，民众流离失所，恐怖袭击四处隐藏，经济恢复缓慢，失业率高达60%，人民处在水深火热之中。

（1）伊拉克死亡人数众多，很多平民百姓被连累进去无辜死亡，甚至包括一些记者。有高达400万的难民流离失所。老人没有人赡养，孩子得不到抚养，学生没有机会上学，工人不能上班。而美国对这些却置之不理。

（2）伊拉克的政治前景依旧迷茫，虽然已经组织了联合政府，但是内部纷争不断，美国的民主制度也没有得以实行，伊拉克的未来仍然是个未知数。由于美军的驻守，政治还可以得到一点稳定。但是随着美军的撤走，其国内毕竟会出现派别的权力争夺，这又势必会给伊拉克人民带来一次大的灾难。

3. 对世界格局的影响。

总体上说世界的格局没有发生什么大的变化，但是对于局部地区将会有一些明显的的变化。这次战争导致了美国实力和威信的削弱，这些毕竟会导致多极化进程的加快。

另外，由于美国的战略范围进一步扩大，也加强了它对中东地区的控制。美国通过这次战争增强了其在该地区的主导权和控制权。中东地区的格局也将发生较大的变化。一些美国的同盟国的实力会得到进一步提升，如以色列，而另一些国家（如伊朗等）将会面临更大的压力。

最后，国际反恐的形势也会更加的复杂。如今国际恐怖组织仍然十分猖獗，人类反恐任务将会更加艰巨。美国的武力反恐昭示了其极大的野心，因此国际社会在反恐问题上也出现更多的难题。